云南通史

何耀华 总主编

第二卷
秦汉 三国 两晋 十六国 南北朝 隋时期
（公元前221—公元618年）

朱惠荣 主编

中国社会科学出版社

图版1　双人盘舞铜扣饰（西汉）

图版2　滇王之印（西汉）

图版 3　滇王编钟（西汉）

图版 4　镶红玛瑙绿松石圆形猴边铜扣饰（西汉）

图版 5　杀人祭柱铜贮贝器（西汉）

图版 6　石寨山型铜鼓（西汉）

图版 7　青铜孔雀（西汉）

图版 8　战争场面铜贮贝器（西汉）

图版 9　凤鸟纹铜钁（西汉）

图版 10　青铜房屋模型（西汉）

图版 11　草叶纹铜镜（西汉）

图版 12　鹈鹕形木且（西汉）

图版 13　"献俘"鎏金铜扣饰（西汉）

图版 14 "猴树"铜贮贝器(西汉)

图版 15 剽牛祭祀铜扣饰(西汉)

图版 16　舞蹈纹画像砖（东汉）

图版 17　"耕牛"画像砖（东汉）

图版 18　"车骑出行"画像砖（东汉）

图版 19　柿蒂纹画像砖（东汉）

图版 20　乐舞陶俑（东汉）

图版 21　霍承嗣墓壁画（东晋）

图版 22　爨宝子碑亭

图版 23　爨宝子碑拓本

图版 24　爨龙颜碑

云南通史·第二卷

目　录

前言 ……………………………………………………………（1）

第一编　秦汉时期

第一章　秦代统一多民族国家的云南 ……………………（7）
　　第一节　秦汉时期云南及相邻地区的古代民族王国、方国 …（7）
　　第二节　秦对西南夷的统治 ………………………………（13）

第二章　西汉对云南的开发 ………………………………（19）
　　第一节　汉武帝重开西南夷 ………………………………（19）
　　第二节　西汉在云南及毗邻地区的郡县设置 ……………（26）
　　第三节　西汉对西南夷的统治政策 ………………………（52）
　　第四节　西汉和新莽时期的民族起义 ……………………（57）

第三章　东汉对云南的统治 ………………………………（64）
　　第一节　永昌郡的设立和东汉政区 ………………………（64）
　　第二节　东汉对云南及毗邻地区的统治 …………………（72）
　　第三节　东汉的民族起义 …………………………………（80）

第四章　秦汉时期云南的社会与经济 ……………………（85）
　　第一节　秦汉时期西南边疆的地理环境 …………………（85）
　　第二节　云南及毗邻地区的社会 …………………………（93）

第三节　秦汉时期云南及毗邻地区的经济 ……………………（105）

第五章　秦汉时期云南的文化 ……………………………………（162）
第一节　教育 ……………………………………………………（162）
第二节　艺术 ……………………………………………………（168）
第三节　文化习俗 ………………………………………………（177）

第二编　三国　两晋　十六国　南北朝　隋时期

第六章　三国两晋十六国南北朝隋时期云南的环境和居民 ……（187）
第一节　南中的环境 ……………………………………………（187）
第二节　南中的人口 ……………………………………………（193）
第三节　土著各族 ………………………………………………（195）
第四节　汉族移民与南中大姓 …………………………………（199）

第七章　蜀汉对云南的经营 ………………………………………（204）
第一节　刘备对南中的经营 ……………………………………（204）
第二节　诸葛亮南征 ……………………………………………（208）
第三节　蜀汉后期对南中统治的加强 …………………………（215）

第八章　两晋和成汉对云南的统治 ………………………………（231）
第一节　西晋的宁州及南夷校尉 ………………………………（231）
第二节　南中大姓的发展与军事冲突 …………………………（244）
第三节　成汉及东晋时期的宁州 ………………………………（252）

第九章　南北朝和隋代的云南 ……………………………………（272）
第一节　南朝宋、齐、梁对南中的经营 ………………………（272）
第二节　西魏、北周的南中 ……………………………………（291）
第三节　隋对南中的经营 ………………………………………（293）
第四节　爨氏在南中的统治 ……………………………………（298）

第十章 三国两晋十六国南北朝隋时期南中的社会与经济 ………（304）
    第一节 南中的社会形态 ………………………………（304）
    第二节 经济 …………………………………………（308）
    第三节 交通 …………………………………………（322）

第十一章 三国两晋十六国南北朝隋时期南中的文化 …………（329）
    第一节 艺术 …………………………………………（329）
    第二节 宗教 …………………………………………（338）

大事记 ……………………………………………………（344）

参考文献 …………………………………………………（349）

后记 ………………………………………………………（357）

插图目录

图 1　猪搏二豹铜扣饰（西汉）……………………………………（86）
图 2　青铜孔雀（西汉）……………………………………………（88）
图 3　舞马纹画像砖（东汉）………………………………………（89）
图 4　二人猎鹿铜扣饰（西汉）……………………………………（98）
图 5　"播种"铜贮贝器（西汉）……………………………………（99）
图 6　吊人铜矛（西汉）……………………………………………（101）
图 7　"战争"场面铜贮贝器器盖（西汉）…………………………（102）
图 8　铜斧（西汉）…………………………………………………（106）
图 9　东汉水田池塘模型……………………………………………（109）
图 10　耕牛画像砖（东汉）…………………………………………（110）
图 11　青铜牛头（西汉）……………………………………………（113）
图 12　"三狼噬羊"铜扣饰（西汉）…………………………………（115）
图 13　青铜鱼杖头饰（西汉）………………………………………（117）
图 14　八人猎鹿铜扣饰（西汉）……………………………………（118）
图 15　镶红玛瑙绿松石圆形猴边铜扣饰（西汉）…………………（127）
图 16　刻纹铜臂甲（江川李家山 M13:4）…………………………（128）
图 17　石寨山型铜鼓（西汉）………………………………………（129）
图 18　玉耳玦（西汉）………………………………………………（139）
图 19　青铜房屋模型（西汉）………………………………………（141）
图 20　漆木秘铜戈（西汉）…………………………………………（143）
图 21　青铜针线盒（西汉）…………………………………………（145）
图 22　"河内工官"铜弩机（西汉）…………………………………（149）
图 23　五牛铜枕（西汉）……………………………………………（170）

图 24	双人盘舞铜扣饰(西汉)	(173)
图 25	八人乐舞青铜鎏金铜扣饰(西汉)	(176)
图 26	猎头纹铜剑(西汉)	(180)
图 27	斗牛铜看台(西汉)	(182)
图 28	爨宝子碑亭	(331)
图 29	爨宝子碑拓本	(332)
图 30	爨龙颜碑拓本	(334)

（本书图版及插图照片采自大型图录：《云南省博物馆》、《云南李家山青铜器》、《云南古代艺术珍品集》、《昆明羊甫头文物精粹》、《云南古代文明之光》、发掘报告《江川李家山——第二次发掘报告》）。

图版目录

图版 1　双人盘舞铜扣饰（西汉）
图版 2　滇王之印（西汉）
图版 3　滇王编钟（西汉）
图版 4　镶红玛瑙绿松石圆形猴边铜扣饰（西汉）
图版 5　杀人祭柱铜贮贝器（西汉）
图版 6　石寨山型铜鼓（西汉）
图版 7　青铜孔雀（西汉）
图版 8　战争场面铜贮贝器（西汉）
图版 9　凤鸟纹铜钁（西汉）
图版 10　青铜房屋模型（西汉）
图版 11　草叶纹铜镜（西汉）
图版 12　鹈鹕形木且（西汉）
图版 13　"献俘"鎏金铜扣饰（西汉）
图版 14　"猴树"铜贮贝器（西汉）
图版 15　剽牛祭祀铜扣饰（西汉）
图版 16　舞蹈纹画像砖（东汉）
图版 17　"耕牛"画像砖（东汉）
图版 18　"车骑出行"画像砖（东汉）
图版 19　柿蒂纹画像砖（东汉）
图版 20　乐舞陶俑（东汉）
图版 21　霍承嗣墓壁画（东晋）
图版 22　爨宝子碑亭
图版 23　爨宝子碑拓本
图版 24　爨龙颜碑

前　言

《云南通史》第二卷，反映的是云南从秦汉至隋代800多年丰富多彩的历史。自从秦代在云南开道置吏，云南就成为我国中央集权的统一多民族国家的一部分，揭开了云南历史的新篇章。"汉承秦制"，汉武帝重开西南夷，汉代在秦的基础上更加发展、扩大，在云南投下了更大的力量。三国时，蜀汉诸葛亮南征，"五月渡泸"，直达滇池。诸葛亮的影响遍及云南，直到近代，人们仍对他缅怀和崇敬。晋代，反晋夷帅攻围宁州，刺史李毅病逝，其女李秀固守州城，樵草炙鼠，首尾三年。后世为之立庙，贴金万两，史不绝书。云南古代历史上，不乏彪炳千秋、可圈可点的事迹。

云南物华天宝，人杰地灵。各族人民的祖先，通过辛勤劳动，发挥他们的聪明才智，共同创造了灿烂的古滇文明和爨文化。云南自古就以有色金属王国著称，种类多，分布广，品位高。西汉滇池地区的青铜文化发展到鼎盛，独树一帜，精美绝伦，被人们叹为观止。东汉大量生产的堂螂洗，成为时髦用品行销全国。两晋的白铜，一千多年后才被西方仿制成功。云南地形复杂，兼有农、牧、渔、猎之利，秦汉以来已是六畜兴旺、五谷皆备，牛耕和多种水利灌溉方式陆续出现。手工业和副业种类繁多，建筑、髹漆、纺织、制革、玉石加工、制陶、制盐、酿酒等皆备。东晋、南朝的《爨宝子碑》和《爨龙颜碑》被尊为"爨体"，被誉为"南碑瑰宝"，声名远播海内外。近年被称为"南方丝绸之路"的蜀——身毒道也经过云南。这条早已存在的中西交通干道受到封建国家重视，加强了维修和管理，更加发挥其沟通中外经济、文化的功能，越来越多的商旅和使节登程就道。这就是汉晋时期云南古代先民的生活图景，他们创造了多个令世人惊叹的第一。

然而，这也是一段容易被遗忘的历史。由于年远代湮，熟悉的人越来越少，一般人多不甚了了，坊间的叙述还常有错乱。或把当时的云南描绘成一片"不毛之地"，竟使珠玉蒙尘，掩盖了历史的光彩。国内外有的学者忽略这一段历史，并错误地推论出"云南自忽必烈灭大理始被纳入中国版图"。因此，研究汉晋时期的云南古代史关系到如何完整、准确、科学地认识中国的历史和云南的历史，向广大群众进行历史唯物主义教育和爱国主义教育，具有很强的科学性和政治性。

《云南通史》强调历史发展的连续性和阶段性。本卷反映秦、两汉及三国、两晋、十六国、南北朝两个历史时期云南的状况。秦虽然短暂，但作为大一统的封建王朝，秦汉时期的阶段性极强。三国、两晋、十六国、南北朝，是中国历史上政权频繁更迭的时期。隋在全国虽然最终完成了统一事业，但对云南的经营并不成功，当时云南的状况与南北朝无异，故把它们合在一个时期叙述。这一阶段云南的历史，也反映了全国历史的特点，隶属关系多次改变。三国时属蜀；东西晋之交，一度属于成汉；南朝先后属宋、齐、梁；以后又属北朝的西魏、北周；最后属隋。本卷通过条分缕析，厘清了这一段云南历史发展变化的脉络。

《云南通史》必须具有"通"的特点。不但"纵贯古今"，上下连通；还应该"横陈百业"，横向齐全。本卷按照通史的编写要求，全面反映政治、军事、经济、文化几大板块。政治包括统治政策和执行效果。经济包括农业、畜牧和渔猎、矿冶业、手工业和副业，还有商业和交通。文化科技包括教育、书法、绘画、音乐、舞蹈诸方面，当然还涉及冶铸技术、建筑技术等。近年，随着史学界研究视野的扩展，人们关注热点的突出，本书也着力反映这一历史阶段云南的自然环境、地理分区、人口状况、民族情况。本书着眼于"大文化"，作为地方历史著作，也把视角扫向民间，反映各族的精神生活和文化习俗。本书展示给读者的，是一幅丰富多彩、绚烂壮丽的云南古代社会生活画卷。

研究秦汉、三国、两晋、十六国、南北朝、隋一段的云南史也有不少困难，特别是资料的困难。由于资料稀缺零散，必须广泛涉猎汉晋时期的群籍，从中撷取有关的记载，为此投入了大量的时日。诸书所载常有抵牾，对史料必须进行认真的鉴别和考订，去粗取精，弃伪存真，弄清历史的本来面目。涉及的有关问题，都在文中予以交代，或加注说明，不敢含糊。一些注文无法容纳的疑难问题，则写成札记，或另有专论发表。汉晋时期的文献也有缺漏，如《三国志》没有《地理志》，东晋也无《地理志》，我们补成了《庲降都督政区表》、《东晋宁州政区表》等，做了一些填平补缺的工作。设治必须派官，对云南派官的系统记载不见于史籍。我们花工夫整理了中原王朝对云南派官的记载，本卷汇辑了这一段历史中云南州、郡两级地方官百余人的资料。他们的事迹反映了当时云南的地方政治状况，是中原王朝在云南统治的最好的说明。通史的研究必须求真求实严谨，为读者提供经过鉴别的、可靠的文献依据和信史。范文澜先生提倡"板凳要坐十年冷，文章不写一字空"，发表专文《反对放空炮》。作为晚辈，我们不能与范老相比，但我们谨遵范老的教导，尽量严谨治学，严肃治史，朝这个方向努力。

本卷也注意研究资料的拓展，充分利用文物考古资料进行研究。新中国成立以来，云南的文物考古工作取得了辉煌的成就，晋宁石寨山、江川李家山、官渡羊甫头等处发现的大量考古发掘成果公之于世，开阔了学术界的眼界，补充了文献资料的缺略，充实了历史研究的内容，匡正了一些过去的陈说。可以说，考古资料的利用，为云南地方史的研究打开了新局面。本卷充分利用考古资料进行研究，有些章节主要靠考古资料写成。将考古资料与历史文献对照，或互相结合进行描绘、解释，会使历史图景更加具体、鲜活。这也是《云南通史》的优长之处。

历史是研究人的活动，但人不是在空中楼阁打跳。离开那个时代的地理环境，就不可能真正了解那个时代的历史。因此历史还应该研究人类活动的舞台。搞清各个历史时期人们活动的舞台的状况，反映当时人与环境的关系，总结人类顺应自然、利用自然、改造自然的经验和教训，历史才能得到合理的解释。假如这个思想得到贯彻，通史的编写将发生巨大的变革。历史地理学界的前辈为此作出了贡献。本人长期从事中国古代史及历史地理的教学与研究，对此深有感受。在本卷的编写中，我们也把弄清并展示这个历史舞台当做任务，做了力所能及的工作。既要交代作为舞台的自然状况（包括环境、气候、自然灾害等），也要梳理清楚作为统治印迹的各个朝代在云南的政区设治及变化过程。

还需要介绍一下《云南通史》所反映的地域范围。一般说，以今天的省域作为历史叙述的范围最简单，但历史上各个省区的范围都有变化。现今的云南，是漫长历史时期逐渐形成的。在古代，祖国的西南边疆有其传统的指称和范围。它们以巴、蜀为坐标，秦汉时称西南夷，三国两晋南北朝称南中。本卷以此为背景，探究两汉西南边疆各郡，蜀汉庲降都督，两晋、十六国、南朝的宁州，西魏、北周的南宁州，隋的南宁州总管府设置的变化情况，叙述它们范围的伸缩、调整、变化的历史过程。为了保持历史的完整性，同时也为了叙述方便，我们仍按当时的地理范围叙述，这样或许更容易理解云南的过去和今天。

朱惠荣
2009 年 10 月

第一编

秦汉时期

第一章

秦代统一多民族国家的云南

第一节 秦汉时期云南及相邻地区的古代民族王国、方国

秦汉时期西南边疆各族的分布,《史记·西南夷列传》有过全面的介绍。该书说:

> 西南夷君长以什数,夜郎最大;其西靡莫之属以什数,滇最大;自滇以北君长以什数,邛都最大。此皆魋结,耕田,有邑聚。其外西自同师以东北至楪榆,名为嶲、昆明,皆编发,随畜迁徙,毋长处,毋君长,地方可数千里。自嶲以东北,君长以什数,徙、筰都最大;自筰以东北,君长以什数,冉、駹最大。其俗或土箸,或移徙,在蜀之西。自冉、駹以东北,君长以什数,白马最大,皆氐类也。此皆巴蜀西南外蛮夷也。

这段话概括了秦汉时期西南边疆各族分布的情况,当时族系繁杂,各族散列。当然,《史记·西南夷列传》仅举其要者,秦汉时期见于记载的还有劳浸、靡莫、僰、句町、漏卧、同并、进桑、滇越、哀牢等族。兹分述如下:

一 滇

滇延续的时间较长。《华阳国志·南中志》说:"庄蹻留王滇池,分侯支党,传数百年。"滇的中心在今云南晋宁县晋城附近。滇的范围约当今滇中一片。江川李家山出土的文物和晋宁石寨山出土的文物,特点一

致，其南江川、通海等县应该在滇的范围。景泰《云南图经志书》姚州祠庙载："小卜灵岳祠：在州西北二十里，楚庄蹻之将小卜战死于此。蒙氏时为立祠，土人祷之，无不灵感。"①《读史方舆纪要》卷一一三滇池载："战国时楚将庄蹻灭夜郎至滇池，以兵威略定其地，又使部将小卜引兵收滇西诸蛮是也。"该书卷一一六姚安军民府亦载："古滇国地。"今姚安县北龙岗村有小卜将军墓，为楚雄州重点文物保护单位，小卜略地之说信而有征。滇的西部应包有今楚雄彝族自治州。《史记·西南夷列传》又说："滇王者，其众数万人。""滇王与汉使者言曰：'汉孰与我大？'及夜郎侯亦然，以道不通故，各自以为一州主，不知汉广大。使者还，因盛言滇大国，足事亲附。天子注意焉。"滇国在当时西南边疆处于特殊的地位。

二 劳浸、靡莫

《史记·西南夷列传》说："其（按指夜郎）西靡莫之属以什数，滇最大。""上使王然于以越破及诛南夷兵威，风谕滇王入朝。滇王者，其众数万人，其旁东北有劳浸、靡莫，皆同姓相扶，未肯听。劳浸、靡莫数侵犯使者吏卒。元封二年（公元前109年），天子发巴、蜀兵击灭劳浸、靡莫，以兵临滇，滇王始首善。"荀悦《汉纪》卷十一"西南夷"说："靡漠之属以什数，靡漠最大；自靡漠以北君长以什数，邛都最大。"与《史记》对校，当因"滇"与"漠"字相混而误。靡莫在今云南寻甸回族彝族自治县境；劳浸，《汉书·西南夷传》又作"劳深"，在今云南陆良、宜良等县一带，皆位于滇的东北的大道附近，与滇同姓，或谓他们与滇"已结成部族联盟了"。②

三 夜郎

夜郎是西南夷中一个古老的族名，庄蹻从楚国进兵滇池，就有"夜郎又降"的记载。夜郎也是西南夷诸族中的一个大族，所以《史记·西南夷列传》说"西南夷君长以什数，夜郎最大"，并记下了夜郎自大的故事。夜郎位置适中，他的向背影响着西南夷地区的形势，他与远处的南越

---

① 李春龙、刘景毛校注：《景泰云南图经志书校注》，云南民族出版社2002年版。
② 方国瑜：《中国西南历史地理考释》，中华书局1987年版，第13页。

遥相呼应，也隔滇道，影响东西向的交通和诸族的往来。《后汉书·西南夷列传》说："武帝元鼎六年（公元前111年），平南夷为牂柯郡，夜郎侯迎降，天子赐其王印绶。"夜郎范围宽广。《水经·温水注》说，夜郎"县故夜郎侯国也"。《汉书·地理志》犍为郡应劭注："故夜郎国。"《后汉书·西南夷列传》又说："有夜郎国，东接交阯，西有滇国，北有邛都国。"夜郎约当今毕节、六盘水、安顺、黔西南州的广阔地区。①

四 且兰

《史记·西南夷列传》说："及至南越反，上使驰义侯因犍为发南夷兵。且兰君恐远行，旁国虏其老弱，乃与其众反，杀使者及犍为太守。汉乃发巴蜀罪人尝击南越者八校尉击破之。会越已破，汉八校尉不下，即引兵还，行诛头兰。头兰，常隔滇道者也。"《史记索隐》注：且兰，"上音子余反。小国名也。后县，属牂柯。"头兰，"即且兰也"。《汉书·地理志》应劭注："故且兰侯邑也。且，音苴。"颜师古注："音子间反。"且兰是古老的族名，又名头兰。且兰在沅水、无水二水源一片，约当今贵州东部的大片地区。

五 僰

《汉书·地理志》犍为郡僰道县应劭注："故僰侯国也。"《说文解字》："僰，犍为蛮夷。"《华阳国志·蜀志》僰道县说："本有僰人，故《秦纪》言僰僮之富，汉民多，渐斥徙之。"《水经·江水注》："县本僰人居之。《地理风俗记》曰：夷中最仁，有仁道，故字从人，《秦纪》谓僰僮之富者也。其邑高后六年城之。汉武帝感相如之言，使县令南通僰道，费功无成，唐蒙南入，斩之，乃凿石开阁，以通南中，迄于建宁二千余里。山道广丈余，深三四丈，其堑之迹犹存，王莽更曰僰治也。"方国瑜先生说："僰道县，在秦以后无僰人。""僰道，以通僰人地区得名，即通至犍为郡之南部。"② 按，"离水之西"青衣江一带的应为"西僰"，即

---

① 对夜郎的范围诸家说法不一，贵州省社科院历史研究所编有《夜郎考》共三集，1979—1983年陆续由贵州人民出版社出版；又有侯绍庄著《夜郎研究述评》，贵州人民出版社2003年版，可参考。

② 方国瑜：《中国西南历史地理考释》，中华书局1987年版，第19页。

居住在蜀西的僰族。犍为郡的僰应为僰道县及其以南的僰族，此僰人应居住在今四川宜宾以南即云南东北部。

六　邛都

邛都是西南夷中一个古老的族名。《史记·西南夷列传》说："自滇以北，君长以什数，邛都最大。"《汉书·地理志》应劭注："故邛都国也。"秦汉时期，邛都分布在北起临邛（今邛崃）南至邛都一带，在未置郡县以前，是自滇以北几十个西南夷君长中最大的一个。该族以安宁河谷为中心，有平川大坝子，颇饶农桑。又控扼汉通西南夷的大道上，交通便利，战略地位重要。

七　笮都

西南夷中的族名。"笮"，一作"筰"，又作"莋"。《华阳国志·蜀志》定莋县说："莋，夷也。"莋族所居，后来设治，县名皆冠以"莋"字。《汉书·地理志》颜师古注："莋音才各反。"音昨。秦汉时期他们分布的范围宽广，北起今大渡河以北的汉源县，南达今金沙江边的盐边县。后置沈黎郡，郡治称莋都，但《汉书·地理志》定莋县颜师古又注："本莋都也。"大概这是莋都的两个中心，后来设治一个成为郡治，一个变为都尉住地。对笮的解释，《元和郡县图志》说："凡言笮者，夷人于大江水上置藤桥谓之笮，其定笮、大笮皆是近水置笮桥处。"此说揭示了莋人的生活环境和交通特点。他们多在安宁河谷以西的丛山中，山高水深，善置藤桥。

八　昆明

《史记·西南夷列传》说：汉武帝遣使者"间出西夷西，指求身毒国。至滇，滇王尝羌乃留为求道西十余辈。岁余，皆闭昆明，莫能通身毒国。"《史记·大宛列传》也说："昆明之属无君长，善寇盗，辄杀略汉使，终莫能通。"《史记自序》又说："西征巴、蜀以南，南略邛、笮、昆明。"昆明是滇以西一个大族，处今洱海周围地区，"地方可数千里"，位于僰道与灵关道两条大道的交会处，为交通要道和战略要地。

九　嶲

《史记·西南夷列传》说:"自桐师以东北至叶榆,名为嶲、昆明。"《史记·大宛列传》也说:"南方闭嶲、昆明。"嶲和昆明连载,嶲也处于交通要冲,在昆明以西,今保山一带。

十　滇越

《史记·大宛列传》说:"然闻其西(按指昆明以西)可千余里有乘象国,名曰滇越,而蜀贾奸出物者或至焉。"滇越位于昆明以西千余里的蜀——身毒道上,乾隆《腾越州志》"沿革大事考"及丁山《吴回考》皆认为滇越即后来的腾越。

十一　哀牢

哀牢是一个古老的族名。《后汉书·西南夷列传》记哀牢情况说:"九隆死,世世相承。乃分置小王,往往邑居,散在溪谷,绝域荒外,山川阻深。生人以来,未尝交通中国。"李贤注引《哀牢传》又说:"九隆代代相传,名号不可得而数,至于禁高,乃可记知。禁高死,子吸代;吸死,子建非代;建非死,子哀牢代;哀牢死,子桑藕代;桑藕死,子柳承代;柳承死,子柳貌代;柳貌死,子扈栗代。"① 此扈栗亦作贤栗,建武二十七年(51年)遣使至洛阳求内附,蜀人杨终得哀牢使者所述,作《哀牢传》。哀牢世系在扈栗之前有八代,若以二十年为一代计,则禁高正当汉武帝时。② 以二十五年为一代,则禁高生于汉景帝时。禁高以前"代代相传,名号不可得而数",方国瑜先生认为,至少缺五代名号,则九隆之世应在周赧王时,当公元前三百年以前,哀牢部族已经称王。③ 哀牢的范围宽广,约当今澜沧江以西、礼社江以南的广大地区。中心在今云南盈江坝子。哀牢分七十七王,族系繁杂,滇越和嶲原来都为哀牢地。

十二　同并

《汉书·地理志》同并县应劭注:"故同并侯邑。并音伴。"同并是秦

---

① 亦载《册府元龟》卷九五六,稍有异字。
② 刘琳:《华阳国志校注》,巴蜀书社1984年版,第486页。
③ 方国瑜:《中国西南历史地理考释》,中华书局1987年版,第21页。

汉时期的古族，在今弥勒县境。

十三　漏卧

《汉书·地理志》漏卧县应劭注："故漏卧侯国。"《汉书·西南夷列传》注引孟康说："漏卧，夷邑名，后为县。"漏卧也是一个古老的族名，在今云南罗平县境。

十四　句町

《汉书·地理志》句町县应劭注："故句町国。"颜师古注："音劬挺。"《华阳国志·南中志》说："句町县，故句町王国名也，其置自濮，王姓毋，汉时受封迄今。"句町也是古族名，且有相当规模。

十五　进桑

《汉书·地理志》有进桑县。《水经·叶榆河注》说："从麋冷水道出进桑王国，至益州贲古县，转输通利，盖兵车资运所由矣。"进桑是一个古老的族名，处益州和交趾间的交通要道上，在今云南屏边苗族自治县、河口瑶族自治县及蒙自县南部一带。

以上所列各族大多位于交通沿线，容易被人们了解并记录下来。但秦汉时期散居的西南夷各族先民远不止此。西汉在云南的很多县名，都是沿用秦汉时期当地的部族名号，这些古老的部族，在汉武帝设郡县前很久就已存在了。如毋单县在今宜良县南部，毋棳县在今华宁县境，毋敛县在今贵州独山县境。《汉书·地理志》颜师古注："毋读与无同，单音丹。""毋"字所指，《华阳国志·南中志》句町县条已有说明："故句町王国名也，其置自濮，王姓毋。"大约毋单、毋棳、毋敛等皆因其首领姓毋，甚至其族姓毋而得名。当然如句町例，也并不是其王姓毋的都以毋名族或县。又如铜濑在今马龙，西汉置铜濑县，但东汉以后皆作同濑。铜濑有谈虏山，《汉书·地理志》载："铜濑，谈虏山，迷水所出，东至谈稿入温。"《续汉书·郡国志》同濑县注引《地道记》说："铜虏山，米水所出。"谈、铜、同皆同音异写。"同濑"应与"故同并侯邑"一样，也是设治前的族名。作"同"的县名还有同劳，在今陆良县境，作"谈"的县名还有谈稿，在今富源县境，它们的境域互相连接，正反映出它们族属一致。贵州北盘江流域汉代有谈指等地名，北盘江又称豚水。民国《贵州通志》认为豚水的"豚"即谈指的"谈"。邹汉勋《安顺府志》认为："剡即谈之转，北盘江往古盖名剡水。"此说还可扩大一些，即以"谈"、"铜"、"同"命名的秦汉诸族，多分布在南盘江与北盘江流域。所以，《华阳国志·南中志》概括说："南中在昔盖夷越之地，滇濮、句町、夜郎、叶榆、桐师、嶲唐，侯王国以十数，编发左衽，随畜迁徙，莫能相雄长。"

秦汉时期"西南夷"的概念是以巴、蜀为中心定位的。所以《史记·西南夷列传》归纳说，"此皆巴蜀西南外蛮夷也"。但从更大的范围考察，西南夷诸族适当秦及两汉王朝疆域的西南部，他们也是秦汉帝国的西南边疆。西南夷是个概称，既包括西夷，也包括南夷。按地理位置划分，在巴蜀以西的为西夷，巴蜀以南的称南夷。所以，《史记·西南夷列传》明确称"西夷邛、莋"，"南夷夜郎"，"已平头兰"，"遂平南夷为牂柯郡"。然而，西夷和南夷的划分还与交通路线有关。从蜀西出，经过灵关道，"桥孙水以通邛莋"所达的各族皆为西夷，这条路可称西夷道。从蜀南进，"自僰道指牂柯江"所达的各族皆为南夷，这条路被称为南夷道。结于滇的划分，《史记·西南夷列传》说："使间出西夷西，指求身毒国，至滇。""滇王离难西南夷，举国降。"对这两句话，班固转录到《汉书·西南夷列传》时稍有调整，作"间出西南夷，指求身毒国，至滇。""滇王离西夷，滇举国降。"后人已注意到这一改动。对前句，王先谦注："南字衍，《史记》无。"对后句，王氏仅注"《史记》离下衍难字"。则滇及其以西诸族是出西夷道所达，皆属西夷。《史记·司马相如列传》司马贞《索隐》引晋灼注："南夷谓犍为、牂柯也。西夷谓越嶲、益州。"这就很明确，以滇为中心的益州郡属西夷。

第二节　秦对西南夷的统治

一　破滇、丹、犁国

秦对西南夷的经营始于秦灭蜀以后。惠文王更元九年（公元前316年），司马错伐蜀，秦灭蜀。从此，秦以蜀为基地，极力向西南发展。张若任蜀郡守40年，着意经营巴蜀，他的一些统治行动，已及于原巴蜀影响所及的西南夷地区。据《史记·秦本纪》载，惠文王更元十四年（公元前311年）"丹、犁臣"。武王元年（公元前310年）"伐义渠、丹、犁"。有关义渠的情况，张守节《史记正义》注："《地理志》云北地郡义渠道，秦县也。《括地志》云：宁、原、庆三州，秦北地郡，战国及春秋时为义渠戎国之地，周先公刘、不窋居之，古西戎也。"则义渠与西南夷无涉。有关丹、犁的情况，张守节《史记正义》又注："二戎号也，臣服于蜀。蜀相杀蜀侯，并丹、犁二国降秦。在蜀西南姚府管内，本西南夷，战国时属滇国，唐初置犁州、丹州也。"丹州无考。唐代姚州都督府管辖的黎州在今华宁附近，说明秦的军事力量曾经到达滇中。所以，《元和郡县图志》卷31戎州说："古僰国也，初秦军破滇，通五尺道。"武后时，梁载言编《十道志》记戎州说："春秋僰侯国，秦惠王破滇池，始通五尺道。"《太平寰宇记》戎州条也说："春秋为僰侯国，秦惠王破滇，此地始通五尺道。"秦伐丹、犁，正在惠文王与武王之交，即指此事。秦伐丹、犁的路线，应从今四川宜宾市往南经昭通再到滇中。

《华阳国志·蜀志》载：周赧王三十年（秦昭襄王二十二年，公元前285年）"张若因取莋及其江南地也"。① 有关莋的范围，《续汉书·郡国志》严道县刘昭注引《华阳国志》佚文："邛崃山本名邛莋，故邛人、莋人界也。"旄牛县刘昭注又引《华阳国志》佚文："旄，地也，在邛崃山表。邛人自蜀入，度此山甚险难，南人毒之，故名邛崃。"这是莋的北界。光绪《盐源县志》载："莋为夷之自名，今夷谓九所曰阿莋，丽江人至今自称为莋。"盐边、盐源、宁蒗、永胜等，乃是当时称为"莋"的地区，而莋的"江南地"应包有汉代隶属越嶲郡今金沙江以南的丽江、永仁、大姚等县。这是莋的南界。早在公元前4世纪末3世纪初，秦国的统治势力就已越过金沙江，到达今天云南北部和西北部地区。②

经过长期努力，秦国占有了今云南的大部。《汉书·地理志》引刘向《域分》说：

> 秦地，于天官东井、舆鬼之分野也。其界自弘农故关以西，京兆、扶风、冯翊、北地、上郡、西河、安定、天水、陇西，南有巴、

---

① 刘琳：《华阳国志校注》，任乃强：《华阳国志校补图注》认为"'其'字不通"、"'其'字当作'楚'"。不从。任氏亦承认："张若取莋为可能，其时间当在昭襄王二十七年（公元前280年）秦大发陇西、巴蜀兵攻楚黔中前后。"

② 林剑鸣：《秦史稿》，上海人民出版社1981年版，第242页。

蜀、广汉、犍为、武都，西有金城、武威、张掖、酒泉、敦煌，又西南有牂柯、越嶲、益州，皆宜属焉。

把四川、贵州、云南都划为"秦地"，这是秦对西南夷长期经营的结果，也是汉代的人对秦疆域历史事实的准确认识。秦在西南的辖境，南抵红河，西至怒江。由于幅员宽阔、物产富饶的西南广大地区加入秦的版图，才使得"秦地天下三分之一，而人众不过什三，然量其富，居什六"。秦并巴、蜀，占领西南夷等国后，得以积聚力量，打破战国七雄的均衡局面，成为割据称雄诸国中的强者。秦南并巴、蜀并直达云南，才使它完成了对楚的包围形势，既便于从巴、蜀出三峡取水路伐楚，也可以从昆明、滇、夜郎迂回攻楚的后方，在中国历史上第一次展示了云南重要的战略地位。

二 秦在滇等王国置吏通"五尺道"

秦的设治，《史记·秦始皇本纪》谓，"分天下以为三十六郡"。可惜秦代的舆图和地志未能流传下来，秦代的郡县设置未得其详，后来的文献对秦郡的追述又多矛盾。人们对秦郡的考释作过不少努力。《史记集解》注出了36郡的名称。清代探索秦郡者数十家，莫衷一是。谭其骧先生《秦郡新考》考"秦一代建郡之于史有征者四十六"，[①] 然亦未涉及今云南。2002年在湖南龙山县里耶古城一号井发现木质简牍36000余枚，为秦始皇二十五年（公元前222年）至秦二世二年（公元前208年）之间官府的档案文书，内容涉及当时社会生活的各方面，被称为"湘西里耶秦简"。其中所记录的洞庭郡和苍梧郡从未见诸传世的文献，还有关于迁陵、酉阳、沅陵、阳陵、益阳、临沅、索县、零阳等县的记载，反映出秦代已有这些县。[②] 湘西里耶秦简说明秦代的设治并未为后人全部认识，由于客观条件的限制，后人追叙的秦代郡县尚有脱缺。这再一次使我们联想到秦代在西南边疆设治的问题，秦代在西南边疆设立的郡县名称可能没有被流传下来。《史记·司马相如列传》载："邛、筰、冉、駹者，近蜀，

---

① 谭其骧：《秦郡新考》，载《浙江学刊》第二卷第一期，1947年。后收入《长水集》（上），人民出版社1987年版。

② 沈颂金：《湘西里耶秦简的价值及其研究》，载《中国史研究动态》2003年第8期。

道亦易通，秦时尝通为郡县，至汉兴而罢。"《史记·西南夷列传》又载："秦时常頞略通五尺道，诸此国颇置吏焉。十余岁，秦灭。及汉兴，皆弃此国而关蜀故徼。"① 都肯定秦代在西南夷地区设治。大概在秦始皇二十六年（公元前221年）打败六国，统一全国后，紧接着就在西南夷"置吏"。公元前206年秦王子婴向刘邦投降，秦亡。虽然秦在云南"置吏"的时间仅十多年，但却具有重大的意义。它说明秦始皇的统一事业包括西南夷，我国第一个统一多民族的国家就包有今云南的广大地区，这是我国中央王朝对云南正式统治的开端。正如贾谊所说，秦始皇的"余威振于殊俗"，其影响十分深远。

考秦代在边疆设治有不同于内地者。其一例在东南沿海。《史记·东越列传》载："闽越王无诸及越东海王摇者，其先皆越王勾践之后也。秦已并天下，皆废为君长，以其地为闽中郡。及诸侯叛秦，无诸、摇率越归鄱阳令吴芮，所谓鄱君者也，从诸侯灭秦。"既设郡县，原边疆各族的首领仍被保留为君长。另一例则在西南边疆。"西南夷君长以什数"，从汉初的情况看，他们在秦代基本未被触动；但"诸此国颇置吏焉"，到汉代又"请置吏入朝"，秦汉的情况十分相似。对于遥远的边疆，既设置郡县，又保留原先各族土长的地位，便于迅速控制局面，避免大的动荡。秦代对于内地与边疆的统治已有区别，在边疆采取比较灵活的政策，成为汉代区分内郡和边郡的滥觞。

秦代经营西南夷地区的措施之一是开通道路。秦时通到西南边疆的路有两条，都通称五尺道。张若以后，李冰任蜀郡守，大规模兴修水利和开置道路。《华阳国志·蜀志》载："僰道有故蜀王兵兰，亦有神作大滩江中，其崖崭峻不可凿，乃积薪烧之，故其处悬崖有赤白五色。""滨江有兵兰：李冰所烧之崖，有五色，赤白，映水玄黄。鱼从僰来，至此而止，畏崖映水也。"积薪烧岩是古代开山凿石采用的一种方法。先堆积烈火焚烧，使石猛烈膨胀，质地变疏松；再浇以冷水，使其骤然收缩，因而爆裂，经此过程后容易开凿。秦人用此法凿山开路，在山崖上留下的火烧痕迹，直到晋代还能体察。后来，秦又派常頞"略通五尺道"。《史记索隐》注："谓栈道广五尺。"在山高水急的西南边疆，开山筑路十分困难，初

---

① 《史记会注考证》引中井积德注："'诸此国'疑当作'此诸国'。"按，"关蜀"，原作"开蜀"，联系上下文意改。

开此路时，修成宽五尺的通道，因此称为五尺道。《史记正义》引《括地志》说："五尺道在郎州。颜师古云其处险陁，故道才广五尺。如淳云道广五尺。"《元和郡县图志》卷三十一戎州说："初，秦军破滇，通五尺道。至汉武帝建元六年，遣唐蒙发巴蜀卒通西南夷，自僰道抵牂柯，凿石开道二千余里，①通西南夷，置僰道县，属犍为郡，今州即僰道县也。"五尺道的起点在今四川宜宾，往南经云南昭通后直达曲靖市，应即汉代的僰道，但最早凿通于秦。莋道也是李冰开始修筑。《华阳国志·蜀志》载："冰又通莋道。"《水经·江水注》也称为"莋道"。《元和郡县图志》卷三十二嶲州说："本汉南外夷僚，秦、汉为邛都国，秦尝攻之，通五尺道，改置吏焉。"通邛、莋地区的交通要道始凿于秦时，仍是宽五尺的大道，也称五尺道。这条路大概以荥经为起点，它的北面与成都、新津、邛崃、雅安、荥经的大道相接。秦代在今新津置蒲阳县，在今邛崃置临邛县，在今荥经县西2公里的古城村置严道县。《南史·刘悛传》说，"青衣水左侧并是秦之严道县。"《元和郡县图志》卷三十二也说："严道县，本秦旧县。"严道以南过大相岭、小相岭，山高坡陡，地势险要，仍然只能修成宽五尺的通道。南段经过秦汉时莋人分布的地区，即今四川凉山彝族自治州一带，直达金沙江以南的"江南地"。五尺道是封建国家在西南边疆最早修建的交通干道，是蜀道的延伸，把西南边疆与秦都咸阳连接了起来。南北向的两条五尺道，与庄蹻开滇行用的横贯西南夷内部的通道交会，构成了西南边疆纵横相交的早期交通干线。有了这两条统一规格的国家经营的官道，大大加强了西南边疆和内地的联系，对于巩固统一并加强中央集权，促进边疆经济、文化的发展，都有重要的作用。五尺道的修建，创造了根据西南边疆地理实际发展交通的经验，虽然仅宽五尺，而且沿途多栈道、藤桥，但它和当时其他地区宽达五十步的"驰道"一样，具有重要的意义。

设官置吏和发展交通，都有利于西南夷地区经济的发展。从此，商人往来于途，络绎不绝，把邛莋的牛马，滇僰的人口运入四川，使"巴蜀殷富"；又把巴蜀的铁器等输入云南、贵州，由于先进生产工具的输入，促进了西南夷各族生产的发展。《华阳国志·蜀志》僰道县、《水经·江水注》皆引《秦纪》说，当时有"僰童之富"。"僰童"即"僰僮"，《史

---

① 按，原误作"二十余里"，据《水经注》改。

记·货殖列传》作"滇僰僰僮"。《汉书·地理志》又称"南贾滇、僰僮",颜师古注:"言滇、僰之地多出僮隶也。"当时,蜀地的富商、地主在滇东北和滇中地区大量掠卖僮仆奴婢的情况非常突出。《史记·西南夷列传》叙述秦在西南夷的统治以后说:"及汉兴,皆弃此国而关蜀故徼。巴蜀民或窃出商贾,取其莋马、僰僮、髦牛,以此巴蜀殷富。"在西汉初年"关蜀故徼"的情况下,这种经济联系尚且如此突出,秦代的繁忙交往可想而知。

第二章

西汉对云南的开发

第一节　汉武帝重开西南夷

公元前206年，刘邦为汉王。公元前202年，刘邦消灭项羽，即皇帝位，建立汉朝，建都长安，史称"前汉"或"西汉"。

西汉初年，经过长期战乱的北方生产凋敝，人民流亡。汉王朝吸取嬴秦暴政的教训，采取与民休息的政策。他们减轻租税与徭役，释放奴隶，劝告流亡民众归还故乡。奖励耕垦，鼓励农民的生产积极性。汉王朝着意消灭封建割据势力，汉高帝采用各种方式消灭了异姓王，汉景帝削平七国之乱，削弱了同姓王，又通过各种严格的制度，结束了西周以来合法的诸侯割据制度。在汉王朝忙于安定内部，争取和平环境的这个阶段，无暇顾及对边疆的经营，在北方与匈奴和亲，在南方封赵佗为南越王，对西南则是"关蜀故徼"。虽然如此，西南夷与内地的经济联系并没有中断，笮马、牦牛等地方特产仍源源不断运到内地，对少数民族人口的贩卖也在继续，巴、蜀的商人因此致富。

经过西汉前期半个多世纪的努力，发展了生产，经济繁荣，社会安定，国家积贮增多，出现了著名的"文景之治"。在政治上，汉王朝中央集权的力量大大加强，有条件从事新的举措，维护祖国边疆的统一和完整。在这样的历史条件下，汉武帝对西南边疆的开发提到了议事日程。

一　汉初对昆明、斯榆、滇的经略

云南地处祖国西南边疆，具有重要的战略地位。汉代对云南的经营是和对整个"西南夷"的经营连在一起的。而对西南夷的控制直接关系对南越、西域、交趾的经营。《史记·西南夷列传》载唐蒙上书说："南越王黄屋左纛，地东西万余里，名为外臣，实一州主也。今以长沙、豫章往，水道多绝，难行。窃闻夜郎所有精兵，可得十余万，浮船牂柯江，出其不意，此制越一奇也。诚以汉之强，巴蜀之饶，通夜郎道，为置吏，易甚。"《史记·大宛列传》载张骞为天子建言及产生的效果：

  骞曰："臣在大夏时，见邛竹杖、蜀布。问曰：安得此？大夏国人曰：吾贾人往市之身毒。身毒在大夏东南可数千里。其俗土著，大与大夏同，而卑湿暑热云。其人民乘象以战。其国临大水焉。以骞度之，大夏去汉万二千里，居汉西南。今身毒国又居大夏东南数千里，有蜀物，此其去蜀不远矣。今使大夏，从羌中，险，羌人恶之；少北，则为匈奴所得；从蜀宜径，又无寇。"天子既闻大宛及大夏、安息之属皆大国，多奇物，土著，颇与中国同业，而兵弱，贵汉财物；其北有大月氏、康居之属，兵强，可以赂遗设利朝也。且诚得而以义属之，则广地万里，重九译，致殊俗，威德遍于四海。天子欣然，以骞言为然，乃令骞因蜀犍为发间使，四道并出。……于是汉以求大夏道始通滇国。初，汉欲通西南夷，费多，道不通，罢之。及张骞言可以通大夏，乃复事西南夷。

  对于这块宝地的经营，武帝时花了三十多年。建元六年（公元前 135 年），因唐蒙使南越归，上书请通夜郎，即命唐蒙出使至南夷夜郎，约为置吏，以属犍为郡。《史记·西南夷列传》记此事说："拜蒙为郎中将[①]，将千人，食重万余人，从巴蜀筰关入，[②] 遂见夜郎侯多同。蒙厚赐，喻以威德，约为置吏，使其子为令。夜郎旁小邑皆贪汉缯帛，以为汉道险，终不能有也，乃且听蒙约。还报，乃以为犍为郡。"汉武帝命唐蒙为中郎将，带领吏卒千人，还有为此运送粮草的万余人，从巴的符关（今四川合江县）南下，到今贵州境，做夜郎首领多同的工作，给予丰厚的赏赐，宣扬汉王朝的威德，得到夜郎及其周围各部的拥护，在夜郎地首次设县，以多同的儿子为县令，并析出巴郡和蜀郡的部分地方，合设犍为郡。

  元光五年（公元前 128 年），命司马相如出使西夷，在邛、筰一带设

[①] 按，应为"中郎将"。
[②] 按，应为"巴符关"。

都尉领十余县，属蜀郡。《史记·司马相如传》记此事说："是时邛筰之君长闻南夷与汉通，得赏赐多，多欲愿为内臣妾，请吏，比南夷。天子问相如，相如曰'邛、筰、冉、駹者近蜀，道亦易通，秦时尝通为郡县，至汉兴而罢。今诚复通，为置郡县，愈于南夷。'天子以为然。乃拜相如为中郎将，建节往使，副使王然于、壶充国、吕越人驰四乘之传，因巴蜀吏币物以赂西夷。至蜀，蜀太守以下郊迎，县令负弩矢先驱，蜀人以为宠。……司马长卿便略定西夷，邛、筰、冉、駹、斯榆①之君皆请为内臣。除边关，关益斥，西至沫、若水，南至牂柯为徼，通零关道，桥孙水以通邛都。还报天子，天子大说。"此事的结果，《史记·西南夷列传》有说明："蜀人司马相如亦言西夷邛、筰可置郡。使相如以郎中将往喻，皆如南夷，为置一都尉，十余县，属蜀。"按，《史记·西南夷列传》作"郎中将"，有误。依《史记·司马相如列传》应为"中郎将"。中郎将，《史记索隐》引张揖解释："秩四百石，五岁迁补大县令。"汉武帝命司马相如为中郎将，并派王然于、壶充国、吕越人为副使，途经成都至安宁河谷，仍然给当地各部以丰厚的赏赐，宣扬汉王朝的威德，在今川西边境设一都尉控制十余县，仍属蜀郡。

汉王朝对西南夷的经营遇到了来自各方的阻力。一方面是朝廷重臣的反对，以公孙弘为代表。《史记·平津侯列传》载：元光五年（公元前130年）拜公孙弘为博士。"是时通西南夷道，置郡，巴蜀民苦之，诏使弘视之。还奏事，盛毁西南夷无所用，上不听。"元朔三年（公元前126年）"以弘为御史大夫。是时通西南夷，东置沧海，北筑朔方之郡。弘数谏，以为罢敝中国以奉无用之地，愿罢之。于是天子乃使朱买臣等难弘置朔方之便。发十策，弘不得一。弘乃谢曰。'山东鄙人，不知其便若是，愿罢西南夷、沧海而专奉朔方。'上乃许之。"《史记·主父偃传》载齐人严安上书言世务也说："今欲招南夷，朝夜郎，降羌僰，略濊州，建城邑，深入匈奴，燔其茏城，议者美之。此人臣之利也，非天下之长策也。"他们只强调"外累于远方之备，靡敝国家"，"今天下锻甲砥剑，桥箭累弦，转输运粮，未见休时"。而否定边疆各族对祖国统一大家庭的重要作用，"盛毁西南夷无所用"。另一方面是来自巴、蜀等地方上层的反

---

① 斯榆：《史记索隐》：斯，郑氏音曳。张揖云："斯俞，国也。"按，今斯读如字，《益部耆旧传》谓之"斯臾"。《华阳国志》邛都县有四部，斯臾一也。方国瑜先生谓斯榆即叶榆。

对。《难蜀父老书》记耆老大夫荐绅先生之徒进辞曰："盖闻天子之于夷狄也，其义羁縻勿绝而已。今罢三郡之士，通夜郎之途，三年于兹，而功不竟，士卒劳倦，万民不赡，今又接以西夷，百姓力屈，恐不能卒业，此亦使者之累也，窃为左右患之。且夫邛、筰、西僰之与中国并也，历年兹多，不可记已。仁者不以德来，强者不以力并，意者其殆不可乎！今割齐民以附夷狄，弊所恃以事无用，鄙人固陋，不识所谓。"他们毁边疆各族为"无用"，以保护民力为借口，要求继续"关蜀故徼"，使"西南夷"长期处于化外。《史记·司马相如传》收《喻巴蜀檄》和《难蜀父老书》可见此事的大概。汉武帝迫于在战略上集中力量对付匈奴，不得不作让步，暂时中止对西南夷的经略。《史记·西南夷列传》载："当是时，巴蜀四郡通西南夷道，戍转相饷。数岁，道不通，士罢饿离湿，死者甚众；西南夷又数反，发兵兴击，耗费无功。上患之，使公孙弘往视问焉。还对，言其不便。及弘为御史大夫，是时方筑朔方以据河逐胡，弘因数言西南夷害，可且罢，专力事匈奴。上罢西夷，独置南夷、夜郎两县一都尉，稍令犍为自葆就。"《汉书·武帝纪》说："元朔三年秋，罢西南夷。"系此事于元朔三年，即公元前126年。

然而，对西南夷的开发已成历史潮流，不可阻挡。《难蜀父老书》驳缙绅等说："必若所云，则是蜀不变服而巴不化俗也。"《史记会注考证》引《正义》解释说："言巴、蜀蛮夷，本椎髻左衽，今从中国服俗也。若西南夷不可通，即巴、蜀服俗不应改变。"汉武帝顺应历史潮流，仍把经营西南夷地区提到汉王朝的重要日程上。《史记·西南夷列传》记载："及元狩元年，博望侯张骞使大夏来，言居大夏时见蜀布、邛竹杖，使向所从来，曰'从东南身毒国，可数千里，得蜀贾人市'。或问邛西可二千里有身毒国。骞因盛言大夏在汉西南，慕中国，患匈奴隔其道，诚通蜀，身毒国道便近，有利无害。于是天子乃令王然于、柏始昌、吕越人等，使间出西夷西，指求身毒国。至滇，滇王尝羌乃留，为求道西十余辈。岁余，皆闭昆明，莫能通身毒国。"《史记·大宛列传》亦载："于是汉以求大夏道始通滇国。初，汉欲通西南夷，费多，道不通，罢之。及张骞言可以通大夏，乃复事西南夷。""天子欣然，以骞言为然，乃令骞因蜀犍为发间使，四道并出：出駹，出冉，出徙、出邛、僰，皆各行一二千里。其北方闭氐、筰，南方闭嶲、昆明。昆明之属无君长，善寇盗，辄杀略汉使、终莫得通。"元狩元年（公元前122年），因张骞使西域至大夏归，上书请通蜀至身毒国道，因遣使四出求道。汉使至滇。这次因各族上层的疑虑和阻挠而未达到目的。滇与夜郎心有疑虑，不自量力，对汉的实力缺乏认识。《史记·西南夷列传》载："滇王与汉使者言曰：'汉孰与我大？'及夜郎侯亦然。以道不通故，各自以为一州主，不知汉广大。"头兰"常隔滇道"。劳浸、靡莫"数侵犯使者吏卒"。昆明"复为寇"，"皆复闭昆明，为所杀，夺币财，终莫能通至大夏焉"。①

汉武帝重开西南夷的决定性时机终于到来。元鼎五年（公元前112年），南越王相吕嘉反，杀汉使者及其王、王太后。其秋，汉遣数路兵合击南越，约定咸会番禺。其中一路遣驰义侯遗率领巴蜀罪人，并发南夷兵助征，遭到且兰的反对。元鼎六年（公元前111年）春，经夜郎取道水路下牂柯江的这一路还未达番禺，会越已破，便奉命趁势征西南夷，还诛反者。且兰被诛，夜郎入朝，因置牂柯郡。同时，又诛邛君，杀筰侯，冉駹等震恐，因在邛都地置越嶲郡，以筰都为沈犁郡，冉駹为汶山郡，广汉西白马为武都郡，"定西南夷"。② 此事《汉书·西南夷列传》记载较详：

> 及至南粤反，上使驰义侯因犍为发南夷兵。且兰君恐远行，旁国虏其老弱，乃与其众反，杀使者及犍为太守。汉乃发巴蜀罪人当击南粤者八校尉击之。会越已破，汉八校尉不下，中郎将郭昌、卫广引兵还，行诛隔滇道者且兰，斩首数万，遂平南夷为牂柯郡。夜郎侯始倚南粤，南粤已灭，还诛反者，夜郎遂入朝，上以为夜郎王。南粤破后，及汉诛且兰、邛君，并杀筰侯，冉駹皆震恐，请臣置吏。以邛都为越嶲郡，筰都为沈黎郡，冉駹为汶山郡，广汉西白马为武都郡。

二 降服滇国及在洱海、哀牢地区置县

滇国从来没有公开反过汉。汉使欲通昆明，至滇，"滇王尝羌乃留，为求道西十余辈"。然而对汉的疑虑迄未解除。汉王朝对滇也尽量招抚，"使者还，因盛言滇大国，足事亲附，天子注意焉"。③ 降夜郎，灭邛筰以后，形成了在东边和北边对滇的包围形势。汉王朝以武为备，以德争取，

---

① 《史记·大宛列传》。
② 《汉书·武帝纪》。
③ 皆见《史记·西南夷列传》。

又派王然于以破越及诛南夷的例子劝滇王入朝。据《汉书·武帝纪》，元封二年（公元前109年）秋，"又遣将军郭昌、中郎将卫广发巴蜀兵平西南夷未服者，以为益州郡"。大兵临滇，但仅击灭了与滇同姓的劳浸、靡莫，孤立无援的滇，最终举国降汉。对这次事件，《史记·西南夷列传》记载较详："上使王然于以越破及诛南夷兵威风喻滇王入朝。滇王者，其众数万人，其旁东北有劳浸、靡莫，皆同姓相扶，未肯听。① 劳浸、靡莫数侵犯使者吏卒。元封二年，天子发巴蜀兵击灭劳浸、靡莫，以兵临滇。滇王始首善，以故弗诛。滇王离难西南夷，举国降，请置吏入朝。于是以为益州郡，赐滇王王印，复长其民。"

元封二年（公元前109年）战事的重点是昆明。《史记·大宛列传》载："于是汉发三辅罪人，因巴蜀士数万人，遣两将军郭昌、卫广等往击昆明之遮汉使者，斩首虏数万人而去。其后遣使，昆明复为寇，竟莫能得通。"《史记集解》注此条："徐广曰：元封二年。"系此事于元封二年，即郭昌、卫广争取滇国降后，大兵直指洱海区域，往击昆明，斩首虏捕数万人。然而"其后昆明复为寇"。所以，《后汉书·西南夷列传》说："滇王者，庄蹻之后也。元封二年，武帝平之，以其地为益州郡，割牂柯、越巂各数县配之。后数年，复并昆明地，皆以属之此郡。"

为打通蜀身毒道，此后的工作集中在今云南西部。《史记·卫将军骠骑列传》载："将军郭昌，云中人也。以校尉从大将军。元封四年，以太中大夫为拔胡将军，屯朔方。还击昆明，毋功，夺印。"据《汉书·武帝纪》，"益州昆明反，赦京师亡命令从军，遣拔胡将军郭昌将以击之。"系此事于元封六年（公元前105年），但未载结果。武帝时对昆明的经营，终于在洱海地区设置了叶榆、比苏、邪龙、云南四县。武帝征服了昆明，还往西经略。《后汉书·西南夷列传》说："始通博南山，度兰仓水，行者苦之。歌曰：汉德广，开不宾，度博南，越兰津，度兰仓，为它人。"王先谦《后汉书集解》引惠栋说："追叙孝武时事也。见《华阳国志》。"此事《华阳国志·南中志》记载比较翔实："孝武时通博南山，度兰沧水、湼溪，置巂唐、不韦二县。徙南越相吕嘉子孙宗族实之，因名不韦，以彰其先人恶。行人歌之曰'汉德广，开不宾。渡博南，越兰津。渡兰

---

① 据《史记会注考证》引《正义》，"扶"字作"杖"。颜师古曰："杖，犹倚也。相依为援，不听滇王入朝。"

沧，为他人。'渡兰沧水以取哀牢地，哀牢转衰。"汉武帝时渡澜沧江，占有了哀牢在怒江以东的部分地区，置嶲唐和不韦两县。

史称"汉承秦制"，西汉王朝不仅在内地沿袭了秦王朝的政治、经济制度，而且对祖国边疆民族地区的开发和治理也继承了秦的政治路线，发展了秦的成果。对西南夷的开发始于秦，但秦的时间太短，诸事草创，制度未及完备。汉武帝顺应历史发展的潮流，历时30年，重开西南夷，几经反复，终于把对西南夷的开发推向了新的深度和广度。在云南的大部分地方设置郡县，采取一系列政治、经济措施，加强中央对云南的统治，也加速了云南经济的开发，对巩固和发展我国多民族国家的统一作出了重要贡献。① 这是汉王朝经营西南边疆的重大成果，也是云南历史上的重要篇章。

汉武帝开发我国边疆的事业，在汉代就为人们所称道。桑弘羊说，汉武帝"兴义兵以诛暴强……西定冉駹，南擒百越"，"圣主斥地"、"用兵"不是逞"奋怒"，而是"匡难避害"，"初虽劳苦，卒获其庆"。② 王充说："巴、蜀、越嶲……周时被发椎髻，今戴皮弁；周时重译，今吟诗书。"他得出结论：汉代的文帝、武帝等，胜过周代的成王、康王、宣王。③ 东晋常璩把汉武帝在西南边疆"开土列郡，爰建方州"，"远抚西垂"的行动称为"大业"。④ 唐人司马贞称颂汉武帝"及置郡县，万代推功"。⑤ 明末王夫之充分肯定汉武帝开发西南边疆的历史功绩说："以一时之利害言之，则病天下；通古今而计之，则利大而圣道以弘。"少数民族居住的"遐荒之地"，可以变成"冠带之伦"。"然因是而贵筑、昆明，垂及于今，而为冠带之国"，成为西南边疆的政治、经济、文化的中心地区。"江浙闽楚文教日兴，迄于南海之滨、滇云之壤，理学节义文章事功之选，肩踵相望，天所佑也，汉肇之也。"⑥ 清人赵翼盛赞汉武帝开拓四境的功劳，包括"夜郎、滇王先后入朝，以滇地为益州郡，此开境于西南者也"，谓"统计武帝所辟疆土，视高、惠、文、景时几至一倍，西域

---

① 朱惠荣：《汉承秦制与西南边疆民族地区的开发》，载《思想战线》1975年第2期。
② （汉）桑弘羊：《盐铁论》。
③ （汉）王充：《论衡》。
④ （晋）常璩：《华阳国志·南中志》。
⑤ （唐）司马贞：《史记索隐述赞》。
⑥ （明）王夫之：《读通鉴论》。

之通，尚无与中国重轻，其余所增地，永为中国四至，千万年皆食其利。"①汉武帝开发西南边疆的功绩，将永远镌刻在云南各族的历史上，流芳汗青。

第二节　西汉在云南及毗邻地区的郡县设置

随着汉武帝对西南夷的开发，在西南夷地区也遍置郡县，用以巩固汉王朝在西南边疆的统治。据《史记·大宛列传》，武帝时在西南夷地区设置的郡称为"初郡"。《史记索隐》注："谓之初者，后背叛而并废之也。"但多数郡后来未废，此说不确。《史记会注考证》引中井积德解释："初所置之郡，故谓之初郡，犹言新郡也。"武帝时在西南夷设置的"初郡"共七郡。

一　益州郡

武帝元封二年（公元前109年）置。《后汉书·西南夷列传》载："滇王者，庄蹻之后也。元封二年武帝平之，以其地为益州，割牂柯、越嶲各数县配之。后数年复并昆明地，皆以属之此郡。"初以滇国地为主，并分牂柯和越嶲两郡各数县置益州郡。元封六年（公元前105年），郭昌第二次入云南，击败昆明，以洱海周围地区置县，属益州郡。以后又在原哀牢地设嶲唐、不韦两县，仍属益州郡。《水经·江水注》引《地理风俗记》说："汉武帝元朔二年，改梁曰益州，以新启犍为、牂柯、越嶲，州之疆壤益广，故称益云。"据《汉书·武帝纪》，将全国分为十三刺史部系元封五年（公元前106年），"元朔二年"之说不可信。《晋书·地理志》益州又说："《春秋元命包》云：'参伐流为益州，益之为言阨也。'言其所在之地险阨也。亦曰疆壤益大，故以名焉。"益州郡的设置早于益州刺史部三年，对地名含义的解释系先因郡而得。益州郡地在梁州旧境之外，故取增益之义。后来成立刺史部，以武帝开西南夷新置七郡皆在梁州旧境之外，袭用益州郡的含义，改州名曰益。②益州郡境约当今云南省大

---

① （清）赵翼：《廿二史劄记·汉书武帝纪赞不言武功》。
② 谭其骧：《长水集》上册，人民出版社1987年版，第81页。

部，东有曲靖，西抵怒江，南达黑水河。辖 24 县，郡治滇池县。兹分述如下：

（一）滇池县

《汉书·地理志》载："滇池，大泽在西，滇池泽在西北。"《华阳国志·南中志》亦载："滇池县，郡治，故滇国也。有泽水，周回二百里，所出深广，下流浅狭，如倒流，故曰滇池。"滇池县为滇国的行政中心，汉以此设县，并为郡治，因所傍的大湖滇池得名。滇池故城历代多有记载。《后汉书·光武纪》建武十九年七月李贤注："益州郡故城，在今昆州晋宁县。"《蛮书》卷六："晋宁州，汉滇河故地也①，在拓东城南八十里晋平川，幅员数百里。"万历《云南通志》也认为："晋宁州，汉滇池县地，晋隆安初置晋宁州。滇池县本益州郡治，后益州改为建宁，移治味县，复自建宁分立益州郡，治滇池县，益州又改称晋宁。"《明一统志》说："滇池故城，在晋宁州东。"1940 年方国瑜、方臞仙、徐旭生、顾颉刚等访古，在晋宁城东约三里处发现有散弃的汉砖，考订为西汉时物，今城址已废为墓地。古滇池县应在滇池东岸今晋宁县晋城附近。

（二）建伶县

《汉书·地理志》一作健伶。自汉以后，益州郡几经分合，建伶与滇池、连然始终同属一郡，其地当相近。《三国志·李恢传》说：李恢"建宁俞元人也，任郡督邮，姑父爨习为建伶令，有违犯事，恢坐式免官，太守董和以习方土大姓，寝而不许。"爨习官建伶令，为当地"方土大姓"，又与俞元李恢联亲，建伶亦应与俞元相近。汪仕铎认为建伶应在昆明西南，张若骐《滇云纪略》卷上认为在"今昆阳州地"，与记载相合。验以今地望，建伶县故城在今晋宁县昆阳附近。

（三）谷昌县

《汉书·地理志》有谷昌县。《华阳国志·南中志》说："谷昌县，汉武帝将军郭昌讨夷平之，因名郭昌以威夷。孝章时改为谷昌也。"据《汉书·武帝本纪》，武帝两次平滇及昆明都以郭昌为主将。"元封二年（前 109 年）又遣将军郭昌、中郎将卫广发巴蜀兵平西南夷未服者，以为益州郡。""六年（前 105 年）益州昆明反，赦京师亡命令从军，遣拔胡将军郭昌将以击之。"以郭昌之名为县名是可能的。不过，改为谷昌的时间应

---

① 按，"滇河"为"滇池"之误。

比孝章早，因为《汉书·地理志》已作谷昌了。王先谦《汉书补注》认为"章盖宣之误"，可能系汉宣帝时改名。但《汉书·卫青霍去病列传》载："郭昌，云中人，以校尉从大将军。元封四年，以太中大夫为拔胡将军，屯朔方。还击昆明，无功，夺印。"恐怕就是元封六年这一次。《史记·大宛列传》说："其后遣使，昆明复为寇，竟莫能得通。"这次没有成功。汉王朝会用一个被夺印的将军的名字来作县名吗？值得怀疑。另一说刘琳认为："谷昌当为故滇国所属部落名称的译音，《蛮书》所谓'谷昌王'即谷昌部落之酋长也。"① 谷昌的位置，《蛮书》卷六说：拓东"城之东十余里有谷昌村，汉谷昌王故地也。"谷昌县应在今昆明市，故治在今昆明市区东十余里，昆明坝子东缘。

（四）连然县

《汉书·地理志》载："连然，有盐官。"西汉时即以产盐著称。樊绰《蛮书》卷六说："安宁镇去拓东城西一日程，连然县故地也。"卷一说：安宁城"汉时城壁尚存，碑铭并在。"卷七又说："安宁城中皆石盐井，深八十尺。城外又有四井，劝百姓自煎。升麻、通海已来，诸爨蛮皆食安宁井盐。"景泰《云南图经志书》认为："安宁州，汉为连然县。"今安宁市仍以产盐著称，即汉连然故治无疑。

（五）秦臧县

《水经·叶榆河注》："叶榆河自邪龙东南迳秦臧县南，与仆水同注滇池泽于连然、双柏也。"按，所记流入滇池的叶榆河有错乱，但却透露了秦臧与连然、双柏相近。《汉书·地理志》载："秦臧，牛兰山，即水所出，南至双柏入仆，行八百二十里。"仆水为今礼社江，即水为今绿汁江，则秦臧应在今绿汁江上游。《旧唐书·地理志》说："秦臧，汉县。"《蛮书》卷四又说："独锦蛮，在秦臧川，南去安宁两日程。"唐秦臧县即汉秦臧县。对以今地，秦臧县在今禄丰县，故治在禄丰县东北的罗茨坝子。

（六）双柏县

《汉书·地理志》有双柏县，秦臧县条又载：即水"南至双柏入仆。"《水经·江水注》说："仆水又南迳永昌郡邪龙县而与贪水合"，又"历双柏县，即水入焉。水出秦臧县牛兰山，南流至双柏县东，注仆水。"据

---

① 刘琳：《华阳国志校注》，巴蜀书社1984年版，第407页。

此，知双柏在邪龙县东、秦臧县南，即今双柏县境。仆水即礼社江，从县南流过；即水即绿汁江，从北往南流，至县东注入仆水。

（七）昆泽县

《汉书·地理志》有昆泽县。《水经·温水注》说："温水自夜郎县西北流，经谈稿与迷水合，又经昆泽县南，又迳味县。"该段记录错误甚大，但却透露了昆泽应在温水附近，即今南盘江边。昆泽也应在大泽旁，以湖得名。但这不是《汉书·地理志》滇池县条下的"大泽"，那个大泽即今滇池，与南盘江不通。《水经·温水注》说，"温水又西会大泽"，应该是这个与南盘江相通的"大泽"，即今阳宗海。昆泽县的位置，杨守敬认为在陆凉州西，钱坫《新校注地理志》认为"昆泽应今云南府宜良县地"，谢钟英《三国疆域表》所说同。今宜良县既近南盘江，又有阳宗海，应即古昆泽县，故治约在宜良县东北部、南盘江北岸的北古城附近。

（八）同劳县

《汉书·地理志》有同劳县。汉代有三同，地域应相连，铜濑在今马龙县；同并初属牂柯郡，应偏在该片之南；据《华阳国志·南中志》，同劳后属晋宁郡，应在这片偏西，位于晋宁、建宁二郡之间。景泰《云南图经志书》认为："陆凉州乃汉之同劳县，即同乐也。""南有古城曰卤昌，乃汉之同劳县。"同劳应位于今陆良县，故治在今陆良县南的旧城。

（九）铜濑县

《汉书·地理志》载："铜濑，谈虏山，迷水所出，东至谈稿入温。"《水经·温水注》又说："迷水西出益州郡之铜濑县谈虏山，东迳谈稿县，右注温水。"温水"又迳味县"。温水为今南盘江，味县在今曲靖，迷水只能在味县以上，从西往东流入南盘江。道光《云南通志》及杨守敬《水经注疏》皆认为迷水即今阿幢河，铜濑在今马龙县境。阿幢河发源于马龙县北，东流至曲靖东部入南盘江，记载与今地望一致，可从。

（十）味县

《汉书·地理志》有味县。孟康注："音昧。"据《水经·温水注》，味县应位于温水上游，与谈稿、昆泽邻近。该书说："水侧皆是高山，山水之间，悉是木耳夷居，语言不同，嗜欲亦异，虽曰山居，土差平和而无瘴毒。"这样的地形、气候和位置，正应在今曲靖地区。《元混一方舆胜览》说："南宁县，汉之味县也。"景泰《云南图经志书》认为："曲靖府，汉为味县地。"咸丰《南宁县志》说："味县故城，在城西十五里平川中，旧名共范川。……《通志》：今其地名三岔，故城遗址尚存。"味县在今曲靖市，故城在曲靖市区西北七公里三岔。

（十一）牧靡县

《汉书·地理志》载："收靡，南山腊谷，涂水所出，西北至越巂入绳，过郡二，行千二十里。"李奇注："靡音麻，即升麻，杀毒药所出也。"《隶释》卷十七载益州太守碑，碑阴有"故吏牧靡陈汉字伯成，故吏牧靡杨□字茂材，故吏牧靡（下缺）"。三见牧靡。"收靡"应作"牧靡"，据改。《水经·若水注》说："绳水又东，涂水注之。水出建宁郡之牧靡南山，县、山并即草以立名。山在县东北乌句山南五百里，山生牧靡，可以解毒，百卉方盛，鸟多误食，鸟喙口中毒，必急飞往牧靡山，啄牧靡以解毒也。涂水导源腊谷，西北流至越巂入绳。"《水经·存水注》也说："存水自（存䣖）县东南流，迳牧靡县北。"根据以上，可知牧靡是以当地的特产作山名和县名，它的位置与涂水和存水有关。涂水为今牛栏江及上游车洪江，存水为今北盘江南源革香河，"涂水所出"的南山腊谷在牧靡县境，"县东北"的乌句山还距南山五百里，而存水也经过牧靡县的北部边缘，所以牧靡县境宽阔，应包有今寻甸、嵩明两县及宣威市西南、会泽县南缘，但故治应在今寻甸回族彝族自治县城附近，与唐代的升麻川同点。

（十二）俞元县

《汉书·地理志》载："俞元，池在南，桥水所出，东至毋单入温，行千九百里。怀山出铜。"《水经·温水注》也说："温水又东南经牂柯之毋单县……桥水注之。水上承俞元之南池。"对以今地望，南池即今抚仙湖，桥水应即今抚仙湖东入南盘江的海口河，俞元应在今澄江县。明《寰宇通志》认为："澂江府，汉置俞元县。"《明一统志》及正德、万历诸本《云南通志》所说皆同。《续汉书·郡国志》俞元县注引《华阳国志》佚文说："在河中洲上。"当时抚仙湖水位可能比现在稍高，故治应位于抚仙湖北部的沙洲上。

（十三）胜休县

《汉书·地理志》载："胜休、河水东至毋棳入桥。"《续汉书·郡国志》注引《南中志》曰："有大河，从广百四十里，深数十丈。"引《地道记》曰："水东至毋棳入桥水。"今本《华阳国志·南志志》也说："胜休县，有河水也。"西南少数民族多称湖泊为"河"，"从广百四十里",是一大湖无疑,此河水应即今星云湖。星云湖东南至曲江间,今日已不通流;古代则湖水东南流,循今婆兮江入曲江,即所谓"东迳毋棳县左注桥水"。则胜休县在今江川县,故治在江川县北的龙街。

(十四) 毋棳县

西汉置毋棳县。《汉书》颜师古注:"毋读与无同。棳音之悦反,其字从木"毋棳的位置,《水经·温水注》说:"温水又东南迳牂柯之毋单县……桥水注之。""温水又东南迳兴古郡之毋棳县东,王莽更名有棳也,与南桥水合。水出县之桥山,东流,梁水注之。""温水又东南迳律高县南。"说明毋棳在温水之西,又在毋单与律高之间。《汉书·地理志》载:"毋棳,桥水首受桥山,东至中留入潭,过郡四,行三千一百二十里。"《续汉书·郡国志》注引《地道记》也说:"有桥水,出桥山。"此即《水经注》所称之南桥水,即今曲江,有别于从俞元南池流入毋单的桥水。李兆洛、阮元、杨守敬皆以为毋棳故址在宁州,可从。宁州即今华宁县。但毋棳范围较广,"水出县之桥山",今曲江南源在玉溪东南的桅杆山,或即桥山,今玉溪市、峨山彝族自治县及通海县均在毋棳境。"温水又东南迳兴古郡之毋棳县东",毋棳东境直抵南盘江边。

(十五) 律高县

《水经·温水注》说:"梁水又东迳毋棳县,左注桥水。桥水又东注于温,温水又东南迳律高县南。"律高应在毋棳下游温水转向以后,上段水从北往南流,所以在"毋棳县东";下段温水已自西向东流,律高才会在温水之北。《汉书·地理志》还载:"律高,西石空山出锡,东南盐町山出银、铅。"《水经·叶榆河注》也说:"盘水出律高县东南盐町山。"对以今地,律高县应在弥勒县南部的朋普附近。盐町山即今弥勒县东南盘江北折处的皈依底山。

(十六) 贲古县

《水经·叶榆河注》:"马援言:从糒泠水道出进桑王国至益州贲古县,转输通利,盖兵车资运所由矣。"说明贲古应在从糒泠沿水路出进桑,再"转输"从陆至益州的大道上,在益州郡之南,进桑以北。《汉书·地理志》又载:"贲古,北采山出锡,西羊山出银、铅,南乌山出锡。"贲古是一个多种有色金属共生的著名矿山,又以产锡为主。今个旧、蒙自一带,产锡、银、铅、铜、铁等多种有色金属,又以锡特多。在这条从糒泠到益州的大道上,只有个旧才能与贲古的物产相当。贲古,《汉书》颜师古注："贲音奔。"今蒙自新安所，当地少数民族称为 ban-gou，与贲古音相近，过去蒙自附近人曾因此称新安所为"白狗寨"，取其音相近并带有污蔑性质，而新安所又正当"从賁泠出贲古击益州"的大道上。贲古范围包括今个旧市和蒙自县，故治应在蒙自东南的新安所。

(十七) 来唯县

《汉书·地理志》载："来唯，从䖝山出铜。劳水出徼外，东至賁泠入南海，过郡三，行三千五百六十里。"该书青蛉县又载："仆水出徼外，东南至来唯入劳，过郡二，行千八百八十里。"《水经·江水注》说：仆水"历双柏县，即水入焉。""又东至来唯县入劳水。水出徼外，东迳其县，与仆水合。仆水东至交州交趾郡賁泠县南流入于海。"按仆水又称賁水，即今红河。劳水下游经賁泠入海，道光《云南通志》以为即今黑河，可从。但汉时对双柏与西随间不甚了解，不清楚仆水下游即为賁水，而说"賁水西受徼外"；又把藤条江误认为仆水，而说"仆水出徼外，东南至来唯入劳"。来唯应跨在仆水和劳水间，即今红河与黑水河间的广大地区。今越南莱州与来唯音相同，又处在藤条江与黑水河的汇合处，应即汉代来唯故治。来唯辖境广阔。《水经·温水注》说：类水"自九德通类口，水源从西北远荒，迳宁州界来也"。九德郡在今越南宜安，类水即今越南马江，其北源出自莱州省南部巡教附近。说明直到南北朝，今越南莱州省仍在宁州范围内，汉代益州、晋代宁州南界基本沿今莱州省南界，亦即西汉来唯县的南界。

(十八) 弄栋县

一作桥栋。许慎《说文解字》说："桥，木也，从木弄声，益州有桥栋县。"因产弄栋木得名。《汉书·地理志》载："弄栋，东农山，毋血水出，北至三绛南入绳，行五百一十里。"《续汉书·郡国志》桥栋县注引《地道记》说："连山，无血水所出。"《华阳国志·南中志》也说："弄栋县，有无血水，水出连山。"《水经·若水注》说：毋血水"出益州郡弄栋县东农山毋血谷，北流迳三绛县南北入绳。"弄栋县应与毋血水有关，毋血水即今龙川江，龙川江有二源，一出姚安东南，即农山，一出南华西英武关，即连山，二源汇合后，往东经过楚雄，再折往北到元谋境汇入金沙江。弄栋县范围应包有今姚安、南华、牟定诸县及楚雄市。《水经·江水注》说："自蜀西度邛、笮，其道至险，有弄栋八渡之难，扬母阁路之阻。"弄栋也位于交通要道上。《新唐书·地理志》说："姚州，故汉弄栋县地。"《读史方舆纪要》姚州说:"志云,州北有旧城,汉弄栋故县也。"故城在今姚安县西北的旧城。

(十九) 云南县

《汉书·地理志》有云南县。《新唐书·地理志》说:"姚州云南郡,武德四年以汉云南县地置。"《元史·地理志》说:"云南州,唐以汉云南县置郡,蒙氏、段氏并为云南州。"自汉代以来,云南县皆在今祥云县。汉代其范围包有今弥渡县和宾川县。《蛮书》卷六记云南城说:"西隔山有品睑赕,亦名清字川,尝为波州。""东第二程有欠舍川大都部落,第三程至石鼓驿,旧化州也。"云南城在今昆明至大理的交通要道上,西为波州,即今祥云县城,东边的欠舍川、石鼓驿皆在今南华县境,则云南县故治在今云南驿附近。《读史方舆纪要》说:"云南驿,在(云南)县东,其相近有古城村,或以为古云南郡城也。"古城村今讹为果城,应即汉代的云南县故城。对云南的解释,郭松年《大理行记》说:"川原坦夷,山势回合,周二百余里,乃云南州也。……张乐进求时,州北龙兴和山忽五色云起,萧索轮囷,终日不散,人以为祥。州居云之南,因改今名。"谢肇淛《滇略·版略》说:"汉元狩间,彩云见于南中,遣使迹之,云南之名始此也。""云南县,汉彩云见南中处也,遣使迹之,遂置云南县。"对云南县最早的解释见《续汉书·郡国志》云南县下刘昭注引魏宏《南中志》:"县西高山相连,有大泉水,周旋万步,名冯河。县西北百数十里有山,众山之中特高大,状如扶风太乙,郁然高峻,与云气相连结,因视之不见。其山固阴沍寒,虽五月盛暑不热。"又引郭义恭《广志》说:"五月霜雪皓然。"此山应即今玷苍山,俗称点苍山,"郁然高峻,与云气相连结,因视之不见"而只见云气,该县因名云南。

(二十) 邪龙县

《汉书·地理志》有邪龙。《续汉书·郡国志》属永昌,三国蜀改属云南郡。说明邪龙应在益州郡之西,永昌郡之东,永昌和云南交界处。所以《水经·叶榆河注》说邪龙"于不韦县为东北"。邪龙还在贪水和仆水的交汇处。《汉书·地理志》叶榆县载:"贪水首受青蛉,南至邪龙入仆,行五百里。"《水经·江水注》说:"仆水又南迳永昌郡邪龙县而与贪水合。"贪"水出青蛉县,上承青蛉水,迳叶榆县,又东南至邪龙入于仆。"贪水为今毗雄河,仆水为礼社江及其上游蒙化大河,两水会合处今巍山彝族回族自治县及南涧彝族自治县一带,即古邪龙县地。钱坫《新校注地理志》说得更具体："邪龙应今蒙化府地。"故治应在今巍山坝子。

（二十一）叶榆县

《汉书·地理志》载："叶榆，叶榆泽在东。"又作"楪榆"，韦昭注："楪，音葉。"《续汉书·郡国志》楪榆县注引《地道记》说："有泽，在县东。"《水经·叶榆河注》说："县之东有叶榆泽，叶喻水所钟，而为此川薮也。"叶榆县因其东的叶榆泽得名，叶榆泽即今洱海，为"叶榆水所钟"，叶榆水即今弥苴佉江。《续汉书·郡国志》注引《广志》说："有吊鸟山，县西北八十里，在阜山，众鸟千百群共会，鸣呼啁哳，每岁七月、八月晦望至，集六日则止，岁凡六至，雉雀来吊，特悲。其方人夜然火伺取，无噪不食者以为义鸟，则不取也。俗言凤凰死于此山，故众鸟来吊。"《水经·叶榆河注》也载叶榆"县西北八十里有吊鸟山"，所记内容大致相同。至今洱源县凤羽乡仍有鸟吊山，情况与上述记载一致，量以方位和里距，叶榆县故治应在今大理市喜洲镇。《读史方舆纪要》大理府也说："叶榆废县，在府东北，汉县治此。"叶榆辖境较宽，当包有今大理市及洱源、剑川、漾濞等县。

（二十二）比苏县

《汉书·地理志》及《续汉书·郡国志》有比苏县，但皆无注说。一作芘苏[①]。比苏从东汉至晋皆属永昌郡，晋永嘉五年（311年）属河阳郡，东晋成帝时"分河阳立"西河太守，比苏又为郡治，而叶榆仍属河阳郡。说明比苏既近永昌、又近河阳，在叶榆之西。今云龙县境有沘江，疑与古代比苏之名有关，故治可能即在沘江边，约当今云龙县城附近。《元史·地理志》记金齿等处宣抚司有"土蛮凡八种"，其一"曰比苏"，说明比苏是族名，"沘江"可能因比苏人住而得名，汉代设治因族名为县名。道光《云南通志》认为："《一统志》：比苏废县在云龙州西。《州志》：晋咸和中分河阳郡置西河郡，治比苏，则比苏当在云龙州澜沧江西及潞江以外，及丽江县西皆是。"比苏辖境宽广，约包有今怒江傈僳族自治州，"比苏"疑即傈僳的音转，这个范围正是傈僳族分布的地区。

（二十三）嶲唐县

《汉书·地理志》载："嶲唐，周水首受徼外。又有类水，西南至不韦，行六百五十里。"《华阳国志·南中志》也载："孝武时通博南山，度

[①] 见《宋书·州郡志》。

兰沧水、渚溪，置嶲唐、不韦二县。""嶲唐县，有周水从徼外来。"《水经·若水注》也说："兰仓水又东北迳不韦县，与类水合。水出嶲唐县，汉武帝置。类水西南流，曲折又北流，东至不韦县注兰仓水。"兰仓水即今澜沧江，周水即今怒江。从上可知嶲唐位于澜沧江和怒江之间，在不韦以北。类水即渚溪，应即今瓦窑河，类水"出嶲唐县"，"东至不韦县注兰仓水"，嶲唐故城应在今云龙县西的漕涧附近，该县范围包有今云龙县澜沧江以西部分及泸水县，瓦窑河会入澜沧江处则属不韦县。嶲唐的命名，《续汉书·郡国志》刘昭注："本西南夷，《史记》曰古为嶲、昆明。"即因嶲族置嶲唐县。

（二十四）不韦县

《汉书·地理志》有不韦县。《华阳国志·南中志》说："孝武时通博南山，度兰仓水、渚溪，置嶲唐、不韦二县。徙南越相吕嘉子孙宗族实之，因名不韦，以彰其先人恶。"《三国志·吕凯传》裴注引东晋孙盛《蜀世谱》又说："初，秦徙吕不韦子弟宗族于蜀。汉武帝时，开西南夷，置郡县，徙吕氏以充之，因曰不韦县。"不韦吕氏至三国时即为吕凯家族，其居地当在澜沧江西岸今保山市。万历《云南通志》说："不韦县，传在凤溪山下。""凤溪在永昌府东北。"《读史方舆纪要》说："不韦废县，在（永昌府）东北。"天启《滇志》说："汉吕凯墓，在保山金鸡村，芜秽弗治，土人岁时拜之。"光绪《永昌府志》杂记事仍说："吕凯墓，在金鸡村。"今保山市东北凤溪山下金鸡村，还有吕公祠、吕凯练兵插旗台，金鸡村的群众都熟悉吕凯的故事。不韦县在今保山市，故城当在保山市东北的金鸡村。

二　牂柯郡

汉武帝元鼎六年（公元前111年）置。《汉书·地理志》应劭注："临牂柯江也。"因江名为郡名。颜师古注："牂柯，系船杙也。《华阳国志》云，楚顷襄王时，遣庄蹻伐夜郎，军至且兰，椓船于岸而步战。既灭夜郎，以且兰有椓船牂柯处，乃改其名为牂柯。"《水经·温水注》："牂柯亦江中两山名也。左思《吴都赋》云'吐浪牂柯'者也。"但《管子·小匡》已有牂柯，与吴、越、巴等并称，郑珍、莫友芝等认为牂柯在春秋时已著名。郡境约当今贵州大部和云南东部，辖17县2都尉，17县中有11县在今云南。郡治故且兰。兹分述如下：

（一）故且兰县

《汉书·地理志》牂柯郡载："故且兰，沅水东南至益阳入江，过郡二，行二千五百三十里。"武陵郡无阳县又说："无水，首受且兰，南入沅，八百九十里。"《续汉书·郡国志》注引《地道记》说"有沈水"，"沈"当为"沅"字，因形近而误。《水经》说"沅水出牂柯且兰县"。注文又说"无水出故县兰"。以上说明且兰应在沅水与无水之间，兼有二水源一片。《后汉书·西南夷夜郎传》说："楚将庄豪从沅水伐夜郎，军至且兰，椓船于岸而步战。"《华阳国志·南中志》也说："楚将军庄蹻沂沅水，出且兰，以伐夜郎，植牂柯系船，于是且兰既克，夜郎又降。"且兰还在可以行船的沅水边。乾隆《贵州通志》卷四沿革上引《滇黔记游》说："按重安江即沅水之北源，可通舟楫。其上有都兰渡、都兰寨，在今清平县西北四十里。""此即庄蹻系船处。"至今凯里附近的江上小船仍不少，证明沅水直到这一段都可航行。且兰约在今贵州凯里市清平镇西北四十里，福泉县与黄平县间的重安江畔。西汉在此设治时，且兰君已被诛，县名因故且兰。

（二）毋敛县

《汉书·地理志》牂柯郡载："毋敛，刚水东至潭中入潭。"《华阳国志·南中志》："毋敛县，有刚水也。"《汉书·地理志》郁林郡定周县又说："水首受无敛，东入潭，行七百九十里。"周水见《水经》存水篇及注，此处脱"周"字。据《水经·温水注》"牂柯水又东南迳毋敛县西，毋敛水出焉。"刚水即今都柳江，周水为今龙江，毋敛水为今曹渡河，牂柯水在这里指红水河。毋敛包有此四水分流的台地，中心约在今独山附近。

（三）鳖县

《汉书·地理志》牂柯郡有鳖县。《说文解字》说："鳖，牂柯县，从邑敝声。"《汉书》颜师古注："音不列反"。但《华阳国志·蜀志》犍为郡说："孝武建元六年（公元前135年）置，时治鳖。"《华阳国志·南中志》平夷县又说："鳖县，故犍为郡城也。"鳖县设治比牂柯郡早，初为犍为郡治。元光五年（公元前130年）郡治移南广，鳖仍属犍为。元鼎六年（公元前111年）划归牂柯郡。《汉书·地理志》说："鳖：不狼山，鳖水所出，东入延[①]，过郡二，行七百三十里。""符：温水南至鳖入黚

[①] 按，原文作"沅"，有误。以《水经注》校，应为"延"。

水，黚水亦南至鄨入江。"汉阳："汉水所出，东至鄨入延。"对以今地望，延江水即乌江，鄨水即发源于今遵义市西的湘江，温水即发源于绥阳的洛安江，黚水即湄潭江。鄨县在延江水之北，鄨水横贯县境，温水、黚水俱出符县，南流入鄨水。鄨县应包有今赤水河到乌江之间的广大地区。《清一统志》遵义府古迹谓"鄨县故城在府城西"，可从。鄨县应在今贵州遵义市西。

（四）平夷县

《汉书·地理志》有平夷县，属牂柯郡。晋分平夷、鄨二县置平夷郡。知平夷必与鄨县相近。《华阳国志·南中志》说："平夷县：郡治，有硃津、安乐水，山出茶、蜜。"《水经·江水注》又说：符县"县治安乐水会"。此安乐水即《汉书·地理志》的大涉水，即今赤水河。符县应在赤水河汇入长江处，而平夷县则应在赤水河上游。《华阳国志·南中志》南秦县条又说："自僰道、南广有八亭道通平夷。"平夷应距南广不远，地处自蜀通往南中的交通大道上。今贵州毕节正合以上条件。郑珍《牂柯十六县问答》以为安乐水即今赤水河，平夷必在赤水上游，贵州大定、毕节、黔西、平远等地皆平夷县。民国《贵州通志》舆地志沿革考从郑说，并认为：毕节旧名比跻，与平夷同为一声之转。平夷应在今贵州毕节市境。

（五）夜郎县

《汉书·地理志》牂柯郡载："夜郎：豚水东至广郁。都尉治。"《后汉书·西南夷传》记竹王三郎的传说，也与豚水有关。夜郎应在豚水边。《史记·西南夷列传》说："夜郎者，临牂柯江，江广百余步，足以行船……浮船牂柯江，出其不意，此制越一奇也。"豚水即今北盘江，下游称牂柯江。今关岭县境有红岩碑，文字古朴难认，北盘江南岸有多处岩画，应为较早的历史遗迹。夜郎县约在今贵州关岭县永宁附近。《续汉书·郡国志》又说："夜郎：出雄黄、雌黄。"今贵州郎岱（现属六枝）盛产雄黄，又距盘江近，亦应包入夜郎。

（六）谈指县

《汉书·地理志》牂柯郡有谈指县。据《华阳国志·南中志》，晋元帝时，刺史王逊分夜郎以南为夜郎郡，领夜郎、谈指二县。谈指在夜郎南部。《续汉书·郡国志》注引《南中志》："有不津江，江有瘴气。"郑珍《牂柯十六县问答》认为："不津江当是北盘江异名，今自安南沙麓津以下，并岸狭中深，瘴疠蒸郁，舍此则夜郎左近并别无有瘴之江，亦谈指在兴义之一确证。"侯哲安认为：北盘江下游从百层到蔗香一段旧名百层河，百层与不津音近，即古不津江。《续汉书·郡国志》又说："谈指，出丹。"贵州向以出产水银著称，北盘江流域今花江、者相、营盘一带最集中。谈指应在今贵州贞丰县北部者相附近。

（七）谈稿县

《汉书·地理志》有谈稿县。该书铜濑县又说："谈虏山，迷水所出，东至谈稿入温。"《水经·温水注》也说：温水"迳谈稿与迷水合。水西出益州郡之铜濑县谈虏山，东迳谈稿县，右注温水。""豚水东北流，迳谈稿县，东迳牂柯郡且兰县，谓之牂柯水。"据此，知谈稿应在汉牂柯、益州两郡交界处，既邻温水，又近豚水，辖境跨在今南、北盘江间的分水岭上。道光《云南通志》认为："同乐、味县，其东境为汉谈稿县地。""谈稿在温水东，南宁、沾益东畔，今白水站诸处。"谈稿故城应在今云南富源与贵州盘县间，适当铜濑之东，味县东北，其东的拖长河往东北流，为北盘江一源，正合"豚水东北流，迳谈稿县"的记载；其西的阿幢河往东注入盘江，正合迷水"东至谈稿入温"的记载。

（八）漏卧县

《汉书·地理志》有漏卧。应劭注："故漏卧侯国。"《汉书·西南夷列传》注引孟康说："漏卧，夷邑名，后为县。"以族名或邑聚名为县名。《汉书·西南夷列传》载："成帝河平中，夜郎王兴与钩町王禹、漏卧侯俞更举兵相攻。"则漏卧、钩町、夜郎应互相毗邻。但钩町东边是广郁、增食，而王逊分兴古之盘南为梁水郡，说明兴古郡在盘北还有一片。今罗平既邻夜郎、钩町，又在盘北，应即古代漏卧县地。《读史方舆纪要》说："漏卧故城在今云南罗平州。"李兆洛《历代地理韵编今释》说法相同。

（九）漏江县

《汉书·地理志》有漏江县。左思《蜀都赋》曰："漏江伏流溃其阿。"刘逵注："漏江在建宁，有水道伏流数里复出，故曰漏江。"《华阳国志·南中志》也说："漏江县，九十里出螳口。"《水经·叶榆河注》：叶榆水"又东迳漏江县，伏流山下，复出螳口，谓之漏江。"水道伏流复出，这是西南地区喀斯特地貌的特点之一，该县因此得名漏江。道光《云南通志》载：泸川源出广西州北三十里，南流至阿庐后洞，伏流穿洞，由前洞南出为泸源，东南流汇东河为矣邦池，由尾闾浅入，伏流，南入盘。对以今地，漏江正应在今泸西县境。

（十）毋单县

《汉书·地理志》有毋单县。颜师古注："毋读与无同。单音丹。"毋单在两汉属牂柯郡，三国以后割属建宁郡，说明它应在牂柯与建宁两郡交界的地方。《水经·温水注》说："温水又东南迳牂柯之毋单县，建兴中，刘禅割属建宁郡，桥水注之。""桥水东流，至毋单县注于温。"据此，毋单应傍温水，在桥水与温水的会流处。桥水为今抚仙湖东入南盘江的海口河，则毋单应在今宜良、路南县南境及澄江、华宁的部分地方，故城应在今宜良县南的禄丰村附近。

（十一）同并县

《汉书·地理志》有同并县。应劭注："故同并侯邑。并音伴。"同并与同劳、同濑为汉三同，三县应接近。汉属牂柯郡，南北朝属建宁郡，说明同并应在三同之南，牂柯北境，两汉益州与牂柯两郡接界处。《水经·叶榆河注》说："叶榆水东北经滇池县南，又东经同并县南，又东经漏江县。"郦道元注叶榆水道有误，但从所记地名，知同并在滇池之东，漏江之西，故城应在今弥勒县城附近。

（十二）句町县

又作"钩町县"。《汉书·地理志》句町县颜师古注："音劬挺。"应劭注："故句町国。"《华阳国志·南中志》载："句町县，故句町王国名也。其置自濮，王姓毋，汉时受封迄今。"以族名为县名。《汉书·地理志》载："句町，文象水东至增食入郁。又有卢唯水、来细水、伐水。"《续汉书·郡国志》句町县注引《地道记》也说"有文象水"。① 《水经·温水注》记文象水："导源牂柯句町县。""文象水、蒙水与卢唯水、来细水、伐水，并自县东历广郁，至增食县注于郁水也。"按，"文象"可能系"大象"之讹，文象水应为此诸水中的最大者。传统皆以西洋江为右江主源，王先谦《汉书补注》亦以为文象水即西洋江。其他蒙水、卢唯水、来细水、伐水等难——确指，但皆为右江上游各河无疑，即今驮娘江、小沿河、甲江、八桂河等。诸水"并自县东历广郁至增食县注于郁水"，则此五河在句町境内尚未合流。诸河全部合流处在今广西百色市稍

---

① 原作"有文枭水"，因形近而误，据《汉书·地理志》改。

西，故句町县辖境应包有云南的广南、富宁及广西的隆林、西林、靖西诸县，故治在今广南县城附近。

（十三）宛温县

《汉书·地理志》有宛温县。《续汉书·郡国志》宛温县注引《南中志》说："县北三百里有盘江，广数百步，深十余丈。此江有毒气。"《太平御览》卷七九一引《永昌郡传》也说："兴古郡在建宁南八百里，郡北三百里有盘江，广数百步，深十余丈。此江有瘴毒。"《永昌郡传》的兴古郡指郡治，亦即《华阳国志·南中志》、《水经·温水注》指名的郡治宛温县，在律高以下、句町以上，盘江以南三百里，揆之今地望，故城在今砚山县北的维摩附近。但宛温北境应抵南盘江，包有今丘北县，至今丘北仍俗称宛丘，透露出宛温与丘北的关系。

（十四）镡封县

《宋书·州郡志》说："镡封长，汉旧县，属牂柯，晋太康地志属兴古。"王逊初立梁水郡时仍属兴古郡，南朝宋、齐时始划属梁水郡。则镡封应在兴古郡的西部，梁水郡的东部。《汉书·地理志》载："镡封，温水东至广郁入郁，过郡二，行五百六十里。"颜师古注："镡音寻，又音淫。"《华阳国志·南中志》也说："镡封县，有温水。"《水经·温水注》记载顺序把镡封放在律高、梁水两县以下，并说"温水东南迳镡封县北"，证明镡封应在律高、梁水下游的温水南岸。据此，镡封县约位于今砚山县平远街附近。

（十五）都梦县

《汉书·地理志》载："都梦，壶水东南至凳泠入尚龙溪，过郡二，行千一百六十里。"《华阳国志·南中志》又说："都唐县，故名都梦县。"都梦两晋时改名都唐，属兴古郡，说明应位于梁水郡范围以东。那一带东南流至凳泠的水道，当为今盘龙河。盘龙河在今文山坝子，地势开阔，河道弯曲，后经麻栗坡县境，两岸高山壁立，河道狭窄，水流甚陡，其形似壶，大概因此得名壶水。钱坫《新校注地理志》认为："都梦在今开化府地。"所说近是。都梦应位于盘龙河上游，今文山、麻栗坡、马关等县地，故治在今文山坝子。

（十六）进桑县

《汉书·地理志》载："进桑，南部都尉治。有关。"《水经·叶榆河注》也说："进桑县，牂柯之南部都尉治也。水上有关，故曰进桑关也。

故马援言从麊泠水道出进桑王国,至益州贲古县,转输通利,盖兵车资运所由矣。"这条交通要道从麊泠水行至进桑,登陆再至贲古,即今从越南河内溯红河而上经蒙自至昆明的路线。进桑恰在这条路上水陆两段交接的地方,其范围包有今屏边苗族自治县、河口瑶族自治县,故治在屏边县境。进桑关是进桑王国南部的军事重地,验以今地,应即河口瑶族自治县西部的莲花滩。那里江中原有六七个乱石伫立,宛如朵朵莲花,船行极险,因名。

(十七) 西随县

西汉西随属牂柯郡,晋《太康地志》属兴古郡,《华阳国志·南中志》属梁水郡,说明西随在原牂柯郡西南部,兴古郡西部,梁水郡最南端。《汉书·地理志》载:"西随,麊水西受徼外,东至麊泠入尚龙溪,过郡二,行千一百六里。"《水经》载:叶榆河"东南出益州界,入牂柯郡西随县北,为西随水,又东出进桑关。"注文说:"自西随至交趾,崇山接险,水路三千里。"西随水为叶榆河流过西随县一段的异名,即今红河。进桑关以下则称麊水。西随水过西随县北,西随县应在今红河南岸。从西随至交趾,有水路可通,虽然"崇山接险",但仍能行船,对以今地,西随在金平苗族瑶族傣族自治县境。

三 犍为郡

犍为郡是武帝开西南夷设置最早的郡,建元六年(公元前135年)置。其中北部地区在秦代已分属巴郡和蜀郡,汉代析出再益以新开的土地,合置犍为郡。《华阳国志·巴志》说:"孝武帝又两割置犍为郡,故世曰:分巴割蜀,以成犍、广。"犍为郡和广汉郡都分割了巴、蜀的部分地区。《汉书·地理志》犍为郡应劭注:"故夜郎国。"犍为郡最初是以治理夜郎及其旁小邑为主设置的郡。《华阳国志·蜀志》说:"犍为郡,孝武建元六年置,时治鳖。县十二,汉户十万。鳖,故犍为地是也。鳖有犍为山,见《保乾图》。"初设郡时治所在鳖县,因鳖县有犍为山,以山名为郡名。《太平寰宇记》戎州引《十三州志》曰:犍为"郡有犍为山也"。鳖县在今贵州遵义市西,与戎州无涉,犍为山也不在今四川宜宾市,而应在遵义附近,可能即今大娄山。《华阳国志·蜀志》载:"元光五年,郡移治南广。太初四年,益州刺史任安城武阳。孝昭元年,郡治僰道,后遂徙武阳。"《元和郡县图志》眉州彭山县云:"汉昭帝时,犍为郡自僰道移理武阳。"但《汉书·地理志》记平帝元始二年（公元2年）政区，郡仍治僰道。可能昭帝末年曾一度迁治武阳。犍为郡领县的情况和辖境也有较大的变化。最初置县已不可考，元朔三年（公元前126年）"独置南夷夜郎两县一都尉，稍令犍为自葆就"，则在今贵州只剩这两县，设一都尉。到元鼎六年（公元前111年）置牂柯郡，两县一都尉改属牂柯，犍为郡辖境仅包有今四川南部和云南东北部，贵州西北边缘只有汉阳一县属犍为郡。《汉书·地理志》领十二县的政区表反映的是这以后的情况。犍为郡在西南夷范围的有五县一都尉，其中有四县在今云南，兹分述如下：

（一）南广县

《汉书·地理志》载："南广，汾关山，符黑水所出，北至僰道入江。又有大涉水，北至符入江，过郡三，行八百四十里。"《水经》又载："延江水，出犍为南广县，东至牂柯鄨县。"符黑水即今南广河，大涉水即赤水河，延江水即乌江上游，在此三水发源的一片台地，即汉代南广县。其范围大致包有今云南的镇雄、威信、彝良、盐津诸县及四川的筠连、高县、珙县地。南广又位于交通要道上，不但自僰道至朱提的水、步道皆从此经过。《华阳国志·南中志》南秦县条说："自僰道、南广有八亭道通平夷。"又在僰道至平夷的路上，位于两路的汇合处。据《华阳国志·南中志》，南广有盐官，东汉以后还产盐。因此，南广县故城应在今盐津县。南广不但是汉代在云南设立的最早的县，也是当时川、滇、黔之间重要的行政中心。从元光五年（公元前130年）至昭帝始元元年（公元前86年），南广还是犍为郡治。《华阳国志·南中志》谓南广县"汉武帝太初元年置"，所说不可从。

（二）朱提县

《太平御览》卷七九一引《永昌郡传》载："朱提郡在犍为南千八百里，治朱提县，川中纵广五、六十里。""建宁郡，朱提之东南六百里。"《水经》载：若水"又东北至犍为朱提县西，为泸江水。又东北至僰道县入于江。"说明朱提应在犍为以南、建宁以北，今金沙江东侧。《汉书·地理志》载："朱提，山出银。"应劭注："朱提山在西南。"苏林注："朱音铢。提音时。北方人名匕曰匙。"《水经·若水注》说得更明确："朱提，山名也，应劭曰在县西南，县以氏焉。"朱提县因县境西南部的朱提山得名。此山在今鲁甸县南部。朱提县辖境包有今昭通市、鲁甸县、永善县，故城在昭通市昭通坝子内。

（三）堂琅县

《汉书·地理志》作"堂琅"，"琅"他书亦作"狼"、"螂"、"蜋"、"瑯"。《华阳国志·南中志》载："堂螂县，因山名也。出银、铅、白铜、杂药，有堂螂附子。"堂琅县因堂狼山得名。《续汉书·郡国志》朱提县下刘昭注引《南中志》曰："西南二百里有堂狼山①，多毒草，盛夏之月，飞鸟过之，不能得去。"堂狼山为今巧家县东部的大山。该山大概多螳螂，因以为名。《水经·若水注》载：朱提"郡西南二百里，得所绾堂琅县。""有泸津，东去县八十里，水广六七百步，深十数丈，多瘴气，鲜有行者。"《华阳国志·蜀志》载："会无县，路通宁州，渡泸得堂狼县。"《南中志》又载："李骧破越嶲，伐宁州，王逊使督护云南姚岳距骧于堂螂县。"堂琅在朱提西南二百里，泸津东边八十里，泸津在今巧家县治，堂琅故城应位于今巧家县东部的老店子。堂琅以产铜著称。堂琅县的辖境应包有今巧家县、会泽县及东川区。

（四）存䣖县

西汉有存䣖县。《说文解字》载："存䣖，犍为县。"该县先属犍为郡，后属建宁郡，知其地在犍为最南，与益州郡接壤。蜀以犍为属国置朱提郡，然《晋书·地理志》朱提无存䣖，而以存䣖属建宁。后分建宁以西七县为晋宁郡，存䣖仍属建宁，知存䣖应在朱提东南，建宁郡东北部。《水经》载："存水出犍为郁䣖县，东南至郁林定周县为周水，又东北至潭中县注于潭。"郦道元注："存水自（郁䣖）县东南流，迳牧靡县北，又东迳且兰县北，而东南出也。"对于存水的流程，记载有错乱，但从上文可知，存水源自存䣖，向东南流，而且还要经过牧靡县北。验以今地望，存水应即北盘江的南源革香河，校正郦注，应是"存水自牧靡县北，迳存䣖县东南流"，存䣖以存水得名，应在今宣威市境。《汉书·地理志》作"郁䣖"，王念孙《汉书杂志》订正说："郁䣖，郁本作存，此因䣖字而误加阝。"吴式芬、陈介祺合辑《封泥考略》有"存䣖左尉"可以为证。

（五）汉阳县

西汉犍为郡有汉阳县，为都尉治。《汉书·地理志》载："汉阳，都尉治，山闟谷，汉水所出，东至鳖入延。"《华阳国志·南中志》也说：

---

① 原作"西南二里"，脱"百"字。《水经·若水注》："郡西南二百里，得所绾堂琅县。"据补。

"有汉水，入延江。"延江即今乌江；汉水为鳖县以西入乌江的大水，应即今发源于威宁东部的三岔河。汉阳辖境包有今贵州的赫章及威宁彝族回族苗族自治县。汉阳还位于蜀通西南夷的大道上。《三国志·蜀书·费诗传》说："建兴三年，随丞相亮南行，归至汉阳县，降人李鸿来诣亮。"诸葛亮与孟达书也说："往年南征，岁末乃还，适与李鸿会于汉阳，承知消息。"诸葛亮南征的大队人马即经汉阳还蜀，《水经·延江水注》称为"汉阳道"。汉阳县在汉水北侧，约当今贵州赫章县西南的妈姑。

四 越嶲郡

元鼎六年（公元前111年）置。越嶲郡的含义，《汉书·地理志》应劭注："故邛都国也。有嶲水。言越此水以章休盛也。""嶲"是水，"越"是动词，汉越嶲水置此郡，故名越嶲。《后汉书·西南夷列传》说："元鼎六年，汉兵自越嶲水伐之，以为越嶲郡。"以"越嶲"为水名，言汉兵自越嶲水入定其地，因以水名为郡名。一说"越"和"嶲"都是水名，二水皆出生羌界，流经郡境，因名。见《通典·州郡典》及《元和郡县图志》。谭其骧先生认为，《汉书·高祖纪》、《两粤传》称南方的越族皆作"粤"，而越嶲在《西南夷传》里也写作"粤嶲"，可见这一"越"字也是部族名，"越嶲"当做越地的嶲水解，越嶲水就是嶲水。[1]《汉书·地理志》颜师古注："嶲音先蕊反。"大概安宁河谷和越西河谷以邛人为主，其西的山区多为莋人居住。郡境约当今四川凉山彝族自治州、攀枝花市及云南西北部。辖15县1都尉，其中有4个县在今云南。郡治邛都县。兹分述如下：

（一）邛都县

《华阳国志·蜀志》说："邛都县，郡治，因邛邑名也。"说明这是邛人聚居的地区，并因此得名。《水经》说：若水"南过越嶲邛都县西，直南至会无县，淹水东南流注之。"注文又说：孙水出台登县，"南流迳邛都县"，"又南至会无入若水"。若水即雅砻江，孙水即安宁河，若水经"邛都县西"，在县界上，孙水"迳邛都县"，则邛都应在今安宁河流域台登、会无之间的西昌坝子。邛都的位置，还与邛池泽有关。《汉书·地理

---

[1] 见《〈汉书·地理志〉选释》，收入《中国古代地理名著选读》第一辑，科学出版社1959年版。

志》说："邛都，南山出铜。有邛池泽。"《续汉书·郡国志》刘昭注补引《南中志》也说：邛都"县东南数里有水，名邛（广）都河，纵广二十里，深百余丈。"《后汉书·西南夷传》李贤注：邛河"在今嶲州越嶲县东南"。《元和郡县图志》说："陷河在县东南十里。"从汉到唐，记载基本一致。邛河就是邛都河、邛池泽，亦称陷河，即今邛海，汉邛都县故址应在其附近。《元和郡县图志》说："今越嶲、西泸二县并汉邛都县地。"嘉庆《四川通志》卷四建置沿革考也认为："西昌县汉初为邛都国地，元鼎六年改置县。"但汉邛都县城与今西昌市区不同点。最初的县治因地震已沉入邛海中，续建的邛都城在今四川西昌市东南郊。今西昌城南的南门河外原有一土城，当地群众称孟获城，传说即汉晋古城，古墓甚多，常有人在城上挖得玉器等物。

（二）苏示县

汉越嶲郡有苏示县。《汉书》颜师古注："示读曰祇。"即神祇的祇，与示有别。《后汉书·西南夷传》作"苏祈"。唐代嶲州有苏祁县，《元和郡县图志》、《旧唐书·地理志》等皆称"汉旧县"，从汉到唐，位置亦未变。《新唐书·地理志》嶲州载刘希昂使南诏路程，由台登城"九十里至苏祁县，又南八十里至嶲州"。樊绰《蛮书》卷一载四川至云南路程，由台登城平乐驿四十里至苏祁驿，又四十里至嶲州三阜城，并注苏祁为"古县"。二者所载虽里数不同，但苏祁皆在嶲州至台登的适中处。后来，《读史方舆纪要》卷七十四说："礼州千户所在都司（建昌城）北六十里，汉置苏示县，唐曰苏祁。""苏祁废县，今礼州千户所治。"苏示在今四川西昌市西北二十公里的礼州镇。据《隋书·地理志》，苏祇"有孙水"。今礼州恰在安宁河东岸。《汉书·地理志》说："苏示，尸江在西北。"颜师古注，"尸"即古"夷"字。今礼州附近恰有一条从西向东流入安宁河的小水，应即尸江。

（三）台登县

《汉书·地理志》载："台登，孙水南至会无入若，行七百五十里。"《水经·若水注》说得更具体："又有孙水焉。水出台高县，即台登县也。孙水一名白沙江，南流迳邛都县，司马相如定西南夷，桥孙水，即是水也，又南至会无入若水。"孙水即指安宁河及其东源泸沽河，台登在孙水源，南为邛都，再南为会无。后世对台登的考证，《读史方舆纪要》卷七十二说得最详："泸沽河，源出越嶲卫小相公岭，引流而南经冕山千户所境，冕上桥旧在其上，即汉孙水道桥之址。""泸沽关，在（建昌卫）司东北百里，有泸沽巡司，或曰即故台登县治也。"天启《滇志·旅途志》亦认为"台登即泸沽"，所说甚是。近年泸沽河上还有石桥、石碑。汉台登县应在今四川冕宁县南的泸沽镇。《续汉书·郡国志》说："台登出铁。"《华阳国志·蜀志》也说："有孙水，一曰白沙江，入马湖水。山有砮石，火烧成铁，刚利，《禹贡》'厥赋砮'是也。"今泸沽东南数里仍有铁矿，更证明台登故治在泸沽。

（四）阑县

《汉书·地理志》越巂郡有阑县。颜师古注："音兰。"有关阑县的位置，《华阳国志·蜀志》留下了一段文字："阑县，故邛人邑，邛都，接寒关，今省。"这段话脱漏甚多。《续汉书·郡国志》注引《华阳国志》原文为："故邛人邑，治邛都城。"邛都为郡治，在今西昌市，怎么阑县又治邛都城呢？《元和郡县图志》卷七十二说："邛部县，西南至巂州二百六十里，本汉阑县地，属越巂郡。周武帝于此邛部城置县，仍以旧城为名，属邛部郡，开皇三年改属巂州，皇朝因之。"原来越巂郡多邛人邑，邛都是其一，邛部县又是其一，"部"、"都"形近，《华阳国志》"邛都城"当是邛部城之误。周武帝"于此邛部城置县，仍以旧城为名"，这个邛部城，当即是汉时早已有的"阑县治"的旧城，两汉的阑县治与北周、隋、唐时期的邛部县同点。谢钟英《三国疆域表》说得较具体："阑县在越巂厅北二十里。"光绪《越巂厅全志》谓邛部州城在今四川越西县北二十里王家屯场外，地名古城。这个位置确实地接灵关，《华阳国志》原文应正为："阑县，故邛人邑，治邛部城，接灵关，今省。"

（五）灵关道县

《汉书·地理志》越巂郡有灵关道县。灵关道当因灵山得名。《史记正义》注："凿灵山通以关也。"[①] 则灵关当得名于灵山，又作零山，关在灵山道上，又因关以置灵关道县，省称灵道县。《史记·司马相如列传》说："通灵关道，桥孙水以通邛都。"灵关道为蜀通邛都的大道，这条道既要过灵关，又要过孙水源，灵关道县应在越巂郡东北境的灵关道上。《水经》又说："沫水东南过旄牛县北，又东至越巂灵道县。"沫水即今大渡河，旄牛故城在今汉源县南大渡河南岸，则灵关道县当在旄牛之东的大

---

① 按，此据《史记会注考证》录出，其他本无此条注。

渡河南岸。谭其骧先生认为，灵山可能就是现今的大凉山，设关置县处可能在今四川峨边县旧治附近。谭先生还指出："汉魏六朝时别有一灵关，唐初曾置为灵关县，故址在今芦山县西北六十里。《水经注》认为这就是越巂郡的灵关道县，后世地志多沿袭其说。其实两地一在青衣江上，一在大渡河南，相去至少在四百里以上，青衣之南，大渡之北，在汉代又是蜀郡的辖境，越巂郡的属县，岂能悬隔在蜀郡辖境之北？郦注的错误是很明显的。"①

（六）卑水县

《汉书·地理志》越巂郡有卑水县。《华阳国志·蜀志》说："卑水县，去郡三百里，水流通马湖。"《水经·若水注》也说："绳水又迳越巂郡之马湖县，谓之马湖江。又左合卑水，水出卑水县，而东流注马湖江也。"卑水出卑水县，东流注马湖江，应为从今美姑往东南流入金沙江的美姑河。卑水县因水得名，应在美姑河附近，约今四川昭觉、美姑两县间。

（七）灊街县

《汉书·地理志》越巂郡有灊街县。颜师古注："灊音潜，又音才心反。"按《汉书·地理志》灊街列在卑水之后，《华阳国志》同，灊街之后还有安上、马湖，则灊街应与卑水、安上、马湖诸县相邻，位于越巂郡的东北境。《汉书·地理志》灊街以后，紧接的青蛉县则注"临池灊在北"，谭其骧先生指出今本《汉志》该句系错简，原文应在灊街县下。②在今雷波、屏山一带，有马湖和龙湖，但另有马湖县，马湖当在马湖县境。《嘉庆重修一统志》卷三九五叙州府山川说："龙湖，在雷波厅北。旧志在屏山县西三百八十里，周二百余里，四围皆峻崖。去马湖江止二里，水与江同消长，日夕作潮，相传昔有龙马见此。通志在今黄螂所南五里，长二十里，广五里，一名龙海。"龙湖潜通大江，正符合临池灊的"灊"的含义，应即临池灊。灊街得名于临池灊，应在今四川雷波县境，龙湖南岸。

（八）会无县

西汉越巂郡有会无县。《汉书·地理志》载："孙水南至会无入若。"

---

① 《中国古代地理名著选读》第一辑，科学出版社1959年版，第85页。
② 同上书，第87—88页。

《水经》说：若水"南过越嶲邛都县西，直南至会无县，淹水东南流注之"。《注》文也说："若水又迳会无县。"孙水即今安宁河，若水即今鸦砻江，会无应在今安宁河与鸦砻江汇口附近的会理县境。《华阳国志·蜀志》说："会无县，路通宁州，渡泸得螳狼县。"说明会无与螳狼以泸水为界，会无应包有今会东、宁南一片。会无县的具体位置，《元和郡县图志》说："会川县，本汉会无县，属越嶲郡。"《读史方舆纪要》卷七十二说："会无废县，在会川卫治西，汉置县，唐置会川镇。"汉晋会无县与唐会川县同点，在今四川会理县城西五里。

（九）莋秦县

《汉书·地理志》越嶲郡有莋秦。汉代于莋族住地设治皆冠以莋字，带莋的各县应连成一片。嘉庆《四川通志》认为："冕宁县，设置大莋、台登二县。"考大莋在今盐边县，定莋在今盐源，莋都在今汉源县东北。今冕宁县西部有条件可当莋秦，这片地方北接莋都，南连定莋，则四莋地域相连。

（十）定莋县

越嶲郡有定莋县，为都尉治。《华阳国志·蜀志》说："县在郡西，渡泸水。宾刚徼，曰摩沙夷。有盐池。"此泸水指鸦砻江，又称东泸。定莋县应在越嶲郡西部，鸦砻江之西。《汉书·地理志》又说："定莋，出盐。步北泽在南。都尉治。"今盐源县向以产盐著称，诸书多谓盐源即定莋县。光绪《盐源县志》谓白盐井南有大水塘，即步北泽。清代地图中，盐源西南还有龙塘。今已不见此泽，盖近代已湮塞。定莋县应在龙塘之北，即今四川盐源县城。

（十一）大莋县

《汉书·地理志》越嶲郡有大莋县。同书蜀郡旄牛县下注："若水亦出徼外，南至大莋入绳。过郡二，行千六百里。"《水经·若水注》说：若水"又迳越嶲大莋县入绳"，绳水"至大莋与若水合"。则大莋应在绳若会合处。若水即鸦砻江，绳水即金沙江。今鸦砻江与金沙江汇口处之东既为会无县，则汇口处之西今四川盐边县即为大莋。

（十二）青蛉县

《汉书·地理志》有青蛉县，因青蛉水得名。应劭注："青蛉水出西，东入江也。"《水经·若水注》也说：青蛉"水出青蛉县西，东迳其县下，县以氏焉。……青蛉水又东注于绳水"。至今流过大姚、从西往东流入金沙江的河还称蜻蛉河，与以上记述完全一致。长期以来，青蛉都在交通要道上。《华阳国志·蜀志》说：三缝县"通道宁州，渡泸，得青蛉县。"《隋书·史万岁传》记史万岁行军路程，也说："入自蜻蛉川，经弄栋，次小勃弄、大勃弄，至于南中。"这条路线就是从今四川西昌往南，经会理、大姚、姚安而到云南的交通要道。青蛉应在泸水南边，与三缝隔水对峙，弄栋又在青蛉的南边。《汉书·地理志》说："青蛉，临池泽在北。仆水出徼外，东南至来惟入劳，过郡二，行千八百八十里。禺同山有金马、碧鸡。"青蛉县是否与仆水有关，谭其骧先生在《汉书地理志选释》中指出，"临池泽在北"一句原文应在泽街县下。关于仆水的记载，班志与郦注错误甚大，"仆水出徼外"的"徼外"二字当系衍文。仆水源出叶榆，下入邪龙，与青蛉无涉，不应系仆水于青蛉县下。其下流红河与黑河的汇流处距交趾郡诸县近而距来唯远，也不该在来唯境内。① 仆水、劳水皆在益州郡边缘，它们的流向关系，汉代人已不甚了了。对于青蛉位置的考证，《元史·地理志》大姚县说："青蛉即此地，夷名大姚堡，与弄栋川相接。"万历《云南通志》认为："姚州，汉为弄栋县。大姚，汉为青蛉县。"康熙《新兴州志》纂修者任宜中说："予权姚府事，细察青蛉、弄栋情形，确在姚州、大姚之间。"青蛉县在今大姚县。

（十三）三绛县

《汉书·地理志》有三绛县。《水经·若水注》说："绳水又迳三绛县西，又迳姑复县，北对三绛县，淹水注之。三绛一曰小会无，故经曰淹至会无注若水。若水又与毋血水合，水出益州郡弄栋县东农山毋血谷，北流，迳三绛县南，北入绳。"郦注此文多有错乱，熊会贞早已指出。但这段记录却透露出绳水"又迳三绛县西"，又迳"三绛县南"，三绛正位于绳水拐弯的地方。毋血水又从南往北流迳三绛县南入绳。毋血水为今龙川江，龙川江流入金沙江处也应属三绛。东汉及晋，三绛改名三缝。《华阳国志·蜀志》说："三缝县，一曰小会无，音三播，道通宁州，渡泸得青蛉县。"三绛既曰小会无，证明它不是会无，而应在会无之南。它与青蛉仅隔一泸水，到宁州的交通要道，正要过三绛渡泸再过青蛉。三绛县辖境应包有今四川会理县南部、云南元谋县，故城在元谋县境金沙江北岸的姜驿，"绛"、"姜"音近。《华阳国志》说"音三播"，顾广圻校注早已指

---

① 《中国古代地理名著选读》第一辑，科学出版社1959年版，第87—91页。

出:"旧校云音三播字疑误。"

(十四) 姑复县

《汉书·地理志》载:"姑复,临池泽在南。"《续汉书·郡国志》刘昭注引《地道记》:"盐池泽在南。"道光《云南通志》释为二,不可从。有人认为"临当为盐字之误",临与盐完全可能因形近而误。因水临县,故称临池泽;古代西南产盐的记载甚多,也可能因产盐而称盐池泽。今永胜县南的程海当即临池泽,过去与金沙江相通,正合《水经·淹水注》说的"淹水迳县之临池泽"。《水经》载:"淹水东迳姑复县南,东入于若水。"注文引吕忱曰:"淹水一曰复水也。"有人认为姑复得名于复水,但也可能是淹水因流迳姑复而一名复水。淹水即绳水,即今金沙江,若水即今雅砻江,姑复地在金沙江北,金沙江与雅砻江汇合处的上游,即今永胜县。

(十五) 遂久县

《汉书·地理志》载:"遂久,绳水出徼外,东至僰道入江,过郡二,行千四百里。"《华阳国志·南中志》也说:"遂久县有绳水也。"说明遂久在越嶲郡最西南,绳水自徼外来,首经此县。《水经》谓:"淹水出越嶲遂久县徼外,东南至青蛉县,又东过姑复县南,东入于若水。"《水经·叶榆河注》又说:"叶榆水自县南迳遂久县东,又迳姑复县西与淹水合。"叶榆水未经遂久、姑复,疑系淹水注文错简。淹水亦绳水,即今金沙江。与经文参照,可知遂久与姑复沿江而居,遂久在金沙江上游,姑复在下游;遂久与姑复又隔江而邻,遂久在金沙江以西,姑复在江东。对以今地,遂久正当今丽江纳西族自治县,其范围还包有今鹤庆县。

除以上诸郡之外,元鼎六年(公元前111年)置沈黎郡。《史记·西南夷列传》说:以"筰都为沈犁都"。《汉书·西南夷列传》作"沈黎郡",但《汉书·地理志》缺载。《汉书·武帝纪》颜师古注引臣瓒说:"《茂陵书》沈黎治筰都,去长安三千三百三十五里,领县二十一。"知沈黎郡治所筰都县,在今四川汉源东北境,但领21县之说不确。《华阳国志·蜀志》说:"天汉四年,罢沈黎,置两都尉,一治旄牛,主外羌;一治青衣,主汉民。"旄牛县因旄牛夷得名。严道和徙县亦应属沈黎郡。《汉书·西南夷列传》颜师古注:"徙及筰都,二国也。徙后为徙县,属蜀郡。筰都后为沈黎郡。徙音斯。筰音材各反。"刘琳认为:"徙人为古羌族的一支,又称斯、斯榆、斯臾、斯都。徙为人之意(如今纳西语称

'人'、称'家'、称'姓'均曰'西')。"①沈黎郡系于筰人、徙人、旄牛夷等聚居的地方置，范围约在今四川西部，北自名山、天全等县，南达汉源县大渡河两岸。天汉四年（公元前97年）省入蜀都，于旄牛、青衣两县置都尉。元鼎六年（公元前111年）置汶山郡。《史记·西南夷列传》谓，以"冉、䮾为汶山郡"，②该郡是冉、䮾等族聚居的地方。在今四川阿坝藏族自治州东部。郡治汶江道，辖湔氐道、绵虒道及广柔、蚕陵等县。《汉书·西南夷列传》作"文山郡"。《汉书·宣帝纪》、《后汉书·冉䮾夷传》及《华阳国志·蜀志》都说宣帝地节三年（公元前67年）省入蜀郡为北部都尉。《汉书·地理志》缺载，是汶山郡后来已不存在。元鼎六年（公元前111年）置武都郡。《史记·西南夷列传》说："自冉䮾以东北，君长以什数，白马最大，皆氐类也。"以后置为武都郡。《史记索隐》注："夷邑名，即白马氐。"《史记正义》引《括地志》注："陇右成州、武州皆白马氐，其豪族杨氏居成州仇池山上。"该郡在今甘肃东南部及陕西西南缘，位于广汉郡北。但《史记·西南夷列传》谓以"广汉西白马为武都郡"，《后汉书·白马氏传》亦谓："白马氏者，武帝元鼎六年开，分广汉西部，合以为武都郡。"据《汉书·地理志》武都郡辖九县，但初置时可能还包有广汉郡西北部的阴平道、甸氐道、刚氐道，这些都是氐族聚居的地方。此三县后属广汉郡，置北部都尉，东汉安帝时改置广汉属国。该郡以郡治武都县为郡名。《汉书·地理志》武都县有"天池大泽在县西"。颜师古注："以有天池大泽，故谓之都。"则"都"为水泽，或即"潴"也。

西汉的设治，反映出汉代以巴、蜀为基地往西、往南开发多民族聚居区的过程。武帝时所设七郡，益州郡24县，其中23县在今云南境；牂柯郡17县中，有11县在今云南；犍为郡12县中，有4县在今云南；越嶲郡15县中，亦有4县在今云南。西汉在今云南省境设置的县达42个。其他武都、汶山、沈黎诸郡之县，都与云南无涉，但它们是西北古代民族与西南古代民族迁徙交往的走廊。随着开发的深入，汶山郡和沈黎郡没有专门设为边郡的必要，被并入蜀郡。武都郡偏在巴蜀西北，与西南诸郡悬

---

① 刘琳：《华阳国志校注》，巴蜀书社1984年版，第305页。
② 中华书局标点本《史记·西南夷列传》"冉䮾"连写，但同书《司马相如列传》"冉、䮾"点断。查司马相如《难蜀父老书》有"朝冉从䮾，定莋存邛"句，冉、䮾应为两族。

隔，与凉州的关系又较密切，迄至东汉即改属凉州。到西汉后期，在西南夷的设治仅为四郡。《史记·司马相如列传》司马贞索隐引晋灼注说："南夷谓犍为、牂柯也，西夷谓越巂、益州。"反映的就是西汉后期西南夷的概念。

第三节　西汉对西南夷的统治政策

汉王朝为了巩固对西南夷的统治，采取了一系列政治、经济措施，建立了完整的制度。

一　设郡县

汉代在全国遍置郡县，建立中央集权的专制政体。但地域辽阔的汉王朝，边疆与内地社会发展不平衡，地理环境不同，民族情况复杂，经济基础各异。根据不同的情况，反映在政区设置上也有区别，这就是"内郡"与"边郡"之分。在东北、西北、西南、南方所设多为"边郡"。《汉书·百官公卿表》载："郡守掌治其郡，有丞。边郡又有长史，掌兵马。""郡尉典武职甲卒。"《续汉书·百官志》又载："每郡置太守一人，二千石；丞一人。郡当边戍者，丞为长史。""每属国置都尉一人，比二千石；丞一人。""边郡置农都尉，主屯田殖谷。又置属国都尉，主蛮夷降者。中兴建武六年，省诸郡都尉，并职太守。唯边郡往往置都尉及属国都尉，稍有分县，治民比郡。"汉代对边郡在名称、级别、职权等方面，都有明确的规定，而且经过调整，到东汉时制度更加统一。边郡设长史领丞职，不再设郡丞。刘昭注引《古今注》说："建武六年三月，令郡太守、诸侯相病，丞、长史行事。十四年，罢边郡太守丞，长史领丞职。"边郡往往分置都尉，内地也设都尉于距郡治较远的战略要地。有些边郡置为属国都尉，不再称郡，但秩"比二千石"，级别同太守，"稍有分县，治民比郡"。王先谦《后汉书集解》引颜师古注："属国者，存其国号，而属汉朝，故曰属国。"其实，在西南夷中不称"属国"而以原族名为郡县名称者不少。《后汉书集解》还引李祖楙说："前汉以典属国掌蛮夷降者，中兴后无典属国，但置属国都尉掌之。"边郡还置农都尉，"主屯田殖谷"，把发展边疆的农业生产放到重要的位置。《汉书·百官公卿表》说："县有蛮夷曰道。"《后汉书·百官志》也说："凡县主蛮夷曰道。"汉代对一些少数民族聚居的县称为道。但据《汉书·地理志》统计，一些明显是少数民族聚居的地方仍称"县"，有人因此对这种制度提出怀疑。罗福颐《汉印文字征》有"建伶道宰印"可以释疑。王莽时称县令为宰，此虽为王莽时印，但说明边疆民族聚居区通常"县"即指"道"，二者通用。

二 封土长

汉王朝不是打乱西南夷原有的部族关系另置郡县，而是"即其部落，列置州县"，依原来各族的分布设置郡县，因此，郡县的位置和范围也大体和各族的分布一致。汉王朝授给各族土长世职，大者为王，次者为侯，小者为邑长，建立王、侯、邑长递相统率的土长制度。据《史记·西南夷列传》：西南夷君长达数十，"独夜郎、滇受王印。"见于《汉书·地理志》注引应劭说有："益州郡，故滇王国也"；"牂柯郡且兰县，故且兰侯邑也"；"漏卧县，故漏卧侯国"；"同并县，故同并侯邑"；"夜郎县，故夜郎侯邑"；"句町县，故句町国"；"越巂郡，故邛都国也"；"僰道，故僰侯国也。"见于马援上书，进桑县为进桑王国。大抵王相当于郡级长官，侯相当于县级长官。王侯之下设邑，见于记载的有邑君、邑长，也应是国家任命的官职。因为是以聚落为基础置邑，所以王侯之下的邑较多，可达"邑君数十人"。不打乱原来各族的统治系统，有利于各族群众接受汉的治理。在此基础上，各族首领也乐于接受汉的世职，可加重威望，扩大势力。各级土长成为汉的王、侯、邑长后，他们必须为封建王朝"奔走为命"，服从汉的政令，推行汉的法律，重大行动必须听命于太守、都尉等封建国家派来的郡县长官。"太守"与"王"并为汉朝命官，方国瑜先生称这种为"土流两重政策"。[①] 这是封建王朝在西南边疆最早采用的羁縻制度。正如《后汉书·南蛮传》说的，"知其……难率以礼，是故羁縻而绥抚之"。

王侯的地位常有变化，且皆以功过升降黜废。据《汉书·西南夷列传》，昭帝始元年间，"上曰：句町侯亡波率其邑君长人民击反者，斩首捕虏有功，其立亡波为句町王"。"成帝河平中，夜郎王兴与句町王禹、漏卧侯俞更举兵相攻"，后夜郎王被杀，汉封其子为侯。"王莽篡位，改汉制，贬句町王为侯。王邯怨恨，牂柯大尹周钦杀邯，邯弟承攻杀钦，州

---

① 方国瑜：《云南史料目录概说》第2册，中华书局1984年版，第774页。

郡击之，不能服。"所以夜郎王又作"夜郎侯"，句町侯因出兵"斩首捕虏有功"升为句町王，后来又被贬为句町侯。滇王的下落不见于史书记载。有学者通过考证认为，晋宁石寨山发现滇王金印的第6号墓应该就是末代滇王墓，其死亡和安葬的年代约在武帝晚期，即公元前109年至公元前87年之间。汉王朝对官印有一套严格的管理制度，规定官员离职或改封时，要上交官印，丢失印绶要严惩。滇王死后，其家属和旧臣按照当地传统习俗，将其生前穿戴、使用过的贵重物品随葬，作为夸耀其地位和权势的金印也被一起入葬。然而，此举却惹来大祸，汉武帝以丢失王印为借口，取消了滇王世袭的特权。[①]汉王朝处心积虑进行削藩，对于西南夷中的王侯也不例外，至西汉末年，这些王侯终于全部淡出历史舞台。

三 厚赏赐

汉代，中原王朝重在结好争取边疆各族，经济上往往给予丰厚的赏赐，对西南夷也如此。武帝时对这一政策特别强调。《史记·西南夷列传》载：唐蒙到夜郎，"蒙厚赐，喻以威德，约为置吏，使其子为令。夜郎旁小邑皆贪汉缯帛，以为汉道险，终不能有也，乃且听蒙约。"《史记·司马相如列传》又载："邛筰之君长闻南夷与汉通，得赏赐多，多欲愿为内臣妾，请吏，比南夷。""乃拜相如为中郎将，建节往使，副使王然于、壶充国、吕越人驰四乘之传，因巴蜀吏币物以赂西夷。"唐蒙后来"用兴法诛其渠帅，巴蜀民大惊恐。上闻之，乃使相如责唐蒙，因喻告巴蜀民以非上意。"司马相如《喻巴蜀檄》说得更具体："遣中郎将往宾之，发巴蜀士民各五百人，以奉币帛，卫使者不然，靡有兵革之事，战斗之患。今闻其乃发军兴制，惊惧子弟，忧患长老，郡又擅为转粟运输，皆非陛下之意也。"《史记会注考证》引《史记正义》解释："宾，往宾服而赐之也。"徐孚远说："宾，谓以宾见诸侯之礼接之。"《史记索隐》引张楫曰："发三军之众也。兴制，谓起军法制也。"又引郑氏注云："县官征物曰兴，今云军兴。"一个"宾"，"靡有兵革战斗之患"，一个"兴军法，诛其渠帅"，对照如此鲜明，汉王朝对西南夷的政策跃然纸上。《史

---

① 蔡葵：《论云南晋宁石寨山第6号墓的史料价值》，载《云南文物》1987年第21期；中国古代铜鼓研究学会等编《南方民族考古》第1辑，四川大学出版社1987年版。后收入蔡葵著《考古与古代史》，云南大学出版社1995年版。

记·大宛列传》说"可以赂遗设利朝也,且诚得而以义属之",可作为汉对西南夷政策的概括。《史记会注考证》引颜师古注:"设,施也。施之以利,诱令如朝。""以义属之,谓不以兵革。"

四 薄赋敛

汉王朝实行"散中国肥饶之余以调边境"的政策,减轻边民负担。对西南夷各族,不但厚赏赐,而且薄赋敛。《史记·平准书》载:"汉连兵三岁,诛羌,灭南越,番禺以西至蜀南者置初郡十七,且以其故俗治,毋赋税。南阳、汉中以往郡,各以地比给初郡吏卒奉食币物,传车马被具。而初郡时时小反,杀吏,汉发南方吏卒往诛之,间岁万余人,费给仰给大农。大农以均输调盐铁助赋,故能赡之。然兵所过县,为以訾给毋乏而已,不敢言擅赋法矣。"《汉书·食货志》所载略同。"以其故俗治,毋赋税",这是汉王朝在西南夷地区既定的政策,明确规定在边疆各初郡不实行内地的一套赋役制度,保留原来各族的统治方法,不再增加新的剥削内容。而初郡吏卒的俸禄及其他开支,驿传车马及被具,都由邻近的南阳、汉中等内地各郡供给,不在本地征收。派往初郡守边的军队的给养,则由大司农通过均输调盐铁助赋的办法解决。由中央和内郡供给初郡的政策,大大减轻了边疆各族的经济负担,其减轻的程度,则是"然兵所过县,为以訾给毋乏而已,不敢言擅赋法矣"。《史记集解》引徐广曰:"擅一作经。经,常也。唯取用足耳,不暇顾经常法则也。"遇有军队经过的县,为了足供军需,就不暇顾及常法的规定。总的来说,基本上还是按"以其故俗治,毋赋税"的政策办的。

五 开屯田

两汉随着在西南夷地区郡县的设置,大量移民实边,开置屯田。汉代在边疆的屯田始于文帝时,《汉书·晁错传》有较全面的记载:

> 遣将吏发卒以治塞,选常居者,先为室庐,具田器,乃募罪人及免徒复作,令居之;不足,募以丁奴婢赎罪及输奴婢欲以拜爵者;不足,乃募民之欲往者。皆赐高爵,复其家,予冬夏衣,廪食,能自给而止。……徙民实边,使远方无屯戍之事,塞下之民父子相保,亡系虏之患,利施后世,名称圣明,其与秦之行怨民,相去远矣。上从其

言，募民徙塞下。错复言：陛下幸募民相徙以实塞下，使屯戍之事益省，输将之费益寡，甚大惠也。下吏诚能称厚惠，奉明法，存恤所徙之老弱，善遇其壮士，和辑其心而勿侵刻，使先至者安乐而不思故乡，由贫民相募而劝往矣。臣闻古之徙远方以实广虚也，相其阴阳之和，尝其水泉之味，审其土地之宜，观其草木之饶。然后营邑立城，制里割宅，通田作之道，正阡陌之界。先为筑室，家有一堂二内，门户之闭，置器物焉。民至有所居，作有所用，此民所以轻去故乡而劝之新邑也。为置医巫，以救疾病，以修祭祀。男女有婚，生死相恤，坟墓相从，种树畜长，室屋完安，此所以使民乐其处而有长居之心也。

晁错说的这些对付西北边事的政策，武帝及其以后也行用到西南夷地区。汉代在西南边疆的屯田分三种情况。

第一种是军屯。《汉书·西南夷列传》载，"益州廉头、姑缯民反，杀长吏"。"姑缯、叶榆复反，遣水衡都尉吕辟胡将郡兵击之"。汉代边疆各郡都有"郡兵"，实行屯戍实边的政策。《后汉书·西南夷列传》记文齐为益州郡太守，"造起陂池，开通灌溉，垦田二千余顷，率厉兵马，修障塞，降集群夷，甚得其和"。[①] 这是一幅在滇中垦田戍边的真实写照。《后汉书·百官志》谓："领军皆有部、曲，大将军营五部，校尉一人，比二千石；军司马一人，比千石；部下有曲，曲有军侯一人，比六百石；曲下有屯，屯长一人，比二百石。"汉代在边郡的军制，基层有部、曲、屯的组织，部设校尉，曲设军侯，屯设屯长，递相统率。他们长期任职，分领士卒，平时训练，有事出兵。屯军的人户有输粮和服兵役的双重任务，平时从事生产，有事则投入征战。这些屯军的据点散列各地，形成邑落，世代相沿。三国、两晋以后，这种屯田的军制扩大到少数民族中，不但有汉人的部曲，还有夷人的部曲。《华阳国志·南中志》谓："建宁郡，治故庲降都督屯也，南人谓之屯下。"这是在今曲靖坝子的"屯"。唐代有曲州，应即汉晋相沿下来屯兵的"曲"，在今昭通坝子。从有关文齐事迹的记载，知道汉代在今云南也设有"障塞"。《后汉书·百官志》说："边县有障塞尉。"《后汉书·西羌传》说："障塞亭燧出长城外数千里。"

[①] "率厉兵马"，李慈铭《后汉书札记》认为"厉当作吏"，可从。

大概障塞比城小，设于战略要地或交通要道，用以控扼一片地方，以军事用途为主，有别于行政中心。

第二种是发罪犯屯垦。秦汉时代经常强迫罪犯参战，汉武帝开西南夷，曾发巴蜀罪人击南越、诛头兰，以后又发三辅罪人参战击昆明。汉代也徙罪人实边。上引晁错说："乃募罪人及免徒，复令居之。"在西南夷地区也不例外。《华阳国志·南中志》载："汉武帝元封二年叟反，遣将军郭昌讨平之，因开为郡，治滇池上，号曰益州。汉乃募徙死罪及奸豪实之。"这些人包括犯死罪者、服劳役的犯人及奸豪富商。他们多半与郡兵在一起屯戍。罪犯的子孙或家属被徙至边疆的例子还有一些。孙盛《蜀世谱》载："初，秦徙吕不韦子弟宗族于蜀。汉武帝时开西南夷，置郡县，徙吕氏以充之。"万历《云南通志》曲靖府古迹载："汉李之礼碑，在府城南。相传李膺以党锢，流妻子门人于石城郡云。"吕不韦的子孙宗族、李膺的妻子门人，都被流徙到云南。当还有大量的不见于记载。

第三种是商屯。《史记·平准书》载："汉通西南夷道，作者数万人，千里负担馈粮，率十余钟致一石，散币于邛僰以集之。数岁道不通，蛮夷因以数攻，吏发兵诛之。悉巴蜀租赋不足以更之，乃募豪民田南夷，入粟县官，而内受钱于都内。"《史记集解》引《汉书音义》说："钟，六石四斗。"筑路的戍卒数万人，要从千里外运粮食来供应，巴蜀的租赋全部用上也不够抵偿。为了便于供应筑路士卒的食粮，减少千里转输的困难和大量消耗，尽量鼓励内地富豪到边疆招募人员垦荒，把屯垦的粮食缴给当地官吏，而在长安支付粮价。这是最早在西南边疆实行的商屯。

第四节　西汉和新莽时期的民族起义

一　廉头、姑缯起义

汉代在西南夷地区设置郡县，必然碰到中央集权的统一措施与各族原来长期习惯的分散割据之间的矛盾。汉王朝把一套适应封建制度的做法推广到西南边疆，也必然会遭到处于奴隶制阶段的各族首领的抵制和抗拒。还在汉武帝开西南夷的过程中，这些矛盾就已表现出来。《史记·西南夷列传》载："西南夷又数反，发兵兴击，耗费无功。"《史记·平准书》也载："蛮夷因以数攻，吏发兵诛之。""初郡时时小反，杀吏，汉发南方吏卒往诛之，间岁万余人。"发生这些抵抗的原因是多方面的。一种是对汉王朝有疑虑，态度暧昧。如夜郎"始倚南越"，南越已破，会还诛反者，才被迫入朝。一种是怕打破沿袭已久的传统的生活方式，采取落后、保守和封闭的态度。如且兰君被征发攻南越，"恐远行，旁国虏其老弱，乃与其众反"。另一种如昆明，控扼交通要道，"善寇盗，辄杀略汉使"，"夺币财"。他们固守奴隶制的抢掠方式，因而与从内地传来的封建生产方式发生尖锐的矛盾。总之，汉武帝时期西南夷与汉王朝的矛盾，实质上是先进生产方式和落后生产方式之间的矛盾，是统一和分裂的斗争，汉王朝顺应了历史发展的潮流，因此，反抗斗争的规模不大，而且很快就失败。

昭帝时反对汉王朝的斗争有所扩大。始元元年（公元前86年），益州郡廉头、姑缯民反，杀长吏；牂柯郡谈指、同并等二十四邑凡三万余人皆反。汉王朝遣水衡都尉吕辟胡①募吏民并从犍为、蜀郡临时选取精勇应急的军队万余人②，击益州和牂柯，"大破之"。始元四年（公元前83年），姑缯、叶榆复反，杀益州太守，乘胜与水衡都尉吕辟胡战，士战及溺死者四千余人。据《汉书·杜周传》载，"始元四年，益州蛮夷反。（杜）延年以校尉将南阳士击益州，还，为谏大夫。"汉王朝甚至从南阳调军队进行镇压。始元五年（公元前82年）秋，"大鸿胪田广明征益州，暴师连年"。后来田广明及军正王平等并进，至始元六年（公元前81年）才大破益州，斩首捕虏五万余级，获畜产十余万。③ 反汉的力量超过五万人，遍及从今洱海到贵州西部的广大地区，历时六年，汉王朝派遣的军队最后打败了起义军，并且进行了血腥的镇压。

这段时间，西南夷各部间的矛盾和战争也时有发生。汉王朝利用这种矛盾，调发句町侯亡波率领君长人民参加镇压起义军，斩首捕虏有功，被升为句町王。成帝河平中（公元前28—前25年），夜郎王兴与句町王禹、漏卧侯俞又举兵互相攻击。汉王朝派太中大夫张匡持节和解。兴等不接受汉使的调解，还"轻易汉使，不惮国威"，刻木像汉吏，立在路旁当靶拿箭去射。后来汉王朝派陈立为牂柯太守，何霸为中郎将，到郡。河平二年

---

① 《汉书·西南夷列传》及《百官公卿表》作吕辟胡，《汉书·昭帝纪》作吕破胡，《华阳国志·南中志》作吕破奴。

② 《汉书·昭帝纪》颜师古注引应劭曰："旧时郡国皆有材官骑士以赴急难。今夷反，常兵不足以讨之，故权选取精勇，闻命奔走，故谓之奔命。"

③ 此据《汉书·西南夷列传》。《汉书·昭帝纪》作"斩首捕虏三万余人，获畜产五万余头"。时间据《汉书·五行志》。

（公元前 27 年），陈立仅带从吏数十人，至且同亭，与夜郎王兴相见。兴带将千兵及邑君数十人入见陈立。陈立一一指出兴的不是，立即斩了夜郎王兴的头，邑君"皆释兵降"。句町王禹、漏卧侯俞震恐，"入粟千斛，牛羊劳吏士"。以后，兴的妻父翁指与兴的儿子邪务收余兵，又胁迫旁边的二十四邑反。陈立出奇兵绝其粮道，时天大旱，又攻绝其水道，在这种情况下，"蛮夷共斩翁指，持首出降"。汉王朝及时平定各部间的争斗，有利于西南夷地区的稳定和发展。

二 栋蚕、若豆起义

西汉末年，社会矛盾愈加突出，统治阶级内部的矛盾也越来越尖锐。元始五年（公元 5 年），王莽毒死平帝，立孺子刘婴为皇太子，居摄践祚。公元 8 年，王莽废西汉末帝孺子婴，自立为天子，建国号为"新"。"新"莽政权附会《周礼》，托古改制，在政治上、经济上陆续颁布法令，花样翻新。然而，所推行的各种改制措施，却更加激化了农民阶级和地主阶级之间的矛盾，弄得社会动荡，民不聊生。王莽也一改西汉在边疆的政策，大肆更张，实行民族歧视和民族压迫政策。改益州刺史部为庸部，长官称牧。郡的太守改为大尹，都尉改称太尉，县的令长改称宰，郡县名称多所更易。据《汉书·地理志》统计，当时西南的八个郡，有七个改了郡名。四个内郡共 51 个县，有 16 个县改名；四个边郡郡名全改，共 68 个县，有 10 个县改名。现将西南诸边郡王莽时所改政区名录记如下：

西顺郡（原犍为郡）共 12 县，改名 5 县。

    僰治（原僰道）

    戬成（原武阳）

    符信（原符县）

    新通（原汉阳）

    孱鄢（原存鄢）

同亭郡（原牂柯郡）共 17 县，改名 3 县。

    有敛（原毋敛）

    同亭（原夜郎）

    从化（原句町）

集巂郡（原越巂郡）共 15 县，未改县名。

就新郡（原益州郡）共 24 县，改名 2 县。

有棪（原毋棪）

胜㽺（原胜休）

王莽把很多民族语地名无端地联系到录记的汉字字义方面，以统治者的意愿祈福命名，认为字义不合他们口味的，则反其义改用新名。如胜休改名胜㽺，㽺道改名㽺治，存䣕改名屖䣕，谓要战胜、削弱、统治西南夷各族。句町改名从化，谓从此向化。"武阳"被理解为亮武，反其意，戡成则变为收敛干戈成功。毋敛改名有敛，谓要加重赋敛。符改名符信，意即瑞符有信。汉阳的"汉"本是指汉水，但既以新朝代汉，地名也忌用"汉"字，改为"新通"。这些大量出现的意愿地名，抛开地理实际和民族特色，给设治造成了混乱。而且大民族主义和民族压迫的气氛十分浓烈，更加激起西南夷各族的反感。《华阳国志·南中志》载："王莽更名牂柯曰同亭，郡不服。"《华阳国志·蜀志》载：犍为郡"王莽改曰西顺，郡不服。"因此它们也是短命的，王莽统治覆灭后，这些名称也就完全废弃，又重新恢复旧名。据《两汉官印汇考》，故宫博物院藏有传世的新莽玺印"建伶道宰印"①。建伶在两汉皆为县，新莽时改"县"为"道"，当为加强滇南与滇西间联系的通道有关。

始建国元年（9年）正月，王莽下诏说："天无二日，土无二王，百王不易之道也。汉氏诸侯或称王，至于四夷亦如之，违于古典，缪于一统。其定诸侯王之号皆称公，及四夷僭号称王者皆更为侯。"②他下令边疆各族称王者皆贬降王号，改称为侯。派出一批"五威将"奉《符命》，赍印绶，分赴各地去"收故汉印绶"。这一措施涉及匈奴、西域、高句骊，也直接影响西南夷地区的形势。《汉书·王莽传》说："南出者，逾徼外，历益州，贬句町王为侯。""而句町、西域后卒以此皆畔。"又说："初，五威将帅出，改句町王以为侯，王邯怨怒不附。莽讽牂柯大尹周歆诈杀邯。③邯弟承起兵攻杀歆。……东北与西南夷皆乱云。"五威将到西南夷地区收缴王印。句町王势力较大，首先不服。始建国四年（12年），王莽派牂柯郡大尹周歆用诈杀了句町王邯。邯的弟弟承即起兵攻杀周歆。这是引起西南夷大起义的导火线。其实，比这更早就已经有民族起义在越

---

① 孙慰祖主编：《两汉官印汇考》，大业公司、（上海）书画出版社1993年版。

② 见《汉书·王莽传》。

③ 周歆：《汉书·西南夷列传》作周钦。

巂和牂柯蔓延，郡县穷于应付。《汉书·王莽传》载天凤三年（16年）冯英上书谓："自越巂遂久仇牛、同亭邪豆之属反畔以来，积且十年，郡县距击不已。"又据《后汉书·西南夷列传》载："王莽乱政，益州郡夷栋蚕、若豆等起兵杀郡守，越巂姑复夷人大牟亦皆叛，杀略吏人。"此事应即《汉书·王莽传》说的天凤元年（14年）"益州蛮夷杀大尹程隆"事。当时的形势，正如《汉书·西南夷列传》说的："州郡击之，不能服。三边蛮夷愁扰尽反。"牂柯、越巂、益州三个边郡纷纷起义，西南夷各族连杀了两个郡的大尹，西南边疆燃遍了反抗王莽统治的烈火，各族人民大起义的形势已经形成。

天凤元年（14年），王莽遣平蛮将军冯茂从僰道进击句町和益州。虽然征发巴、蜀、犍为等郡的吏士，又从老百姓中搜括赋敛，准备了充足的费用，但这次出兵仍以冯茂的失败告终。《汉书·西南夷列传》说："出入三年，疾疫死者什七，巴、蜀骚动。"《汉书·王莽传》说："续用冯茂，苟施一切之政。僰道以南，山险高深，茂多驱众远居，费以亿计，吏士离毒气死者什七。""士卒疾疫，死者什六七，赋敛民财什取五，益州虚耗而不克，征还下狱死。"

天凤三年（16年），又遣更始将军廉丹①与庸部牧史熊，再度进击起义军。这一次动用的军力更多，大发天水、陇西骑士及广汉、巴、蜀、犍为的吏民十万人，加上运送粮食、军需者，合计二十万人。为了支持这次战争，"复大赋敛"，调发诸郡兵谷，发民资财，什取其四。起初，颇斩首数千；后来粮草供应跟不上，据《汉书·西南夷列传》，"士卒饥疫，三岁余死者数万。"这个更始将军廉丹即后来镇压赤眉起义军的大刽子手，民间流传这样的歌谣："宁逢赤眉，不逢太师，太师尚可，更始杀我！"其凶狠残暴可以想见。然而，廉丹在西南边疆被困了三年，击益州不能克，被调回。

天凤六年（19年），又派复位后大司马护军郭兴、庸部牧李晔击益州郡若豆等，也不能奏效。直到地皇四年（23年）王莽灭亡前夕，下诏书"大赦天下"，还特别把若豆、孟迁和内地农民起义军领袖并列提出来，声明"泊南僰虏若豆、孟迁，不用此书"，列入不赦的范围。颜师古注：

---

① 按，《汉书·王莽传》先后记为"宁始将军"和"更始将军"，有牴牾，今统一作"更始将军"。

"若豆、孟迁，蛮僰之名也。言伯升已下，孟迁以上，不在赦令之限也。"王莽对僰族起义领袖的刻骨仇恨于此可见。地皇二年（21年），王莽又派国师和仲官曹放协助郭兴击句町。然而，《汉书·王莽传》记载："曹放等击贼不能克，军师放纵，百姓重困"，牂柯郡的起义也无法平息。在越嶲郡，大尹枚根调邛人任贵为军候，更始二年（24年），任贵率同族的人攻杀枚根，自立为邛谷王，领太守事，称臣于据蜀的公孙述。

席卷益州、牂柯、越嶲三边郡的各族人民大起义，历时十余年，几乎与"新"莽的统治相始终。王莽妄图推行"外攘四夷，以安中国"的措施，发动对边疆少数民族的战争，转移视线，摆脱困境。然而他在边疆的大民族主义和民族压迫政策，把各族人民推向了绝境，激化了边疆的民族矛盾，这次各族人民大起义持续时间之长，规模之大，都是空前的。王莽政权为了镇压西南边疆各族人民大起义，先后征发天水、陇西、巴、蜀、犍为等地的骑士、吏民、"转兵谷卒"等达数十万，又从巴蜀、犍为等内郡搜括大量的军事费用，"复大赋敛"，"什取其四"，"什取其五"，弄得州郡虚耗，民怨沸腾。这些都加剧了内地的阶级矛盾，激化了农民阶级与地主阶级的矛盾，加速了绿林、赤眉等全国农民大起义的爆发。西南边疆各族人民大起义与内地发生的农民战争是互相呼应、互相促进的，是当时全国农民战争的一个组成部分。新莽政权两面受敌，就是在内地的农民大起义和边疆民族大起义的交织捶击下，于地皇四年（23年）寿终正寝。王莽政权在西南夷地区的用兵也给边疆带来了无限的灾难。由于战争和疾疫，吏士"死者什六七"。各族群众又被驱赶到高山或深菁远居，"费以亿计"。由于"军师放纵，百姓重困"，西南边疆各族受到严重的骚扰，"益州虚耗"，生产残破，生活凄凉！

公元23年，新市、平林军立刘玄为皇帝，建元更始。公元25年，刘玄降于赤眉，后被杀。刘秀称皇帝，建元建武，定都洛阳，史称"后汉"或"东汉"。这时西南边疆出现了两种情况。更始元年（23年）公孙述割据蜀，采功曹李熊之议，自立为蜀王，中心在成都。据《后汉书·公孙述传》，更始二年（24年），"邛、莋君长皆来贡献"，"越嶲任贵亦杀王莽大尹而据郡降"。公孙述又立其两子为王，食犍为、广汉各数县。则越嶲、犍为两郡在公孙述割据政权的控制之下。其中越嶲郡的形势更几经变化。《后汉书·西南夷列传》说:"王莽时,郡守枚根调邛人长贵①,以为军候。更始二年,长贵率种人攻杀枚根,自立为邛谷王,领太守事。又降于公孙述。述败,光武封长贵为邛谷王。建武十四年,长贵遣使上三年计,天子即授越嶲太守印绶。"《后汉书·岑彭传》又说:建武十一年,彭首破荆门,长驱武阳,"邛谷王任贵闻彭威信,数千里遣使迎降。会彭已薨,帝尽以任贵所献赐彭妻子,谥曰壮侯。"光武封任贵为邛谷王事,应即任贵数千里遣使迎降的结果。建武十一年(35年)越嶲复属汉。牂柯、益州两郡则据郡自保,东汉政权建立后,迅即归入东汉王朝。牂柯郡的情况,《华阳国志·南中志》说:"会公孙述据三蜀,大姓龙、傅、尹、董氏与功曹谢暹保郡,闻汉世祖在河北,乃远使使由番禺江出,奉贡汉朝。世祖嘉之,号为'义郎'。"益州郡文齐的情况,《后汉书·西南夷列传》有记载:"及公孙述据益土,齐固守据险,述拘其妻子,许以封侯,齐遂不降。闻光武即位,乃间道遣使自闻。蜀平,征为镇远将军,封成义侯。于道卒,诏为起祠堂,郡人立庙祀之。"《华阳国志·先贤士女总赞下》也说:"公孙述时,据郡不服。述拘其妻子,许以公侯,招之,不应,乃遣使由交趾贡献河北。"至此,西南夷地区又复归于东汉王朝的统一政权之下。

---

① 按,长贵,即任贵。

第三章

东汉对云南的统治

第一节 永昌郡的设立和东汉政区

一 永昌郡的设立

汉武帝开西南夷是封建国家开发云南的第一个高潮，永昌郡的设立可算是封建国家开发云南的第二个高潮。要是说汉武帝开西南夷是疾风暴雨式的大规模挺进，则争取哀牢的"内属"是靠长期坚忍的努力实现的。

哀牢的情况，《华阳国志·南中志》、《后汉书·西南夷列传》及《水经·叶榆河注》有记载，但可能都出自东汉杨终的《哀牢传》，惜原书已佚。今以《华阳国志·南中志》记载较详。该书说：

> 其地东西三千里，南北四千六百里。有穿胸、儋耳种，闽越、濮、鸠僚。其渠帅皆曰王。
>
> 分置小王，往往邑居，散在溪谷。绝域荒外，山川阻深，生民以来，未尝通中国也。
>
> 有闽濮、鸠僚、僄越、裸濮、身毒之民。土地沃腴，有黄金、光珠、虎魄、翡翠、孔雀、犀、象、蚕桑、绵绢、采帛、文绣。又有貊兽食铁，猩猩兽能言，其血可以染朱罽。有大竹名濮竹，节相去一丈，受一斛许。有梧桐木，其华柔如丝，民绩以为布，幅广五尺以还，洁白不受污，俗名曰桐华布。以覆亡人，然后服之及卖与人。有兰干细布。兰干，僚言纻也，织成文如绫锦。又有罽旄、帛叠、水精、琉璃、轲虫、蚌珠。宜五谷，出铜、锡。

根据以上资料可知：哀牢地域广阔，地形复杂，山高水深，交通不便。"东西三千里,南北四千六百里"。"散在溪谷,绝域荒外,山川阻深"。哀牢族系繁杂,有闽濮、鸠僚、僄越、裸濮、身毒之民,还有滇越、鹿茤等,共七十七王。哀牢是一片物产丰富的宝地,"土地肥美,宜五谷、蚕桑",有木棉树、濮竹等特殊林木,有犀、象、猩猩、貊兽、孔雀等珍禽异兽及翡翠玉石等宝物。哀牢又正处在蜀身毒交通大道上,所以异物珍宝累见不鲜。

早在西汉武帝时,为打通蜀身毒道,就开始了经营哀牢的工作。《华阳国志·南中志》载:"孝武时通博南山,度兰沧水、渚溪,置嶲唐、不韦二县。徙南越相吕嘉子孙宗族实之,因名不韦,以彰其先人恶。行人歌之曰:'汉德广,开不宾,渡博南,越兰津,渡兰沧,为他人。'渡兰沧水以取哀牢地,哀牢转衰。"《水经·若水注》也说:"汉武帝时,通博南山道,渡兰仓津,土地绝远,行者苦之,歌曰:'汉德广,开不宾,渡博南,越兰津,渡兰仓,为作①人。'"通博南山道,"土地绝远,行者苦之",绝非易事。汉武帝时控制了哀牢与内地联系的交通咽喉,汉在澜沧江西岸设了嶲唐和不韦两个前哨据点。这是汉武帝重开西南夷的极限,同时又对哀牢产生强大的吸引力和政治影响,从此"哀牢转衰"。

此后的一百多年,记载缺略,但可以肯定的是,汉王朝在滇西的统治愈加巩固,在西南边疆的声威愈加强大,而哀牢的力量则愈加衰落。使哀牢酋长震动最大的事件当是征鹿茤的败绩。此事《后汉书·西南夷列传》记载较详:

> 建武二十三年,其王贤栗遣兵乘箄船南下江汉,击附塞夷鹿茤。鹿茤人弱,为所禽获。于是震雷疾雨,南风飘起,水为逆流,翻涌二百余里,箄船沈没,哀牢之众溺死数千人。贤栗复遣其六王将万人以攻鹿茤,鹿茤王与战,杀其六王。哀牢耆老共埋六王,夜虎复出其尸而食之,余众惊怖引去。贤栗惶恐,谓其耆老曰:"我曹入边寨,自古有之,今攻鹿茤,辄被天诛,中国其有圣帝乎?天祐助之,何其明也!"二十七年,贤栗等遂率种人户二千七百七十,口万七千六百五十九,诣越嶲太守郑鸿降,求内属。光武封贤栗等为君长,自是岁来朝贡。

---

① 按,"作"应即"他",因形近而误。

该文所记"贤栗"，杨终《哀牢传》及《华阳国志·南中志》皆作"扈栗"，当以扈栗是。"鹿茤"，李贤注："茤音多，其种今见在。"唐代的鹿茤人未见其他记载，但樊绰《蛮书》卷二说"丽水一名禄昪江"。"鹿茤"即"禄昪"，丽水即今伊洛瓦底江，鹿茤人应居住在今缅北太平江与伊洛瓦底江汇合处一带。鹿茤是哀牢的"附塞夷"，谓其耆老曰"我曹入边塞"，也是指哀牢的边塞。有人说这是"攻掠汉朝的边塞"①。果如此，汉朝要表态斥责甚至声讨了，但汉王朝并无反应。这段话的意思应该是："哀牢去攻击他西部边塞鹿茤，竟遭到意想不到的失败，是因为我们做错了事被上天惩罚吗？汉王朝可能是天助，应该归附汉王朝呵！"是忏悔没有归附汉朝，不是忏悔攻击鹿茤。"哀牢略徼，自古以来，初不如此"，为什么此时"鹿茤王与战，杀其六王"？这是"哀牢转衰"的临界点，说明他已无法与汉抗衡，不得不内附。建武二十三年（47 年）攻鹿茤，建武二十七年（51 年）扈栗内附。桂未谷《缪篆分韵》收有"哀牢王章"，授哀牢王印应该是此后至永平年间的事。

但是，《华阳国志·南中志》有关这次结果的说法却有问题。该书说：哀牢"即遣使诣越嶲太守，愿率种人归义奉贡。世祖纳之，以为西部属国。"这次只是"归义奉贡"，"光武封贤栗等为君长，自是岁来朝贡"，并没有引起"西部属国"的设立。但汉王朝看准了这个时机，着力加强临边地区的统治实力，积极进行争取哀牢的工作。《续汉书·郡国志》嶲唐县下刘昭注引《古今注》说："永平十年，置益州西部都尉，治嶲唐，镇慰哀牢人、叶榆蛮夷。"永平十年（67 年），在紧邻哀牢前沿的嶲唐县设益州郡的西部都尉，管辖洱海地区及其以西的嶲唐、不韦、比苏、叶榆、邪龙、云南六县，主要为了招抚、控制哀牢和叶榆。

汉王朝的争取工作收到了成效。《后汉书·西南夷列传》载："永平十二年，哀牢王柳貌遣子率种人内属，其称邑王者七十七人，户五万一千八百九十，口五十五万三千七百一十一。西南去洛阳七千里，显宗以其地置哀牢、博南二县，割益州郡西部都尉所领六县，合为永昌郡。"永平十二年（69 年），哀牢终于全部内属。汉在新附的哀牢广大地区设置哀牢和博南两县，加上原来益州郡西部都尉所领的六县，新置永昌郡。《续汉

---

① 刘琳：《华阳国志校注》，巴蜀书社 1984 年版，第 428 页。

书·郡国志》载:"永昌郡,明帝永平十二年分益州置,洛阳西七千二百六十里。八城。"永昌的含义,刘昭注引《广志》说:"永昌一郡,见龙之耀,日月相属。"永昌郡包有洱海区域及哀牢地的全部,对以今地,辖境东边包有大理白族自治州,南边包有整个西双版纳,西边包有缅甸北部,东起礼社江与把边江间的哀牢山,北抵缅甸、西藏交界处,西抵印缅交界的巴特开山。哈威《缅甸史》承认印度势力在"上缅甸尚不可及",哀牢境内"身毒之民"的存在,说明永昌郡直达今印缅边境,有一部分身毒之民居住在与身毒接界的永昌郡范围内。后来诸书有关的描述,都证明哀牢及永昌郡的这个范围。《晋书·王逊传》说"分永昌为梁水郡",《晋书·地理志》有"交州永昌郡",《新唐书·张柬之传》载张柬之上表说:古哀牢之旧国"其国西大秦,南交趾",乐史《太平寰宇记》也有相同的记载。梁水郡不属永昌,永昌郡也不属交州,但证明永昌郡西抵印度,东接梁水郡,南与交趾郡毗邻,只有这么宽广的地方,才称得上"东西三千里,南北四千六百里"。永昌郡的治所,据《续汉书·郡国志》在不韦县。但《后汉书·西南夷列传》载:"建初元年,哀牢王类牢与守令忿争,遂杀守令而反叛,攻越嶲唐城,① 太守王寻奔叶榆。"则沿袭西部都尉的驻地,直至建初元年(76年)永昌郡仍治嶲唐。何时迁治不韦缺载,但可能即在平定这次起义以后。此后即建了永昌郡城,即今保山坝子中部的汉庄古城址②。

永昌郡还有两个新置的县值得重视。

其一是哀牢县。《续汉书·郡国志》载:"哀牢,永平中置,故牢王国。"说明这是原哀牢国的政治中心,永平十二年(69年)"哀牢王柳貌遣子率种人内属"时以之设县,仍以哀牢名为县名。哀牢曾"遣兵乘箄船南下江汉","南风飘起,水为逆流,翻涌二百余里"。《后汉书·西南夷列传》李贤注:"缚竹木为箄,以当船也。"《水经·叶榆河注》说:"王遣兵乘革船南下,水攻汉鹿崩民。③"哀牢应近水,该水往南流,且可通船筏,这样的条件只有大盈江及其下游的太平江可以当之。哀牢县存在

---

① 按,此处衍"越"字,应为"攻嶲唐城"。

② 参看《中国文物地图集·云南分册》,云南科技出版社2001年版,"文物单位简介"第249页,该书作"诸葛营遗址";刘炳朝、倪开升主编:《南方丝路上的历史文化名城——保山》,云南人民出版社1993年版,第28—30页,该书作"诸葛营汉晋古城址"。

③ 按,此作"鹿崩",即他书所作"鹿茤"。

到两晋,《南齐书·州郡志》永昌郡有西城无哀牢,西城应在永昌郡西部,可能即汉晋哀牢县所改名。疑南诏押西城、元代镇西路皆本于南齐西城,依南诏和元代的位置,哀牢县及以后的西城县故治皆在今盈江县。

其二是博南县。《续汉书·郡国志》载:"博南,永平中置,南界出金。"《水经·若水注》说:"永昌郡有兰仓水,出西南博南县,汉明帝永平十二年置。博南,山名也,县以氏之。其水东北流迳博南山。汉武帝时,通博南山道,渡兰仓津,土地绝远,行者苦之,歌曰:汉德广,开不宾,渡博南,越仓津,渡兰仓,为他人。山高四十里。兰仓水出金沙,越人收以为黄金。又有光珠穴,穴出光珠,又有琥珀、珊瑚,黄白青珠也。"博南应在内地通不韦的大道上,澜沧江东岸,博南山东麓。后人考说多指博南在永平县。《元史·地理志》说,永平县"即汉博南县"。《读史方舆纪要》说,博南废县,在永平县南,今其地名江东村。江东村不可考,但永平群众皆指认博南故治在今花桥。花桥过去称博南镇,花桥西边的大山称博南山,山上有个博南寺。博南县是新置,但武帝通博南山道时今永平县境已在益州郡界内,至永平十二年(69年)哀牢全部内附,于老区的博南山麓置博南县,主要用以控制刚内附的大片新区,因此博南县应包有今凤庆、临沧一带。

永昌郡的设置是云南历史上的大事,也是东汉时期的大事。班固《东都赋》记载当时朝中的盛况说:"自孝武之所不征,孝宣之所未臣,莫不陆詟水慄,奔走而来宾。遂绥哀牢,开永昌,春王三朝,会同汉京。是日也,天子受四海之图籍,膺万国之贡珍;内抚诸夏,外绥百蛮。"它标志着汉王朝对这一地区统治的加强,从这时起,我国在云南西部的疆界就大体奠定。《后汉书·西南夷列传》论曰:"故关守永昌,肇自远离,启土立人,至今成都焉。"赞曰:"亦有别夷,屯彼蜀表,参差聚落,纡余岐道。往化既孚,改襟输宝,俾建永昌,同编亿兆。"永昌郡的设置,完成了汉武帝重开西南夷的夙愿,终于打通了蜀身毒道,打开了我国西南对外交通的门户,从此长期不绝。《后汉书·西南夷列传》载:"永宁元年,掸国王雍由调复遣使者诣阙朝贺,献乐及幻人,能变化吐火,有支解,易牛马头。又善跳丸,数乃至千。自言我海西人。海西即大秦也,掸国西南通大秦。"大秦是古代中国史书对罗马帝国的称呼。公元80年成书的《爱利脱利亚海周航记》说:"过克利斯国,抵秦国后,海乃止。有大城曰秦尼,在其国内部,远处北方。由此城生丝、丝线及丝所织成之绸缎经陆道过拔克脱利亚，而至巴利格柴。另一方面又由恒河水道而至李米里斯。"①克利斯国，据玉尔注："在今缅甸白古。"秦国，张星烺注："此为欧洲各种文字中最先记秦国者。"巴利格柴，张星烺注："今印度孟买附近之巴罗赫港。"这些资料透露出，永昌郡既包有"身毒之民"居住的地方，利用恒河水道往西当属可能。还近接掸国、克利斯国，远通大秦。由于蜀身毒道的开通，奇珍异物纷纷涌来，海边的蚌珠、珊瑚，西方的琉璃在永昌郡都可以看到。永昌郡的设立，扩大了汉王朝的声威，使永昌郡及周围各族和内地的联系更加密切，使者相接，文化交往频繁。主要见于《后汉书·西南夷列传》和《后汉书·本纪》整理如下：

永平十七年（74年）西南夷哀牢、儋耳、僬侥等"前后慕义贡献"。

永元六年（94年），"永昌徼外敦忍乙王莫延慕义遣使译献犀牛、大象。"

永元九年（97年），永昌徼外蛮夷及掸国王雍由调"遣重译奉国珍宝。"

永初元年（107年），永昌徼外僬侥种夷陆类等三千余口"举种内附"，献象牙、水牛、封牛。《东观汉纪·安帝纪》还载"永昌献象牙、熊子"。

元初中，掸国献幻人。据袁宏《后汉纪》卷十五："安帝元初中，日南塞外擅国献幻人，能变化吐火自支解，又善跳丸，能跳十丸。其人曰：'我海西人'。则是大秦也。自交州外塞擅国诸蛮夷相通也。又有一道与益州塞外通。"此"擅国"即"掸国"，元初年间"越嶲夷叛"，从永昌经越嶲北上的路受阻，掸国遣使才绕道从交州北上，故称"交州外塞"。其实掸国与交州不接界，但却与交州外塞诸蛮夷有路相通。这是有关中南半岛各族间陆路通道的记载。

永宁元年（120年），永昌徼外掸国王雍由调"复遣使者诣阙朝贺"，献乐及幻人。"明年元会，安帝作乐于庭，封雍由调为汉大都尉，赐印绶、金银、彩缯各有差。"

永建六年（131年），掸国又遣使贡献。据《东观汉纪·顺帝

---

① 见张星烺编《中西交通史料汇编》第一册，中华书局1977年版，第22页。

纪》载:"掸国王雍由亦赐金印紫绶。"

二 东汉政区

东汉在云南的设治有两大变化,除在西部新置永昌郡外,在滇东北又析置了犍为属国。滇东北在西汉时属于犍为郡,但经过调整后的犍为郡,主要部分在今四川境内。设在今云南境内的四县只是犍为郡中的附属部分,但却是经营西南夷的前哨和交通枢纽,战略地位十分重要。为了加强对这一片高原的控制,西汉时在汉阳县设南部都尉,管辖汉阳、朱提、堂琅、存鄢四县。汉阳的位置偏东,似重点在控制夜郎方向。为了给滇东北地区提供独立发展的条件,有必要在行政上设立单一政区,给予更高的地位。《后汉书·孝安帝纪》载:永初元年正月"戊寅,分犍为南部为属国都尉。"永初元年(107年)升为属国都尉,即新置犍为属国。属国都尉多置于边疆少数民族地区,级别同郡。一般属国都尉位置重要,但辖县较少。《续汉书·郡国志》载:"犍为属国,故郡南部都尉,永初元年以为属国都尉,别领二城。户七千九百三十八,口三万七千一百八十七。"犍为属国都尉的治所迁到了朱提县,中心西移,表明控制的重点已转为益州、永昌诸郡县。犍为属国又省并了属县,堂琅省入朱提县,存鄢省入汉阳县,因此只辖朱提、汉阳两县。至此,犍为郡不再具有边郡的性质,它已与四川内地的蜀郡、广汉等内郡接近。但南广县仍属犍为郡,作为该郡在四川盆地以南的台地上保留的最后一个据点,在犍为郡与犍为属国之间起着呼应、联络的"二传手"作用,以备西南夷地区发生不测。

其他三郡变化甚微。益州郡除西部都尉所辖六县析入永昌郡外,南端的来唯省入牂柯郡的西随县,辖境范围缩小。牂柯郡的进桑县改名进乘县,都梦县省入镡封县。

今以顺帝永和五年(140年)为标准年代,制成东汉西南边郡政区表如下:

益州郡	领17县,郡治滇池县
滇池	今云南晋宁县晋城
谷昌	今云南昆明市东十余里
连然	今云南安宁市
秦臧	云南禄丰县罗次坝子
建伶	今云南晋宁县昆阳附近

双柏	今云南双柏县境
桥栋	今云南姚安县旧城
昆泽	今云南宜良县北古城附近
牧靡	今云南寻甸县城附近
味	今云南曲靖市三岔
同濑	今云南马龙县境
同劳	今云南陆良县旧城
俞元	今云南澄江坝子北部
胜林	今云南江川县龙街
毋棳	今云南华宁县境
律高	今云南弥勒县朋普附近
贲古	今云南蒙自县新安所
牂柯郡	领16县，郡治故且兰
故且兰	今贵州凯里市西北重安江畔
毋敛	今贵州独山县境
平夷	今贵州毕节市境
鄨	今贵州遵义市西
夜郎	今贵州关岭县永宁附近
谈指	今贵州贞丰县者相附近
谈稿	今云南富源与贵州盘县间
漏卧	今云南罗平县境
漏江	今云南泸西县境
毋单	今云南宜良禄丰村附近
同并	今云南弥勒县城附近
句町	今云南广南县城附近
宛温	今云南砚山县维摩附近
镡封	今云南砚山县平远街附近
进乘	今云南屏边县境
西随	今云南金平县境
犍为属国	领2县，都尉治朱提县
朱提	今云南昭通坝子
汉阳	今贵州赫章县妈姑

越巂郡	领14县，郡治邛都县
邛都	今四川西昌市东南郊
苏示	今四川西昌市礼州镇
台登	今四川冕宁县泸沽镇
阐	今四川越西县北二十里古城
灵关道	今四川峨边县旧治附近
卑水	今四川昭觉、美姑两县间
会无	今四川会理县城西五里
莋秦	今四川冕宁县西部
定莋	今四川盐源县城
大莋	今四川盐边县境
三缝	今云南元谋县姜驿
青蛉	今云南大姚县城
姑复	今云南永胜县境
遂久	今云南丽江县境
永昌郡	领8县，郡治不韦县
不韦	今云南保山市保山坝子中部的汉庄古城址
嶲唐	今云南云龙县漕涧附近
比苏	今云南云龙县城附近
楪榆	今云南大理市喜洲
博南	今云南永平县花桥
邪龙	今云南巍山坝子
云南	今云南祥云县云南驿附近的果城
哀牢	今云南盈江县境

第二节　东汉对云南及毗邻地区的统治

一　东汉的太守治迹

东汉时，汉武帝对边郡的优惠政策多已不再施行。原来被封为王、侯的土长，一个个被降级，或削职，或被诛。东汉时见于记载者，有光武帝封的邛谷王，不久被诛。哀牢内附后，仍为哀牢王。建初时，哀牢王类牢因反叛被斩，只有参与击类牢立功的昆明夷卤承被封为破虏傍邑侯。但这个侯不能理解为侯国的侯，正如《后汉书·西南夷列传》载光武封文齐为成义侯，其性质见李贤注为"取其嘉名"。"毋赋税"的情况早已过去。据《后汉书·西南夷列传》，"邑豪岁输布贯头衣二领，盐一斛，以为常赋，夷俗安之"，这就是赋税最低的限度。"长贵遣使上三年计"，这是郡国上计制度在西南边郡执行的痕迹。而"郡县赋敛烦数"的情况，已使各族人民达到无法忍受，起来反抗的地步。

两汉对西南夷的统治历三百多年。其中有姓氏可考的太守35人，多集中在东汉时期，约占实授太守数的五分之一。今综合有关资料整理录记于下：

益州郡

1. 程隆　王莽时大尹，见《汉书·西南夷列传》及《汉书·王莽传》。
2. 文齐　梓潼人。从犍为南部都尉调益州郡任太守，约在地皇二年（21年）上任。① 见《后汉书·西南夷列传》。《华阳国志·先贤士女总赞下》有传。
3. 繁胜　建武十八年（42年）在任，见《后汉书·西南夷列传》。
4. 王阜　蜀郡成都人。章帝元和中在任。《东观汉纪》及《华阳国志·先贤士女总赞上》有传。《后汉书·西南夷列传》作王追，此不从。王先谦《后汉书集解》引惠栋注："传写既久，讹阜为追。"
5. 冯某　永寿元年（155年）前在任，见洪适《隶释》卷十七"益州太守无名碑"。
6. 雍陟　熹平五年（176年）在任上曾被执，见《后汉书·西南夷列传》及《华阳国志·南中志》。
7. 李颙　巴郡垫江人。熹平五年（176年）上任，见《后汉书·西南夷列传》及《华阳国志·南中志》。
8. 景毅　广汉郡梓潼人。汉灵帝时继李颙为太守。《华阳国志·先贤士女总赞下》有传，另见《后汉书·西南夷列传》。
9. 董和　南郡枝江人。东汉益州郡的最后一任太守。《三国志》有传，另见《三国志·李恢传》及《华阳国志·南中志》。
10. 徐某　1973年从呈贡小松山出土铜提梁壶一件，足部有"二千

---

① 方国瑜：《滇史论丛》第一辑，上海人民出版社1982年版，第32页。

石大徐氏"铭文一行。① 地方官吏只有郡太守食禄二千石,此人当为益州太守,唯名号与任职年代不详。

牂柯郡

1. 吴霸　西汉时任太守,见《后汉书·西南夷列传》及《华阳国志·南中志》。
2. 陈立　蜀郡临邛人。成帝时为太守,见《汉书·西南夷列传》。《华阳国志·先贤士女总赞上》有传。
3. 周钦　王莽时大士,见《汉书·西南夷列传》。《汉书·王莽传》作周歆。
4. 李祎　在任时间不详。见《华阳国志·先贤士女总赞中·进杨传》。
5. 常员　一作常原。蜀郡江原人。东汉末在任。见《华阳国志·后贤志·常勖传》,常勖为三国时人,常员系常勖祖父。
6. 张则　一作张亮则。汉中南郑人。约灵帝时在任。《华阳国志·先贤士女总赞下》有传。
7. 刘宠　广汉绵竹人。刘璋时在任。《华阳国志·先贤士女总赞中》有传。

越嶲郡

1. 枚根　西汉末任太守。见《汉书·西南夷列传》及《后汉书·西南夷列传》。一作牧粮。王先谦《后汉书集解》引《风俗通》曰:"汉有越嶲太守牧粮。"
2. 任贵　越嶲人。原为郡的军侯,更始二年(24年)自立为邛谷王,领太守事,建武十九年(43年)被诛。见《汉书·西南夷列传》、《后汉书·光武帝纪》、《后汉书·公孙述传》。《后汉书·西南夷列传》作长贵,不从。王先谦《后汉书集解》引惠栋曰:"案《前书·西南夷列传》及袁宏《纪》,乃任贵也,《岑彭传》亦云邛谷王任贵,羡'长'字,脱'任'字。"
3. 郑鸿　建武二十三年(47年)在任,见《后汉书·西南夷列传》。
4. 张翕　巴郡安汉人。永平年间在任,见《后汉书·西南夷列传》及《华阳国志·益梁宁三州先汉以来士女目录》。

---

① 王涵:《铜提梁壶》,载《云南文物简报》1977年第7期。

5. 张璊　张翕子。据《后汉书·邛都夷传》，元初六年（119年）出任太守。《后汉书·西南夷列传》作张湍。《御览》卷262引《华阳国志》佚文作张端。
6. 冯颢　广汉鄚县人。顺、桓间在任，见《后汉书·西南夷列传》。《华阳国志·先贤士女总赞中》有传。
7. 赵温　蜀郡人。在任时间无考。《华阳国志·蜀志》谓"蜀郡赵温亦著治绩"，任乃强、刘琳有疑问，姑录以备考。

永昌郡

1. 郑纯　广汉鄚县人。明帝时，先任益州西部都尉，后为永昌太守。《后汉书·西南夷列传》、《华阳国志·南中志》及该书《先贤士女总赞中》所载略同。
2. 王寻　建初元年（76年）在任，见《后汉书·西南夷列传》。
3. 张化　蜀郡人。见《华阳国志·南中志》，在任时间不详。
4. 沈稚　巴郡人。见《华阳国志·南中志》，在任时间不详。
5. 黎彪　巴郡人。见《华阳国志·南中志》，在任时间不详。
6. 吴顺　犍为僰道人。见《华阳国志·先贤士女总赞中》及《益梁宁三州先汉以来士女目录》，在任时间不详。
7. 刘君世　汉安元年（142年）在任，见《后汉书·杜乔传》。
8. 常员　一作常原。蜀郡江原人。东汉末年从牂柯太守迁永昌太守，见《华阳国志·南中志》及该书《后贤志》。
9. 曹鸾　在任至熹平五年（176年），坐讼党人，弃市。见《后汉书·党锢列传》。尸体后得还乡安葬，近年在安徽亳州曹氏墓地发现了曹鸾墓。

犍为属国

1. 文齐　梓潼人。平帝末为犍为郡南部都尉，见《华阳国志·南中志》。该书《先贤士女总赞下》有传曰："文齐，字子齐，梓潼人也，平帝末以城门校尉为犍为属国。"按此时还未设犍为属国，当是犍为南部都尉。
2. 何汶　蜀郡郫县人。任属国都尉时间不详。见《华阳国志·先贤士女总赞上》及该书《益梁宁三州先汉以来士女目录》。

以上所录，绝大部分都在东汉，我们可以据此探讨东汉时期的吏治。

当时在西南夷地区地方高层统治者的行迹，大体可分为六类。

第一种情况，讲农耕，修武备，发展生产，社会安定。《华阳国志·南中志》说文齐在犍为南部都尉的情形："穿龙池，溉稻田，为民兴利，亦为立祠。"后升为益州太守，《后汉书·西南夷列传》说："以广汉文齐为太守，造起陂池，开通灌溉，垦田二千余顷，率厉兵马，修障塞。降集群夷，甚得其和。"《华阳国志·南中志》载，景毅为益州太守，"承丧乱后，民夷困饿，米一斗千钱，皆离散。毅至，安集，后米一斗八钱。"《华阳国志·先贤士女总赞下》载：景毅"立文学，以礼让化民"。"值益州乱后，米斗千钱。毅至，恩化畅洽，比去，米斗八钱。鸠鸟巢其听事，孕育而去。三府表荐，征拜议郎，自免归。""为人廉正，疾淫祠，敕子孙惟修善为祷，仁义为福。"

第二种情况，自己为政清廉，对人民轻徭减赋，使当地得到休养生息。如张翕，《后汉书·西南夷列传》载："太守巴郡张翕，政化清平，得夷人和。在郡十七年，卒，夷人爱慕，如丧父母。苏祁叟二百余人，赍牛羊送丧，至翕本县安汉，起坟祭祀。诏书嘉美，为立祠堂。"王先谦《集解》引《华阳国志》佚文说："翕字叔阳，安汉人，为越嶲太守。布衣蔬食，俭以化民，自乘二马之官。久之，一马死，一马病，翕曰：吾将步行矣。夷汉甚安其惠爱。在官十九年，卒，百姓号慕，送葬者以千数。"又如王阜，《东观汉记·王阜传》载："为益州太守，边郡吏多放纵，阜以法绳之，吏民不敢犯禁，政教清静，百姓安业。神马四出滇河中，甘露降，白鸟见，连有瑞应。世谓其用法平正，宽慈惠化所致。大将军窦宪贵盛，以降屬襜褕与阜，不受。宪尝移书益州，取六百万钱，阜疑有奸诈，以状上。宪遣奴驺帐下吏李文迎钱，阜以诏书未报，拒不与文，积二十余日，诏书报给，文以钱市焉。"又如郑纯，《华阳国志·南中志》载："益州西部，金银宝货之地，居其官者，皆富及十世。孝明帝初，广汉郑纯独尚清廉，毫毛不犯。夷汉歌咏，表荐无数，上自三司，下及卿士，莫不叹赏。明帝嘉之，因以为永昌郡，拜纯太守。"《后汉书·西南夷列传》载："西部都尉广汉郑纯为政清洁，化行夷貊，君长感慕，皆献土珍，颂德美。天子嘉之，即以为永昌太守。纯与哀牢夷人约，邑豪岁输布贯头衣二领，盐一斛，以为常赋，夷俗安之。纯自为都尉、太守，十年卒官。"王先谦《后汉书集解》引钟岏《良吏传》亦云："纯为永昌太守，清廉独绝，及卒，列画东观。"如刘宠，《华阳国志·先贤士女总赞中》有传载："刘宠，字世信，绵竹人也，出自孤微。以明《公羊春秋》上计阙下，见除成都令，政教明肃。时诸县多难治，乃换宠为郫令，又换郪、安汉，皆垂绩。还在成都，迁牂柯太守。初乘一马之官，布衣蔬食，俭以为教。居郡九年，乘之而还，吏人为之立铭。"又如董和，《三国志·蜀书·董和传》载：刘璋时"还迁益州太守，其清约如前。与蛮夷从事，务推诚心，南土爱而信之。"蜀汉时为中枢大官，然"自和居官食禄，外牧殊域，内干机衡，二十余年，死之日家无儋石之财"。冯颢也应该属于这一类正直的人。《后汉书·西南夷列传》载："顺、桓间，广汉冯颢为太守，政化尤多异迹。"《华阳国志·先贤士女总赞中》有传云："为成都令，迁越嶲太守，所在著称。为梁冀所不善，冀风州追之，隐居。作《易章句》及《刺奢说》，修黄老，恬然终日。"正直之士不但被排挤，甚至被捕杀。《后汉书·党锢列传》载："熹平五年，永昌太守曹鸾上书大讼党人，言甚方切。帝省奏大怒，即诏司隶益州槛车收鸾，送槐里狱，掠杀之。"未见曹鸾对地方不好的记载，而是因为他直陈皇帝不愿听的话。袁宏《后汉纪》卷二十四载曹鸾上书内容有这样的话："夫党人者，或耆年渊德，或衣冠英贤，皆宜股肱王室，左右大猷者也，而久被禁锢，辱在泥涂。谋反大逆，尚蒙教宥，党人何罪，独不开恕乎？所以灾异累见，水旱荐臻，皆由于斯。宜加沛然，以副天心也。"

第三种情况，谨慎处理民族感情，稳定边疆，招徕各族投汉。《后汉书·西南夷列传》载：竹王被杀，"夷獠咸以竹王非血气所生，甚重之，求为立后。牂柯太守吴霸以闻，天子乃封其三子为侯。死，配食其父。"这是牂柯太守吴霸。《后汉书·西南夷列传》载：建武二十七年（51年），哀牢贤栗等率种人"诣越嶲太守郑鸿降，求内属。光武封贤栗等为君长，自是岁来朝贡"。这是越嶲太守郑鸿。后来，哀牢柳貌又遣子率种人内属，应该说与当时任益州西部都尉的郑纯的政策有关，郑纯也是妥善处理民族关系卓有成效的人物。

第四种情况，以镇压边疆人民起义而获得功勋者。如陈立可谓恩威并重，《汉书·西南夷列传》有较详细的记载。他杀了夜郎王兴，但不杀其他的人。兴妻父翁指等复收余兵并胁迫旁邑反，但他用绝其粮道，绝其水道的办法，争取"蛮夷共斩翁指，持首出降"。后来他又"劝民农桑为天下最"。他得到封建国家的表彰，《华阳国志·先贤士女总赞上》为他立了传，誉为"治为天下最"。还有李颙和张则，则全靠镇压人民起义起家。《后汉书·西南夷列传》载:"朝议以为郡在边外,蛮夷喜叛,劳师远役,不如弃之。太尉椽巴郡李颙建策讨伐,乃拜颙益州太守,与刺史庞芝发板楯蛮击破平之,还得雍陟。颙卒后,夷人复叛。"《华阳国志·先贤士女总赞下》有张则传载:"张则字元修,南郑人也。为牂柯太守,威著南土。永昌、越嶲夷谋欲反,畏则换临其郡,相谏而止,号曰'卧虎'。"

第五种情况,是直接被人民起义执赶或杀的太守。他们作为汉封建王朝在各地的代表,在各族人民起义的过程中首当其冲。这一类的比例较大。其中被执者有越嶲太守雍陟,被赶跑者有益州太守繁胜,永昌太守王寻。被起义军杀者有越嶲太守枚根及王莽派驻各郡的大尹周钦、程隆。越嶲太守任贵则因为反汉而被诛。这一类人的比例大,正反映出当时阶级斗争和民族斗争的频繁和激烈。

第六种情况,当然也是人数最多的一类,即平庸无能的统治者。他们无任何建树,素餐尸禄,他们的名字被历史的潮汐淹没,早已不闻于世。一些有幸留下姓名的,也无政绩可言。《后汉书·西南夷列传》载:"天子以张翕有遗爱,乃拜其子湍为太守。夷人欢喜,奉迎道路。曰:'郎君仪貌类我府君。'后湍颇失其心。有欲叛者,诸夷耆老相晓语曰:'当为先府君故。'遂以得安。"张湍(即张璊)为越嶲太守完全是享其父的余誉,但也有幸因此没有闹出大乱。东汉在西南夷地区的统治,主要就是在这类人的手中延喘。

作为封建史家留给我们的资料,不可能揭露统治者的大量劣迹,但字里行间透露了东汉时西南夷地区郡县官吏的贪污、残暴和腐朽。在益州郡,《后汉书·西南夷列传》说,"人俗豪忲,居官者皆富及累世。"在越嶲郡,《后汉书·西南夷列传》说,"郡县赋敛烦数",《太平御览》卷二六二引《华阳国志》佚文说:"太守数烦扰,夷人叛乱。"永昌郡的情况更为突出。《华阳国志·南中志》说:"益州西部,金银宝货之地,居其官者,皆富及十世。"在永昌郡做官的多以搜括金银宝货为目的,他们的剥削简直骇人听闻。据《后汉书·种暠传》、《后汉书·杜乔传》载,永昌太守刘君世搜括大量钱财,用黄金铸成蛇样,献给执掌大权的梁冀,被益州刺史种暠纠发逮捕。后来金蛇被没收交给掌管钱谷金帛的大司农,梁冀还厚着脸皮去向大司农杜乔借金蛇观赏。这样的事例把东汉统治者从中央到地方的腐朽暴露无遗。这是一桩被纠发的例子,其他大量未被揭发的骇人事例可以想见了！

二 东汉统治与南中大姓的形成

东汉时期，在西南边疆还出现了另一种社会力量，这就是大姓。大姓多是从内地移徙到边郡的汉人，时间长了，定居边疆。《后汉书·明帝纪》载：永平八年（65年）下令，"徙至五原、朔方戍卒，占籍边县"。九年再次下令，"徙五原、朔方戍卒，占籍所在"。这种使戍卒就所在的郡县入籍的政策，在西南边郡当亦实行。所以《后汉书·西南夷列传》说："募发越巂、益州、永昌夷汉九千人讨之。"此事《后汉书·章帝纪》作"永昌、越巂、益州三郡民夷讨哀牢夷"。所谓"民"、"夷"，就是"夷"、"汉"，那时屯守在益州郡的汉人已编籍为民户了。后来他们逐步扩大势力，形成大姓。

东汉末大姓已遍及西南夷各郡。《后汉书·西南夷列传》载："公孙述时，大姓龙、傅、尹、董氏，与郡功曹谢暹保境为汉，乃遣使从番禺江奉贡。"这是牂柯郡的大姓。《东观汉纪·王阜传》载："边郡吏多放纵，阜以法绳之，吏民不敢犯禁，政教清静，百姓安业。"《三国志·李恢传》载："爨习为建伶令，有违犯事，恢坐习免官；太守董和以习方土大姓，寝而不许。"《隶释》卷十七载永寿元年（155年）《益州太守碑》，碑左有功曹掾、故吏题名四十八人，皆属邑建伶、牧靡、梇栋、滇池、谷昌、俞元人，仅王、李数姓可辨，碑阴还有牧靡故吏三人题名。方国瑜先生认为此碑题名的益州太守掾史，都是著籍南中的移民，也就是曾肄业选举得仕进的人物，是名门士族，形成门阀统治，在政治上、经济上的独占阶级。① 这些是益州郡的大姓。昭通出土的东汉《孟孝琚碑》，孟孝琚家祖籍严道，迁来朱提已四世，为豪门大姓②。这是犍为属国的大姓。《后汉书·西南夷列传》载："豪帅放纵，难得制御。"这是越巂郡的大姓。大姓领兵，占有部曲；多为太守属吏，政治上、经济上皆享有特权。他们成为中原王朝在西南边疆依靠的政治基础，甚至可以左右郡县形势。大姓据其权势，剥削欺压当地各族群众，成为推行大民族主义的急先锋，往往激化民族矛盾。据《华阳国志·南中志》及该书《先贤士女总赞上·杨竦

---

① 方国瑜：《滇史论丛》第1辑，上海人民出版社1982年版，第37页。
② 方国瑜：《云南史料目录概说》，中华书局1984年版，第810页。

传》载，杨竦"举劾奸贪长吏九十人，黄绶六十人"。长吏指县丞、尉以上的郡县长官，县令为千石，县长三百至四百石，县丞、尉四百石至二百石。绶为汉代官吏系印的带子，官位不同，绶亦有差。汉制年俸四百石至二百石的官吏佩黄绶。这些都是著籍西南边疆的汉族上层，并且充当下级官吏者。据《后汉书·西南夷列传》，他们都是"奸猾侵犯蛮夷者"，但犯罪后"皆减死"，封建王朝对他们的打击是有限的。

第三节　东汉的民族起义

一　昆明族为主的大起义

东汉时期，西南夷地区的社会矛盾愈加复杂。官吏的贪残，大姓的作恶，激化了固有的民族矛盾，使各族人民的起义如火如荼，延续不断，其规模、范围、次数和频率都超过西汉。

建武十八年（42年），发生了昆明族为主的大起义。《后汉书·西南夷列传》记载较详：

> 建武十八年，夷渠帅栋蚕与姑复、楪榆、桥栋、连然、滇池、建伶昆明诸种反叛，杀长吏。益州太守繁胜与战而败，退保朱提。十九年，遣武威将军刘尚等发广汉、犍为、蜀郡人及朱提夷，合万三千人击之。尚军遂渡泸水，入益州界。群夷闻大兵至，皆弃垒奔走，尚获其羸弱、谷、畜。二十年，进兵与栋蚕等连战数月，皆破之。明年正月，追至不韦，斩栋蚕帅，凡首虏七千余人，得生口五千八百人，马三千匹，牛羊三万余头，诸夷悉平。

这次起义的领袖，就是曾经领导反对王莽起义的栋蚕的首领，起义的主力是昆明族，起义的地域包括滇西北及洱海地区，但主要在滇池周围益州郡的中心地带。益州太守繁胜战败，退到今昭通地区。第二年，东汉王朝派刘尚征发四川诸郡人及昭通地区的少数民族共三万人来镇压这次起义。刘尚的军队出灵关南下，路经越嶲，时任太守的任贵谋反。建武十九年（43年）十二月"刘尚袭贵，诛之"。《后汉书·西南夷列传》记此事说：

> 十九年，武威将军刘尚击益州夷，路由越嶲。长贵闻之，疑尚既

> 定南边，威法必行，己不得自放纵，即聚兵起营台，招呼诸君长多酿毒酒，欲先以劳军，因袭击尚。尚知其谋，即分兵先据邛都，遂掩长贵诛之，徙其家属于成都。

刘尚带兵平越巂郡后，即南渡泸水，在益州郡界内与栋蚕等连战数月。起义军退到滇西今保山一带继续反抗。建武二十一年（45年）春正月，栋蚕首领在不韦被杀。统治阶级利用镇压起义的机会大肆掳掠人口、马匹、牛、羊、谷物，战后的残破可以想见！

永平元年（58年）爆发了姑复县少数民族大牟替灭陵的起义，州和郡发兵镇压。《后汉书·西南夷列传》载："永平元年，姑复夷复叛，益州刺史发兵讨破之，斩其渠帅，传首京师。"《后汉书·孝明帝纪》说："州郡讨平之。"《后汉书·天文志》亦载："是时益州发兵击姑复蛮夷大牟替灭陵，斩首，传诣洛阳。"

二 哀牢夷、卷夷等起义

建初元年（76年）九月，永昌郡哀牢人起义。这次的经过，也以《后汉书·西南夷列传》记载最详：

> 建初元年，哀牢王类牢与守令忿争，遂杀守令而反叛，攻巂唐城。太守王寻奔楪榆。哀牢三千余人攻博南，燔烧民舍。肃宗募发越巂、益州、永昌夷汉九千人讨之。明年春，邪龙县昆明夷卤承等应募，率种人与诸郡兵击类牢于博南，大破斩之。传首洛阳，赐卤承帛万匹，封为破虏傍邑侯。

这次起义的范围，在今滇西保山、大理一带，起义力量约有三千余人。据《后汉书·天文志》载："是岁蛮夷陈纵等及哀牢王类牢反。"起义的领袖叫陈纵。汉王朝调发了三个郡的汉族及少数民族九千人进行镇压，建初二年（77年）三月，这次起义终于被平。

元初四年（117年）及五年，越巂郡的少数民族封离等纷纷起义。《后汉书·安帝纪》载：四年十二月"越巂夷寇遂久，杀县令"。五年"春正月，越巂夷叛"，"秋七月，越巂蛮夷及旄牛豪叛，杀长吏"。六年，"是岁，永昌、益州、蜀郡夷叛，与越巂夷杀长吏、燔城邑，益州刺史张

乔讨破降之"。起义及被镇压的经过,《后汉书·西南夷列传》记载最详:

> 时郡县赋敛烦数,五年,卷夷大牛种封离等反畔,杀遂久令。明年,永昌、益州及蜀郡夷皆叛应之,众遂十余万,破坏二十余县,杀长吏,燔烧邑郭,剽略百姓,骸骨委积,千里无人。诏益州刺史张乔选堪能从事讨之。乔乃遣从事杨竦将兵至楪榆击之。贼盛未敢进,先以诏书告示三郡,密征求武士,重其购赏。乃进军与封离等战,大破之,斩首三万余级,获生口千五百人,资财四千余万,①悉以赏军士。封离等惶怖,斩其同谋渠帅,诣竦乞降,竦厚加慰纳。其余三十六种皆来降附。

这次起义由于"赋敛烦数"而引起,最后形成波及越嶲、永昌、益州、蜀郡的大起义,起义军达十多万人,攻占了二十多县。元初六年(119年),杨竦带兵至楪榆,"先以诏书告喻,不服,乃加诛",斩获甚众,掳掠大量财物,"悉以赏军士",鼓励军士乘机对各族群众和起义军大杀大抢。但刽子手也没有好下场,"州中论功未及上,会竦病创卒",终于被起义军杀伤,最后丢掉了性命。

其他民族起义还有延光二年(123年)正月,在越嶲郡北部发生了旄牛夷的起义。《后汉书·安帝纪》记载这次起义说:"(延光)二年春正月,旄牛夷叛,寇灵关,杀县令。益州刺史、蜀郡西部都尉讨之。"

阳嘉三年(134年)又发生过起义。《后汉书·顺帝纪》载:"三月庚戌,益州盗贼劫质令长,杀列侯。"

延熹四年(161年),在今滇东北地区也发生了民族起义。《后汉书·桓帝纪》载:六月,"犍为属国夷寇钞百姓,益州刺史山昱击破之"。

熹平五年(176年),益州郡又发生了一次各族人民大起义。《华阳国志·南中志》载:

> 迄灵帝熹平中,蛮夷复反,拥没益州太守雍陟。遣御史中丞朱龟将并、凉劲兵讨之,不克。朝议不能征,欲依朱崖故事弃之。太尉掾

---

① 《华阳国志》各本皆作"四十余万"。此据廖寅本作"四千余万",与《后汉书·西南夷列传》同。

>巴郡李颙献陈方策，以为可讨。帝乃拜颙益州太守，与刺史庞芝伐之，征龟还。颙将巴郡板楯军讨之，皆破，陟得生出。后复更叛。

这次起义甚至把益州郡的太守都抓起来，应该是有组织有准备的，不是一哄而起。汉王朝换了两次征讨的力量，第一次派朱龟镇压，动用北方并州、凉州的劲兵，仍打了败仗。《隶释》载《幽州刺史朱龟碑》说："君讳龟，字伯灵……于时益州蛮夷侵寇边鄙，陆梁山野，为害日甚。朝廷以君能□□武，不□□□御史中丞，讨彼乱略。君统整群帅，方谋并设，威神霆电，烛于上下，至□□郡□□□□授手乞降。"《朱龟碑》证明他如何为汉王朝拼死出力，但起义军并未"授手乞降"，谀墓之词不足信。朱龟败后，第二次又派李颙为益州太守，与刺史庞芝，征发巴郡的板楯蛮进行镇压，才打败起义军，救出雍陟。

熹平以后应该还发生过起义事件，《华阳国志·南中志》记载"后复更叛"可以为证。《后汉书·西南夷列传》说得更具体："颙卒后，夷人复叛，以广汉景毅为太守，讨定之。"起义时间大概在灵帝末年，汉王朝派景毅为益州太守才镇压下去。

东汉时期，西南夷地区阶级矛盾与民族矛盾交织发展，尖锐复杂。在西南各边郡发生过多次各族人民大起义，小规模的起义更多，还有不少未见于记载。《后汉书·西南夷列传》作者感慨地说："汉氏征伐戎狄，有事边远，盖亦与王业而终始矣！"综合东汉时期西南夷地区的各次起义有以下特点：第一，民族矛盾十分突出，阶级斗争往往以民族斗争的形式表现出来。起义军多是各族群众共同参加的"诸夷反叛"，即使是建武十八年（42年）昆明人为主的起义，也不仅昆明一族，而是"昆明诸种反叛"。起义的主力是各族劳动人民，但也有民族上层人物"王"、"豪"等参加。民族上层出于他们的私利，在起义中往往上下其手，反复无常。越嶲任贵的反复变化最为典型。汉王朝也采取"以夷制夷"的政策，经常征发少数民族首领镇压少数民族起义。建初元年（76年）哀牢人的起义，主要是靠昆明夷卤承"大破斩之"，后来汉王朝赐卤承帛万匹，封卤承为侯。熹平五年（176年）益州郡的民族起义，也是靠调"板楯蛮"才最后镇压下去的。第二，起义军有的反赋敛烦数，有的反暴政苛残，把矛头直接指向郡县长官，杀死太守，拘押太守，赶跑郡县的长吏，起义的目标一直对准贪官污吏，反对残酷的民族压迫和封建剥削。但是始终没有提出过脱离汉王朝的口号。汉王朝在起义军的捶击下，朝议多次有人提出"不如弃之"，减少麻烦，但汉王朝始终没有改变过对西南夷边郡的统治权。因此，东汉时期西南边郡各族的起义始终是国内民族斗争和阶级斗争的性质，从来没有表现出脱离祖国统一多民族大家庭的离心倾向。第三，往往民族起义与清廉的官吏交叉出现。如益州郡栋蚕、若豆等起义后，出现了被人们称道的文齐的统治，"降集群夷，甚得其和"。永平元年（公元前58年）姑复夷起义被镇压，"后太守巴郡张翕，政化清平，得夷人和。在郡十七年，卒，夷人爱慕，如丧父母"。灵帝时益州郡民族起义以后，景毅为太守，"为人廉正"，"以礼让化民"，生产发展，竟至米斗八钱。这些不是巧合，各民族的起义沉重地打击了封建统治，清除了不少贪官污吏；汉王朝也从中吸取了深刻的教训，为了自身的长治久安，改弦更张，对统治方法有所调整，选调较为清廉的官吏，推行休养生息的让步政策。东汉各族人民大起义推动了社会历史向前发展，但付出的代价也是巨大的。

第四章

秦汉时期云南的社会与经济

第一节 秦汉时期西南边疆的地理环境

一 概述

秦汉时期西南边疆的自然面貌,无直接的文字记载,但丰富的考古发掘资料为我们提供了佐证。

晋宁石寨山和江川李家山出土的大量青铜器中,反映动物形象较多的有以下几类:

第一类为铜扣饰。有圆形、长方形及不规则形,分别用浮雕、圆雕、镂空、镶嵌等复杂工艺制成。背面均有矩形钮,便于插在人的胸、腹间作装饰。这类主要以动物题材为装饰内容的铜扣饰,反映当时人类和周围环境的关系最为充分。圆形和长方形扣饰多反映一些温顺的动物,如牛、猴、狐、猫头鹰,还有鸳鸯、兔、鱼等,"群猴嬉戏图"有10只大小相同的猴子围成一圈,各伸出右前肢挽住前面一只猴子的左右肢,而所有的猴子又都回首探望着一个方向。这些,透露出人类生活的安谧、恬静、和谐的大自然环境。然而,遍布四野的动物群,既是人们赖以生存的食物来源,毒蛇猛兽又经常威胁着人们的安全。动物之间的搏斗厮杀,也经常在人们周围展开。由于生产力低下,当时人们生活的环境并不是世外桃源。一批没有固定形状的扣饰,内容多反映人和动物的活动场面,或几种动物搏斗的场面。如"猪搏二豹图"高浮雕,表现两豹夹攻一猪,猪以其强健的身躯将一豹压倒,而另一只豹从后右侧猛扑猪背。"二狼噬鹿图"表现二狼已追近鹿,口咬鹿尾,鹿前足弯曲,仰首嘶叫。"狼豹争鹿图"中的鹿已在二兽脚下仰卧挣扎,但豹口紧咬狼颈,前爪抓住狼腰;狼口反咬豹的后腿,前爪抓住豹腹。"虎牛搏斗图"表现虎口咬住牛腿,前爪抓牛腹；牛反将老虎冲倒在地，虎腹被牛角戳穿，肠子露出腹外，虎牛两败俱伤。在"三虎噬牛图"中，牛已索然无力，被背在最大的一只虎背上，老虎张着大口，圆睁的眼睛露出凶光。其他还有"二虎噬猪图""三狼噬羊图"等，都是这些动物厮杀的一瞬间的真实写照。

图 1　猪搏二豹铜扣饰（西汉）

第二类为铜杖头饰。即在一根木杖的上端，另装有铜铸的立体动物雕塑饰件；其下有直径2—4厘米的圆形銎，两侧有对称的小孔，以固定木杖。杖头饰也以动物形象为主。如晋宁石寨山的9座墓中，共出土不同形状的杖头饰27件，有牛、鹿、立兔、孔雀、飞鹰、蛇、凫、蛙、鱼、牛头、鹿头等。江川李家山5座墓共出土杖头饰7件，亦有牛、牛头等。

第三类为仿生式兵器。这类兵器为模仿动物的某一部位制作，特别是动物身上具有攻击性的部分。如蛇头形铜叉，在銎部饰浮雕蛇头纹，蛇口吐出一叉，好似蛇的利齿。鸟头形铜啄，整体似长喙鸟头形，上有圆圈，似鸟的眼睛，刃部既长且尖，使用时如鸟的长嘴啄木。鹤嘴形铜斧，整体似曲劲的鹤头，刃部为鹤嘴，弯曲的銎部有两个圆圈，酷似鹤头上的双目。牙刺形铜棒，八棱，每面均有排列整齐的牙刺，棒端立一犬，很可能是模仿锐利的犬齿制作的。

第四类为兵器、乐器、生活用具上的附件饰物或刻画。兵器的附件上也有动物，如豹耳矛、蛙饰铜矛、猴饰铜钺等，剑刃的上部有的刻豹、蛇、猴、虎等图形。在锄的左右两叶各刻一只孔雀，在壶的周身刻鹿、豹、孔雀三种动物相间组成的花纹。李家山出土的一件铜臂甲刻有虎、豹、野猪、猴、雄鸡、蜥蜴、鱼、虾、蜂、虫及其他怪兽。葫芦笙上站着牛，等等。

第五类为铜贮贝器、铜鼓等较大型的器物。这些器物的主题是反映社会生活中的重大题材，但也往往点缀有关的动物，用以烘托环境背景，增加场景的真实感。"铜牛虎案"则整件器物表现猛虎侵牛的图景，猛扑而来的虎咬住了牛尾，但壮健的牛岿然不动，它肚子下面还保护着一头牛犊。相似的内容还有"虎噬牛铜枕"。

综合滇池区域出土文物反映的动物，种类达40多种，有虎、豹、熊、狼、野猪、鹿、狐狸、猴、兔、牛、马、羊、猪、狗、鼠、蛇、鳄、穿山甲、蜥蜴、水獭、鹤、鹄、鹈鹕、凫、鸳鸯、孔雀、雉、鸡、鹰、鹞、燕、鹦鹉、犀鸟、枭、乌鸦、麻雀、鸠、布谷、鸥、鹭鸶、鱼鹰、鱼、虾、蟹、蛙、龟、蜜蜂、蜈蚣、甲虫等，从众多鸟兽我们可以探知当时滇池区域复杂的自然环境。广阔的丛山深菁，覆盖着茂密的原始森林，虎、豹、熊等在丛林中出没，经常窜到林边危害人畜。大片平坦的低地为草原或稀树草原，有成群的梅花鹿、水鹿游荡、嬉戏，也有狐狸、狼、兔等出没。滇池比现在宽阔，湖边有很多沼泽或河汊，水獭、鹈鹕、鸳鸯、鹭鸶、鱼鹰等正在觅食忙碌。

在这些动物中，有几种值得我们特殊重视。一种是大量出现的孔雀形象。圆雕"孔雀"表现一只正开屏的孔雀，美丽动人，使我们仿佛见到它们五色斑斓的羽毛。纺织场面贮贝器的胴部，用阴线浅刻孔雀4只，胴足交接处也铸展翅欲飞的孔雀4只。出土文物中，有单个孔雀形象，也有孔雀群组的形象，还有人们用蛇喂养孔雀的形象，反映当时孔雀普遍存在，受到人们重视，甚至还可能被人们饲养。还有一种是犀鸟。呈贡天子庙出土有一件仿生式兵器为犀鸟头双联铜钺，整体作犀鸟头形状，上下两喙张开，喙角各伸出一钺，随鸟头两喙弯曲下垂。銎上有两个圆圈纹，似鸟的双眼。銎侧有"内"，似犀鸟的斑冠。石寨山M1铜鼓形贮贝器的腰部，有四只立体雕塑的犀鸟，形象逼真。还有几幅犀鸟图，头大，头顶不是直立的冠羽，而是一隆起的盔突，被一些人解释为孔雀，其实那是犀鸟。对于石寨山、李家山出土铜鼓上常见的环绕太阳的"四飞鸟"及鼓身上的"鸟冠羽人"，凌纯声先生首先提出"这个鸟很像犀鸟"，近人研究亦认为"四飞鸟"的原型即为犀鸟。① 蛇的形象遍及很多青铜器，反映蛇的普遍存在是无疑的。但有的器物上表现的不是蛇而是巨蟒。石寨山M12：26贮贝器的祭祀场面，巨柱的柱础上一条巨蟒正吞噬一个男子，人的臂、胸和头部露于蟒口外，正以双手扶着巨蟒的颈侧，下半身已入蟒腹。另一值得重视的动物是鳄。石寨山M1：57铜鼓形贮贝器的祭祀场面也有一柱，顶塑一立虎，柱身有两条长蛇缠绕，头向上似正攀延上升，柱础则横卧着一条凶狠的鳄鱼。孔雀、犀鸟、巨蟒、鳄鱼，还有鹦鹉、蜥蜴，都是对气候非常敏感的动物，喜欢湿热的环境，多生活在热带、亚热带的雨林、季雨林中。以之对比秦汉时期滇池区域的气候，大体约相当于现今的西双版纳。现今昆明市的年平均气温14.7℃，1月平均气温7.7℃，年平均相对湿度为73%；景洪市年平均气温21.7℃，1月平均气温15.6℃，年平均相对湿度为83%。秦汉时期，滇池区域的年平均气温比现今高6℃左右，冬季最冷月的平均气温约比现今高8℃，湿度可能比现今西双版纳还略高。

图2 青铜孔雀（西汉）

这样的气候状况，在两汉的文字记载中也有透露。据《汉书·西南夷列传》，武帝时巴蜀四郡通西南夷道，"士罢饿餧，离暑湿，死者甚众"。成帝河平中，夜郎王兴与句町王禹、漏卧侯俞举兵相攻，杜钦说大将军王凤曰："这臧温暑毒草之地，虽有孙兵将、贲育士，若入水火，往

---

① 易学钟：《铜鼓"四飞鸟"为犀鸟"运日"说》，载《云南文物》1986年第19期。

必焦没，知勇亡所施。宜……阴敕旁郡守尉练士马，大司农豫调谷积要害处，选任职太守往，以秋凉时入，诛其王侯尤不轨者。"以后选陈立为牂柯太守，"至冬，立奏募诸夷与都尉长史分将攻翁指等"，"时天大旱，立攻绝其水道，蛮夷共斩翁指，持首出降"。王莽时，遣冯茂击益州，"出入三年，疾疫死者什七，巴、蜀骚动"。后又遣廉丹、史熊发二十万人击之，"士卒饥疫，三岁余死者数万"。据《汉书·王莽传》，冯英上言："僰道以南，山险高深，（冯）茂多驱众远居，费以亿计，吏士离毒气死者什七。"从上可知，当时西南夷地区高温酷暑，气候比内地湿热得多，从内地来的军士多不能适应，大批染疾疫死亡。但干季和雨季区分明显，冬天久不下雨，饮水都困难。由于地形复杂，"山险高深"，河谷往往气温异常，多"毒气"，即后世所称的"瘴气"。用兵宜"秋凉时入"，速战速决，避免旷日持久。

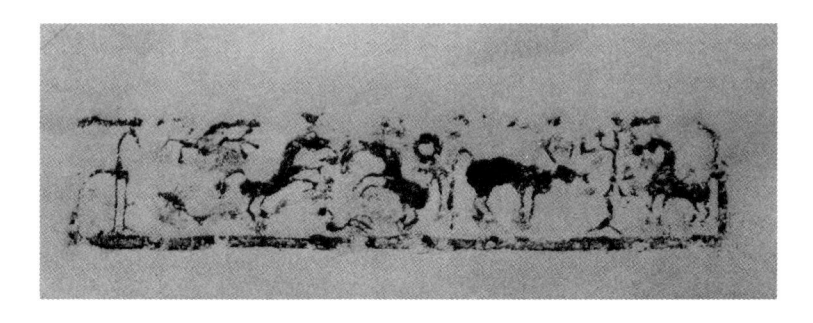

图3　舞马纹画像砖（东汉）

与滇池地区有别的气候图景也能找到。近代在昭通坝子守望乡征集到一批东汉梁堆墓的画像砖。其中之一由奔马、羊、凤凰、水牛等动物组成，最前面是奔马仰首奔驰，其后一只羊低着头缓慢向前走，天空中有一只正在飞翔的凤凰，羊后紧跟一头肥壮的水牛在觅食，这些动物的背景是树林和草地。另一种砖有三组图案，一组为一棵树拴着一匹马和一头牛，一组为两只凶猛的野兽在争食一只弱小的鹅，另一组为三只鹤争一条鱼，其中一只站在水中盯着那条鱼，另外两只鹤正从空中俯冲下来。第三种砖的图案，左边为一只驴，其后似有一棵树，一只鹅在树边觅食，右边一匹马在觅食，马的前面有一只龟。①滇国青铜器经常反映的湿热环境生活的动物了无踪影，变成了一幅闲适的高山草场放牧的景象。《孟孝琚碑》上描述的"凉风渗淋，寒水北流"，就是东汉后期朱提县气候的写照。这些与滇池地区青铜器上所反映的情况进行对比，其变化有两方面值得注意。从时代讲，说明东汉时期的气候逐渐转温凉，不再像西汉那样湿热。从地域讲，由于海拔和纬度的不同，同一个时期朱提县也比滇池县凉爽。

秦汉时期，西南边疆的自然灾害突出，地表的变化频繁，较大者都集中在今川西南和滇东北。《后汉书·西南夷列传》载："邛都夷者，武帝所开，以为邛都县。无几而地陷为汙泽，因名为邛池，南人以为邛河。"李贤注引《南中八郡志》曰："邛河纵广岸二十里，深百余丈。多大鱼，长一二丈，头特大，遥视如戴铁釜状。"《太平御览》卷八八八引《异物志》曰："越嶲河有鱼，皆人形而着冠帻。俗语曰：故没郡，人悉变而为鱼也。"通过武帝时发生的一次强烈地震，地陷为湖，一个郡的治所全陷到湖底，形成今邛海。《汉书·成帝纪》又载："河平三年春二月丙戌，犍为地震山崩，雍江水，水逆流。"王先谦注引《五行志》曰："柏江山崩，梱江山崩，地震积二十一日，百二十四动。"成帝河平三年（公元前26年）的这次大地震，发生在今滇东北，地震造成的山崩，堵塞了河道，使江水为之逆流。《后汉书·孝安帝纪》载：延光四年"冬十月丙午，越嶲山崩"。据《后汉书·五行志》载，延光四年（125年）的这次山崩"杀四百余人"。在当时地广人稀的情况下，损失四百多人，是一次不小的自然灾害。随着新构造运动的进行，山体上升和地壳隆起势所必然，海拔升高又会影响气候变化、湖泊水位甚至江河流向。但由于研究手段的限制，这方面的数据只有俟诸他日。

二 综合地理分区

西南夷地区范围宽广，地形和气候差别大，地理条件复杂，因此，经济发展程度也有差异。秦汉时期，综合其自然地理和经济发展状况，主要分为六个区。

---

① 昭通市文物管理所：《昭通市文物管理所征集的一批汉砖》，载《云南文物》2003年第3期。

（一）滇池区

指古滇国的中心区，即今昆明坝子及附近诸县。《史记·西南夷列传》载，"魋结，耕田，有邑聚"。《后汉书·西南夷列传》载，"河土平敞，多出鹦鹉、孔雀，有盐池、田、渔之饶，金银、畜产之富。人俗豪忲，居官者皆富及累世"。这是秦汉时期西南夷经济最先进的地区。气候湿热，有山有湖，土地平敞，自然条件优越，便于以农业为主，畜产以马、牛最多，农业、畜牧、捕鱼、狩猎互相渗透，全面发展，金、银、铜、铁、盐齐备，具有得天独厚的自然资源，其青铜文化在我国古代独树一帜。

（二）朱提区

指朱提县为中心的今滇东北一片。虽高山相连，平地少，但为交通干道所经，内地的生产技术容易传播。东汉时迅速崛起，首先有属国都尉文齐在此"穿龙池，溉稻田"，今昭通坝子成为西南边疆的农业灌溉先进地区。在这一带又大量开采银、铜，所生产的"朱提堂狼洗"铜器著称于世。但山区则比较落后。

（三）牂柯区

指牂柯郡，即今贵州省的大片地区。《后汉书·西南夷列传》载："地多雨潦，俗好巫鬼禁忌，寡畜生，又无蚕桑，故其郡最贫。"这是对牂柯郡整体状况的评价，但其中也不乏经济比较先进的区域。如《史记·西南夷列传》所说，"西南夷君长以什数，夜郎最大"。"皆魋结，耕田，有邑聚。"这是在牂柯中心区开发比较早的区域。东汉时，今清镇、平坝、安顺一带地势平坦，自然条件较好，成为内地移民集中开发的地区。

（四）越嶲区

指越嶲郡，即今四川大渡河以南地区及滇西北部分地区。据《史记·西南夷列传》，"自滇以北君长以什数，邛都最大。此皆魋结，耕田，有邑聚"。越嶲郡是西南夷中最北的一片，安宁河谷土地平坦，水源充足，开发较早。东汉的情况，《后汉书·西南夷列传》载，越嶲郡"其土地平原，有稻田"，一直是西南夷中较先进的农业区。

（五）叶榆泽区

指洱海周围的云南、叶榆等县。据《史记·西南夷列传》，这一带"皆编发，随畜迁徙，毋长处，毋君长"，随畜迁徙的情况比较突出。直到唐代，《新唐书·南蛮传》载，昆明蛮"以西洱河为境"，"随水草畜牧，夏处高山，冬入深谷"，仍是这种情况。这一带畜牧业占主要地位，但并非都是游牧。考古发掘证明，滇西也有不少定居畜牧的例子，农业在经济中的地位不可忽视。普遍用家畜家禽的遗骨和铜俑作随葬品。时代较早的祥云大波那铜棺墓不但铜棺上有马、猪、虎等9种动物图像，还有六畜铜俑随葬，其中牛4、鸡3、马2、绵羊2、猪2、狗2，共反映动物17种，包括牛、绵羊、猪、狗、马、野猪、虎、豹、水鹿、蜥蜴、蛇、蟾蜍、鸡、鹰、鹳、燕、鹭等。楚雄万家坝古墓群中有10件文物上有动物图像，可识别的有牛、熊、蛇、孔雀及马饰。

（六）哀牢区

指永昌郡西部原哀牢的范围，即今澜沧江以西、哀牢山以南的广阔地区。《后汉书·西南夷列传》载，"土地沃美，宜五谷、蚕桑。知染采文绣，罽氀、帛叠、兰干细布，织成文章如绫锦。有梧桐木华，绩以为布，幅广五尺，洁白不受垢污。先以覆亡人，然而服之。其竹节相去一丈，名曰濮竹"。出"孔雀、翡翠、犀、象、猩猩、貊兽"。《东观汉记·安帝纪》载，永初元年（107年）"永昌献象牙、熊子"。[①] 从上可知，哀牢是西南夷中最热的地区，特产猩猩、大熊猫、翡翠、孔雀、濮竹、桐华木等动植物，而且永昌郡也是西南夷中最湿热的低海拔地区，适于象、犀牛等生活。由于热带雨林的原始植被状况良好，内地罕见的珍稀动植物繁多，具有多种资源优势。由于气候和地理条件优越，那里"土地沃腴"，"宜五谷、蚕桑"，并生产多种纺织原料，农业、畜牧业、捕鱼、狩猎、手工业都有特色。

从以上我们可以看出，秦汉时期西南夷各族农牧业同时存在，互为补充，但各区畜牧业在经济生活中的比重却不相同。由于地理环境多样，农牧区的分布交叉出现，农业为主的区域，周围有游牧区；畜牧业为主的区域内，也散列小片农业区。西南夷内部经济发展的不平衡性和地区差异在秦汉时期已很明显。即使在经济较发达的区域，广大山区也很落后，先进的农业区犹如小岛。然而，我们不能用今天的眼光去苛求古人。当时"靠山吃山、靠水吃水"的情况很突出，人们经过长期艰苦的科学实验和生产实践，认识、利用、开发自己周围的动植物优势条件，逐步形成了各

---

① 按袁宏《后汉纪·和帝纪》载："永元六年春正月，永昌夷献犀、象。"但《后汉书·孝和帝纪》记此事为"永昌徼外夷遣使译献犀牛、大象"。应指"永昌徼外"，非永昌郡事。

个经济区的地区特点，有的土特产甚至被介绍到内地或国外。

第二节　云南及毗邻地区的社会

一　两汉西南夷的人口

西汉的人口，《汉书·地理志》记载了平帝元始二年（2年）的数字，可据以知道西南夷各边郡的情况。

益州郡　户81 946，人口580 463，共24县，每县平均3 414.4户，24 186人，每户平均7.08人。除来唯县在今越南境外，在今云南境内约有78 532户，556 277人。

牂柯郡　户24 219，人口153 360，共17县，每县平均1 424.6户，9 021人，每户平均6.33人。在今云南境内11县，约有15 726户，99 231人。

犍为郡　户109 419，人口489 486，共12县，每县平均有9 118.3户，40 791人，每户平均4.47人。在今云南境内4县，约共36 473户，163 164人。

越嶲郡　户61 208，人口408 405，共15县，每县平均有4 080.5户，27 227人，每户平均6.67人。在今云南境内4县，约有16 322户，108 908人。

总计以上4郡共213 036户，1 346 228人（犍为郡只计在云贵高原的5县，按每县人口平均数计）。其中在今云南境内的42县，共有147 053户，927 580人。当时全国12 233 062户，59 594 978人，云南占全国总人口的1.55%，按今云南省面积计，人口密度为每平方公里2.3人。

东汉的人口，《续汉书·郡国志》记载了顺帝永和五年（140年）的数字，亦可据以知道西南夷各边郡的情况。

益州郡　户29 036，人口110 802，共17县，每县平均1 708户，6 518人。每户平均3.82人。

牂柯郡　户31 523，人口267 253，共16县，每县平均1 970户，16 703人。每户平均8.48人。在今云南境内10县，约有19 700户，167 030人。

犍为属国　户7 938，人口37 187，共2县，每县平均3 969户，18 593人。① 每户平均4.68人。

越嶲郡　户130 120，人口623 418，共14县，每县平均9 294户，44 530人。每户平均4.79人。在今云南境内4县，约有37 177户，178 119人。

永昌郡　户231 897，人口1 897 344，共8县，每县平均28 987户，237 168人。每户平均8人。

总计以上东汉5郡，共430 514户，2 936 022人。其中在今云南境内的41县，共有321 779户，2 390 482人，每户平均7.3人。除去永昌郡所辖今缅北地区，比西汉元始二年（2年）约增长了一倍。当时全国总人口9 698 630户，49 150 220人，云南占全国总人口的4.06%多些，人口密度为每平方公里6人。胡焕庸、张善余编《中国人口地理》对云南省的历史人口认为：元始二年（2年），基本开发区的人口至少已达65万人，如加上周边地区，可能达到90万—100万人，在全国总人口的比重约为1%—1.5%。到东汉年间，又进一步发展到200余万人。② 与我们测算的幅度大体一致。

在近一个半世纪全国人口徘徊不前的情况下，西南边郡人口的增长却很突出，其原因至少有三方面。第一，西南边疆地形复杂，许多民族长期过着与世隔绝的生活。由于汉王朝统治的深入，一些长期生活在深山的种落，逐渐被搜寻出来，成为郡县官吏控制的编民。第二，大一统国家的长期经营，边疆稳定，生产发展，人口的自然增长率提高，也使人口有较大幅度的增加。第三，内地移民涌入各边郡。有的筑路开道，有的驻兵守卫，"将千人，食重万余人"，从事运输辎重后勤的人员动辄上万。还有迁来长期从事农业生产的移民，"乃募豪民田南夷，入粟县官"。罪犯及奸豪也是移徙的对象，"汉乃徙死罪及奸豪实之"，徙南越相吕嘉子孙宗族到澜沧江以西的不韦县就是一例。这些移民以巴蜀最多，其他地方的也有。近年，云贵两省发现了大量东汉时期的墓葬，在四川凉山昭觉等地也有发现。它们多是"积土如山"的高大封土堆，在滇东北一带被称为

---

① 按，汉阳县在今贵州境，但汉阳所辖的存䣕在今云南。另外，南广县当时属犍为郡，未计入，与汉阳抵消，犍为属国人口都计入今云南。

② 胡焕庸、张善余编：《中国人口地理》下册，华东师大出版社1986年版，第307页。

"梁堆"。这些墓葬仿效中原地区汉族的埋葬制度多为砖室墓，随葬器物多与内地相同，反映的生活方式也和内地一样。墓主人应为郡县官吏及家属，或者地位显赫的大姓，他们都是进入西南边疆的内地移民。云南发现东汉墓的地方有昭通、鲁甸、大关、盐津、彝良、会泽、曲靖、陆良、昆明、呈贡、晋宁、江川、嵩明、个旧、大理、保山等县市，以滇东北的昭通、鲁甸坝子及滇池周围最集中。贵州西部的清镇、平坝、安顺、兴义、兴仁、黔西、赫章、毕节、威宁、金沙等县市也发现东汉墓，已清理150余座。经初步调查，清镇、平坝、安顺一带贵州最平旷的地区，也是汉墓最密集的地区，汉墓的分布不下30处，总计近一千座。[①] 这些东汉墓葬分布的状况，也反映了汉代内地移民在西南边疆的分布状况。他们多集中在郡的行政中心、交通要道、军事重地，或土平水饱耕作条件较好的地方。

上列分郡的数字，牂柯郡、越嶲郡应是比较正常可信的情况，它们的人口增长数也较具代表性。其他几个郡还需加以说明。其一、西汉犍为郡和东汉犍为属国的数字相悬甚远，犍为属国的总户数和总人口还不及犍为郡一个县的平均数。问题应从犍为郡的范围去找说明。犍为郡大部分处于四川盆地，西汉时人口数较高，应该比该郡每县平均数还多。犍为属国的两县，实包括西汉犍为郡的四县，即使增长数甚微，西汉时每县亦不超过千户，约仅9297人。东汉时，今滇东北和黔西北的部分地区仍是西南诸边郡中人口最少的地区。因此不能用犍为郡的人口状况解释这一地区的情况。其二、益州郡在东汉时析出6县，按西汉每县平均数计，则划出了20 486户，145 116人，以此数再加东汉益州郡的总人口，则为49 522户，255 936人，与西汉益州郡人口相较，户数减少1/3强，口数减少1/2强。在诸郡人口稳步增长的情况下，这一情况尚待探究。其三、据《续汉书·郡国志》，永昌郡人口数仅次于南阳郡和汝南郡，居当时各郡国的第三位。据《后汉书·西南夷列传》，建武二十七年（51年）贤栗率种人17 659人求内属，永平十二年（69年）柳貌又率种人553 711人内属，再加上原属益州郡6县的人口，仍不及永昌郡记录数的一半。张森楷《十七史校勘记》认为："永昌僻郡，而户口繁庶如此，且以除法计之，每十户过八十余口，逾恒率矣，疑口数有讹。"[②] 朱桂昌认为，永昌

---

① 《文物考古工作三十年》，文物出版社1981年版，第362—363页。
② 中华书局1965年版标点本《后汉书》第3540页校勘记引。

郡户数的最后四位和口数的最前四位都是1897，很可能因为文字的上下窜夺而造成了混乱。① 葛剑雄认为："永昌郡的户口数明显含有虚假成分，应该加以剔除。"②

在西南各边郡中，人口的分布也不平衡，越嶲郡一直是人口最密的郡，牂柯郡和犍为属国则地广人稀。对汉代各郡国人口密度的测算，早年梁方仲先生已进行过，但对各郡面积的估计误差较大。近年由于《中国历史地图集》的出版，对各郡范围的认识比较准确。今据葛剑雄的研究录出西汉元始二年（2年）西南各边郡人口密度如下表：③

表一　　　　　　　西汉元始二年西南边郡人口密度表

郡名	人口	占总人口比例	面积（平方公里）	占总面积比例	人口密度（人/平方公里）
益州郡	580 463	1.01%	140 013	3.55%	4.15
牂柯郡	153 360	0.27%	182 700	4.63%	0.84
犍为属国	489 486	0.85%	125 640	3.18%	3.90
越嶲郡	408 405	0.71%	90 612	2.30%	4.51

东汉永和五年（140年）西南各边郡人口密度如下表：④

表二　　　　　　　东汉永和五年西南边郡人口密度表

郡名	人口	面积（平方公里）	人口密度（人/平方公里）
益州郡	110 802	75 870	1.46
牂柯郡	267 253	202 176	1.32
犍为属国	37 187	38 475	0.97
越嶲郡	623 418	90 512	6.89
永昌郡	1 897 344	276 102	6.87

---

① 朱桂昌：《永昌郡户数口数考辨》，载《思想战线》1980年第5期。
② 葛剑雄：《中国人口发展史》，福建人民出版社1991年版，第123页。
③ 葛剑雄：《西汉人口地理》，人民出版社1986年版，第98页。
④ 葛剑雄：《中国人口发展史》，福建人民出版社1991年版，第336页。

在诸郡内部，人口分布也不平衡，我们可以利用间接的资料探寻。《汉书·百官公卿表》载："县令、长，皆秦官，掌治其县。万户以上为令，秩千石至六百石。减万户为长，秩五百石至三百石。皆有丞、尉，秩四百石至二百石，是为长吏。"《后汉书·百官志》又载："尉，大县二人，小县一人。丞署文书，典知仓狱。尉主盗贼。"以上说明，县以人口区分，人口万户以上的设县令，万户以下的称县长。县又以土地广狭区分，面积宽广的为大县，设左、右二尉，较窄的小县则仅设尉一人，不分左右。汉代，这种制度在西南边郡也是实行了的。《汉书·西南夷列传》说，陈立"前为连然长，不韦令，蛮夷畏之"。《后汉书·西南夷列传》说，元初五年"卷夷大牛种封离等反畔，杀遂久令"。《华阳国志·先贤士女总赞上》说，杨班为不韦令，"治化浃洽"。《华阳国志·先贤士女总赞下》又说：李羣"建武中，察孝廉，为遂久令"。《三国志·李恢传》说，"姑父爨习为建伶令"。则不韦、遂久、建伶等县设令，连然县设长。又据《云南少数民族官印集》汇总的汉代官印，[①] 有"朱提长印""南广尉印""同并尉印""三绛尉印""存鄢左尉""楪榆长印""楪榆右尉""遂久令印""遂久右尉""越归汉蜻蛉长印"等。西安汉城遗址出土有"越归义蜻蛉长"印文。高文翰《印谱》著录有"云南长印"，罗福颐《汉印文字征》又录有"云南令印"。这些说明汉代西南边郡大多数县人口都不多，朱提、连然、楪榆、蜻蛉都只设长；很多县的范围也不大，如南广、同并、三绛等，因此都只设一个尉。存鄢、楪榆皆设左右二尉，人口不多，但论面积却是大县。遂久人口多，面积也大，既置令，又设二尉，但密度不算高。云南县处两条交通干道交会处，人口增长较快，先设长，后升为令。综合以上所载，万户以上人口的县有建伶、不韦、遂久，作为郡治的滇池和邛都两县的人口，可能也在万户以上，两汉西南边疆人口最密的地区是滇池东南岸、永昌郡治、安宁河谷。

二 社会形态

西南边疆各个地区和各个民族社会经济的发展是不平衡的。秦和西汉时期，在滇中和滇东北、滇西的某些坝区，生产力水平较高，奴隶制已有

---

① 云南省少数民族古籍整理出版规划办公室编：《云南少数民族官印集》，云南民族出版社1989年版。

一定的发展，而边远地区和广大山区大多还停留在原始社会阶段。

秦汉时期奴隶制发展的状况，又以滇池地区为代表。晋宁石寨山等地出土的大批文物，为我们认识滇池地区的奴隶制提供了生动而丰富的实物资料。青铜器上所反映的阶级结构，大体有贵族、平民、奴隶三种，滇池地区已处于等级森严的奴隶社会。

贵族

他们的服饰与一般"滇"人无异，但社会地位与一般人不同，他们在青铜器中的形象往往被突出，或身材高大，或遍身鎏金。如M12：2籍田出行图中乘肩舆的妇女，M1纺织场面端坐正中监督奴隶劳动的女主人，M20：1、M1杀人祭祀场面中乘肩舆的妇女，M12：26杀人祭祀场面房屋中高坐者及参与议事的男子，M6：1、M13：356战争场面中骑马的指挥者及铜鼓残片图像中乘马披毡出游的男子。这些贵族不从事任何生产，男子在战争中充当首领，指挥打仗，妇女则主持与农业有关的祭祀仪式，在家监督奴隶纺织。他们每逢出行，男人以马代步，妇女则乘肩舆。平日居家，也有奴仆在左右侍奉。他们生活"奢豪"，作威作福，在经济上是榨取平民和奴隶血汗的奴隶主，在政治上是特权阶级。

图4　二人猎鹿铜扣饰（西汉）

平民

这类人数量较多，各种场合均有他们的活动。他们男女均穿无领对襟外衣，男子头顶梳髻，以带束腰，女子的髻垂于脑后。他们与贵族虽属同族人，但所处社会地位却完全不同。他们出现在青铜器中的形象，如

M12：2 籍田出行图中荷锄顶篮的妇女，M12：1 献粮图中负粮入仓的妇女，M12：1 放牧图内圈三个牧羊的男子，M12：2 放牧图上晕牧牛的男子，M1 杀人祭祀场面列坐成排参与仪式的妇女，M12：26 杀人祭祀场面中的交易者、观光者、游戏者，M20：1 杀人祭祀场面中荷锄顶篮跟随女贵族的妇女，M3：64、M6：22、M13：239 供奉人头房屋模型中大部分奏乐者、跳舞者、参与仪式者，M6：1、M13：356 战争场面中"滇"人一方的广大战士，M12：2 舞蹈图中跳舞者，M13：64、M13：65 乐舞铜饰牌中跳舞、奏乐者，各种剽牛铜饰牌中参与仪式的男女。这些平民是社会生产的主要负担者，男子从事牧畜，妇女从事农业。在战争中男子是一般战士，在宗教活动和社会活动中，他们是一般参加者或观众。他们已不能和贵族处于平等地位，逐渐沦为贵族奴役和剥削的对象，每年要将生产粮食的一部分缴纳给贵族，并亲自送进贵族高大的仓房。

图 5　"播种"铜贮贝器（西汉）

奴隶

他们又分两类。一种服饰大体与"滇"人相同，但男子衣后幅长曳于地，如"衣着尾"者。他们在"滇"人中地位更低，往往在各种仪式中操贱役。他们在青铜器中的形象，如 M12：2 籍田出行图和 M20：1、M1 杀人祭祀场面中为女贵族抬肩舆的男子，M12：1 放牧图外圈执鞭赶羊放猪的男子，M12：2 放牧图下晕牧马的男子，M1 纺织场面在女奴隶主监督下织布的妇女和捧巾侍奉女奴隶主的妇女，M12：26 杀人祭祀场面杀牲、喂猪、进奉食物及从事其他杂役的男女，M3：64、M6：22 房屋模型中在下层炊爨者。这种奴隶虽参加一定的生产活动，男子放牧，女子纺织，但主要从事杂役，每逢女贵族出行，由他们抬肩舆，每逢祭祀，由他们杀牛羊烹煮食物，平日在家侍奉贵族。但不见他们被任意杀戮的情况。他们应是"滇"人中分化破产而沉沦为家内奴隶。另一种是异族奴隶，又以"编发"的"昆明"人为主，不论男女均头梳双辫。他们在青铜器中的形象，如 M6：1、M13：356 战争场面中与"滇"人作战者、被杀倒在地者、被生擒者，M13：109、M3：72 俘掠铜饰牌中被俘的妇女和小孩，M3：112、M6：84、M7：9 铜矛上双手反缚被吊者，M13：67 图画文字铜片上与牛马同列的头戴枷者、手被铐者、被猎头者，M1 铜斧花纹中被猎头者，M12：26、M20：1、M1 杀人祭祀场面中奉献神祇的牺牲，M1 纺织场面中在监督之下从事理线工作的妇女。他们是战争的主要对象，在战争中他们有的成为俘虏，有的被猎头致死。妇女和小孩更是俘掠的重要目标。被俘以后，他们被戴上手铐、足枷或头枷，与牛马同列。妇女在家中服役，男子则多充作祭祀的牺牲。在异族奴隶中，他们处于等级阶梯中的底层，生活最为悲惨。[①]

在滇池地区，包括农业、纺织业等主要生产领域，使用了大批奴隶从事集体劳动，奴隶是当时的主要生产者。贮贝器上有一幅表现"播种"仪式的图像，一个昂首挺胸的奴隶主，坐在四人抬着的肩舆里，监督一大群男女奴隶列队到田间劳动，奴隶们有的肩扛铜锄，有的头顶种子，还有的手持点种棒。另一件表现"上仓"的青铜器上刻画着一群头顶箩筐的女奴隶，正在把自己辛勤劳动所获的粮食，一箩接一箩地倒入奴隶主的高大仓房。贮贝器上反映纺织场面的立体雕铸，反映一个衣着华丽目光凶残的女奴隶主，正坐在那里监视着一群不同族别的女奴从事织布、理线等工

[①] 汪宁生：《"滇"人的经济生活和社会生活》，收入《云南青铜器论丛》，文物出版社1981年版。

作，奴隶主周围还有人持伞、捧巾、捧盘侍候。

图 6　吊人铜矛（西汉）

奴隶的地位极为低下。石寨山出土一块有图画文字的铜片，把奴隶、人头和马、牛、羊、粮食、酒、海贝等财富及孔雀、虎、豹等珍贵动物排列在一起，奴隶又分为戴枷的奴隶和铐手的奴隶，并标以数量，无疑是把奴隶及掳掠的人口当作财富。[①] 奴隶不但与牛马同栏，他们的生杀予夺之权操于奴隶主，如同剽牛样奴隶也常被作为牺牲任意处死。石寨山青铜器上专门表现杀人祭祀场面的有三件。其一 M12：26 贮贝器盖上现存 127 人，场面盛大。其中一个贵族坐于平台的高凳之上，平台上有屋顶遮覆，10 面铜鼓成排摆放，附近还有人击铜鼓和錞于。广场中立一柱，柱旁的木牌上缚一人；还有一戴足枷者，亦似为牺牲。冯汉骥释此为"诅盟"，这是诅盟时以奴隶作牺牲。其二 M20：1 贮贝器中间有三个铜鼓相叠成柱，一边 16 人有一乘肩舆的女奴隶主，由四人抬着，领一队前行；另一边 18

---

① 林声：《晋宁石寨山出土铜器图象所反映的西汉滇池地区的奴隶社会》，载《文物》1975 年第 2 期。

人，有一木牌，上绑一梳辫男子，连发辫一齐捆于牌上，另有一无头者倒于地，似被杀者的尸体，木牌正面有女子持篮，篮中所盛者似为人头。冯汉骥释此为"祈年"，祈年时杀奴隶作牺牲。其三M1贮贝器全场47人，有女奴隶主乘肩舆引一队前行。右立一牌，一女奴裸身反缚于牌上，发被上绕牌顶而系于牌后；另有一人坐于地，左足有枷；其前一人裸身跪于地，手被反缚；还有一人被两人拖曳于地，头脚皆被捆绑，旁边还有武士监视。旁边另有一人手持一人头。这些都是祭祀的牺牲者。冯汉骥释此为丰收"报祭"，主祭的是女奴隶主，其牺牲也是女奴隶。① 一边是高踞庙堂，坐轿骑马，前呼后拥的奴隶主贵族，一边是被绑、被枷、被跪、被杀的奴隶，阶级对立多么森严残酷！还有一件江川李家山出土的铜扣饰，反映4个男子正把牛绑到铜柱上，作祭祀的准备，牛角上倒悬一人，他是和牛一样作这次祭祀牺牲的奴隶。江川李家山2号、11号墓和昆明上马村机修厂1号墓，墓主的足端均有一堆散乱的骨骸，当是被杀殉的奴隶遗骸。这些表明："在奴隶制度下，生产关系的基础是奴隶主占有生产资料和占有生产工作者，这些生产工作者便是奴隶主所能当作牲畜来买卖、屠杀的奴隶。"②

图7 "战争"场面铜贮贝器器盖（西汉）

---

① 冯汉骥：《云南晋宁石寨山出土铜器研究》，载《考古》1963年第6期。
② 斯大林：《列宁主义问题》，人民出版社1953年版，第866页。

奴隶的来源是多方面的,但主要是通过战争获得。石寨山青铜器中最多的当推兵器,数量和种类都占绝对优势。在青铜器上雕铸或刻画的图像,也大量反映战争或与战争有关的活动。通过这些图像证明,奴隶主利用战争掳掠人口和财物,是十分寻常的事情。一件铜矛的两侧各吊一个人,双手被反缚。兵器以此为饰,形象突出地表明奴隶主企图通过战争多获"生口"的愿望。M6:1贮贝器盖上反映了一幅惊心动魄的战争场面,戴盔披甲骑马的贵族正带领佩剑持矛带盾的战士徒步进攻,对方一人头已被砍,一人倒地而马逸去,一人被踏于马足下,一人披甲亦倒于地。另二人已成俘虏,手被铐,有对方战士在旁监视。还有一人跪伏于地,似在求饶。一件献俘的扣饰反映两名戴盔披甲的战士,一前一后押送一个身背小孩的妇女和一头牛、一头羊,粗绳拴住妇女的手。走在前面的战士手中提着人头,脚下踏着尸体。另一件类似的铜扣饰,反映一名战士押解两个人及马、牛、羊各一。这些画面把通过战争俘掠人口及牲畜胜利而归的情景反映得淋漓尽致。秦汉时期,在西南夷诸族中掳掠和买卖人口的记录也累见不鲜。《汉书·地理志》载:巴蜀"南贾滇、僰僮。"《史记·西南夷列传》载,巴蜀的商人因贩卖西南夷的少数民族人口"僰僮"等致富。该书又载:"且兰君恐远行,旁国虏其老弱。"各族之间也存在人口掠夺。司马相如《难蜀父老书》亦谓:"父兄不辜,幼孤为奴,系累号泣,内向而怨。"《史记正义》注:"言为人掠获而系累为奴,离别号泣,内向怨天子化不至也。"《华阳国志·蜀志》载:蜀地有"滇僚賨僰僮仆六百之富"。该书《南中志》载,牂柯郡"有僮仆"。"僮仆"就是奴婢,滇、僚、賨、僰等少数民族人口被掠卖到内地为奴婢。直到东汉,还发生汉族官吏也被掠卖为奴的事件。《华阳国志·先贤士女总赞上》记载:"禽坚,字孟由,成都人也。父信为县吏,使越巂,为夷所得,传卖历十一种。去时,坚方妊六月;生,母更嫁。坚壮,乃知父湮没,鬻力佣赁,求碧珠以求父。一至汉嘉,三出徼外,周旋万里,经六年四月,突瘴毒狼虎,乃至夷中得父。父相见悲感,夷徼哀之。即将父归,迎母致养。"[①]值得提出的是,汉朝的军队也多次掳掠人口。据《汉书·昭帝纪》,始元五年(公元前82年)"大鸿胪(田)广明、军正王平击益州,斩首捕虏三万余人,获畜产五万余头。"《汉书·西南夷列传》作"大破益州,斩首捕虏五万

[①] 原文有脱误,此据刘琳《华阳国志校注》,巴蜀书社1984年版,第726页。

余级，获畜产十余万。"《华阳国志·南中志》作"遣大鸿胪田广明等大破之，斩首捕虏五万人，获畜产十余万头，富埒中国"。诸书所载数字有出入，但皆不在少数。既"斩首"又"捕虏"，掳掠西南夷各族的人口是肯定的。这些人口和牲畜归谁呢？《华阳国志》的说法透露出可能归出征的大将，因此才"富埒中国"。《后汉书·西南夷列传》又载，建武二十一年（45年）刘尚将兵镇压起义军，"凡首虏七千余人，得生口五千八百人，马三千匹，牛羊三万余头"。元初四年（117年）杨竦将兵至叶榆，"斩首三万余级，获生口千五百人，资财四千余万，悉以赏军士"。也有把生口和资财分给军士的。大概汉代内地的"僮仆"有一部分就是战争中得自边疆被俘的"生口"。

由于大量的出土文物，让我们窥见了汉代滇池地区奴隶制的典型形象，但是，西南夷地区奴隶制的存在绝不仅此一地。《史记·西南夷列传》说，邛都、夜郎及与滇同姓的靡莫之属都属于一种经济文化类型，都处于相同的发展水平，都是"椎髻，耕田，有邑聚"。可以想象，他们的社会发展程度当与滇人相去不远。从近年考古发掘可知，滇池区域青铜器的分布范围，大体东至宜良、路南，曲靖，北抵东川，其南不超出新平、元江，西达禄丰。滇西青铜文化分布的范围更广，除剑川海门口、祥云大波那、楚雄万家坝，还有大理市金梭岛、大墓坪、五指山，永胜县金官龙潭，宁蒗县大兴镇，德钦县永芝，剑川县鳌峰山，云龙县坡头村，巍山县营盘山，昌宁县新街，姚安县白鹤水库，牟定县琅井，禄丰县黑井等地。一千多件青铜器和其他出土文物，反映这些地区生产水平虽不及滇池区域，但也是以农业为主，畜牧业和手工业都比较发达，人们已定居有邑聚，大墓的随葬品丰厚，而大量小墓却一无所有，墓葬中所反映的贫富悬殊十分突出。说明这些地方多已进入奴隶制社会阶段。[①]《史记·西南夷列传》所说"西自同师以东北至叶榆，名为嶲、昆明，皆编发随畜迁徙，毋长处，毋君长，地方可数千里"，是说这一片以畜牧业为主，生产较落后，但不能作为原始社会的证据。《史记·大宛传》说得明白："昆明之属无君长，善寇盗，辄杀略汉使，终莫得通。""其后遣使，昆明复为寇，竟莫能得通。""善寇盗"，以掳掠人口和财物为务，这正是奴隶制发展阶

[①] 云南省博物馆：《云南古代文化的发掘与研究》，载《文物考古工作三十年》，文物出版社1979年版。

段的一个重要特征。"无君长"只能解释为还没有形成整个昆明族的部落联盟，不能认为各部没有酋长。汉王朝派强大的军队都未能立即征服，昆明人的军事力量是相当强的。当然，在西南夷还有更广大的地区没有跨入阶级社会的门槛。西南夷地区社会发展的不平衡性，一开始就表现得十分突出。

第三节　秦汉时期云南及毗邻地区的经济

一　农业

农业在秦汉时期是西南夷的主要经济部门。据《史记·西南夷列传》，又以滇、夜郎、邛都较先进，他们都"耕田，有邑聚"，已属于定居农业民族。

滇池地区出土大量青铜制造的农业生产工具，为我们认识当时农业生产的水平提供了有力的佐证。这些青铜农具有用于翻土的铜钁56件，分尖叶形锄和宽叶平刃锄两种，铜锸1件，用于中耕薅锄及其他用途的长条形铜锄36件，用于收获庄稼的铜镰5件，爪镰29件，用于砍伐树木、开辟耕地的铜斧287件。农业生产各个主要环节所需的青铜农具都有发现。[①] 铁农具相当少，仅有铁锸1件，铜柄铁镰1件，铜銎铁斧5件，铁斧3件。当然，那个时候竹、木、石农具还没有完全排除于农业生产之外。石寨山M12∶2"籍田出行图"中，有男女各1人手持木棒，当是点种棒。这些农业生产工具主要是从墓葬中出土，当时奴隶主贵族的大墓和一般平民的小墓都有以青铜农具随葬的风气，如石寨山滇王墓中随葬有钁4件，锄4件，呈贡天子庙的小墓里也有钁、锄各1件，龙街石碑村平民墓出土铜爪镰。只有在农业民族中，视农业生产工具为宝贝，对农具时刻不能缺少，才可能形成以农具随葬的风气。这些青铜农具当然有专供随葬的小型明器，但大多数都是实用的农具，在一些钁、锄的刃口，常可看到使用过的痕迹。这些农具出土的地域也很广，遍及昆明、呈贡、晋宁、安宁、江川、澄江、富民等地。秦和西汉滇池区域处于发达的锄耕农业阶段，但由于普遍使用青铜农业生产工具，使当时的农业生产发展水平比大量使用木、石制农具提高了一大步。以青铜农具为主要生产工具，在我国

---

① 王大道：《云南滇池区域青铜时代的金属农业生产工具》，载《考古》1977年第2期。

历史上并不多见。云南青铜农具出土数量之多、种类之齐为全国之最。由于云南青铜文化使用铜农具较多，它的生产力不仅比较少使用铜农具的商周文化要高得多，而且比春秋时期稍多使用铜农具的吴越文化要高一些。①

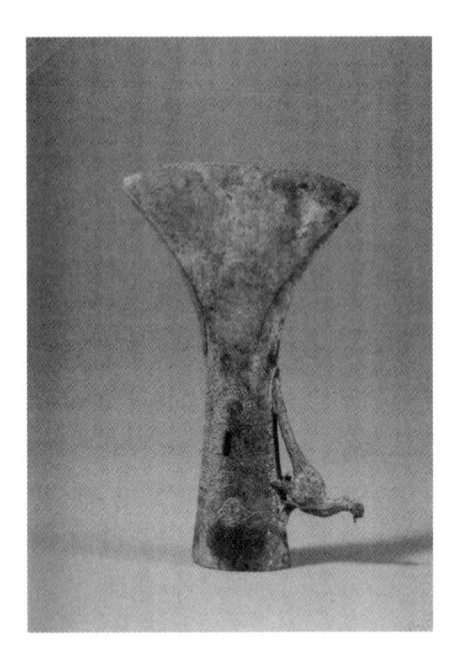

图8　铜斧（西汉）

汉王朝在西南夷地区设治以后，大批的内地人口逐渐移入，先进的农业技术和生产工具也逐步传入，结束了西南夷地区经济独立发展的时代，使西南夷地区的农业又提高了一大步。《史记·平准书》载，武帝时，"乃募豪民田南夷，入粟县官，而内受钱于都内"。《华阳国志·南中志》载，晋宁郡"汉乃募徙死罪及奸豪实之"。这是封建国家组织到西南夷地区最早的移民垦殖。西南夷各族很早就掌握山区引水的技术。据《汉书·西南夷列传》载，成帝河平中，夜郎翁指叛，"据扼为垒"，时天大旱，汉军"攻绝其水道，蛮夷共斩翁指，持首出降"。西汉末，汉王朝在西南

---

① 蔡葵：《论公元前109年以前的云南青铜器制造业》，载《史学论丛》第三辑，云南人民出版社1988年版。

夷地区大兴水利。《华阳国志·南中志》载，朱提郡"先有梓潼文齐，初为属国，穿龙池，溉稻田，为民兴利"。《后汉书·西南夷列传》又载，益州郡"以广汉文齐为太守，造起陂池，开通溉灌，垦田二千余顷"。文齐先后在昭通坝子和昆明坝子主持兴修水利，进行大规模的垦殖，在西南夷的农业发展史上是空前的。左思《蜀都赋》刘逵注："龙池在朱提南十里，池周四十七里。"想即近代昭通坝子南部的八仙海，原南北长二十余里，周回约三十余里，今已成平陆。文齐穿渠引龙池水以溉田，后在昆明坝子蓄水凿渠灌溉，垦田二千余顷，其水利工程的规模更大。

东汉时期各地的农田水利设施越来越多，墓葬中水田模型和陶水井曾在滇中、滇西及贵州多次出土。1975年，在贵州兴义万屯东汉墓中，出土一件陶质圆形水田模型。其中半为水塘，半为稻田。稻田分为大小不等的4块，田中还有成行的禾稻，每块有通水的缺口。水塘与稻田之间筑有隔堰一道，中有通水的涵洞。灌溉渠道纵横，还设有控制水流的闸门。闸门上水鸟昂立，水塘中荷花开放，游鱼尾尾，岸边树木森森。[①] 1975年年底，在呈贡小松山的一座东汉墓中，出土一件陶制的长方形水田模型，一端为一大方栏，似蓄水池，应即"陂池"，另一端为排列规整的12个小方格，代表水田，陂池和水田之间有一条形似灌溉渠道的沟漕连通。1977年年初，在呈贡七步场的另一座东汉墓中，又发现一件陶制的圆盆状水田模型，蓄水的陂池中有荷花的莲蓬、鸭、青蛙、螺蛳、乌龟等适于水生的动植物，池塘和水田之间为道路，灌溉渠道上还架有小桥，生动地展示出一幅鱼米之乡的农村画卷。[②] 1981年，在大理市下关城北大展屯出土圆盘形水田模型，中用隔梁分成两半。其中一半又分成10块稻田；另一半是池塘，里面有鸭、蛙、蚌、贝、田螺、泥鳅、莲花等10多种水生动植物。隔梁中部另有一方形蓄水池，池壁上有两个出水孔，水从中流出灌溉稻田。[③] 1988年，在嵩明杨桥乡梨花村出土水田模型及池塘模型各一件，皆为方形。池塘中有小岛，边上有泄水口；水田作棋盘状划分整齐，中部有水渠纵贯。[④] 1990年，在大

[①] 珠江水利委员会编：《珠江水利简史》，水利电力出版社1990年版，第85—86页。
[②] 呈文：《东汉水田模型》，载《云南文物简报》1977年第7期。《文物考古工作三十年》，文物出版社1979年版，第380页。
[③] 大理州文管所：《云南大理大展屯二号汉墓》，载《考古》1988年第5期。
[④] 云南省文物考古研究所：《云南嵩明梨花村东汉墓》，载《云南文物》1989年第26期。

理市下关城北喜鹊堆出土一件圆盆形池塘模型。中有堤埂,一半为池塘,一半为水田。堤中央有出水孔,孔旁设"V"形水闸。池塘内有荷花、田螺、胡子鱼、江鳅、水母、小鱼等。① 1991年在通海镇海附近的杨山也发现池塘模型和水田模型。池塘为长方形,仅残存一半,内有田埂通向池中央的小岛,池中还有4条游鱼,应为人工养鱼的写真。水田模型为正方形,内有田埂分为三角形或方形稻田数块,内有若干整齐的小孔,再现了稻田的形象。② 1994年,在晋宁左卫山东汉墓中出土陶质水田池塘模型一件,为不规整的长方形。一半为水田,内分两排共6丘。另一半为池塘,其中有鱼4条,螺蛳4个,蚌2个,还有青蛙、虾和站着正准备食小鱼的鹭鸶。水田与池塘间的埂上开有"八"字形放水口,水口边的田内,有一只仰放的鳖,表示刚被塘水冲出翻过身来。③ 1998—1999年,在昆明羊甫头东汉墓中又发现盆状陶水田模型,有水塘、挡墙、渠门及田地,水塘中有鱼及荷花、荷叶等。④ 以上文物的发现,反映出东汉时期水利灌溉和水稻栽种已遍及晋宁、呈贡、官渡等滇池周围,通海的杞麓湖边,嵩明的嘉丽泽边,大理的洱海边,还有贵州兴义等引水条件较好的河湖周围地区。在贵州和昭通等地的汉墓中,还多次发现随葬的陶水井,有的水井带有滑轮及提水桶。一些引水条件较差的山区,人们通过打井提水解决人畜用水及农业灌溉。中原地区造塘蓄水、修渠引水、设闸控水、打井提水等兴修水利的技术,已传到西南夷地区。人们通过配套的水利设施,不但保证了农田灌溉的适时需要,也利用陂塘开展多种水上养殖和捕捞,把灌溉和养殖结合进行,农田水利的开发已显示出较为先进的水平。长堤、小桥和池中的小岛点缀田园风光,又适于观赏和休憩,生动地展现了鱼米之乡的农村画卷,它们也成为当时大姓别业的点睛之笔。

---

① 杨德文:《大理市发现一座东汉墓》,载《云南文物》1996年第1期。
② 王国辉、白子麒、吴建伟:《通海镇海东汉水田池塘模型》,载《云南文物》1992年第31期。
③ 晋宁县文物管理所:《晋宁县左卫山东汉砖室墓清理简报》,载《云南文物》1995年8月第41期。
④ 云南省文物考古研究所、昆明市博物馆、官渡区博物馆:《昆明羊甫头墓地发掘简报》,载《云南文物》2000年第2期。

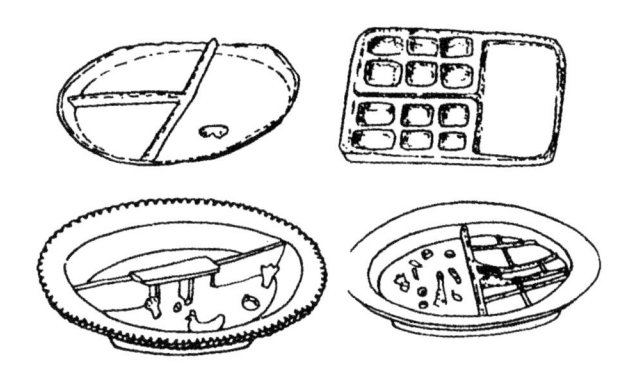

图 9　东汉水田池塘模型

　　内地先进生产工具的传入首先是铁制农具的逐步推广。在贵州、滇东北、滇东、滇中的东汉墓中，铁制农具，如锸、锄、铲、斧等屡有出土，铁制农具取代了青铜农具。西南夷地区早已饲养马，但直到西汉未见牛耕的痕迹。犁的传入和穿鼻驯牛耕田的技术应该是与铁制农具同时从中原经过四川传入的。云南牛耕当始于东汉初中期，约当公元2世纪。而最早使用牛耕的地区是滇池、昭通地区。在昭通城关东汉墓中发现一块画像砖，长25厘米，宽7厘米。画面有图二幅，右图为"牧马图"，表现一椎髻披毡人挥鞭驱赶一驴马之类的牲畜；左图为"牵牛图"。图上右边为一椎髻披毡人，左边为一双角朝天的黄牛。牛和人之间有一细绳相连，绳的一端系于牛鼻，另一端牵于披毡之内的人手，牛前方有一尖状土堆。西汉时期，云南的牛是不会耕地的，也还不会穿鼻驯牛的技术，晋宁石寨山墓群中发现的大量青铜图像，凡有人牵牛的形象，均以手执牛角，或以绳系牛项颈，从未见过有系绳穿鼻之牛。这一画像砖是云南牛耕最重要的实物资料。[①] 1956年在昆明南郊塔密苴村发现东汉延光四年（125年）刻石，共6行，字多已漫漶，其中有"直青牛五头□自少宰田北㠪□西大道古氏"等字句，表明这是一块买卖田地的分界刻石，以牛作为交换土地的代价。[②] 当时土地买卖已经出现，牛和土地已经联系在一起，说明实际生活中，牛耕已经产生。

[①] 李昆声：《云南牛耕的起源》，载《考古》1980年第3期。李昆声：《先秦至两汉时期云南的农业》，载《思想战线》1979年第3期。

[②] 孙太初：《关于新发现的汉延光四年刻石》，载《云南日报》1956年10月30日。

图 10　耕牛画像砖（东汉）

西南夷地区农业劳动的主要承担者是妇女，这从石寨山出土文物也有反映。青铜器上与农业有关的两幅图像，其中妇女都占突出的地位。M12：2 贮贝器胴部的"籍田出行图"，上有肩舆四乘，每乘内坐一位妇女，由四名男子抬。另有持点种棒者两人，头顶篮者两人，肩荷尖头锄者两人及徒手者多人随行，皆为妇女。有猎犬数只争相奔走，天空鸟群飞翔，一派举行盛典的热烈气氛。此图所表现的，颇似内地古代帝王的籍田之礼，这是一年农事的开始。M12：1 贮贝器腰部的"上仓图"，人们排成两行，头顶竹篮，运送粮食装进高大的仓房。全图共 44 人，除在仓房独木梯上等候接粮的二人为男子外，其余全是妇女。这应是一年最后的农活。妇女在农业生产中担负主要工作，甚至还要由贵族妇女主持与农业有关的宗教仪式。牛耕普及后，一般使牛、扶犁等由男子承担，但妇女在农业劳动中的地位大概不会有多大改变。

西南夷地区的农作物主要是稻谷。新石器时代滇池区域出土的陶器上已有稻壳的痕迹，据观察与现今的粳稻类似。滇池区域种稻的历史，距今已有三四千年。① 从"上仓图"的盛器是专门盛稻的"箪"可知，这些妇女搬运的应该是稻谷，稻米是滇人的主要农产品。② 贾思勰《齐民要术》水稻第十一说："藏稻，必要用箪；此既水谷，窖藏得地气则烂败也。"箪是用草编织的罐形器，可以通风，贮稻不致霉烂。但是直到西汉时，种稻的方法大概和现今云南西南部一些民族地区种旱稻一样，由于土

---

① 诸宝楚：《云南水稻栽培的起源问题》，载《学术研究》（云南）1962 年第 6 期。
② 汪宁生：《远古时期云南的稻谷栽培》，载《思想战线》1977 年第 1 期。

地肥饶，在湿热的气候条件下，不用水田，稻谷仍然生长良好。"上仓图"形象地反映了当时奴隶主贵族粮谷满仓的富裕景象。① 从西汉末年文齐大兴水利，在耕作技术上从旱稻变为水稻，产量的提高可以想见，因此才得以在滇池地区维持安定的环境，"率厉兵马，修障塞，降集群夷，甚得其和"。东汉熹平以后的情况，《华阳国志·先贤士女总赞下》载，景毅迁益州太守，"值益州乱后，米斗千钱。毅至，恩化畅洽，比去，米斗八钱"。生产的粮食多了，粮价就大大下跌，从粮价可以测知粮食产量剧增的情况。东汉时，水稻已推广到今滇东北、贵州西部、安宁河谷、洱海区域，成为西南夷各族普遍种植的作物。

当然，西南夷各族的粮食作物绝不止粳稻一种。《后汉书·西南夷列传》说，永昌郡"土地沃美，宜五谷"，没有留下具体的名称。东汉末，越嶲郡有黍、稷、麦、稻、粱，牂柯郡亦有谷、菽。这些谷物，有的可能原产于西南夷地区。近年，经过农学界的深入调查，我国东起台湾，西至云南，北达北回归线以南，南至海南岛的广大地带，都有野生稻自然生长。栽培稻种可能需要一个由多年生到一年生野生稻种的进化过程，石鼓一带有一种叫"掉谷"的一年生野生稻，每当栽培稻接近成熟时，这种野生"掉谷"的谷粒已经落光了。这种当更接近栽培稻种。一般还认为，水稻开始起源于华南和云贵高原多湿沼泽地的野生稻，至今滇池周围还有一种"水涨谷"，长在湖边，可随水涨而快速生长。剑川海门口遗址已发现带芒的稻穗、麦穗、稗穗，至今滇西还有些地方专种稗子，秦汉时期的作物除稻外，也应有稗有麦。在云南西南和西北部的山区，有一种处于半栽培状态铁壳小麦，是一种比较原始的小麦，被命名为"云南小麦亚种"。菽即大豆，我国科学工作者认为，大豆的原产地仍在我国西南地区，特别是云贵高原。② 稻、麦、菽都应该是西南夷地区长期种植栽培的粮食作物。"乃募豪民田南夷，入粟县官"，这种粟和前面提到的粱可能也有栽培。粟即小米，又称粱，二者亦有区别。李时珍《本草纲目》说："粟即粱也。穗大而毛长粒粗者为粱；穗小而毛短粒细者为粟。"至于稷和黍，是我国最古老的农作物之一，《说文解字》说："稷有粘、穄之分。粘者谓之黍，穄者谓之稷。"它们可能是从内地传入最接近蜀地的越嶲

---

① 冯汉骥：《云南晋宁石寨山出土铜器研究》，载《考古》1963年第6期。
② 李璠：《中国栽培植物发展史》，科学出版社1984年版，第22—81页。

郡。但黍的出现是稷由南方短日照向北方迁移适应的结果，至今西南边疆广泛分布有多年生野生稷，因此也不排除秦汉时期西南夷地区已有自己驯化栽培的黍和稷。

纺织原料的生产也是古代农业生产中的重要内容，但它们又有着明显的地区差异性。秦汉时期滇池区域以种麻为主。江川县团山的小墓中，发现斧、凿是用麻绳捆在一起的，这种麻绳与现今的细麻绳无甚差别。昆明上马村机修厂出土的铜剑上也发现有麻绳。越嶲郡和永昌郡则是"特好蚕桑""宜蚕桑"，跟内地一样栽桑养蚕。永昌郡产的"帛叠"则是草棉。近年发现云南南部和贵州都有野生棉分布，因此有理由相信，西南夷地区的古代人民第一次把野生棉用于纺织，并引种野生棉栽培化。①

西南夷各族充分利用边疆优越的自然条件和富饶多样的物产，发挥聪明智慧，解决穿衣吃饭问题。有些原料不需要进行栽培，往往直接取之于附近的山林，更为便捷省事。如牂柯郡南部挖取桄榔木心作面以为粮食，永昌郡、云南郡取木棉树上的棉铃织成桐华布，永昌郡对巨大濮竹的利用，越嶲郡对漆树的采割等。

二 畜牧和渔猎

秦汉时期，西南夷各族的畜牧业比较发达，具有一定的规模，是仅次于农业的生产部门。从汉王朝在西南夷地区历次用兵的过程中掳掠牲畜的数量，可以得到证明。史载有"得牛马羊属三十万"，"获畜产十余万"，得"马三千匹，牛羊三万余头"等。

当时畜牧业的状况，石寨山出土文物有生动的反映。M12:1贮贝器盖上，内圈刻绘男子3人带犬3只，牧放山羊6只。外圈刻绘男子4人，执鞭驱赶绵羊11只、猪8头。M12:2贮贝器胴部，上晕刻绘男子一人一手执鞭一手持石正作吆喝状，放牛12头。下晕刻绘男子一人，手持长棍，牧马17匹。在三件房屋模型中，还表现了在"干栏式"房屋的下层饲养牛、马、猪、羊等家畜的情景。白天采取"群牧法"，把这些家畜赶到野地，任其觅食。夜晚则关在"干栏式"房屋的下层，不另建畜厩，也还未实行后来南方农村的舍饲。放牧都是男人的事，而且都是"滇"族中

---

① 李璠：《中国栽培植物发展史》，科学出版社1984年版，第236页。

穿后幅甚长之衣的奴隶承担。当时饲养的家畜，有牛、马、猪、羊、狗、鸡、鸭、兔、牦牛等。

（一）牛

牛的形象是出土文物中反映最多最普遍的家畜。江川李家山出土文物中有动物图像296个，其中牛的图像达97个，占总数的33%。晋宁石寨山的情况与此类似。牛的基本特征是，角长而弯，从额脊两端长出，先平伸转前伸再向上向后弯转，成圆形或椭圆形。背部有高耸的肉峰。耳大，四肢粗壮。尾长粗，尾鞘部有明显的束毛。这些形态特征当为黄牛。很可能与现今残存云南南部的印度野牛有亲缘关系。[①] 或即《后汉书·西南夷列传》上作为贡品的"封牛"，封牛即峰牛，颈有高峰，因以得名，即今之瘤牛。[②] 牛主要用作食用；也是财富的象征，往往把牛头放置房屋的栏杆上用以夸示财富；并作重大交换活动中行用的一般等价物，如用牛买土地等；剽牛祭祀也大量用牛。到了东汉，越来越多的牛被驯化成为耕牛，牛更成为农业生产中不可或缺的畜力。

图11 青铜牛头（西汉）

（二）马

马的形象也是出土文物中经常出现的家畜。从石寨山和李家山铜器上

[①] 张兴永：《云南春秋战国时期的畜牧业》，载《农业考古》1989年第1期。
[②] 汪宁生：《"滇"人的经济生活和社会生活》，收入《云南青铜器论丛》，文物出版社1981年版。

反映的内容得知，马在当时作为骑乘工具，用于狩猎、作战和平时代步，是狩猎和战争不可缺少的，但多为贵族、奴隶主或军事长官拥有，一般人似乎不容易配备马匹。贵州兴义东汉墓铜辂车模型的出土，反映出东汉时期在驿道的某些比较平缓的地段，可能已经用马拉车。

秦汉时期西南夷地区以产名马著称。《史记·西南夷列传》记载的"筰马"，成为巴蜀人争购的对象，主要产于越巂郡。《华阳国志·蜀志》载，会无县"有天马河。马日千里，后死于蜀，葬江原小亭，今天马冢是也，县有天马祠。初，民家马牧山下，或产骏驹，云天马子也。今有天马径，厥迹存焉。"《太平寰宇记》卷七十五晋原县下引李膺《益州记》云："宁州有元马河，河边牧马产骏驹，一日千里，至此毙之岸，南人为立祠。"会无县产骏驹，有天马河、天马径，又称骏马河。马日行千里，死于江原，江原因有天马冢、天马祠。滇池地区也向以产名马著称。《史记集解》引如淳曰："滇音颠，颠马出其国也。"《后汉书·西南夷列传》载，元和中，王阜为益州太守，"有神马四匹出滇池河中"。作为"瑞应"的内容，《华阳国志·南中志》作了回答："长老传言，池中有神马，或交焉，即生骏驹，俗称之曰'滇池驹'，日行五百里。"封建国家为了充分利用西南夷盛产名马的优势，在西南边疆专门设置了4个牧马苑作为饲养和繁育马匹的基地。《后汉书·安帝纪》载，永初六年（112年）"诏越巂置长利、高望、始昌三苑，又令益州郡置万岁苑。"其中长利、高望、始昌三苑在越巂郡境内。《嘉庆重修一统志》卷四〇一宁远府古迹谓："长利苑，在会理州界。"万岁苑当在今滇池附近。

（三）猪

猪也是西南夷中普遍饲养的家畜之一。滇西的墓葬中有铜猪俑，贵州的汉墓中有陶猪俑。从出土文物的图像，可知当时有家猪和野猪。江川李家山M13：8的二人猎猪铜扣饰，猪正口噬一人，其前一犬惊逃，猪后的另一人持剑刺入猪的臀部，猪腹下一犬作咬猪状，这是狩猎打野猪。晋宁石寨山贮贝器上的放牧图，4名男子正混合放牧一群绵羊和猪，这是作为家畜饲养的家猪。把猪赶到野外放牧觅食的方式，至今云南有些农村还能看到。汉代，西南地区的少数民族已精心选育出适合当地的优良猪种。贵州出土的汉代陶猪，具有体型小而丰圆，嘴尖细而短，为脂肪型的特征，被农业科学家命名为西南猪。①

（四）羊

羊作为六畜之一，秦汉时期西南夷也有饲养。江川李家山浮雕铜扣饰，表现三狼噬山羊的情状。石寨山的放牧图，明显地区分了家绵羊与家山羊。绵羊的角先直伸再向后向下向前弯卷；山羊的角则扁而短，角尖向上。饲养羊的目的主要是食用，但少数上层人物身上的披毡及永昌郡生产的罽毲似用羊毛做原料制成的。

图12 "三狼噬羊"铜扣饰（西汉）

（五）狗

狗的图像比较普遍，人们饲养狗的数量虽不多，但狗和人的关系比较密切。江川李家山出土有狗的图像10只，其中采515浮雕铜扣饰，表现4人2狗狩猎。M13：7浮雕铜扣饰，表现二人骑马带一条狗猎鹿。石寨山M17：14铜扣饰，表现8人围猎一只老虎，其中6人持矛刺虎，2人已被虎咬翻在地，而两条狗正在狠咬虎背。狗是人们狩猎的得力助手。上引3男带3条狗，牧放山羊6只，说明狗是人们放牧的主要助手。三座人群热闹的房屋模型里都有狗，籍田出行的队伍旁也有狗，狗也是人们生活中

---

① 北京农业大学张仲葛教授研究成果，见《中国古代农业科学技术史简编》，江苏科学技术出版社1985年版，第178页。

的随从和家庭的护卫。当时人们养狗的作用，比之于今天重要得多。

（六）鸡

秦汉时人们饲养的家禽主要是鸡。鸡的图像不多，但多在住地附近放养，大体和今天农村的饲养方法相同。江川李家山M13：4铜臂甲上有一支雄鸡被豹噬着脖子，另一支雄鸡正吃着蜥蜴之类的爬虫。呈贡龙街石碑村出土的青铜器上，也有雄鸡的形象。晋宁石寨山的"上仓图"，在高大的仓房旁边，母鸡正带着小鸡啄食地上的余粒。

（七）鸭

作为家禽，在西南夷中鸭的出现较少，但也有发现。呈贡七步场东汉墓水田模型的池塘中，有正游水的鸭。在其他东汉墓中亦发现陶鸭。① 证明至少在东汉时已有人饲养鸭，是否内地传入，还不清楚。

（八）兔

永胜龙潭出土有兔的图像9个，晋宁石寨山有精美的立兔铜杖头。但是否家兔或野兔难于确定。贵州黔西、清镇的汉墓中出土的陶家畜，除了狗、鸡、马、羊、猪等，也有兔的陶俑，此应为家兔。② 早在汉代，西南夷已饲养家兔。

（九）牦牛

《史记·西南夷列传》载，汉初，"巴蜀民或窃出商贾，取其笮马、僰僮、髦牛，以此巴蜀殷富。"这几种东西既然使巴蜀殷富，被贩卖到内地的数量当不在少数。日人泷川资言《史记会注考证》解释："冈白驹曰：笮国之马，僰国之奴婢及髦牛。愚按：髦，疑当作犛。"髦牛被很多研究工作者回避了。"髦牛"即牦牛，西南夷对牦牛的饲养不容忽视。石寨山M13：3铜鼓重刻的阴纹细线图案有一个盛装乘骑的贵族，挽螺形高髻，髻上饰有牦牛尾，另一个化妆的巫师，头上竟有三根牦牛尾。牦牛不可能在滇池地区饲养，但牦牛饰物已贩到滇池地区。秦汉时期牦牛分布的范围缺载。但明代《徐霞客游记·滇游日记七》说："其地多牦牛，尾大而有力，亦能负重。北地山中人，无田可耕，惟纳牦牛银为税。盖鹤庆以北多牦牛，顺宁以南多象，南北各有一异兽，惟中隔大理一郡，西抵永

---

① 孙太初：《云南"梁堆"墓之研究》，收入《云南铁器时代文化论》，云南人民出版社1992年版。

② 贵州省博物馆：《贵州黔西县汉墓发掘简报》，载《文物》1972年第11期。

昌、腾越，其西渐狭，中皆人民，而异兽各不一产。"牦牛为高海拔地区的畜种，以全身披毛而得名，耐高寒，能负重，被称为"高原之舟"。牦牛的分布范围在逐渐收缩，明代达鹤庆以北，现今仅迪庆藏族自治州有牦牛，丽江的某些山区亦偶有牦牛。秦汉时期今滇西北应有牦牛。

图13 青铜鱼杖头饰（西汉）

捕鱼是西南夷各族农业和畜牧业的重要补充，在滇池、星云湖、抚仙湖等湖泊周围或水网密布的坝子中生活的古代先民更为突出。《华阳国志·南中志》载，滇池"有田渔之饶"，大量出土的文物也能印证。李家山古墓出土有鱼钩，还有鱼形铜器。石寨山出土有鱼形的铜杖头饰，鱼尾形铜斧。还有一件铜饰牌，生动地表现鱼鹰捕鱼的情景，与近年滇池及洱海边渔人专门饲养的鱼鹰捕鱼十分相似。M12：26贮贝器上，还有一人双手抱大鱼似要出售的铸像。滇池还盛产螺蛳，成为人们经常食用的水产。石寨山及其他遗址常有大量螺壳堆积，尾端有孔，都是人们食后遗留的。

狩猎也是西南夷各族生产活动的一项内容。石寨山出土反映狩猎形象的铜饰牌累见不鲜。M7：13铜饰牌表现一人持剑刺鹿的形象。M13：162铜饰牌为一人佩剑骑马追捕一鹿，作投掷武器之势。M13：163铜饰牌为一人骑马持矛刺鹿状，M6：14铜饰牌表现一人骑马猎鹿。M13：191铜饰牌为一人骑马带犬追赶一野猪。M17：14 铜饰牌表现八人围猎一虎，六人持矛刺虎，二人已被虎咬翻在地，另有猎犬两条，正咬虎背。M3：69 铜饰牌表现一人带领三条犬猎鹿，一犬咬鹿腹，一犬咬鹿背，一犬咬鹿颈，鹿的足下还有一条蛇缠绕。李家山 M13：7 铜扣饰表现二人骑马猎鹿，正手持长矛猛刺鹿身，二鹿作狂奔状，一猎犬向鹿猛扑，张口欲噬。M13：8 铜扣饰表现二人带两条狗猎一头雄健的野猪。狩猎的对象主要是鹿，其次是野猪和虎，还有兔、豹、猴、熊、孔雀等。狩猎工具主要是长矛和利剑，还有其他投掷器。墓葬中还发现铜镞和陶弹丸，狩猎时也使用弓弩和弹弓。又《太平御览》卷三五八引《永昌记》载："哀牢王出入射猎，骑马，金银鞍勒，加翠毛之饰。"西南夷各族狩猎活动比较频繁。参加狩猎者都是男子，而且狩猎者往往骑马带犬，从猎人的服饰看，多为奴隶主贵族。对于奴隶主贵族来说，狩猎是一种刺激性很强的娱乐活动；对劳动人民来讲，在当时虎豹出没的险恶环境里，狩猎多出于自卫，也仅作生活的补充。狩猎在当时的经济生活中已不占重要地位。①

图 14　八人猎鹿铜扣饰（西汉）

---

① 汪宁生：《"滇"人的经济生活和社会生活》。王大道：《滇池区域的青铜文化》。均收入《云南青铜器论丛》，文物出版社 1981 年版。

三 矿冶业

秦汉时期西南夷的手工业已处于全面发展阶段，又以矿冶业最为突出。

西南夷地区矿冶业的发展首先得益于优越的资源条件。该地区有多种有色金属矿藏和非金属矿藏，又以今云南境内最突出，被誉为"有色金属王国"。西南边疆的矿藏不但储量丰富，品位高、质量好，而且发现也很早。据《汉书·地理志》所载，西汉时的矿产分布如下：

俞元	怀山出铜。
律高	西石空山出锡，东南监町山出银、铅。
贲古	北采山出锡，西羊山出银、铅，南乌山出锡。
来唯	从陆山出铜。
朱提	山出银。
邛都	南山出铜。
会无	东山出碧。

东汉时，发现矿藏的地方增至13个县，矿产除原有的铜、锡、铅、银、碧以外，又增加了铁、金、丹、雄黄、雌黄，各主要金属、非金属矿的种类已大体齐备，矿点也比前增多。特别应该重视的是东汉时在益州、越巂、永昌诸郡的中心区都发现铁矿，它们的开采，导致铁器的广泛应用，大大促进了西南夷地区生产的发展。今据《续汉书·郡国志》统计东汉时矿产分布情况如下：

滇池	出铁。
俞元	装山出铜。
律高	石室山出锡，监町山出银、铅。
贲古	采山出铜、锡，羊山出银、铅。
双柏	出银。
朱提	出银、铜。
邛都	南山出铜。
台登	出铁。
会无	出铁。
谈指	出丹。
夜郎	出雄黄、雌黄。

| 不韦 | 出铁。 |
| 博南 | 南界出金。 |

据《后汉书·西南夷列传》，益州郡和永昌郡皆矿产丰富，益州郡有金银畜产之富，永昌郡出铜、铁、铅、锡、金、银、光珠、琥珀、水晶等。

秦汉时期，在西南夷的矿冶业中，以青铜冶铸业最繁荣。近半个世纪在云南的很多地方都发现青铜器文物，大致可以分为滇池地区、洱海地区、滇西北地区和滇南地区4种不同的类型。

滇池地区青铜文化的分布，以滇池为中心，东北迄于宣威，南不过元江，西至禄丰。在昆明、晋宁、呈贡、安宁、玉溪、江川、澄江、东川、嵩明、宣威、曲靖、陆良、禄劝、富民、新平、禄丰、路南、通海等县市的40多个点发现两千多件青铜器，其中又以滇池周围最密集，包括昆明近郊的上马村、大团山、小板桥、白塔村，呈贡石碑村、天子庙，昆阳磷矿厂等。

洱海地区青铜文化以洱海为中心，北迄剑川沙溪，南抵昌宁，东至楚雄。在大理、剑川、巍山、弥渡、祥云、鹤庆、永胜、姚安、牟定、云龙、保山、昌宁等县市都发现了这一类型的青铜器共两千多件。其中以剑川海门口、祥云大波那、楚雄万家坝为代表。

滇西北地区的青铜文化主要以德钦、中甸、宁蒗、丽江等地的石棺墓和土坑墓为代表。滇西北地区的青铜文化与滇池地区青铜文化迥然不同，与洱海地区青铜文化也有很大的区别。

滇南地区的青铜文化以红河流域为主，但范围几乎遍及整个云南南部，包括建水、石屏、个旧、蒙自、泸西、屏边、河口、金平、元阳、红河、元江、文山、广南、西畴、马关、富宁、麻栗坡，还有澜沧江流域的云县、凤庆、昌宁、施甸及其以西的龙陵、腾冲等地。共有青铜器200余件，多为1982年文物普查时发现，以青铜兵器居多。[1]

以上四片各具特色的青铜器文物的分布范围，遍及云南全省70多个县市的200多个地点。[2] 当然，西南夷的青铜器绝不止今云南范围。贵州

---

[1] 李昆声、张增祺：《云南青铜文化之探索》，云南省博物馆编《云南青铜文化论集》，云南人民出版社1991年版。

[2] 云南省博物馆：《十年来云南文物考古新发现及研究》，收入《文物考古工作十年》，文物出版社1990年版。

赫章辅初出土有石寨山式铜鼓，上面饰有飞鸟、牛、船和几何形纹等图案，威宁中水发掘古墓30余座，出土铜镯、海贝及贮贝器等文物200余件，都被认为是西汉时期西南夷文化系统的文物。在四川西部雅砻江流域和安宁河谷，发现多处石板墓，与滇西北当属同一青铜文化。

云南青铜器存在的时限，根据C^{14}测定、树轮校正及各组器物特征的对比分析，学术界逐步认识到从公元前12世纪开始，一直延续到两汉，持续时间长达一千多年。已知最早的是剑川海门口遗址，经C^{14}测定，距今3115±90年，约当商代晚期。以后逐渐向东发展，祥云大波那距今2350±90年，楚雄万家坝距今2405±80年，约当春秋晚期至战国初期。秦至西汉，西南夷的青铜文化在滇池地区发展到鼎盛阶段，到东汉逐渐衰落并进入铁器时代。虽然各个点的年代不同，进入青铜文化的时间有先后，但到鼎盛阶段它们在面上的分布状况应该相同，一些春秋战国时已进入青铜文化的县，西汉时不可能倒退，只是没有发现汉代的器物罢了。每一个区域的青铜文化，两汉时都有传承的代表。大理金梭岛、大墓坪和永胜金官龙潭等地出土的青铜器，为滇西地区晚期青铜器的代表，时间大致在西汉。丽江马鞍山和巨甸等地出土的青铜器，为滇西北地区晚期青铜器的代表，大多是战国末至西汉中期的遗物。滇南地区青铜文化的时代，与滇池地区青铜文化相当或略晚。

滇池地区的青铜器，以晋宁石寨山、江川李家山、安宁太极山、呈贡天子庙和石碑村为代表。从1955年至1960年，云南考古工作者对晋宁石寨山进行过4次发掘，共清理墓葬50座，出土器物4千多件，由云南省博物馆分别发表了4个发掘报告。以后又进行过一次抢救性发掘。[①] 石寨山古墓群是滇王及滇国上层贵族的墓地，石寨山出土的器物具有浓郁的地方民族特色，有很高的艺术价值，可以作为滇池地区青铜文化的典型代表。1972年发掘的江川李家山古墓群，共清理墓葬27座，见《云南江川李家山古墓发掘报告》。1991年5月，偶然发现古墓一座。1991年至1992年又在李家山发掘58座墓葬，有《江川李家山古墓群第二次发掘简

[①] 《云南晋宁石寨山古遗址和墓葬》，载《考古学报》1956年第1期。《云南晋宁石寨山古墓群发掘报告》，文物出版社1959年出版。《云南晋宁石寨山第三次发掘简报》，载《考古》1959年第9期。《云南晋宁石寨山第四次发掘简报》，载《考古》1963年第9期。蒋志龙、康利宏：《晋宁石寨山第五次抢救性清理发掘简报》，载《云南文物》1998年第1期。本书多次引用以上有关发掘报告，并参考了云南省博物馆的藏品，恕不一一标注。

报》等报道。① 1994年又发掘一座古墓。共发掘古墓86座，出土器物3366件。李家山各器物的风格近似石寨山，其墓主人可能就是滇王的臣属，李家山出土的青铜器，丰富了我们对滇池地区青铜文化的认识。1964年发掘的安宁太极山古墓群，发现墓葬17座，也有发掘报告公布。② 太极山出土的青铜器与石寨山的特色一致，但随葬器物远不如石寨山的丰富豪华，墓主应是滇国的一般贵族。1975年，昆明市文物管理委员会在呈贡天子庙发掘墓葬9座，1979年至1980年发掘44座，1992年清理23座，出土多青铜兵器，和石寨山也属于同一类型。③ 1974年和1979年，曾两次发掘呈贡石碑村古墓群，被认为是一般平民的墓葬，出土的铜兵器和铁兵器数量几乎相等。④ 这几处古墓群的发掘，使我们有可能勾画出滇人社会生活的各个侧面，具有重要的史料价值。《云南晋宁石寨山古墓群发掘报告》将石寨山出土的青铜器分为四期：第一期为西汉初或早些，即秦汉之际；第二期为西汉文帝至武帝时期；第三期为武帝至成帝时期；第四期为西汉末至东汉初。《云南江川李家山古墓群发掘报告》将李家山出土的青铜器分为三期：早期为战国末至西汉初，中期为西汉中叶，晚期为西汉末至东汉初。对以上分期，学术界曾有修正意见。滇池地区青铜器不但内容丰富，器型繁多，工艺精湛，处于云南青铜文化的鼎盛阶段，而且时限也大致和秦、西汉相一致，因此，石寨山和李家山的青铜器应该成为我们研究秦汉时期青铜文化的标本。

到目前为止，云南各地出土青铜器总数在万件以上。大致可分为五大类，共80余种。

生产工具类

　　　钁、锄、锛、镰、爪镰、锯、凿、削、小刀、针、锥、鱼钩、纺

---

① 云南省博物馆：《云南江川李家山古墓群发掘报告》，载《考古学报》1975年第2期。玉溪地区文管所、江川县文管所：《江川李家山新近出土文物调查》，载《云南文物》1992年第32期。张新宁：《江川李家山再次发现大批重要文物》，载《云南日报》1992年11月18日。张新宁等：《江川李家山古墓群第二次发掘简况》，载《云南文物》1993年35期。联合考古发掘队：《江川李家山古墓群第二次发掘简报》，载《云南文物》2001年第1期。本书多次引用以上诸文，恕不一一标注。

② 云南省文物工作队：《云南安宁太极山古墓葬清理报告》，载《考古》1965年第9期。

③ 《呈贡天子庙滇墓》，载《考古学报》1985年第4期。李昆声：《云南文物考古四十五年》，载《云南文物》1996年第2期。

④ 《云南呈贡龙街石碑村古墓群发掘简报》，载《文物参考资料》1980年第3辑。

轮以及成套纺织工具。

生活用具类

  壶、洗、碗、盘、杯、耳杯、勺、豆、案、盒、筷、尊、釜、甑、镳斗、盉、桶、针管、线盒、绕线板、伞、贮贝器、枕、镜、带钩、印章、钱币、铜棺。

兵器类

  斧、矛、剑、戈、啄、钺、戚、棒、叉、弩机、镞、箭袋、槀末铜饰、镈、剑鞘、甲胄。

乐器类

  铜鼓、编钟、锣、铃、葫芦笙。

装饰与工艺品类

  长方形牌饰、圆形牌饰、不规则形牌饰、各种杖头铜饰、马饰、圆雕工艺品、手镯、簪钗。①

以上所列，除前期墓葬特有的个别器物如铜棺等外，绝大多数在秦汉时期都存在；相反，一些前期墓葬没有的器物，秦汉时期也出现了；还有的器物的器形变得复杂多样，工艺更加精细。

青铜器之所以区别于红铜，在于铸铜过程中掺入了一定的锡。西汉时对青铜器合金已有较准确的认识和熟练的应用。对晋宁石寨山青铜器金相分析表明，铜剑的含锡量最大，约占20%，作为兵器，掺锡愈多，硬度愈大，更加坚固锋利。铜鼓含锡量为15%，既要有一般的硬度，使其音域宽广，声音洪亮，但也要有一定的韧性，在打击时不易破碎。铜镯含锡量最少，只占6%左右，使其富有柔韧性，以便可以随意弯曲，便于佩带。这样的铜锡配合比例与古代中原地区青铜合金的"六齐"之法近似，是相当科学的。②

秦汉时期云南青铜器的铸造工艺，缺乏专门的文字记载。张增祺根据大量青铜器上残留的铸造痕迹，再结合云南近代青铜器铸造的传统工艺，归纳为以下几种铸造方法：

范模铸造法

这是云南古代青铜器铸造工艺中最常用的一种方法，大体分制范、浇

---

① 张增祺：《云南青铜文化研究》，收入《云南青铜文化论集》，云南人民出版社1991年版。本书其他地方引用该文处，恕不一一标注。
② 杨根：《云南晋宁青铜器的化学成份分析》，载《考古学报》1958年第3期。

铸和修饰三道工序。铸造任何一件青铜器，都必须先制内模，然后以模翻范。即先根据拟铸器物的形状、大小做出一个泥制的模型，再将预先设计好的花纹图案刻在泥模表面，然后用此泥模翻出外范，一般为对称的两块或四块。翻出的外范需用火烘干，如此时发现翻出的花纹不够清晰，仍可作进一步修饰。一般内模为实心，浇铸时完全可以承受铜液的高温和压力，但外范较薄，为了防止浇铸时被损坏，在其外部必须敷草拌泥并用麻绳捆扎，以增加其强度。内模、外范分别制成后，按照拟铸铜器厚度的要求，再均匀地刮去内模表面的一层，所刮的厚度就是铸出铜器的壁厚。浇铸时，将内模和外范套合在一起，中间用特制的支钉相隔。支钉不仅可以隔离内模和外范，也起固定的作用，防止范模错位，使铸件厚薄不均或不成器形。浇铸工序一般并不难，但浇铸铜鼓一类的大型铸件却比较复杂。由于需要大量铜液，因此不仅要有专门的熔炉或一定数量的坩埚，还要有鼓风设备和一批分工很细、技术熟练的手工操作者。当铜液炼成后，需要工匠们通力协作、配合默契地同时浇铸，使铜液不急不缓，连续不断地流入范腔，直至铜液在范腔内达到饱满状态。最后一道工序是修饰。待冷却后，剥去外范，再将铸件上的铸缝及支钉痕迹修平，若有砂眼，也可填补，花纹不够清晰的仍可修饰。至此，一件精美的青铜器便诞生了。

地坑范铸造法

一般多适用于铸造平板薄壁的大型铸件。先平整出一块地面，挖掘成与铸件形状、大小相同的土坑，坑的深度也应与铸件的厚度相近，然后使土坑的底部及四壁平整、光滑。再将预先制好的板面花纹铺于坑底，板上花纹向上。浇铸时，如菜地浇水状使铜液徐徐流入坑内。待冷却后，毁范取件，即成一块板状铸件。

夯筑范铸造法

晋宁石寨山和江川李家山出土的铜雕铸像上，多次出现的铜柱就是用此法铸成。铜柱为实心，约两人高，直径略大于人的腰围，柱上多盘绕蛇，有的顶端立一虎或牛。铸造时，先制出一个与铜柱完全相同的泥模，包括柱上的花纹和雕饰动物，然后将泥模竖立，在其四周加上木板边框，边框与泥模之间用泥土夯实，最后将泥模粉碎取出，在边框夯土中即形成一个与铜柱完全相同的空腔。浇铸时，铜液直入范腔，直至饱满为止。冷却后剥去边框和夯土，一件大型的实心铜柱即已铸成。

填范铸造法

此法的内模设置与一般的铸造法不同，由于器形的要求，必须将内模（即泥芯）完全包入外范内，只能用支钉和外范相接。内模与外范之间的距离，即支钉的长度，就是空腔铸件的壁厚。浇铸时，内模则完全浸泡在外范内的铜液中，待冷却后，只能在人为的镂空或支钉形成的小孔中，用尖状物将内模逐一戳碎倒出，形成空腔。内模空出的地方，就是铸件的空腔部分。如葫芦笙和空心柄铜剑就是用这种填范铸造法制成的。

套接铸造法

青铜器马衔和提梁壶上的链条，都是环环套接的活动铸件，所用的就是套接铸造法。此法即先用一般范模铸造法铸出第一个圆环，再将此环嵌入另一铸范的适当位置，这样连续套铸多次，就可以得到环环扣合、活动自如的链状器物。

蚀蜡铸造法

铸造器形比较复杂的青铜器，其外范在脱模时得剖割成若干块，这样在浇铸时，不仅外范的固定和拼合十分不便，铸出的器物表面也斑痕交错，影响质量。蚀蜡法的最大特点在于它的内模是蜡制的，所用的除一般蜂蜡外，还要加部分动、植物油，使其在常温下不融不脆。将拟铸的器物先制成蜡模，然后在蜡模的外表敷泥成范，并留出浇铸孔。外范稍干后，经高温焙烧，使泥范内的蜡模熔化，蜡液即从浇铸孔中流出，范内即形成与蜡模完全相同的空腔。浇铸时，将铜液从浇铸孔注入范腔，待冷却后剥去外范，即形成一个既无外范分割痕迹，表面又光洁、美观，造型复杂生动的铜铸件。滇池地区青铜器的很多结构复杂的饰物和人物、动物活动场面，看不出任何范铸或焊接的痕迹，应该都是用蚀蜡法铸造的。蚀蜡法使云南青铜器登上了一个新的高峰，在世界铸造史上也是很了不起的创新，这是云南古代各族先民的创举。

青铜器铸出后，又经过多次加工。秦汉时期的加工措施主要有以下几种：

锻打

出土的一些青铜器的薄壁制品，如锯片、刻纹铜片、打纬刀、布撑和各种甲片，一般仅厚1—2毫米，在它们的表面看不到任何范铸痕迹。此类器物可能是先铸成较厚的板材，然后再经反复锻打而成。人们认为，锻打的器物比青铜铸件更加结实和富有韧性。

模压

即将锻打成的整块薄片置于金属或石制的范模间，然后在模上施加压力，使铜片下陷，这样就可以压出数量较多、规模统一的制品。江川李家山出土有整块的铜背甲，正面有凸起的兽面纹，背面有和正面花纹相对应的凹陷处，显然是用模压法将薄铜片按照人的背部形状制作的。晋宁石寨山出土大量规格统一、花纹相同的金剑鞘，也应是用模压法制成的。

鎏金

即将金和水银的混合物涂在青铜器表面，经过烘烧，水银挥发后，金就会留在器物的外表。鎏金是云南青铜器上常见的一种加工技术。青铜贮贝器上战争场面中的指挥官，纺织场面中监督奴隶劳动的女奴隶主，祭祀场面中的主祭人，以及掳掠、舞乐等铜牌饰，都是经过鎏金的，此外还有鎏金的铜带钩、铜盔和盾牌铜饰、漆器的边饰等。

镀锡

又称鎏锡，也是云南青铜器上常见的一种加工技术。凡经过镀锡处理的青铜器，一般表面均呈银白色，不仅比原来的青铜器美观，富有光泽，而且镀锡铜器具有很强的防腐蚀性能，可以少受或不受水汽及二氧化碳气体的侵蚀，使其不易产生铜绿锈层。铅和银也可起到类似的作用，但铅容易被氧化变黑，银的熔点较高，价值昂贵；锡的光泽仅次于银，熔点很低（仅230℃），开采量也大。古人出于对这些性能的深刻了解，因此选用锡，镀锡的青铜器很多，使用范围也广。滇池地区出土的部分青铜器，如壶、戈、矛、斧、贮贝器及铜俑等，表面均呈银白色，极少锈蚀，就是因为镀上了锡层。

金银错

即在青铜器表面按照绘制图案的线条划出沟漕，嵌入金银丝或片，然后用特制的错石将器物表面打磨光滑。晋宁石寨山出土的错银铜壶、铜戈和错金带扣，都是采用这种工艺制成的。

镶嵌

嵌料主要是孔雀石珠（氧化铜矿石的一种），也有少量玛瑙和玉石珠。将嵌料珠子排列成各种图案，用生漆做黏合剂。镶嵌技术在滇池地区青铜器上得到广泛的应用，常见的镶嵌青铜器有圆形和长方形牌饰、铜镯、剑柄和箭袋等。

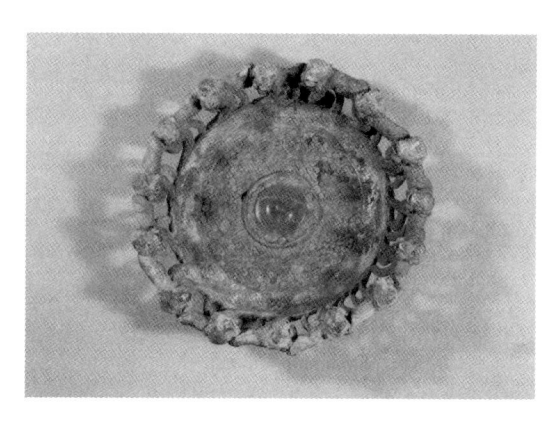

图15 镶红玛瑙绿松石圆形猴边铜扣饰（西汉）

线刻

滇池地区部分青铜器表面，有不少比头发丝还细、眼睛几乎无法看清的线刻图案，有花草、鸟兽、昆虫，也有人物和生活用具。江川李家山出土的一件铜臂甲，仅厚1毫米左右，上用阴线刻出熊、豹、鹿、猴、蜥蜴、鱼、虾、蜈蚣、蜂和甲虫等十余种动物。晋宁石寨山发现一件铜片，上刻十余种表形、表意的图案。这些线刻的纤细、均匀的图案，所用刀具之精锐，所操技艺之娴熟，令人叹为观止。[①]

在秦汉时期云南民族特色突出的青铜器中，值得专门提出来说的是铜鼓。铜鼓在西南各省的少数民族中长期流传，传世和出土的数量不少。近年学术界的研究表明，铜鼓开始出现在滇西，目前出土的以楚雄万家坝的最早；秦汉时期成熟于滇池地区，以晋宁和江川为代表；以后分别由滇东、滇东北、滇南向广西、贵州、川南及越南等地传播。晋宁石寨山"滇"人墓葬群共出土铜鼓17具，还有铜鼓形贮贝器10件及各种铜鼓形装饰品，江川李家山古墓群出土铜鼓8具，属于这一时期的铜鼓还有广南鼓、开化鼓等，此类铜鼓现存37面。

---

① 以上见张增祺：《云南青铜文化研究》，收入《云南青铜文化论集》，云南人民出版社1991年版。

图 16　刻纹铜臂甲（江川李家山 M13：4）

　　秦和西汉时期，滇池地区的铜鼓已进入铜鼓制作的成熟阶段。表现在造型上，鼓面大而有褶边，鼓面直径大于胴径，鼓身三截的比例更为适当，整体效果匀称而端庄，器形精美。冶铸技术也有进步，如合金比例，大波那铜鼓含锡量不足7%，而石寨山铜鼓含锡量则调整为15.7%。纹饰丰富多彩，布局疏密有致，总体效果既统一而又有变化。鼓面中部为太阳纹光体，芒间也有纹饰；周围出现晕圈，分为三区，中区主晕较宽，常为翔鹭纹，往往为四只翔鹭，内外两区多是一圈圈的三角齿纹、切线圆圈纹、圆涡纹。鼓身三截分别处理。胴部与鼓面类似，上段往往是几何形纹带，三角锯齿纹；下段主晕则为竞渡纹。腰部上半有直段分格，格内有羽人、剽牛、鸟等图案；下端与鼓面内外区晕圈相同。足部则空白。在石寨山也有一具鼓面四方出现四只青蛙的铜鼓。总之，这一时期铜鼓的纹饰丰富多彩，其艺术效果最佳。此前的铜鼓，除鼓面有星形光芒外，遍身无纹饰或仅有极简单的几何线条。两汉以后的铜鼓多了四只蛙，但竞渡、羽人等生动的图像均已几何化，成了遍饰鼓身的各种几何花纹，显得呆板、繁缛。对比前后的变化，使我们发现秦汉时期滇池地区的铜鼓制作，处于登峰造极的地步，是我国古代青铜铸造业的珍品。

在云南各族中，古代没有发现鼎，但可以认为铜鼓和铜柱即相当于中原地区常见的鼎，它们是古代"滇"人的"庙堂重器"，是统治阶级权势和财富的象征。"诅盟""祭柱"和其他祭祀活动、盛大集会都必须有铜鼓，并且放置在显著的位置。有时也用以敲击、伴舞，但那是利用它雄浑的音响效果烘托这些活动的庄严气氛。铜鼓成为人们敬畏、尊崇、喜爱的形象，在当时是深入人心的。石寨山和李家山出土的一些铜鼓，被用来装贝壳，还有一些贮贝器也铸成铜鼓形，盖上的人物活动场面又反映人们使用铜鼓的具体情况，还出现了一些铜鼓形的装饰品，如把铜杖头饰铸成铜鼓形，把玛瑙珠、绿松石珠琢磨成铜鼓的样子。

图17　石寨山型铜鼓（西汉）

东汉时，民族特色浓郁的青铜器稀少，而器形与内地完全一致的汉式器物遍布西南夷地区。青铜器中专为少数统治阶级占有的精美器物完全消失，而作为一般人日常生活用具的器物则明显增多，这些一般人日常生活用的汉式器物已大量在西南夷地区生产，朱提堂狼铜器就是一例。

这类青铜器通常称"朱提堂狼洗"，实际上不全是洗，验以实物，还包括形状相近的盘、釜、鍪、斗等日用品。这些器物的内底多铸有铭文和花纹。纹饰在铭文两边，有双鱼纹、双鹭纹或鱼鹭纹，象征吉祥富贵。鱼既可产生使水鲜活的效果，谐音又取"富贵有余""吉庆有余"的含义。鹭象征孤高洁净，水中的鹭更使人感到浴后的洁白，"翔""祥"谐音，也寓意吉祥。款识也有"吉羊""日千万"等吉祥语，但主要还是纪年和地名，作直行置于器底正中。

我国传世及出土的汉洗多数无地名款识，既有年代又有朱提、堂狼款识的汉洗实为我国文物的珍品。但朱提堂狼铜洗的收藏遍及各地，有关资料散见各书，甚难搜集。著录较多者，清人吴式芬《捃古录》记载有朱提、堂狼款识的汉洗达10件。后来，罗振玉的《贞松堂集古遗文》及《续编》《补编》所收汉洗款识106件，其中有朱提、堂狼款识的24件。容庚《汉金文录》及《金文续编》所收176件，其中有朱提、堂狼款识的30件。近人研究朱提堂狼洗用力最勤者有陈直[1]、孙太初[2]、方国瑜[3]、蔡葵[4]诸家。今综合诸家研究成果，所录传世及近年出土的朱提堂狼铜器铭文，按年代排列如下：

建初元年堂狼造（76年。"文革"前昭通出土。）

建初四年堂狼造作（79年。四川宜宾南广乡出土。）

建初八年堂狼造（83年。罗振玉著录。）

建初八年朱提造作（83年。此器系釜，1935年昭通柜子洞出土，见《西南古物目略》。）

元和三年堂狼造（86年。吴式芬著录。）

堂狼作元和三年造（86年。见《金文续编》。）

元和四年堂狼造（87年。见《汉金文录》。）

元和四年堂狼造（87年。云南省博物馆藏。）

章和元年堂狼造（87年。见道光《云南通志·金石门》。）

章和二年堂狼造（88年。罗振玉著录。）

章和二年堂狼造作（88年。见《汉金文录》。）

永元二年堂狼造（90年。见《汉金文录》。）

永元二年堂狼造（90年。山东苍山县柞城遗址出土。）

---

[1] 陈直：《两汉经济史料论丛》，陕西人民出版社1958年初版，1980年重版。

[2] 孙太初：《朱提堂狼铜洗考》，载《云南青铜器论丛》，文物出版社1981年版。

[3] 方国瑜：《云南史料目录概说》，中华书局1984年版，第793—800页。

[4] 蔡葵：《考古与古代史》，云南大学出版社1995年版，第71—78页。

永元二年璫琅造（90年。1976年贵州兴义万屯汉墓附近出土。）

永元二年朱提堂狼（90年。1965年昭通出土。）

永元三年堂狼造（91年。陈直著录。）

永元四年堂狼造（92年。陈直著录。）

永元五年堂狼（93年。此器系盘，民国初年昭通城北10里大围墙出土，见《西南古物目略》。）

永元六年堂工（94年。见《汉金文录》。）

永元八年造（96年。1937年昭通洒鱼河李家湾出土，见《西南古物目略》。）

永元十三年堂琅□（101年。罗振玉著录。）

元兴元年堂琅作（105年。1972年陕西勉县出土。）

元兴元年朱提造作（105年。见《金文续编》。）

延平元年朱提造（106年。陈直著录。）

延平元年朱提造工（106年。罗振玉著录。）

延平元年堂狼造作（106年。四川宜宾南广乡出土。）

永初元年堂狼造（107年。吴式芬著录。）

永初元年堂狼造作（107年。见《金文续编》。）

永初元年堂狼造作牢（107年。见《汉金文录》。）

永初元年堂狼朱提造（107年。罗振玉著录。）

永初七年堂狼造（113年。陈直著录。）

元初五年堂狼造作牢（118年。罗振玉著录。）

延光三年堂狼造（124年。陈直著录。）

延光三年堂狼造作（124年。吴式芬著录。）

永建元年朱提造（126年。有双鱼花纹，见道光《云南通志·金石门》。）

永建元年朱提造（126年。有鱼鹭花纹，与上器不同，见《汉金文集》。）

永建元年朱提造（126年。见瞿中溶《古泉山馆补汉金石文编·章和洗跋》，方国瑜注："不识与上三器同否。"）

永建四年朱提造（129年。见《汉金文录》。）

永建五年朱提造（130年。"文革"前昭通出土。）

永建五年朱提造（130年。1965年昭通出土。）

永建五年造作大吉（130年。1898年谢履庄得于昭通市上，见《西南古物目略》。）

永建五年朱提造作牢（130年。见《汉金文录》。）

永建五年朱提造作宝（130年。陈直著录。）

永建六年堂狼造（131年。吴式芬著录。）

永建六年朱提造作（131年。陈直著录。）

永建六年朱提造作工（131年。罗振玉著录。）

永建七年朱提造（132年。陈直著录。）

永建七年朱提造（132年。按，陈直著录收有此铭文年代皆同的两条。）

永建七年朱提造一（132年。见《汉金文录》。）

阳嘉二年朱提造（133年。1933年张希鲁在昭通购得，后归昭通民众教育馆藏。）

阳嘉二年朱提造作上牢工（133年。罗振玉著录。）

永建九年堂狼造（按，是年为阳嘉三年，134年。见《金文续编》。）

阳嘉四年朱提造（135年。昭通龙氏旧藏。）

阳嘉四年堂狼造作牢（135年。此器系釜，左右有"吉羊"二字，1950年张希鲁得于昭通，见《西南古物目略》。）

永和元年堂狼造（136年。见《金文续编》。）

永和元年朱提造作（136年。陈直著录。）

永和元年朱提造作一（136年。见《汉金文录》。）

永和二年朱提造作一（137年。见《金文续编》。）

永和四年朱提造作（139年。陈直著录。）

永和四年朱提造作一（139年。见《汉金文录》。）

永和四年堂狼造（139年。见吴云鹏《金索》。）

永和六年堂狼造（141年。吴式芬著录。）

永和六年朱提堂狼工（141年。见《汉金文录》。）

汉安元年朱提造（142年。1899年谢履庄得于昭通，见《西南古物目略》。）

汉安元年堂狼造作（142年。在大关县出土，存大关张氏。）

汉案元年堂琅造作王（142年。按，"汉案"为"汉安"之讹。吴式芬著录。）

汉安二年朱提造（143年。陈直著录。）

汉安二年朱提造工（143年。见《汉金文录》。）

汉安二年朱提堂狼造（143年。见道光《云南通志·金石门》。）

汉安二年朱提堂琅造（143年。瞿中溶《古泉山馆补汉金石文编·章和洗跋》，钱坫藏器。）

汉安三年朱提造（144年。见《汉金文录》。）

建康二年堂狼造（按，是年为永嘉元年，公元145年。吴式芬著录。）

和平二年堂狼造（151年。此器系斗，器底铭文两侧各焊五铢钱三枚，湖北江陵出土。）

永兴元年堂狼造（153年。吴式芬著录。）

永兴元年朱提造（153年。瞿中溶《古泉山馆补汉金石文编·章和洗跋》。）

永兴二年堂狼造作工（154年。见《汉金文录》。）

永寿二年堂狼造（156年。吴式芬著录。）

建宁二年堂狼造（169年。吴式芬著录。）

建宁四年堂狼（171年。罗振玉著录。）

建宁年堂狼造（168—171年。1956年云南省博物馆收集。）

熹平四年堂狼（175年。陈直著录，南陵徐氏藏。）

堂狼造作吉羊（见《汉金文录》）

以上共计82件，绝大多数既有年号又有朱提、堂狼款识，其中包括2件只有纪年而无地名，但在昭通一带出土，可确定为朱提、堂狼造者。另外一些只有纪年而无地名，纹饰风格略同，但出土及流传情况不清；有的既无纪年，又无地名，只有吉祥语，但在昭通出土者；或虽无文字款识，但纹饰风格相同，如昭通出土的双鱼洗等。这些都可能是汉代朱提、堂狼生产的铜洗，朱提堂狼生产的铜洗总数远比我们统计的总数多；但也不排除其他地区生产的铜洗流入。为了统计精确，以上情况本书未予计入。

上列款识的地名，有的作"堂狼"，有的作"朱提"。堂狼或写作"堂琅"、"瑒琅"，作堂琅造者达45件，占朱提、堂琅洗的大半，生产年代跨在建初元年（76年）到熹平四年（175年）。《华阳国志·南中志》载："堂螂县，因山名也，出银、铅、白铜、杂药，有堂螂附子。"堂狼县因堂狼山得名，在今东川、会泽境，以产铜著称，明清时东川府的铜产量还居全国第一。铜洗上朱提皆写作"朱楒"，作朱提造者有30件，时间跨度从建初八年（83年）到永兴元年（153年），比堂狼洗稍短。《汉书·地理志》载："朱提，山出银。"颜师古注：应劭曰"朱提山，在西南。"苏林曰"朱音铢。提音时。北方人名匕曰匙。"《续汉书·郡国志》又载："朱提，山出银、铜。"《水经·若水注》："朱提，山名也。应劭曰：在县西南。县以氏焉。"《集韵》："匙，匕也，或从木。""楒"为"匙"的或字。朱提县也因朱提山得名，大概山形似匕，故呼为"铢时"。朱提县在今昭通、鲁甸境，朱提山以产银著称，东汉时也产铜，即明清时著名的乐马厂，在今鲁甸县龙头山乡一带。这就是堂狼洗与朱提洗的产地。两县在牛栏江两岸，以今牛栏江为界。陈直先生确认此两地为"东汉铜矿产量最丰富的地区"，说："以上虽就出土而言，堂狼、朱提两县在东汉时产铜数量的丰富，则无疑义。"①但东汉时今滇东北地区的政区有调整。《后汉书·孝安帝纪》载：永初元年正月"戊寅，分犍为南部为属国都尉"。公元107年，从犍为郡中析出犍为属国，相当于郡级。原来的朱提、堂狼、汉阳、存䣕四县合为朱提、汉阳两县，堂狼并入朱提县，存䣕并入汉阳县。后人不察这种调整后的地理形势。《续汉书·郡国志》朱提县下刘昭注引《南中志》谓："县有大渊池水，名千顷池。西南二里有堂狼山，多毒草，盛夏之月，飞鸟过之，不能得去。"这一段应为《南中志》佚文，今本《华阳国志·南中志》不存。但与他书相较，显系把原两县的资料糅合为一，千顷池原属朱提县，堂狼山原属堂狼县，由于剪裁不慎，堂狼山变成在朱提县"西南二里"了。近年，有学者认为脱"百"字，原书应为"西南二百里有堂狼山"；有的学者据此认为朱提山又名堂狼山，带来新的混乱。其实，东汉时的朱提县既有朱提山，也有堂狼山，既有产银、铜的聚落朱提，也有以产铜洗著称的聚落堂狼。作为政区的堂狼县已并入朱提县，但堂狼作为经济中心的聚落仍然存在。验之实物，共有4件铜洗作"朱提堂狼造"，其性质准确地解释就是"朱提县的堂狼地方造"。值得注意的是"永元二年朱提堂狼"洗铭文。和帝永元二年为公元90年，在安帝永初元年（107年）前，证明4县并为两县比犍为郡的南部都尉析为犍为属国要早。合并的具体时间诸书缺载，但至少和

---

① 陈直：《两汉经济史料论丛》，陕西人民出版社1980年版，第242—245页。

帝初年堂狼已并入朱提。另一件"永初元年堂狼朱提造"铭文必须加以说明。在上列各洗铭文中，有"永元六年堂工"，脱"狼"字；有"汉案元年堂琅造作王"，"安"误作"案"；有"堂狼作元和三年造"，一反惯例，将年号放在产地后面。这些书写不规范甚至错误的例子累见不鲜。作为孤例，"堂狼朱提造"将堂狼置于朱提前面，可能是铜工书写时倒误，与当时的制度无涉。

从上列朱提堂狼铜器铭文的纪年可知，东汉章帝建初元年（76年）到灵帝熹平四年（175年）都有产品传世，延续100年，实际生产的年代可能还要长。其中，除1件无年号外，章帝时有11件，和帝时有12件，殇帝时有3件，安帝时有8件，顺帝时最多，达37件，冲帝时1件，桓帝时5件，灵帝时4件。在这一个世纪，生产也有起伏，顺帝在位的近20年，是朱提堂狼青铜器生产最旺盛的阶段。

款识的目的，在于做广告，推销名牌产品，所以往往有"牢""工""上牢工"等字样，告诉用户这是精工造作，经久耐用。再加上一些"吉祥""大吉"的祝词及表示吉祥富贵的图案，让用户喜爱，乐于购买。当时，蜀郡洗多标有铸工姓名，这是个体手工业者在市场上互相竞争的表现；而朱提堂狼洗都标示产地，这是在更广阔的市场上，以整个地方的优势产品去进行竞争。朱提堂狼铜器品种不多，仅为器形相近的几种，规格统一，便于批量生产。这种以商品生产为主的青铜铸造业，比之西汉时期专门为少数贵族生产单件的礼器，生产规模扩大，产品数量增多，是西南边疆青铜铸造业的一大发展。

朱提紧靠内地。作为汉式器物，朱提堂狼洗的生产当然与内地有关，特别是巴蜀先进生产技术和风格的影响，甚至可能还有内地来的工匠参加生产。因此，朱提堂狼洗不但造型、纹饰、款识等各方面显示出汉文化的深刻影响，而且与蜀郡铜洗相比也毫不逊色。朱提堂狼生产的铜器，不但大量供应西南夷地区需要，还面向全国，远销到贵州、四川、陕西、湖北、山东等地。有的铜器成为地方官敬奉上司或朝廷的名特产品。传世铜器中有一具钟，铭文作"熹平六年楗为国上计王翔奉"。[①] 熹平六年（177年）在东汉末。"楗为国"即犍为属国的简称，朱提县在东汉时属犍为属国。据张希鲁《西南古物目略》，在昭通梁堆墓中与铜洗同时出土的铜

---

① 并见《贞松堂集古遗文》卷15及《汉金文录》卷2。

器，还有长乐卤、三连杯、盘龙镜、附耳罐、瓢、炉、瓯等，从制造技术及出土情况可知，都是和汉洗同时生产的器物。汉代，朱提堂狼丰富的铜矿资源，还被朝廷就地制造钱币。朱提堂狼在汉代全国青铜铸造业中占有重要的地位。

从西汉末年至东汉时期，西南夷地区冶铜业的分布也很广泛，除朱提堂狼最为发达外，还遍及同劳、滇池、青蛉、邛都等地。贵州赫章可乐出土一件铜盘，铭文为"同劳澡槃（盘）比五尺周一元始四年十月造"。这是早在西汉元始四年（4年）滇东生产的铜器。呈贡小松山东汉墓出土的铜提梁壶，足部有"二千石大徐氏"铭文，[1] 是当时在滇池地区生产的青铜器的例证。传世的"阳嘉四年青蛉"洗，证明顺帝阳嘉四年（135年）在滇西的青蛉也铸造铜洗。[2] 民国年间在昭通搜集到一件双鱼洗，铭文为"阳嘉二年邛都造"。[3] 这是东汉时在今四川西昌生产铜洗的证据。参考《续汉书·郡国志》的记载，当时生产青铜器的地区肯定还不止此。

秦汉时期，冶铁业也在西南夷地区逐步发展。在滇池地区江川李家山和晋宁石寨山的晚期墓葬中都发现铁器，其中石寨山出土100多件，李家山出土40多件，太极山也有铁器出土。不仅大型墓中有铁器出土，中小墓葬也开始出现铁器。但除了少量纯铁器物如铁矛、铁剑、铁斧等外，绝大多数是铜铁合制器，铁都用在刃部，其他部位仍用铜制，即铜柄铁器。有武器、农具及其他工具，如铜柄铁剑、铜鋬铁矛、铜鋬铁戟，铜鋬铁斧、铜环首铁刀，甚至镰刀、凿、锥等小型工具也仅在刃部或尖端用铁。从它们的形制与风格可以确定，是由当地铜器发展递变而来的，是本地产品，并非外地传入。这一现象说明，铁的使用还为时不久，铁还是贵重之物。然而，冶铁技术已有进步，制出的铁器已比青铜器锋利，铁的优越性已经显示出来，所以人们首先把铁用于刃部。[4] 专家们认为，西南边疆约在西汉中期已开始使用铁器。据清华大学实验室检测，晋宁石寨山古墓中出土的铁器有一部分已属于高碳钢。[5] 曲靖八塔台中的西汉晚期墓葬发现

---

[1]　汪宁生：《云南考古》，云南人民出版社1992年版增订本，第96页、图版58。

[2]　陈直：《两汉经济史料论丛》，陕西人民出版社1980年版，第244页。

[3]　《新纂云南通志·金石考二》。

[4]　汪宁生：《云南考古》，云南人民出版社1992年版增订本，第64—65页，本书其他地方引用该书处，恕不一一标注。

[5]　杨根：《战国、西汉铁器的金相学考查初步报告》，载《考古学报》1960年第1期。

不少器型和大小完全相同的铁斧，它们结构比较复杂，整体作长条形，刃部呈半圆状，中部有凸起的半圆形銎，供装柄用，但规格统一，表面光滑平整，看不出锻打的痕迹。还有一种双耳铁釜，两侧有对称的铁造线。这证明在西汉晚期西南夷地区已新掌握了先进的生铁铸造工艺，从而在云南出现了新兴的锻、铸并用的冶铁业。①

秦汉时期西南夷地区的金银器制造业也比较突出。晋宁石寨山出土文物中有一批精美的金银器。金器有著名的"滇王之印"和木质外包金皮的剑鞘、臂甲、钗、钏、珠子、夹子、片饰等。银器有带扣和片饰。除"滇王之印"系汉王朝颁赐外，其他器物的花纹与青铜器的风格无异，应该都是当地所生产。当地对金银器的制作多用模压法，充分利用金银展延性较大的特点，先在木模上刻好要做的器物外形和花纹，再将薄片置于木模上锤打成形，再加以切割、整饰。有一件银片饰质地坚硬，光泽如新，毫无锈蚀，上面还错有八个金圈，十分精美。经光谱分析，该片饰中银占10％以上，铜占10％，证明银铜合金较之纯银器物有更大的优越性。② 这些都显示出西汉时滇池地区金银器制造工艺较高的成就。东汉时永昌郡金的开采和金器制造更有发展。王充《论衡·验符篇》载："永昌郡中亦有金焉，纤靡大如黍粟，在水涯沙中，民采得日重五铢之金。"汉代24铢为一两，每人一日采"五铢之金"约为2钱，产量是很可观的。③《后汉书·种暠传》载："永昌太守冶铸黄金为文蛇，以献梁冀，暠纠发逮捕，驰传上言。"《后汉书·杜乔传》又载："永昌太守刘君世以金蛇遗梁冀，事发觉，以蛇输司农。冀从乔借观之，乔不肯与，冀始为恨。"当时永昌的工匠能用黄金铸成文蛇，其工艺已经是浇铸法而非制作小件饰品的压模法。大概这件铸品较大，价值昂贵，所以案发后交给大司农。而且可能形象逼真，雕铸艺术高超，所以被举核的梁冀恬不知耻，仍千方百计想赏玩它。汉代银的生产以朱提县的规模最大，质量最好，主要为国家经营铸造货币。这就是《汉书·食货志》所载的"朱提银"。

---

① 张增祺：《云南的早期铁器》，收入《云南铁器时代文化论》，云南人民出版社1992年版。
② 昆明冶金研究所1973年1月6日分析报告。见汪宁生：《"滇"人的经济生活和社会生活》，收入《云南青铜器论丛》，文物出版社1981年版。
③ 张增祺：《云南冶金考古》第五章，载《云南文物》第38期，1994年9月。

四　手工业和副业

秦汉时期西南夷地区的手工业门类很多，除矿冶业外，还有玉石器加工、制陶、建筑、髹漆、制革、纺织、编织、制盐、酿酒等。由于生产工具、技术条件、生产规模不同，它们有的已成为独立的手工业部门，有的既有专业性强的手工工场，又有家庭副业，有的则基本上还是家庭副业。

（一）玉石器加工

西南夷玉石器的加工以滇池地区为代表，已发展到较高的水平。石寨山出土的玉器种类很多，有璧、耳饰、手镯、带钩、珠子、扣子、片饰和剑上的玉具"珌""首""珥"等，还有大量长方形有孔石坠，可能是系在剑上作磨剑用的。最典型的是"滇王玉衣"。在石寨山第6号墓中，与"滇王之印"同时出土的有一件玉衣的残片，包括札片69片、坯片97片。质地为碧玉，绿色间淡白，半透明，有赭褐色浸渍污染。札片正面研磨光滑，背面及侧面磨平，分正方形、矩形、梯形薄片，还有与人的鼻子、眼睛等外形吻合的复瓦形、弧边长条形、三角形等异形片块。均于近角处穿孔，但穿孔内不见金属丝或锈蚀痕迹。坯片全部利用玉璧或残玉璧及其他玉片按玉衣札片尺寸裁制，大部分可看出厚玉璧的卷云纹、夔龙纹等。全部玉片共166片，总面积973.64平方厘米，与人头部的表面积相近，可能是一件"缀玉面幕"之类的玉衣。[①] 这不但反映出作为汉朝王侯葬礼的玉衣制度在边疆民族王侯葬仪中推行的情况，也反映出西汉时期滇池地区玉器加工的规模和水平。从石寨山各种玉器中检核，所用原料有软玉、石髓、玛瑙、绿松石、孔雀石等。软玉产于滇西；石髓和玛瑙属隐晶类石英，在滇池地区大量分布；孔雀石和绿松石产于铜矿床的氧化带，在云南多有分布。当然不排除少量原料从外地输入，但可以肯定以云南境内出产的为主。大量玉石器应该是利用当地丰富的原料在当地加工的。当地应已存在一定规模的玉器作坊，才可能进行加工滇王玉衣这类复杂的器物。从各种器形判断，已有裁断、打磨、钻孔等工序，复瓦形、断面拱形、内弧形等异形玉片的修凿更加复杂，圆形器物的加

[①] 易学钟：《滇王玉衣有关问题初探》，收入《云南青铜文化论集》，云南人民出版社1991年版。

工可能是在固定的转盘上进行。当时为奴隶主贵族服务的玉石器加工技术独树一帜。

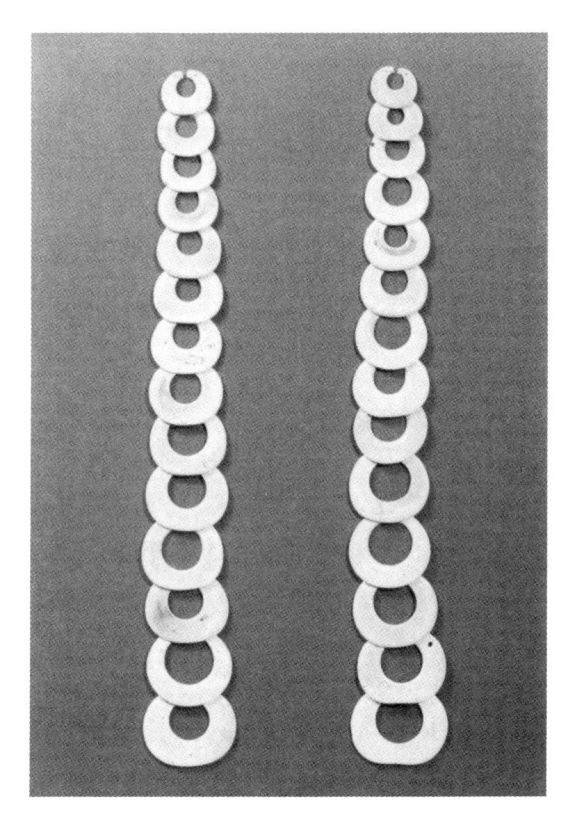

图18 玉耳玦（西汉）

（二）制陶

陶器的使用虽然普遍，但由于地区或时间的不同，各地制陶技术的水平和特点存在差异。

滇池地区西汉制陶技术的代表是羊甫头墓地出土的大量陶器。釜类、罐类最多，还有少量盒、尊、瓮、钵、鼎、豆及器盖。釜钵类均为夹砂红褐陶，器表因烧制时火候不均部分地方呈黑或青色，器内均经抹光处理呈黑亮色。罐、尊、豆、盒类多褐色或黑褐，有夹砂、泥质两种，也有少量夹砂红陶。瓮则为夹砂黄褐陶。釜、钵类均为素面；罐、尊、豆部分器表饰有刻划的网格纹、水波纹等纹饰，还有少量彩陶器及漆陶器。陶器均为轮制，有的器物内壁有拍打修整痕迹。① 石寨山等西汉时期的墓葬中，陶器有罐、壶、盒、豆、纺轮、弹丸等，均为手制，有些器物的口沿出现同心圆纹，说明曾经过慢轮修整，还不能算是轮制。陶器的颜色驳杂不纯，显示烧陶技术也未臻熟练。②

在遍布各地的东汉"梁堆"墓中，出土有陶制的仓、灶、井、房屋、水田及人物陶俑，还有陶制的鸡、鸭、鱼、狗、猪等，形象生动、逼真，但制作较粗糙。这些东西不能作他用，当时可能已有专门生产陶制明器的作坊。

（三）建筑

秦汉时期西南夷的建筑不可能留下实物，但石寨山出土的三件屋宇铜扣饰逼真地再现了当时滇池地区房屋建筑的状况。这是典型的"干栏"式建筑，与今天傣族的竹楼相式。屋顶为马鞍形，悬山式，用木板覆盖。屋子及平台用巨木桩支撑，分上下两层。上层三面有栏杆，栏板上还可放置器物，屋宇靠平台后部，有墙，为居住用房，有梯子供上下。下层低矮，高与人齐，用作饲养家畜，亦供炊爨。M6：22铜饰为单体干栏式房屋，M3：64铜饰则为一幢较复杂的单体干栏式房屋，平台宽敞，可容数十人宴饮歌舞。M13：329铜饰为干栏式建筑群，屋宇分列三面，排成院落，但整组建筑不取对称，高低错落有致。后面是一长排主体建筑，作两重檐高出众房，右边还挑出一小阳台。上层正中为供人头的"神房"，又是人们宴饮活动的地方；下层饲养家畜，兼置厕所。左厢房为方形阁楼，围以矮栏，上层置火塘，人可围坐，下层仍为畜厩。右前有敞棚二，皆较低矮，为附属建筑。M12：26贮贝器盖上"诅盟"用的"盟台"是一幢干栏式的公共建筑。台高与人齐，四周无壁亦无栏杆，前方左、右各有阶梯，凡11级。台上正中前后各立一根巨柱，承受整幢木结构的大屋顶。屋顶分为两层，下层四面出檐，刚可覆遮平台，形如平棋，上刻六角长方形龟纹，中空。上层为马鞍形屋顶，用板覆盖；板缝上再覆一板，有如盖瓦；其上交叉互出，形似燕尾。屋脊的"山尖"斜出，中部略凹成弧形，

---

① 云南省文物考古研究所、昆明市博物馆、官渡区博物馆：《昆明羊甫头墓地发掘简报》，载《云南文物》2000年第2期。

② 汪宁生：《"滇"人的经济生活和社会生活》，收入《云南青铜器论丛》，文物出版社1981年版。

两面檐短而屋脊长，两楣交叉处饰以铜鼓形大钉。整座屋宇庄严、奇异、壮观，给人以"自天而降"的感觉。M12：1贮贝器上刻的则是两座"井干"式仓房，全用巨木横垛成方形高大的木屋，如现今怒江州的木楞房。仓顶仍为木板搭盖的马鞍形屋顶，与其他房屋相同。仓底低矮，重心下移，用圆木三根叠成底架，中间铺木板，上层仍用圆木叠成"井"字，既便于通风防潮稳固，又适于承重大量谷物。前面置短梯供上下。这种仓房设计，近代在云贵农村还能看到。西汉时，"滇人"居住的房屋具有独特的建筑造型和风格，且根据不同的功能又有所变化。"干栏"式建筑在当时已发展到成熟阶段。

图19　青铜房屋模型（西汉）

东汉时期，西南边疆的建筑景观发生了很大的变化。在"梁堆"墓葬中发现的东汉"大姓"的房屋模型，与内地出土的完全一样。大理大展屯东汉墓出土有三层方形重檐式庑殿顶的陶望楼，还出土板瓦、筒瓦。[①] 下关城北郊东汉墓的建筑模型有一斗三升单栱，已使用了斗栱技术。[②] 保山龙王塘东汉建筑遗址发现了砖、板瓦、筒瓦、条瓦、瓦当、滴

---

① 大理州文管所、大理市文化馆：《大理市一号汉墓清理简报》，载《云南文物》1984年第15期。

② 杨德文：《大理市发现一座东汉纪年墓》，载《云南文物》1996年第1期。

水、铁钉等各种建筑材料，砖上有五铢钱纹、卷草纹、草叶纹、菱形纹等，瓦当有饕餮纹，滴水上有朱雀展翅图案。[①] 这是中原建筑技术传入西南夷的结果，甚至可能有内地的工匠到西南夷地区从事建筑施工。

（四）髹漆

汉代在滇池地区已存在髹漆业。石寨山古墓中发掘出一批漆器，有案、奁、耳杯、盒等，都是内施朱漆，外施黑漆，漆器上还附有铜扣和银扣。[②] 兵器的木柲上有漆过的痕迹，在一件圆形带饰上有漆绘的星形图案。这些内地形制的漆器是内地传入，或当地仿制，尚难判断。但滇王墓中有漆棺的残迹，笨重的漆棺是不可能从外地传入的。又一件贮贝器面部的乐舞图像中，有一妇女手捧一盂而舞，此盂则是具有当地风格的漆器。这些证明"滇"人已掌握髹漆工艺。江川李家山大型墓葬，有的棺椁髹漆红底黑纹彩绘，也发现竹、木胎的漆器，器形有人形竹片、刻纹竹片、竹簠、盒、奁、盘、卮、箭箙等，漆为朱红色底，绘黑色纹。部分装饰金、银和铜质的釦、耳、纽、圈足等，即"银口黄耳"的"釦器"。[③] 呈贡小古城黄土山墓中有漆器10件，主要为五件一组的漆镯，髹黑漆，夹苎胎，呈椭圆环形。[④] 羊甫头出土的漆器则蔚为大观。羊甫头墓葬中出土的漆器大体分三类。一类为铜质兵器戈、钺、啄、斧、矛、戚等，生产工具锛、凿、锄、锸、锤、耙等，皆在木制的曲柲或直柲上髹漆。黑漆为底，用红漆描绘，也有部分用咖啡色漆或棕红色漆装饰，有的还嵌锡片或缠以藤条、麻线，纹样多而复杂，曲柲部多画眼形纹。第二类为纯木雕制品并加髹漆，以木祖最具特色。器形一端作猪头形、兔头形、牛头形、鹿头形、猴头形、水鸟头、鹰爪等，除跪坐鼓上的贵妇形象身后横立一马腿外，其余均雕一祖形器于后。器身髹黑漆为底，中绘棕红色漆勾勒形象及毛发，祖端髹棕红色漆。第三类是在陶器上加漆绘饰。如在豆盖及豆身髹褐漆，饰以芒纹、网纹、条带纹等组合图案；在壶上通体分段用棕红漆绘

---

　　① 保山地区文管所、保山市博物馆：《保山龙王塘东汉建筑基址调查简报》，载《云南文物》第22期，1987年12月。
　　② 李家瑞：《云南晋宁石寨山出土漆器的复原》，载《文物》1964年第12期。
　　③ 联合考古发掘队：《江川李家山古墓群第二次发掘简报》，载《云南文物》2001年第1期。
　　④ 胡绍锦：《呈贡小松山、黄土山滇墓和王家营沐氏家族墓、郭氏家族墓》，载《史与志》2004年第1期。

弦纹、网纹、短线纹、变形虫纹、兔纹等，余处髹黑漆；在盒上自口至腰部髹以红漆，并间以圆圈纹、网纹及短线纹，腰部以下髹黑漆；在器盖上髹以红、黑漆，间以短线纹、齿纹。[①] 羊甫头漆器器形独特，色彩艳丽，风格粗犷，对比强烈，有别于蜀、楚诸漆器而独树一帜，成为古滇文化的重要部分。羊甫头的木棺大多经过髹漆处理。其他各地发现棺木上有漆皮痕迹的古墓不止一处，只是很难完整保存下来。个旧卡房镇黑蚂井的汉墓有盒、耳杯等随葬漆器，为黑底朱绘，饰有双钱纹、同心圆纹、云雷纹等，这是漆器扩及滇中以外的例子。[②]

图 20　漆木柲铜戈（西汉）

（五）制革

秦汉时，制革业主要是为战争服务。在石寨山和李家山出土的青铜雕

[①] 云南省文物考古研究所、昆明市博物馆、官渡区博物馆：《昆明羊甫头墓地发掘简报》，载《云南文物》2000 年第 2 期。

[②] 朱云生：《个旧黑蚂井古墓葬》，载《云南文物》1996 年第 1 期。

铸的战争场面，看得出当时皮革制品比较普遍。作战的双方均披甲持盾，纳贡场面中也有人肩负盾牌而行。这些甲和盾一般应是皮革做的。甲是披在身上的防护，上有两块保护胸背，下缀若干小片，亦称"鱼鳞甲"。盾是持在手上的防护，作椭圆形或长方形。当时的军事行动非常频繁，作为军需物资，甲和盾都需要大量生产。东汉刘熙《释名·释兵》载："盾者，大而平者曰吴魁。……隆者曰滇盾，本出于蜀，蜀滇所持也。""滇盾"与"吴魁"各具特色，同负盛名。"吴魁"大而平，"滇盾"则外面隆起，更便于御敌，所以西南地区用的都是"滇盾"。"滇盾"即滇池一带制造的盾，"本出于蜀"的说法不确，应是通过蜀地输往内地，因此生产数量和规模亦当不少。

（六）纺织

说明秦汉时期西南夷纺织业的资料，仍然以滇池地区较为集中。江川李家山古墓中出土了一批富有特色的青铜纺织工具，包括卷经杆、刷形器、弓形器、梭口刀、筳纺轮、针线盒、针织筒、绕线板、锥、针等。我们从这些成套工具可以测知当时纺织的工序和技术要求，对探讨西南边疆少数民族悠久的纺织史具有重要的价值。晋宁石寨山 M1 贮贝器盖上保留了一幅生动的纺织场面，在女奴隶主的监视下，一群女奴隶正在聚精会神地进行纺织，惟妙惟肖地表现了织布的各道工序，有的正双手拈线，有的在提起经线，有的正穿杼引纬，有的用木刀打紧纬线，有的正在理顺经纱，准备将纬纱穿入，有的正来回走动，捧杼供纬，还有的负责整理检查产品。[①] 织布使用"腰机"，人坐在地上，将经线的一端缠在腰上，另一端缠在卷经杆上，双足向前伸直踏紧木棒，双手持梭而织。这种腰机设备简单，易于操作，随处都可生产；但效率很低，织一卷布要费数日甚至数月，织成的布幅很窄，几幅才能拼缝一件衣服。至今佤族、景颇族中还能看到这种原始腰机。这一场面说明，在当时为奴隶主贵族服务的织布作坊已经出现。但不见纺线者，从出土的陶纺轮推知，大概当时纺线用手捻，可能还没有纺车，为了备办织布的原料，应该另有纺纱作坊。滇池地区纺织品的种类缺乏记载，有人推测原料似为麻类或木棉。昆明上马村及江川团山都发现麻绳。在李家山出土文物中还有丝线，不识是否为当地所产。还有石寨山出土铜饰牌和铜鼓残片上骑士身上的厚披风，当是用羊毛制的

---

① 上海市纺织科学研究院：《纺织史话》，上海科学技术出版社 1978 年版，第 83 页。

毡类织物。

图 21　青铜针线盒（西汉）

滇人的服装大体相同，无论贵贱皆穿宽大的无领对襟外衣，长及膝下，袖宽大，长仅及肘。衣领及缘边皆有数道线条纹，衣上有垂直线条作饰。妇女穿着时不系不扣，使前胸内衣微露。内衣紧小，比外衣略短，圆领。领边及下脚亦有线条作饰。男子衣袖较短，亦着内衣，腰束带，前有大的带扣。男奴隶腿后拖一长幅，下端作三叉形尾饰。服装款式大体一致，样式宽大，附饰很少，即便于穿脱，也便于用统一的布幅拼缝加工，但有些单调平淡。为了弥补这方面的不足，服装上加了很多竖线装饰花纹。这些花纹是织布时形成的，在织机上配经线时，按设计的行距配上色线，织完即产生竖线条纹。这种花纹最便于配线处理，近年有的少数民族自己织的土布还能见到，它也是滇人纺织品上的原始花纹。

秦汉时期在西南夷地区纺织业的发展很不平衡。《后汉书·西南夷列传》载，牂柯郡"寡畜生，又无蚕桑，故其郡最贫"。而永昌郡则大不相同,"宜五谷、蚕桑,知染采文绣,罽氍、帛叠、兰干细布,织成文章如绫锦。有梧桐木华,绩以为布,幅广五尺,洁白不受垢污,先以覆亡人,然后服之。"牂柯郡不知养蚕,是否无其他织物不得而知。永昌郡却是各种织物斑斓杂陈,丰富多彩。有蚕桑,则产丝织品,且染织技术相当高明。王先谦《后汉书集解》引洪亮吉曰:"氍,都括切,蛮夷织毛罽也。"罽氍为毛织品。《华阳国志·南中志》:"兰干,僚言纻也。"则兰干细布是僚族特有的精细苎麻布。"帛叠"又作"白叠""白氎",就是古代云南一带对棉花及其所织的棉布的称呼,与新疆所产称为"白緤布"者,同是一种东西。至于梧桐木花所织的布,据《华阳国志·南中志》,"俗名桐华布"。《太平御览》卷八二〇引华峤《后汉书》也说:"哀牢夷知染彩绁布,织成文章如绫绢。有梧木华,绩以为布,广五尺,洁白不受垢污,先以覆亡人,然后服之。"其实这种树叶虽与梧桐相似,却不是梧桐树。今称木棉,俗名攀枝花。在这些织物中,经过特殊加工的土特名产不少。如兰干细布,"织成文章如绫锦";桐华布则"洁白不受垢污,先以覆亡人,然后服之";据《华阳国志·南中志》,还有一种称为"朱罽"的红色毛织物,是用貊兽或猩猩的血染成。前引《后汉书·西南夷列传》,郑纯为永昌太守,"与哀牢夷人约,邑豪岁输布贯头衣二领",说明布的生产已很普遍,以致被列为贡赋。贯头衣大概是哀牢人通常的服饰,与滇人和昆明人都不同。这种衣服是在一段布的当中开个洞,两边缝起来,从头上往下套在身上即可,简单宽松。古时中原的布布幅为2.2尺,石寨山纺织场面反映的也狭,为了不再拼合,方便缝制,则织成"幅广五尺",广幅布的出现,在纺织工艺上具有先进性。

(七)编织

编织作为家庭副业,它的出现应该很早。在滇池地区出土的青铜器图像中,能看到用竹木编织的各式各样的器物。贮贝器上"赶街"时盛商品的各式篮子,是最常见的编织器。"纳贡图"中装火腿的高筒竹箩,与现今滇东北揹东西的背箩形状相似;还有浅而大的背箩,今天更容易看到。"上仓图"中有很多编织的装粮食的小袋,冯汉骥考证为"箪",是一种草编的专门用以装稻谷的容器,可以通风,用以贮稻则不致霉烂。① 编织的器物种类繁多,功能各异,利用当地的资源,

---

① 冯汉骥:《云南晋宁石寨山出土铜器研究》,载《考古》1963年第6期。

就地取材，竹编、草编、藤编皆有。但可能没有专门的编织作坊，一般多为农村的家庭副业，自编自用，偶尔出售一点换取其他物资。

(八) 制盐

西南夷地区产盐，《汉书·地理志》已有记载。"连然，有盐官。""定莋，出盐。"西汉时在滇池地区今安宁市区和四川西南部的盐源县产盐。这是西南夷地区开采最早的两处盐井。连然已经设有盐官，由官府主持大量进行商品性生产。《后汉书·西南夷列传》又载滇池地区"有盐池田渔之饶"，东汉时连然的盐当仍继续发挥优势。《南诏野史》胡蔚本说："杨波远者，相传为东汉时人，常骑三角青牛，号神明大士，能知盐泉。滇中盐泉多为波远开创。"后人的传说，年代久远，不足据信。但牛羊舐地偶然发现盐，这样的记载不少。与其说杨波远"神明"，准确些说是他的牛识盐。连然盐井的发现比东汉早，但参照他书，东汉时在西南夷地区确有新的盐井发现。《华阳国志·南中志》牂柯郡载："万寿县，郡治。有万寿山。沮本有盐井，汉末时夷民共诅盟不开，今三郡皆无盐。"顾广圻校记："沮当作汉。"以后诸本《华阳国志》皆从。汉末以前万寿县亦产盐。《贵阳府志》引《开州志》说："盐产谷撒、新寨、青苔堰、洗泥河诸处，未开。"又引《陈公死寇记》："公与黑苗战于乐邦之盐井坡。"谷撒、洗泥河均在今贵州开阳县南。乐邦又作落邦，在修文县东北。《华阳国志·南中志》又载：南广县"有盐官"，蜻蛉县"有盐官"。南广的盐井在今盐津县城，过去称盐井渡。蜻蛉的盐井在今大姚县白盐井。两处盐的开采可能始于东汉，唯《续汉书·郡国志》未载。《后汉书·西南夷列传》又载：郑纯为永昌郡太守时，邑豪岁输的常赋有"盐一斛"。当然只有当地产盐才能以盐为常赋，但东汉时永昌郡产盐的情况，《续汉书·郡国志》亦缺载。参酌后世情况，汉代永昌郡的盐，应产于比苏县境，即今云龙县沘江流域。

(九) 酿酒

西南夷各族嗜酒的习俗，在秦汉时期已很普遍。石寨山贮贝器盖上的舞蹈图，舞女身边有高足酒杯，表现歌舞敬酒的内容，畅饮和欢愉紧密结合。《后汉书·西南夷列传》载，刘尚带兵击益州，经过越嶲，越嶲太守任贵欲反，"招呼诸君长，多酿毒酒，欲先以劳军，因袭击尚"。证明当时可以大量酿酒，一次生产酒的数量不在少数。虽然如此，当时酒的酿制还是作为家庭副业，没有发现独立从事酿酒业的记载。

五　商业

两汉西南夷各族农业、手工业的发展，已引起原始集市的出现，这在晋宁石寨山出土的青铜器中已有反映。在被认为是"诅盟"的贮贝器盖上，铜柱后有一滇族女子坐于地上，膝前置一圆形器，双手伸出捧一物似递与人。其对面另一滇族女子，右手提一有提梁的长形筐，试作蹲下而向之作承受状，两人似已成交。旁有同样装束者二人，一人坐于地，膝前置一圆形器，器中置一盂形器。其对面有一人执一有提梁的长形筐，微曲其身，低首似向之作询问状，有如在作交易者。一滇族女子头顶一大圆盆，举双手捧持，其中盛满物品。其对面一人头戴帽子，举手向其中取物，而以右手抚其肩，似乎为购物。巨型铜鼓后，坐滇族女子四人，膝前各置方形筐，其中盛鱼及其他物品，颇似坐而待沽者。右面巨型铜鼓前，二人紧靠铜鼓而坐，膝前置圆形大盘，其姿势亦似售物者。平台后面还有一群不同髻式不同装束的人，可能是滇族和其邻近的不同民族，其中有荷"大型铜铲"者，有抱大鱼一尾者，有在旁观望者，有骑马者，或者趁此机会来进行交易。以上几乎凡是持器盛物的都是女子，其中又以滇族的女子占多数。说明当时的交易，像现今云南境内许多少数民族一样，主要是由女子来进行的。而利用宗教集会的时机做交易，也是当时商业活动的特点，与现今云南少数民族"赶摆""赶三月街"的情况类似。交换的东西多是剩余的农副产品，数量少，数额小，种类不固定。在祭祀或宗教活动以外的时间是否经常举行集市贸易，不得而知。这就是当时滇池地区盛行的集市贸易，大概也是云南"赶街子"的最早的生动图景。但它仅只是自给自足自然经济的一种必要的补充。

西南夷与内地的贸易早就存在。《史记·货殖列传》载："秦破赵，迁卓氏。……致之临邛，大喜，即铁山鼓铸，运筹策，倾滇蜀之民，富至僮千人。田池射猎之乐，拟于人君。""程郑，山东迁虏也，亦冶铸，贾椎髻之民，富埒卓氏，俱居临邛。"秦及汉初，从临邛制造的铁器，已源源卖给滇池一带的"椎髻之民"。秦开五尺道后，改善了西南夷与内地商贸的条件，据《史记·西南夷列传》，即使是汉初关蜀故徼的情况下，"巴蜀民或窃出商贾，取其笮马、僰僮、髦牛，以此巴蜀殷富"。从西南夷输往内地的大宗商品是牛、马，奴隶也被作为商品贩入四川。当时巴蜀的商贾与西南夷的贸易是不等价的，他们获利甚厚，因此十分殷富。为了高额的利润，巴蜀商贾冒险深入到西南夷的腹心地区，甚至越过"善寇盗"的昆明人聚居区到达怒江以西，据《史记·大宛传》载，在滇越"而蜀贾奸出物者或至焉"。汉武帝开西南夷，通往内地的几条大道的修建，都对西南边疆与内地贸易的发展创造了条件。在诸商品中，铁器和丝织品的输入占有重要的地位。《史记·西南夷列传》说，夜郎周围部落"皆贪汉缯帛"，石寨山出土的铜器上发现有绢帛残片。在昭通地区发现过铸有"蜀郡""千万"或"蜀郡""成都"字样的铁口锄。① 大概这类铁农具不在少数。武器的输入也很重要，李家山墓葬出土有一弩机，上有阴刻隶书铭文"河内工官二百□＋□"的字样。内地输入的生活用具颇受青睐，如在石寨山出土的一批纯汉式器物，包括镰斗、钟、鋬、熏炉、铜镜等，铜镜有日光镜、百乳镜、草叶文镜、TV 纹境、昭明镜等，都应该是从内地输入的。东汉时期遍及滇中、滇东、滇东北，贵州清镇、平坝、兴义，四川安宁河谷等地出土的大姓墓葬中，都有相同的内地汉式用具，如青铜洗、盘、釜、甑、鋬、钟、提梁壶、镰斗、灯、案、耳杯、箸、车马饰、铜镜等，其中一部分应来自内地。

图22 "河内工官"铜弩机（西汉）

西南夷与国外的贸易早就存在。蜀地的丝绸从此外运很有可能，张骞

---

① 《新纂云南通志·金石考二》。李家瑞：《两汉时代云南的铁器》，载《文物》1962 年第 3 期。

在大夏看到的蜀布和邛竹杖就是一例。邛竹,《史记集解》谓:"韦昭曰:邛县之竹,属蜀。瓒曰:邛,山名。此竹节高实中,可作杖。"《史记正义》谓:"邛都邛山出此竹,因名邛竹。节高实中,或寄生,可为杖。"刘逵《吴都赋》注:"邛竹,出兴古盘江以南。竹中实而高节,可以作杖。"据传昆明筇竹寺亦因长邛竹而得名。邛竹产于今四川西部及云南。"蜀布"不可能是棉布,因为印度孔雀王朝织造的棉布已很精致;可能是蜀地生产的苎麻布,质地凉爽,深受热带的人所欢迎。对蜀布和邛竹杖还有不同的解释,但有一点必须强调,即不管输出或输入,必须是轻巧便于携带长途运输的土特产,被其他国家视为奇珍异宝。云南古代不能生产琉璃,而印度很早就有了。江川李家山墓葬出土的蚀花肉红色石髓珠、浅绿色透明玻璃珠及铸有凸起的颠倒交错尖瓣纹的鎏金铜盒,石寨山出土的蚀花石珠及翼虎错金镶嵌银带扣、鎏金浮雕狮身人面像铜饰牌,呈贡小古城黄土山出土的蚀花肉红色石髓珠,都可能来自印度或西亚。① 石寨山和李家山出土大量的海贝,主要来源之一是印度和缅甸,也是通过商道输入云南的。东汉打通蜀身毒道以后,云南与国外的贸易渐趋频繁。史载"永昌郡出异物",其实在永昌郡看到的琉璃、蚌珠、轲虫、珊瑚等,都不可能是永昌出产的,应来自海边,通过贸易输往永昌,再转输西南边疆的其他各地及内地。②

汉代,随着交换的发展,要求有商品成为一般等价物,货币的出现已成为历史的必然。马克思说:"货币形态或是固定在最重要的外来交换品上,那对内部各种产品的交换价值来说,实际是原始的自然发生的现象形态。或是固定在家畜那样的使用品上,那在内部各种可以让渡的财产中是一个主要的要素。"③ 马克思所说的,当时在商业活动中这种"最重要的外来交换品"就是海贝,而作为货币的"家畜"就是牛,它们都起到了货币的作用。晋宁石寨山墓葬出土海贝 149 000 多枚,江川李家山墓葬出

---

① 张增祺:《战国至西汉时期滇池区域发现的西亚文物》,载《思想战线》1982 年第 2 期。
② 按,时人多把琥珀、光珠、宝石等都说成从境外输入,不敢苟同。琥珀产于保山。光珠和蚌珠有别,所以《后汉书·西南夷列传》光珠和蚌珠并列。《华阳国志·南中志》记博南县"有光珠穴,出光珠",则光珠出山中,为永昌郡所产,现缅北孟拱、孟密仍产光珠;蚌珠产海边,为贸易输入。宝石产于今缅北孟养、都茂等地,明人记载甚详,产地当时属永昌郡范围,不能视为外贸输入。
③ 马克思:《资本论》第一卷,人民出版社 1953 年版,第 66 页。

土112 000多枚，其他云南、贵州、四川的汉墓都或多或少地出土过海贝。经鉴定，这种海贝有黄圈，为产于印度洋及西太平洋暖水区的"环纹货贝"，产地包括印度、缅甸、菲律宾以及我国的台湾、海南岛及南海沿岸。在广西北海搜集到的环纹贝，大小及花纹都与石寨山出土的海贝相同。英国泰晤士《世界历史地图集》也认为，中国最早当钱使用的玛瑙贝壳可能来自印度洋马尔代夫群岛。海贝均无孔，在石寨山大量的青铜人物形象中，找不到以贝作装饰的例证；却积累大量的贝用以随葬，而随葬的贮贝器，铸得精美豪华，证明海贝在当时既是一种交换手段，又是一种贮存手段。[①] 在石寨山出土的青铜器中，牛的形象随处可见，不少器物还以牛头为饰，如"干栏式"房屋模型的栏杆上置有牛头。现代西盟佤族保存牛头用以夸示财富，古滇人对牛头的重视亦当出于类似的原因。江川李家山M18中牛头和海贝堆在一起随葬。石寨山出土的图画文字铜片，更突出了牛作为衡量财富的标志。现代独龙族、佤族、景颇族等还习惯以牛计价、购物。在汉代，除海贝以外，牛也可能起着货币的作用。

内地的钱币，西汉中叶以前的甚少，仅石寨山发现半两钱三枚，为文帝时物。石寨山出土五铢钱180枚，为武帝至成帝时物。江川李家山出土164枚，全部是西汉五铢钱。呈贡石碑村也出土200多枚西汉五铢钱。曲靖珠街八塔台西汉中期至东汉初的土坑墓中发现五铢钱200余枚。呈贡黄土山西汉中晚期墓也有五铢钱出土。宣威坝子东北缘来宾镇苏家坡村也发现西汉晚期的五铢钱。东汉时期的墓中贝的数量大减，仅大关13号崖墓发现2枚，而五铢钱的数量大增，分布范围也广。昭通城东2公里桂家院子出土60枚，大关崖墓中出土918枚，鲁甸大坪子梁堆中出土200余枚，彝良夏家堡出土400枚，会泽水城村出土350余枚，盐津县城南郊燕儿湾东汉墓及老鸦滩修建新街时皆有出土。呈贡小松山、晋宁左卫山、曲靖、澂江、玉溪、禄丰、姚安都出土过东汉五铢钱，1938年在腾冲城西宝峰山下核桃园荒塚中，发现五铢钱共千枚，后李根源有收藏。这些五铢钱并不都是散乱无绪的。呈贡小松山出土的70多枚，多结并成串，系绳穿

[①] 李家瑞：《古代云南用贝的大概情形》，载《历史研究》1956年第1期。杨寿川：《云南用贝作货币的起始时代》，载《思想战线》1981年第5期。较全面的研究成果有杨寿川：《贝币研究》，云南大学出版社1997年版。

连。① 昭通城东7公里的鸡窝院子出土五铢钱2 200枚，有的用细棕绳贯穿成串，每4串复相结，共12串，完整的一串计有99枚。散乱的钱币，穿内尚有残腐的缯，系用细绢卷成。② 这对我们认识汉代铜钱的计数、收藏、运输情况提供了线索。王莽时的货币过去也陆续有发现。在昭通、大关、澂江曾出土"大泉五十"。昭通发现"契刀五百"及"一刀直五千"的错刀。大关县亦掘获刀钱数十枚。道光六年（1826年）洱源牧童在野外地下探得铜釜，有王莽时"货布"二千余枚，以铜条贯穿，后王崧有藏。大关崖墓出土王莽"货泉"七枚，"货泉"在昭通也有出土。③ 昆明玉案山曾出土王莽时"大黄布刀"，万历《云南通志》卷1谓："嘉靖乙未，滇人掘玉案山，得大黄布刀，制如磬打，衡重三钱。考之《泉志》，盖王莽时铸也。然则汉世之泉，固尝行于滇矣。"近年出土的有昭通鸡窝院子"大泉五十"50枚，彝良角奎镇"货泉"90枚。曲靖八塔台有"大泉五十"和"大布黄千"。曲靖罗汉山也有"大泉五十"一枚。在大理洱海东岸一个小岛上出土一罐古钱，有"大泉五十"271枚，"大布黄千"61枚，五铢钱13枚，石贝2枚，陶弹丸1枚。④ 以上说明，内地的钱币在汉初偶有传入，大概被视为珍稀物品收藏。从武帝至成帝，五铢钱集中在滇中大墓，数量甚少，不像是社会普遍使用的通货。王莽时的各种货币在云南多有发现，东汉时五铢钱分布的范围遍及全省，与当时就地铸钱也有关系。现在发现当时在西南边疆铸钱的地方有昭通、西昌、个旧等地。昭通发现过"大泉五十"的铸范一件，背面有"日利千万"四个字，与其他地区发现的王莽时的钱范相同。张希鲁《西南古物记》说："闻昭通饶氏有五铢钱范，则云南亦铸五铢钱也。"四川西昌石嘉乡曾发现一窖藏，出土王莽时期的"货泉"钱范五块。近年又在西昌东坪发现了东汉炼铜遗址，有炼炉、铜锭及五铢钱范等。⑤ 在个旧卡房冲子皮坡发掘东汉

---

① 胡绍锦：《呈贡小松山水田模型的年代》，载《云南文物简报》1979年第8期。
② 游有山、谢崇崐：《昭通县鸡窝院子汉墓清理简报》，载《云南文物》第13期，1983年6月。
③ 方国瑜：《云南史料目录概说》，中华书局1984年版，第801—804页。
④ 田怀清、杨德文：《大理洱海东岸小海岛出土一罐古钱》，载《云南文物》1982年第11期。
⑤ 西昌地区博物馆：《四川西昌发现货泉钱范和铜锭》，载《考古》1977年第4期。武家昌：《四川西昌市东坪村汉代炼铜遗址》，载《考古》1990年第12期。

冶炼遗址，发现冶炼炉、烧炭窑各一座，并出土了大量铜炼渣和一块环状铅坯。在其附近的黑蚂井发掘13座古墓葬，出土"五铢钱"二百多枚，"大泉五十"12枚。其中一枚厚重，重达7.5克，直径和穿大于其他，应为范母钱。是用雕刻的阴文范翻制的阳文范母，再用以印制泥质子范，最后用子范铸钱。其中两座大型墓里随葬有炼渣，部分钱币带毛边，未经打磨，当是就地铸造的、随葬之前还未流通的新铸品。①

《东观汉记·王阜传》载：大将军窦"宪尝移书益州，取六百万钱。阜疑有奸诈，以状上。宪遣奴驺帐下吏李文迎钱。阜以诏书未报，拒不与文。积二十余日，诏书报给，文以钱市焉。"时值大将军窦宪当政，则为和帝初岁。当时中央政府从该郡一次调走六百万钱，是滇池地区已经通用铜钱，官府贮有大量全国通用货币的明证。《后汉书·西南夷列传》载："毅初到郡，米斛万钱，渐以仁恩，少年间，米至数十云。"《华阳国志·南中志》作"米一斗千钱"，"比去，米斗八钱。"景毅于汉灵帝时为益州太守，此时滇池地区行用铜钱无疑。大概从新莽以来，内地统一的货币逐渐在西南夷地区普及，海贝相应地被排挤，缩小了行用的范围，所以东汉大姓墓葬中再难见海贝，却出现了另一种时髦物品"摇钱树"。1960年在昭通桂家院子东汉墓出土一件比较完整的摇钱树，树干由五节组成，每节长约18厘米，插以若干树枝，其上缀满五铢钱、鱼龙及神怪形饰片。五铢钱上还有"五铢作□""五铢北□"等字样。树干插在一陶座上，陶座四面作双角兽形。② 这是东汉时期人们夸示或祈求财富的装饰品，但不再是西汉的贮贝器或牛头，而是五铢钱。追求五铢钱的"摇钱树"已成为一种风气，在大理大展屯及贵州清镇、赫章等地的东汉墓中都有发现。

值得一提的是汉代还在朱提铸银。《汉书·食货志》载："朱提银重八两为一流，直一千五百八十。它银一流直千。是为银货二品。"颜师古注："朱提，县名，属犍为，出善银。""朱提银"被规定为全国通货，王莽发行的新币中有"银货二品"，朱提银以质好著称，它的比值高于他处所产之银。传世有一银块，作方形，已裂为三小块，上面原有五字，仅

---

① 朱云生：《个旧黑蚂井古墓群》，载《云南文物》1996年第1期。戴宗品、张宗凯：《个旧冲子皮坡冶炼遗址发掘简报》，载《云南文物》1998年第1期。

② 汪宁生：《云南考古》，云南人民出版社1992年增订本，第94页及图版56。

"提""银"两字仍可辨识,称"朱提银块"。① 1935年在昭通刘家包包梁堆中出土有铭文"建初八年朱提造作"的铜洗中发现一金属块,重约2公斤,上刻文字一行:"□□重五十斤"。经过化学分析,此物含银约占42%,余为锡等杂质。② 这些都应是"朱提银"的实物。后者纯度不高,可能系还未进入流通领域的半成品。

对照《汉书·地理志》与《续汉书·郡国志》,各郡原来的多少"县"全变为多少"城",这一字之差,反映出东汉时各县治所已普遍筑城,西南各边郡也不例外。《后汉书·西南夷列传》有"遂杀守令而反叛,攻越巂唐城"③"杀长吏,燔烧邑郭"等记载,近年保山等地又发现汉城遗址,皆为东汉筑城的证明。汉代在西南边疆出现了几十座大小不等的城,一般一县一个,也有的都尉驻地、邑落或其他战略要地也筑了城或郭。当然,汉代西南边疆的城主要是郡县的行政中心和军事上据守的堡垒,以政治和军事作用为主。但是,在郡治和交通要道的县城似已出现了商业交换的集市,不然蒟酱、邛竹杖等通过什么渠道购买、搜集呢?《后汉书·西南夷列传》说,益州郡"有盐池田渔之饶,金银畜产之富,人俗豪忲,居官者皆富及累世"。《华阳国志·南中志》说:"益州西部,金银宝货之地,居其官者,皆富及十世。"益州郡治和永昌郡治已成为西南边疆的商业中心。它们周围物产富饶,成为附近各种物资的集散地;它们又处于西南丝绸之路上,也是远道来的珍奇宝货的转运站,辐射范围广远,数额庞大。前引《东观汉记·王阜传》,窦宪移书益州,派奴驺帐下吏李文取六百万钱,"文以钱市焉"。对此,任乃强强调:"'文以钱市焉'者,谓文得此钱即以市易物货,如奴隶、珍异宝货之属还洛,非国用,但为宪经商资本耳。于当时权贵习于遣出奴仆小臣向西南诸郡经营商业之证,为研究汉代社会经济史者所当知。"④ 这可能是当时大宗采购的一例,益州郡治商品交换的规模于此可见。

六 交通

汉代,为了适应统一事业的需要,也为经济开发提供条件,西南夷边

---

① 端方:《陶斋吉金录》卷七。
② 张希鲁:《跋汉朱提银锡白金》,载《旅行杂志》第19卷,1945年第4期。
③ 王先谦《后汉书集解》引惠栋曰:"《续书·天文志》云:攻巂唐城。衍'越'字。"
④ 任乃强:《华阳国志校补图注》,上海古籍出版社1987年版,第545页。

郡的交通有了较大的发展，初步形成了水陆相辅、内外相通的交通网。

当时使用的水路有两条。一条是牂柯江。据《史记·西南夷列传》，牂柯江上游在夜郎地区，"江广百余步，足以行船"，即今北盘江。下游"广数里，出番禺城下"，故又称番禺江。番禺在今广州，下游即今珠江。西南边疆的物产如蒟酱，通过这条水道远销两广。唐蒙因此向汉武帝建议，利用这条水道，"浮船牂柯江"，攻打南越。后来，汉分四路出兵攻南越，其中一路走的就是这条水道。《汉书·武帝纪》载：元鼎六年（公元前111年）秋，"越驰义侯遣别将巴蜀罪人，发夜郎兵，下牂柯江，咸会番禺"。《后汉书·南蛮西南夷列传》载，西汉末年公孙述据蜀，牂柯郡大姓龙、傅、尹、董氏与郡功曹谢暹保境为汉，"乃遣使从番禺江奉贡，光武嘉之，并加褒赏"。《华阳国志·南中志》所载略同。通过番禺江绕道与内地联系。另一条是麊泠水道，即今红河。《水经·叶榆河注》引马援上书说："从麊泠出贲古，击益州……愚以行兵此道最便，盖承藉水利，用为神捷也。""从麊泠水道出进桑王国，至益州贲古县，转输通利，盖兵车资运所由矣。自西随至交趾，崇山接险，水路三千里。"从益州郡治往南经贲古县，再转红河水道出进桑关到交趾，其中水行三千里。这是一条水陆转输的交通大道，也是一条用兵的军事要道。

汉代不仅利用水路，还广开陆路交通线。当时联系西南夷与内地及邻国的陆路交通线有七条，这些交通线也称"道"。

（一）青衣道

《华阳国志·蜀志》说："武帝初欲开南中，令蜀通僰、青衣道。"青衣道主要经过青衣江流域，所经又有青衣县（今四川芦山县治芦阳镇），因名。从成都西出，经过邛崃后，偏西南经芦山、雅安、荥经，过荥经县凤仪堡后越大相岭，以后经过今汉源县的清溪、九襄、富林，过大渡河后再经大树堡、晒经关、河南站，经甘洛县西部的坪坝、海棠、蓼坪跨越小相岭，进入越西河河谷接灵关道。这条路沿途险阻甚多，《续汉书·郡国志》严道县刘昭注引《华阳国志》说："道至险，有长岭、若栋、八渡之难，杨母阁之峻，昔杨氏倡造作阁，故名焉。邛崃山本名邛莋，故邛人、莋人界也。（山）岩阻峻，回曲九折，乃至山上，凝冰夏结，冬则剧寒，王阳行部至此退。"长岭即长贲岭，在今雅安市西南。若栋又作弱栋坂，在今名山县东北。邛崃山即今荥经至汉源间的大相岭，杨母阁在大相岭上，九折坂在大相岭南坡，俗名七十四盘。①

（二）灵关道

这是汉王朝在西南夷经营较早的官道，元光六年（公元前129年）开。《史记·司马相如传》说："通零关道，桥孙水以通邛都。"司马相如《难蜀父老书》也说："关沫若，徼牂柯，镂零山，梁孙源。"这条路在蜀境内充分利用水运便利的条件，以南安（今四川乐山市）为基地，从沫水（今大渡河）边上岸，往南在今峨边和甘洛县境越过灵山（今大凉山）。《后汉书·西南夷列传》说："元鼎六年汉兵自越嶲水伐之，以为越嶲郡。"越嶲水即唐代所称的嶲水，亦即今越西河。越西河水浅且陡，不利航行，此系沿越西河谷往南陆行。以后经喜德县西北部的冕山、冕宁县东南部的泸沽，越过在孙水上新筑的桥，再沿安宁河谷到西昌。又经德昌、会理，在拉鲊附近过金沙江，再经云南永仁、大姚、姚安等县，过弥兴、普朋，直抵洱海区域。

（三）僰道

汉代在秦"五尺道"的基础上扩修而成，是从四川到云南的交通干道。起点在僰道县，即今四川宜宾市。这条路工程艰巨，《华阳国志·蜀志》说是"斩石通阁道"，《水经·江水注》更有一段生动的记录说："汉武帝感相如之言，使县令南通僰道，费功无成，唐蒙南入斩之，乃凿山开阁，以通南中，迄于建宁，二千余里。山道广丈余，深三四丈，其錾凿之迹犹存。"汉代，这条路已扩宽了许多，因此不再称为五尺道，却出现了"开僰门，通南中"的说法，见《华阳国志·南中志》。今盐津县的豆沙关，削壁千仞，箐深路险，正是汉代这条路上的僰门，与剑门、夔门同为四川通往外地的重要关塞，因此，隋唐称这条路为石门路。《舆地纪胜》卷一六三也说："西汉僰道，即汉武帝遣唐蒙凿石以通南中者，今石门是也。"这条路经过今昭通、宣威、曲靖，再折往西直达昆明，再往西与灵关道接，成为蜀身毒道国际交通线的另一支。

（四）夜郎道

汉代有"夜郎道"，见《史记·西南夷列传》。该书载，"发巴、蜀卒治道，自僰道指牂柯江"，这条路的起点也在僰道县，往南达今贵州关岭附近的北盘江边。据《汉书·武帝纪》，元光五年（公元前130年）夏，

---

① 刘琳：《华阳国志校注》，巴蜀书社1984年版，第965—966页。

"发巴蜀治南夷道"。但司马相如在"汉兴七十有八载"即元光六年（公元前129年）作的《难蜀父老书》又说"通夜郎之涂，三年于兹，而功不竟"，则开夜郎道应始于元光三年（公元前132年）。这条路是汉王朝在西南边疆最早修建的官道，又称南夷道。当初开辟这条路的目的，主要是为征南越做准备，军事上的价值更大些。这条路的北段从今四川宜宾出发，取水路往南溯南广河而上，经高县、珙县，再转从陆，经云南威信、镇雄，贵州威宁彝族回族苗族自治县、六盘水市达北盘江边，与牂柯江水路衔接。

（五）巴符关道

《史记·西南夷列传》载："上许之，乃拜蒙为郎中将，[①] 将千人，食重万余人，从巴蜀筰关入，遂见夜郎侯多同。"公元前135年唐蒙带万余人就是从这条路进入夜郎的，但起点却不是筰关。这时还未开邛、筰，怎会出筰关？且此关应近夜郎，远从筰地到夜郎又如何走？所以应是巴属的符关，因形近而误。《水经·江水注》说得明白："（符）县故巴夷之地也。汉武帝建元六年以唐蒙为中郎将，从万人，出巴符关者也。"起点在长江边上的符关，即今四川合江县。北段利用今赤水河航行，至今贵州仁怀县后，改从陆，约经过今遵义、贵阳、安顺，再到关岭附近的南盘江边。这是一条早已存在的从巴国到夜郎的传统交通线，汉武帝建元六年（公元前135年），汉王朝的代表就是利用这条交通线进入夜郎的。但这条路纡曲漫长，所以后来汉王朝才下决心另辟夜郎道。

（六）夷道

《水经·江水注》："夷道县，汉武帝伐西南夷，路由此出，故曰夷道矣。王莽更名江南，桓温父名彝，改曰西道。"起点夷道县属南郡，在长江南岸今湖北宜都。该书又说："县北有女观山，厥处高显，回眺极目。古老传言，昔有思妇，夫官于蜀，屡愆归期，登此山绝望，忧感而死。山木枯悴，鞠为童枯，乡人哀之，因名此山为女观焉。葬之山顶，今孤坟尚存矣。"这条路是从荆、湘西进西南夷地区的大道，然而路途遥远，在古代经常是长路漫漫，望眼欲穿，故有此传说。汉武帝亦取此道进兵伐西南夷。

[①] 按，据《华阳国志·南中志》应为"中郎将"。

（七）博南山道

《华阳国志·南中志》载："孝武时，通博南山，度兰仓水、耆溪，置嶲唐、不韦二县。""人歌之曰：汉德广，开不宾，渡博南，越兰津，渡兰仓，为他人。"博南山在今永平县西澜沧江东岸。西汉时，这条路从今大理市往西经过漾濞，再从永平县城往西，溯卓潘河越博南山北段，过硙水坡，渡澜沧江后再过瓦窑河，往南达今保山市。东汉以后，哀牢内属，在今永平县花桥设博南县，道路选线偏南，从永平县城往西南过花桥，越过博南山南段，经杉阳渡澜沧江过水寨，到保山金鸡村。这就是《史记·西南夷列传》所说的汉代国际交通线蜀身毒道的一段。出保山以后，分为两支。北支往西经过腾冲，再经过缅甸北部的密支那、孟拱、孟关、胡康河谷，越过帕特开山口和那加山进入印度，经过列多以后沿布拉马普特拉河河谷西行，经过高哈蒂，往西直达大秦大地。[①] 南支从保山往南经今芒市、瑞丽，至缅甸出海。

以上各道，加上原来通行的横贯苴兰—夜郎—滇—昆明的大道，在汉代已形成了西南夷地区交通的基本框架。汉代通往西南夷地区的交通线，多往北到成都交会，再往北通到首都长安。其中国家投资最大、使用频率最高的有两条，即灵关道和南夷道。灵关道主要连接越嶲郡、益州郡和永昌郡，南夷道主要连接牂柯郡和犍为属国。它们是连接首都和西南边陲的干道。汉代西南夷地区的交通多为南北纵向的通道，这与汉王朝的首都长安在其北有关，也与当时经营西南夷的基地巴蜀在其北有关，当然也与西南边疆山河多为南北走向的大势有关。汉代，水运显示出它的优越性，只要能航运的地方，都尽量利用水路。西南夷地区的交通也如此，各条大道多以沿江的水运交汇处为起点，尽量利用有限的水程。如以南安（今四川乐山市）为起点，溯大渡河航行一段再从陆；以僰道（今四川宜宾市）为起点，取道一段南广河或横江的水程；以符县（今四川合江县）为起点，溯赤水河航行一段。从更广的范围考察，西南夷地区丛山高耸，然而四面皆低，穿越西南夷地区的大道，不仅是越来越高的天梯，而且是连接各条水运干道的高原陆桥。

以上交通线在汉以前多数已经存在，民间商贾的往来早已踩踏出联系各族、沟通内地与边疆的商道。《史记·大宛列传》说："因蜀犍为发间

[①] 朱昌利：《南方丝绸之路与中、印、缅经济文化交流》，载《东南亚》1991 年第 3 期。

使,四道并出,出駹,出冉,出徙,出邛、僰,皆各行一二千里。其北方闭氐、筰,南方闭嶲、昆明。昆明之属无君长,善寇盗,辄杀略汉使,终莫能通。"四道并出,路已早有,只是被互不统属的各族寇掠、阻隔。汉王朝对西南夷的统一和设治,排除了这些人为的阻隔,使西南边疆原有的商道畅通。但是,这些交通线不能满足统一国家行政管理、军事征战、辎重后勤运输的庞大需要,因此,在汉代又经历了一个把商道建为官道的过程。

为了改善西南各边郡的交通条件,被征发的数万人,用简陋的工具开山辟路,劳作数年,各族群众用汗水浇润了边疆的土地,用劳动在丛山中开出了坦途。《史记·西南夷列传》载:"当是时,巴蜀四郡通西南夷道,戍转相饷,数岁道不通,士罢饥离湿,死者甚众。"《史记·平准书》又载:"当是时,汉通西南夷道,作者数万人,千里负担馈粮,率十余钟致一石,散币于邛僰以集之。数岁道不通。"司马相如《难蜀父老书》说:"今罢三郡之士,通夜郎之涂,三年于兹,而功不竟,士卒劳倦,万民不赡。"《华阳国志·蜀志》载:"武帝初欲开南中,令蜀通僰、青衣道。建元中,僰道令通之,费功无成,百姓愁怨,司马相如讽谕之。使者唐蒙将南入,以道不通,执令将斩之。叹曰:'忝官益土,恨不见成都市!'蒙即令送成都市而杀之。蒙乃斩石通阁道。故世为谚曰'思都邮,斩令头'云。后蒙为都尉,治南夷道。"被征发的数万名巴、蜀、广汉郡的士卒,集中在山道沿线,用简陋的工具凿山斩石,填沟架阁,吃的粮食要从千里以外辗转运送,每钟六石四斗,运十余钟才得一石,做后勤的人比修路的人还多几倍。历时数年,费钱亿万,很多人因疲惫、饥饿或疾疫而献出了生命。这是一幅各族人民共同开发西南边疆的壮丽图景!

汉代,为了保证官道畅通和方便官吏往来,政令通达,在交通沿线设置了邮亭驿传。《太平御览》引《风俗通》说:"大率十里一亭……待行旅宿食之所馆也。"亭是秦汉王朝的最低一级地方行政机构,但也兼有交通机构的作用。邮亭联用,则是负责邮递传书,又供旅客食宿的设施。《汉书·高帝纪》颜师古注:"传者,若今之驿,古者以车,谓之传车;其后又单置马,谓之驿骑。"驿、传都是交通机构,但使用的交通工具不同,传专备马车,供政府官吏等乘坐、住宿;驿则无车而仅置马匹供乘骑。汉王朝在西南边疆也有邮亭驿传的设置。《史记·汉兴以来将相名臣年表》载,元光六年(公元前129年)"南夷始置邮亭"。西南边疆地广人稀，邮亭可能比较稀少，但已经设置却是肯定的。《华阳国志·先贤士女总赞上·杨竦传》载有"子恭要传"。杨竦字子恭，他镇压民族起义直到滇西的叶榆，"要传"指乘驿站所备的传车前往。《太平御览》卷二六五引《益部耆旧传》载："巴郡任文公有道术，为州从事。时越嶲欲反，州遣五从事案虚实。止传舍，食未半，有风发案。文公起曰：'当有逆变'。因促驾去。诸从事未能发，为郡兵所杀。"交通大道上传舍、传车等设施都有，吃、住、行等接待条件齐备。在贵州兴义东汉墓中出土铜铸的"軿车"模型，车箱为竖长方形，马上有鎏金的"驷""当卢"等字，车篷拱券、屏遮，无后辕，是专供有一定身份的郡县官吏家属乘坐的"夫人軿车"。① 在贵州赫章汉墓中又出土一件可以流动提携使用的铁炉，可供烤火、温食两用，内壁有"武阳传舍比二"铭文。② 这些说明西南边郡实行着和内地相同的车骑制度和道路交通管理制度。

秦汉时期西南边疆的交通工具有多种。当然多数人的出行多为徒步，但石寨山贮贝器中已有多处贵族乘肩舆出行的图像。M12：2籍田出行图中有多乘四人抬的乘肩舆的妇女，冯汉骥认为应称步辇，有别于俗称滑竿的"平肩舆"。③ 所说甚是。班固《西都赋》有"乘茵步辇，惟所息宴"句，李善注引《汉宫仪》说："皇后婕妤乘辇，余皆茵，四人舆以行"。滇人已有四人抬的供贵族妇女乘的轿子，只是顶无篷遮之类，便于踏青赏景。滇人骑马外出已很普遍，长途交通工具主要是骑马，见于石寨山、李家山出土的文物。在晋宁石寨山6座墓内发现12枚铜铃与马具、马饰放在一起，高仅5厘米至9厘米，形制不统一。这些铜铃往往数枚或十数枚用皮带或别的东西串成一圈，悬挂在马颈下面。最初可能用于滇王或其他贵族的乘骑，骑马出行时成串的马铃摇响，后面侍者的马队跟随，热闹威风。但这种串铃应即最早的驮铃，与近代我们看到的马帮中带头马所戴的马饰一样，自有其特殊的功用。经过训练的马帮，会随着铃声前进；带头马的驮铃声不响，后面的马即沿地停步。西汉时马饰串铃的出现，说明当时已有了马帮，只是可能还仅为滇王或贵族所拥有。东汉时内地的马车传

---

① 兴义地委通讯组、贵州博物馆考古组：《我省发现珍贵历史文物——东汉铜车马》，载《贵州日报》1977年2月28日。

② 李衍垣：《夜郎故地上的探索》，贵州人民出版社1980年版。本书其他地方引用该书处，恕不一一标注。

③ 冯汉骥：《云南晋宁石寨山出土铜器研究》，载《考古》1963年第6期。

到了西南边疆。贵州兴义东汉墓出土的铜马车,为单马、双曲辕,双轮十二辐,车舆竖长方形"覆瓦顶",舆厢低矮,结构小巧,车轮高过马背,高原地区路况较差的地方也可通行。昭通东汉墓中有车骑出行的画像砖,官员坐在轺车中,前有持兵器开路的步卒,后有持兵器护卫的骑吏和步卒,也是轮大车轻,马蹄抬得很高,像在用力爬坡样。西南边疆山多坡大,马车还是一种奢侈的享受,只在局部地区使用,供少数人乘坐。

  西南边疆的远距离水运航线虽不多,但高原湖泊遍布,近距离水运比较频繁,船的使用范围广,形制多样。李昆声对铜鼓上的船作了认真研究,按其功能分为渔船、交通船、战船、游戏船、竞渡船、祭祀船、海船等。渔船船形简单,不分首尾,船上停着捕鱼的水鸟,船舷外还置有停鸟板。交通船则船体细长,呈弧线型,轻巧灵活。战船体大而细长,首尾翘起,船尾支架上固定有橹,既可加速,又便于控制方向,作战时机动灵活。游戏船、祭祀船功能较接近,它们船体较长,船底宽平,可容多人乘坐并在船上嬉戏,桨和橹并用,既保证安全,又易于前进。竞渡船可并排坐十多人,船尾翘起,便于破浪前进。海船船体坚厚,主要靠橹划行。[1]

---

[1] 李昆声:《云南艺术史》,云南教育出版社1995年版。本书其他地方引用该书处,恕不一一标注。

第五章

秦汉时期云南的文化

第一节 教育

秦汉时期,西南夷各族一方面保持着自己独特的文化,另一方面也越来越多地受到汉文化的影响。云南各族原来大部分还处在刻木或结绳记事阶段,但在滇池地区已出现了简单的图画文字,在贵州也发现了陶器上的刻划符号,这应该是西南夷各族最早的文字。

晋宁石寨山第13号墓中出土一长方形刻纹铜片(M13:67),上端有一圆孔,下端残缺。残长42厘米,宽12.5厘米,厚0.1厘米。铜片上用横线划分为数栏,残存部分尚余四栏,每栏都刻满各种图形,在一些图形下面,刻有圆圈和短线条符号。图片上的人分为戴枷者和双手被铐者,应该是表示奴隶的符号。还有辫发民族的人头符号,应该是表示猎取来的人头。动物符号有孔雀、牛、马、羊、虎、豹,还有一种吻部如犬而头上有鬃的动物。这几种动物中仅孔雀为全身完整的形象,其他动物符号皆只绘头部。物件的图形有揹箩、酒杯、手镯、短杖、纺织工具等。高筒箩筐上有人揹的绳索,为一种盛谷及量谷的用具,应是用箩符号表示谷物。系上绳的牛角往往作酒器,牛角酒杯符号应引申为酒。[①] 三个圆圈套绘的符号应是璧环之类的玉石器,石寨山另有出土,即手镯。短杖,头有铜鼓形饰物,杖身有人头纹四个。还有一种盛物的器皿图形,上有提梁,下附两足(四足?),不知作何用。另有三种符号专门组成一栏,其一似织机,下拖的线条表示尚待编织的经线,其二似梭或绕线棒,其三可能是将织机束于

---

① 张增祺认为是牛角号,应理解为权利的象征。见《云南青铜文化论集》,云南人民出版社1991年版,第39页。

腰上的带子，此栏所绘乃一成套的纺织工具。铜片上还有三种多次出现的符号，一象贝形，一为圆圈，一为一。晋宁石寨山出土贝的数量很多，是一种交换媒介，贝形符号及〇、一均紧缀于其他符号之下，似在表示数量或价格的多少，如"值一个贝之犬"，"值二十个贝之豹"，等等。比较起来，它们似有等级的差别，假如"一"为个位，则"〇"为十位，贝形符号可能为百位。则铜片上的一些复合符号可以解释如下：

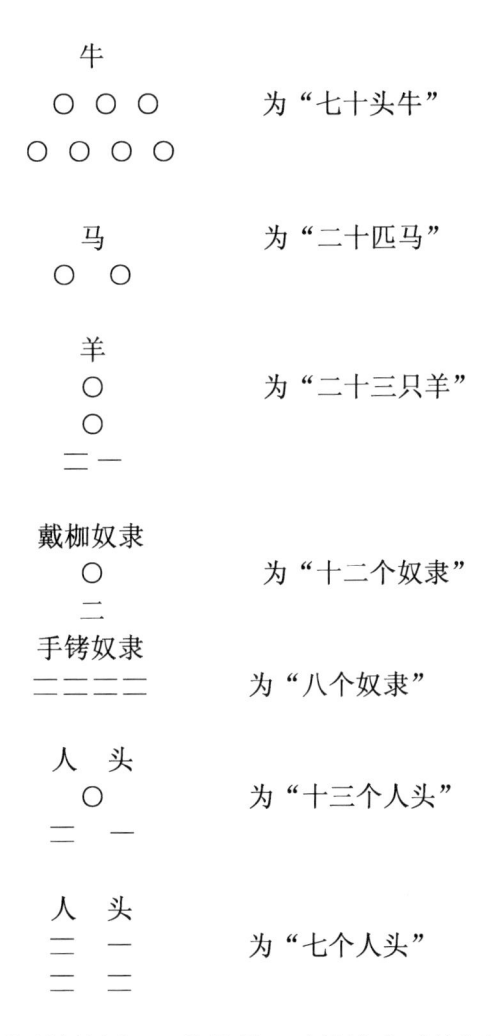

　　　　牛
　　〇　〇　〇　　　　为"七十头牛"
　　〇　〇　〇　〇

　　　　马
　　　〇　〇　　　　　为"二十匹马"

　　　　羊
　　　　〇
　　　　〇
　　　二　一　　　　　为"二十三只羊"

　　戴枷奴隶
　　　　〇　　　　　　为"十二个奴隶"
　　　　二

　　手铐奴隶
　　二二二二　　　　　为"八个奴隶"

　　人　头
　　　〇　　　　　　　为"十三个人头"
　　二　一

　　人　头
　　二　一　　　　　　为"七个人头"
　　二　二

铜片残存部分所刻划有 20 种符号，乃是滇人对他们财富的一种登记或记录。铜片上所刻绘者是一种图画文字，已有省笔、会意和计数符号。

表现动物图像时不画全身，仅画其最易识别和最有代表性的部位。为了区别山羊和绵羊，特意画出其胡须。为了区别虎和豹，豹身上加了斑纹。纺织工具只画综合腰带，使人一看就知道是腰机。对一些不易表现形象的事物，往往用与此相关的另一件器物，让人们联想。如用竹箩代表粮食，用牛角代表酒，这就是会意。〇和—则是计数符号。但其形体完全是图画化的，它仍属于原始记事范畴，在图画文字中属于比较原始的一种。大概在西汉前期，滇人还在使用这种原始文字表意和记事，这类文字多应刻在竹木之上，故不可能保存下来。汉武帝通西南夷以后，汉字大为流行，这种原始的文字终被淘汰。[1] 无独有偶。1978年在贵州威宁中水清理西汉时期西南夷文化系统的墓葬三十余座，出土文物二百余件，有各种青铜器、海贝及贮贝器，还出土一批灰陶器，包括高足豆、单耳罐、大口尊、大口杯等。在陶器上发现十余种不同的刻划符号（有几个符号相同）。进行古彝文研究的专家认出数种符号与彝文相同，可翻译出它们的彝语音、义。[2] 这令我们想起了西安半坡遗址出土的陶器符号。这是秦汉时期西南夷地区出现的又一种文字符号。

汉武帝重开西南夷以后，汉文化如潮涌向西南边疆，结束了西南夷各族文化独立发展的局面，内地先进的汉文化得到迅速的传播，汉文字自西汉时起开始在云南使用。石寨山出土镌有汉字的印章三枚，除汉廷赐予的"滇王之印"外，还有"胜西印"、"王䍧私印"。李家山也出土"李德"、"黄义印"、"寿之人"等三方汉文印章。汉廷派遣的官吏，是推广汉文化的主力。《华阳国志·南中志》载，章帝时王阜为益州太守，"始兴文学，渐迁其俗"。"文学"即指学校。《后汉书·西南夷列传》说得更明确：王阜[3] "始兴起学校，渐迁其俗"。谢承《后汉书》谓，王阜"幼好经学，从安定受《韩诗》，年十七，经学大就，声闻乡里"。王阜在滇的行动，一方面是兴学办教育，传授汉文化知识，教授生徒，培养人才。另一方面则是用儒家思想进行教化，"渐迁其俗"。这是现在能看到的在西南边疆兴学的最早记载。

---

[1] 林声：《试释云南晋宁石寨山出土铜片上的图画文字》，收入《云南青铜器论丛》，文物出版社1981年版。

[2] 贵州省博物馆：《夜郎故地上的探索》，收入《文物考古工作三十年》，文物出版社1981年版。

[3] 按，《后汉书·西南夷列传》误作"王追"，此不从。

一些有识之士也到内地学习汉文化，西汉以盛览为代表，东汉以尹珍为代表。《西京杂记》载：

> 司马相如为《上林》、《子虚》赋，意思萧散，不复与外事相关，控引天地，错综古今，忽然如睡，焕然而兴，几百日而后成。其友人盛览，字长通，牂柯名士，尝问以作赋。相如曰："合綦组以成文，列锦绣而为质，一经一纬，一宫一商，此赋之迹也。赋家之心，苞括宇宙，总览人物，斯乃得之于内，不可得而传。"览乃作《合组歌》、《列锦赋》而退，终身不复敢言作赋之心矣。

盛览是牂柯名士，曾得到司马相如的教益，再加上他自己的刻苦钻研，写出了《合组歌》、《列锦赋》等作品，是西南夷各族最早用汉文创作的辞赋。邵远平《续宏简录》说："司马相如入西南夷，土人盛览从学，归以授其乡人，文教始开。"盛览也是第一个在西南夷传播汉文化的教育家。东汉时的尹珍，事迹更为突出。《后汉书·西南夷列传》载：

> 桓帝时，（牂柯）郡人尹珍自以生于荒裔，不知礼义，乃从汝南许慎、应奉受经书图纬，学成，还乡里教授，于是南域始有学焉。珍官至荆州刺史。

对尹珍的情况，《华阳国志·南中志》说得较详：

> 明、章之世，毋敛人尹珍，字道真，以生遐裔，未渐庠序，乃远从汝南许叔重受五经，又师事应世叔学图纬，通三材；还以教授，于是南域始有学焉。珍以经术选用，历尚书丞、郎、荆州刺史；而世叔为司隶校尉，师生并显。

王先谦《后汉书集解》引惠栋说："王愔《文字志》载：珍善书，见《书法要录》。"尹珍是东汉时西南边疆各族中学习汉文化成就卓著的例子，[①]

[①] 尹珍的时代，诸书所载有异，一说"明、章之世"，一说"桓帝时"，且许慎与应奉亦不同时。其他记载缺略，但尹珍为东汉时人是无疑的。

他还是西南夷中最早的书法家。尹珍讲学的地方主要在黔北。在绥阳县旺草里，明万历三十二年（1604年）曾发现唐代广明元年（880年），崔㸒立的尹珍讲堂碑。《正安州志·坟墓》载：务本堂后，有尹珍之墓。尹珍办学的事迹，一直为后世追念。明万历四十年（1612年），人们在正安新州（毋敛坝）建尹道真务本堂。清道光二十一年（1841年）莫与俦在遵义府学宫建汉三贤祠，郑珍作纪，祀尹珍、盛览和舍人。1941年析正安县东北部置县，以尹珍的字"道真"命名。在道真县及贵阳市东的扶风山，都建有尹道真祠。东汉时，学习汉文化获得成就者已有一批人，名迹留传至今的除尹珍外，还有平夷的傅宝、夜郎的尹贡。《华阳国志·南中志》载：

> 平夷傅宝、夜郎尹贡亦有名德。宝历尚书郎、长安令、巴郡太守，贡至彭城相，号南州人士。①

随着办学的扩大和汉文化传播的深入，汉字在西南边疆的使用逐渐推广，汉字的书写方法扩及到郡县治所以外的穷乡僻壤。彝良角奎镇夏家堡堡东汉墓中出土文房四宝的石砚一套。砚长13.9厘米，高5.3厘米，厚0.6—0.8厘米不等，使用面已凹陷为最薄处，这是经过长期研磨的结果。配套用的研石为沙石磨制，上方下圆呈两台，圆柱底面使用部位残存朱砂痕迹。②

东汉时，汉字在西南边疆使用的范围也在逐步扩大。朱提堂狼铜器的款识皆为汉文篆书，已如前述。留存至今或内容见于记载的东汉刻石有六方。

其一为《建初刻石》。1937年在昭通城东曹家老包墓中掘出。该石制成于章帝建初九年（84年），呈梯形，上小下大，中有孔，似为插某种器物的石座。四边各长26厘米，高12厘米，三面分别刻龟蛇、鹤、朱雀，一面刻"建初九年三月戊子造"九字，分三行，字径寸许，隶书。云南现存汉刻，以此为最古。

其二为《建光汉砖》。1980年在富民县永定中学操场发现一座长方形

---

① 此段今本《华阳国志·南中志》有脱漏，引文据刘琳校注本。
② 游有鲲：《彝良县夏家堡堡汉墓出土青铜器》，载《云南文物》1994年第39期。

单室花砖墓，砖上印有篆书"建光元年造此□作"八字。此砖制于东汉建光元年（121年）。

其三为《延光四年刻石》。1956年在昆明官渡区塔密苴村附近路旁发现，今存云南省博物馆。此石为汉安帝延光四年（125年）刻，高115厘米，宽57厘米，厚13厘米。上窄下宽，石面虽经磨过，但凹凸不平，字形随之高低，大小不一，且多模糊不清。文六行，每行八至十三字不等，隶书，可辨者三十余字。①

其四为《孟孝琚碑》。光绪二十七年（1901年）在昭通城南的白泥井出土，今存昭通第三中学内。碑上端残缺，残高1.33米，宽0.96米。碑文存15行，每行残存21字（从文意推断，上缺7字），共250余字，隶书，古朴瘦劲，犹带篆意。年号仅有丙申，建碑的年代诸说分歧较大，近年多倾向永寿二年丙申（156年）说。对该碑缺文，早年陈荣昌作过拟补。谢饮涧认为时在桓帝永寿二年，并拟补了全部缺佚文字。谢氏拟补的文字被收入《云南艺术史》，可资参考。②

其五为见于记录的汉碑。洪适《隶释》卷十七载有《益州太守无名碑》云：

> 右益州太守碑，以朱爵为额，龟蛇为趺，龙虎衔壁在其两旁，一崇碑也。首云：永寿元年三月十九日，益州太守某君卒。其姓独刓灭，或有谓之冯君者，岂予所藏偶不明邪？……碑之左有功曹掾故吏题名四十八人，皆属邑建伶、牧靡、㭿栋、滇池、谷昌、俞元之人也。仅有王李数姓可辨，名字皆不具矣。碑阴有牧靡故吏三人题名，在趺之右。

该太守为永寿元年（155年）卒，碑应立于东汉桓帝时。孙太初谓："原石久佚，亦未见拓本。然洪氏据碑为图，著录确实，定非向壁虚造。"③

其六为《中平汉砖》。1987年在保山市龙王塘汉代建筑遗址发现两块

---

① 孙太初：《新发现的汉延光四年刻石》，载《文物参考资料》1957年第9期。
② 李昆声：《云南艺术史》，云南教育出版社1995年版。
③ 孙太初：《云南碑刻概述》，收入《云南铁器时代文化论》，云南人民出版社1992年版。

纪年砖，模印隶书"中平四年吉"五字，另一端残断。此砖制于东汉灵帝中平四年（187年）。

第二节　艺术

一　铜铸艺术

秦汉时期滇人的青铜器，是西南边疆青铜艺术的顶峰，在我国古代的铜铸艺术中占有重要的地位。它们极富于写实性，内容丰富多彩，题材十分广泛，反映了大量的动物形象，也反映了当时社会生活丰富多彩的各个方面，包括农业、畜牧、狩猎、纺织、商品交换，还有战争、祭祀、歌舞、宴饮，等等，是西南边疆古代社会生活的缩影。它们体态逼真，构图繁缛，是真实、生动的历史画卷，在我国古代众多青铜文化中独树一帜。对云南古代的青铜器，李伟卿从艺术角度作过深入的研究，见于他的《云南古代的铜铸艺术》等文。

滇池地区青铜器在造型上注重功能、审美和每一种器物的特殊要求，做到三者的完美结合。李家山M24：25出土的牛虎铜案是这方面的代表作。该器以一条健壮的巨牛为主体，直立的四腿支持着背脊上的案，使之具有实用功能。厚重的牛头，前伸的双角，丰满的颈肌，使重心略向前倾斜。但后面出现了一只猛扑而来的虎，咬住牛的尾巴，所形成的后坠力使器身恢复了平衡。又有意虚去牛腹，于其中横立一小牛，增加了中心部位的稳定感。从整体的外廓线看，自牛角沿背脊而至虎头，成一弧线，与下面牛腿的直线刚柔相衬，加上大牛与小牛的纵横交错，虎的运动和牛的静止前后呼应，给人以静中寓动、庄严肃穆之感。这种构图处理，符合祭祀这一特定内容的要求，堪称古代装饰艺术的杰作。这类独具匠心的造型，我们还能找到多件。

根据所要反映的不同内容，表现方法的选择也多种多样。单独一件动物，多作圆雕，一般表现家畜、家禽或温顺的动物。高浮雕以动物题材为主，着意表现各种动物运动着的一刹那。作者用猎人似的敏锐观察力，善于从稍纵即逝的过程中，捕捉最有效的瞬间，去表现深山密林里各种野兽残酷的生存竞争。为了表现运动，排除了浮雕的底版，避免整齐的外轮廓所产生的静止感觉。利用物象的"动态线"去增强运动感，包括奔跑着的野兽、猎人前倾的身姿等，总体上形成强烈向前运动的感觉。浮雕的镂花饰物缺少底版作范围，容易有散乱之感，于是在底部安置象征土地的长蛇，既把杂乱的兽腿联结起来，避免物象腾空之感，而弯曲的长蛇又组成波浪起伏的线条，加上长蛇头尾方向的巧妙安排，增强了这种运动感。描写动物搏斗、追逐的作品，一般是自左而右向前运动，在缺少外廓线的范围作用之下，容易产生离心倾向。作者又巧妙地利用动物厮打，组织回旋构图而形成向心力；或者发挥"兜角"的作用，使画面显得紧凑。场面浮雕具有三度空间，可以从各个角度多面观赏，便于描绘复杂的重大事件，用宏伟的构图，触目惊心的情节，细腻的艺术手法，再现了滇王时期的社会面貌。作者在深厚的生活感受、熟练的写实技巧、高度的概括能力的基础上，形成朴素的现实主义创作方法，创作出一批传世的瑰宝。为了表现一些重大的事件，有时一个场面的人物达一百多人，处理不好就容易散乱。因而场面雕塑很注意布局，或者以历史事件中的主要人物为轴心，把有关人物分成若干组，围绕主要人物展示故事情节；或者使用对称的构图，使祭祀、仪典之类取得肃穆的效果。为了突出主要人物，往往把他们做得较大，有的加上鎏金。线刻也是在青铜器上经常使用的表现方法，作者用尖锐的工具，在已铸好的青铜器上放刀直干，刻出行云流水般的精细花纹，水平的高超令人叹服。如刻画盛装乘骑的贵族，装扮奇特的巫师，伎乐舞蹈，还有飞禽走兽。线刻也被用来表现历史或社会的重大题材如祈年、上仓、龙舟竞渡等，为了增加画面容量，往往制成"长卷式"的线刻作品，安排在铜鼓的胴部或铜鼓、铜锣面部作圆周形回环展布。这些艺术手法有时也被综合使用于同一件器物上，从而产生意想不到的效果。这种"三层叠合"法的代表作如江川李家山 M17：12 的铜枕，把圆雕、浮雕与线刻三者综合使用，正面以云雷纹为地，其上浮雕猛虎扑牛图，牛头则是主体的，枕的两端又各立一牛。为了达到新颖别致的艺术效果，也把其他的装饰手段调动起来，使用多种工艺，尽可能做得华丽，圆形扣饰就属于这一类。如石寨山 M6：16 圆形"猴边扣饰"，底纹用玉石、玛瑙、绿松石等镶嵌，还配以红黑色漆，效果十分富丽，其边沿又绕有 10 只鎏金的小猴，前猿之尾与后猿联结，成一环形连续。又如圆形舞人扣饰由一群手拉手的舞蹈者围成一个圆圈，工艺十分精细。圆形孔雀扣饰将正张开的孔雀尾羽用线刻处理成圆形，而孔雀的头部却是浮雕突出的。

图 23　五牛铜枕（西汉）

　　青铜器的装饰纹样，具有鲜明的地方民族色彩。早期以弦纹、绳辫纹、云雷纹和网纹为主，以后又有点线、锯齿纹、圆涡纹、绹纹、枋纹，还有模拟藤编工艺的编织花纹等。其中，锯齿纹、圆涡纹、秀美的编织纹都给人以深刻的印象，有着多种变体的云雷纹，使用范围最广，也最有地方特色。在组合方法上，又常以若干横排的二方连续连成一道彩虹似的饰物，大件器物多用分区装饰的办法。装饰手法亦不拘泥于对象的肖似，往往省略了细节，经过抽象后，突出其主要特征，变成特殊的装饰图案。如白鹭强调其长喙和冠翎，牛则夸张它的巨角和隆脊，孔雀则突出了它的头饰和翎眼纹的尾羽。"蛙形铜矛"的銎部处理成青蛙，既如实刻画了青蛙的形态，又突出了蛙背上的斑纹，把它变为有趣的装饰图案。[①]

　　这些铜铸艺术，用今天的艺术水平和审美观点来衡量，仍令人们叹为观止。其铸件除极个别外，几乎都各有创意，概不重复。这是集中了当时滇人铜铸艺术的精华，专门为滇王服务的，而非一般中小奴隶主所能拥有。进行这些铜铸艺术的人，其造诣也绝非一般的业余创作所能企及，他

---

① 以上参考李伟卿《云南古代的铜铸艺术》，载《云南青铜器论丛》，文物出版社 1981 年版。

们应是滇国专门从事青铜雕铸的专业艺术家。只是他们可能是滇王所占有的奴隶。大批奴隶创造了奴隶社会的物质文明和精神文明，但被贱视的地位让他们连姓名都不可能留下。然而，不管统治阶级如何鄙视，滇国艺术家们的创造成就和艺术杰作将永垂青史！

东汉时期，内地的艺术更多地传入云南。如朱提堂狼洗常用的鱼、鹭图案，也是同一时期内地装饰艺术中常见的图案。孟孝琚碑两侧有龙纹和虎纹，下有龟蛇纹，上端残缺，原应有朱雀纹，与内地常见的"四神"图案画法一样。昭通地区"梁堆"中出土的画像砖及墓室石刻，有三足乌和九尾狐相伴的西王母像，人身蛇尾的伏羲女娲像，车骑出行图，舞蹈人物图等，其风格和题材，均与内地出土的毫无二致。总之，东汉时期的"梁堆"墓所反映出来的是相当成熟的、纯粹的汉文化了。①

二 音乐

西南夷各族自古即以能歌善舞著称。《后汉书·西南夷列传》载，邛都夷"俗多游荡，而喜讴歌，略与牂柯相类"。司马相如《子虚赋》有"文成颠歌"的说法。《史记索隐》引文颖注："颠，益州颠县，其人能作西南夷歌。颠即滇也。"滇池沿湖群众也善歌，"颠歌"就是滇人最早流行的民歌。当时越嶲郡、牂柯郡、益州郡的群众性歌咏活动都十分活跃。从出土青铜器所反映的乐舞内容可知，滇池地区还以庙堂乐舞最为突出，堪称歌舞之乡。

秦汉时期发现的乐器多为打击乐器，管簧乐器仅葫芦笙一种。兹介绍如下：

（一）铜鼓

出土的铜鼓实物较多，且在各种图像中多次出现。铜鼓是西南古代各族常用的打击乐器。其打击方法，根据铜器上的演奏图像，有的悬挂在木架上，用木锤敲打；有的平置于地面，或直接用手打击，或双手捧击鼓棒，如舂米样上下击打。

（二）葫芦笙

出土的实物较多，亦有演奏图像。葫芦笙是云南古代民族常用的管乐

---

① 孙太初：《云南"梁堆"墓之研究》，载《云南铁器时代文化论》，云南人民出版社1992年版。

器，分曲管和直管两种。曲管葫芦笙作葫芦形，柄端有吹孔，下端球形体上有五孔或七孔，分上下两排。孔中有残留的竹管，说明应当可以插入五根或七根笙管。吹奏方法与现在的葫芦笙相同，即口吹葫芦笙的细端，双手捧住球状音斗，手指按住音孔。直管葫芦笙整体似一长柄铜勺，柄端有吹孔，另一侧有六个小方孔，下端有一较小的圆球体，其上有一大圆孔，未见竹管残迹。其吹奏方法，与现在的横笛相同。①

（三）编钟

晋宁石寨山 M6：114—119 为一套铜编钟，共六枚，大小排列有序，最大一件通高 40.3 厘米，最小一件通高 29 厘米，被称为"滇王编钟"。钟的断面呈椭圆形，上端有半环钮或羊角形钮，唇口平齐，上丰下杀。两侧铸有蜿蜒的龙形各四条，左右对称，唇口有回旋纹一周。龙头上长两只角，前面一对爪有五趾，身为蛇形，尾伸长或卷曲。编钟多悬于木架上，用木锤敲打。由于大小递减，音的高低也递减，可奏出和谐的乐曲。"滇王编钟"虽为模仿内地形制，但加上了自己的创新，它不像内地常见的筒形编钟，上小下大，下声肆；而是作茧形，上大下小，上声碨，敲击时声调沉雄。

（四）錞于

1962 年在贵州松桃县木树乡出土五件一套、大小排列有序的编錞于。錞面有鱼、五铢钱、四瓣叶纹等图案或纹饰，虎钮。② 石寨山 M12：26 贮贝器上有錞于与铜鼓合奏的形象。錞于亦悬于木架上，用木锤敲打，与编钟的演奏方法相同。

（五）铜锣

石寨山出土的实物，边缘有钮供悬挂或提携。敲击方法与今同。开化铜鼓的纹饰还有用架子悬挂的云锣。

（六）铃

见于石寨山出土乐舞铜扣饰。铃的柄部较长，便于握持，舞人右手摇铃，边摇边舞。

（七）钹

石寨山铜饰牌上，两人双手各持一钹，似边敲边舞。钹形似盘，两铜

---

① 张增祺：《云南青铜文化研究》，载《云南青铜文化论集》，云南人民出版社 1991 年版。
② 《文物考古工作三十年》，文物出版社 1979 年版，第 370 页。

钹正面互相撞击，发出声音。一般认为钹起源于西亚，晋以后传入内地。《通典》说它"出西戎和南蛮"。近人研究认为，铜钹也可能是南亚乐器，传入我国的历史在西汉时期。①

图 24　双人盘舞铜扣饰（西汉）

这些大多数是西南边疆各族固有的乐器，也有从内地传入的编钟、錞于等乐器，多是在祭祀时演奏或舞蹈时伴奏用。东汉时，内地的乐器又传入西南夷，新增加了弦乐器。如呈贡归化、大理市下关城郊东汉墓中出土的抚琴陶俑和吹箫陶俑，黔西汉墓有托筝俑等。

三　舞蹈

秦汉时期滇人的舞蹈艺术丰富多彩，既有自娱性舞蹈，又有表演性舞蹈和娱神的舞蹈。综合出土青铜器上有关的图像，当时有徒手舞、器具舞和巫舞。若再细分，可以分为以下 10 种。

（一）铜鼓舞

石寨山 M12：2 铜鼓形贮贝器舞蹈图的内圈，有四人一组，其中一人手戴环饰，正对中间两人作双臂展翅的舞蹈动作；中间两人面对面地敲着

---

① 李昆声：《云南艺术史》，云南教育出版社 1995 年版，第 114 页。

铜鼓，载歌载舞；旁边一人也对着中间两人击鼓，相互配合默契。这是已知的最早的铜鼓舞形象。

（二）葫芦笙舞

石寨山M17：23铜饰物四人乐舞俑，舞者成横队，佩剑，披罽，服装整齐划一。一人吹葫芦笙，其余三人随之摆手舞动，舞姿轻盈。三舞俑的手臂舞姿相同，都是"摊掌"；腿部姿态各异，分别为"八字步微蹲"、小"端腿"和小"踏步"，这些舞姿和步伐，都是当今中国舞教材中的规范动作。[①]另一件M13：3铜鼓胴部刻着两个头饰兽角、身缀兽皮的盛装乐舞人，在船上一人吹葫芦笙，一人歌舞，姿态优美。

（三）羽舞

石寨山M12：1出土铜锣面上，有22人围成一圈，皆戴羽冠，顶插长翎，首后缀翅，下着前短后长的羽毛状裙，手执羽毛而舞。另有一男子髻插雉尾、腰佩长剑领舞。开化铜鼓鼓面也刻有装束和舞姿与此基本相同的四组共16人的乐舞场面。舞者皆头插羽毛，身着羽帔。广南铜鼓腰部也有类似的羽人舞蹈图像。《说文解字》云："雩，夏祭乐于赤帝以祈甘雨也。""雩或从羽，雩舞羽也。"羽舞可能主要用于祈雨。

（四）翔鹭舞

石寨山M1：1铜鼓侧部有头插翎的裸体舞人在木船首尾两端跳翔鹭舞的图像。李家山M24：42B铜鼓腰部的翔鹭舞形象更为生动，舞者头饰高翘的鹭鸟毛羽，腰系鹭鸟尾衣饰，双臂曲伸，双手四指与大拇指分开作"人"字形，生动地摹拟出群鹭飞翔、嬉戏的欢快形象。

（五）盾牌舞

石寨山M14：1铜鼓腰部有武士跳盾牌舞形象，装束同羽舞者大同小异，但右手操斧欲砍，左手持盾防范。开化鼓腰部方格中也有此种形象。李家山M24：36铜鼓上刻画的舞人则是戴鸟形羽冠，双手秉持饰以羽毛的盾牌，坐地而舞。这类似我国古代内地的干戚舞，舞者手执盾牌和斧钺，是典型的战争舞蹈。

（六）敬酒舞

石寨山M12：2贮贝器盖上的舞蹈图，外圈刻着15个梳银锭式发髻的舞女（有残缺，尚可见12人），每人空隙处交叉陈设束腰高足酒杯与

[①] 聂乾先：《"四人铜舞俑"似乐奴》，载《春城晚报》1996年8月28日第6版。

向日葵花各7件，犹似舞人的道具。正表演曲肘翘掌双展翅、侧展翅的舞蹈，环圈平步行进，舞姿平衡舒展。内圈共9人，分三组，一组是4名男子扬臂舞蹈，中夹一铜鼓；另一组是两名妇女共击一铜鼓；第三组是3名妇女，皆双手捧一漆绘花纹的碗盂状物舞蹈，状极恭敬。有人据其道具，形象地称为杯碗舞。这应是在宴会时向贵族甚至滇王敬酒，所以舞姿平缓恭敬，不能放肆，还要以铜鼓伴奏，显得气氛庄严。

（七）圆圈舞

李家山一圆形群舞铜扣饰，有18个衣饰后幅甚长的舞人正手拉手，围着圆圈环舞，舞姿整齐。

（八）钹舞

石寨山M13：38双人舞鎏金铜扣饰，表现两个佩长剑的男子，双手执钹前后伸张，作大步旋转，舞姿潇洒。舞时以钹伴奏，每人两手所持两铜钹正面相互叩击作声。或以为是盘舞，舞具是不能碰击的盘。

（九）铃舞

石寨山M13：64有一乐舞铜扣饰，四舞人排列成行，头戴尖顶高帽，佩剑披肩，右手摇铃，左手弯曲于胸前，上身右斜，右腿略屈，向左进步，行进而舞，动作一致。舞者装束特殊，被认为系表演性的巫舞。

（十）歌、舞、乐综合表演

石寨山M12：2贮贝器器面内圈线刻有说唱场面，铜鼓平置地上，左右各有一位乐手，正在张大嘴演唱，一边比画，一边击鼓，这是用铜鼓伴奏演唱。石寨山M13：65出土一铜扣饰，分上、下两层，犹如前台和后台。上层四人跪坐，头顶的帽子各异，颇为滑稽，胸前都戴着扣饰，举起双手，正在边舞边唱。一人动作与其他三人不同，似为领唱者，或为最初的说唱形式。下层四人亦为坐式，系一小乐队，正演奏着葫芦笙、铜钟等乐器，为前台的表演伴奏，气氛热烈。下层偏左还有一大器皿，高与人齐，疑为酒瓮。这是典型的音乐、舞蹈、歌唱集为一体的最早的室内表演形象。①

---

① 以上参考吴开婉《论云南古代的"青铜乐舞"》，载《民族·历史·文化》，云南大学出版社1990年版；聂乾先：《云南民族舞蹈文集》，中国文联出版社2003年版。

图 25　八人乐舞青铜鎏金铜扣饰（西汉）

以上舞蹈的手式，有翘掌、盖掌、曲肘双翘掌、正旁曲肘双翘掌、顺风旗式翘掌、曲肘斜托掌、双托掌、半垂于盖掌等。这些手式都特别强调手的表现力，如呈虎口式的翘掌这一滇人舞蹈的基本手式，已到了夸张的程度。以上舞蹈的步式有跪步、跪蹲步、马步、弓箭步、双曲腿跨步、双腿交叉半蹲步及行进中的平步等。重心基本置于两腿之中，即使个别动作的重心或前或后，偏离的幅度也十分有限，给人以强烈的稳健之感。手上及脚上动作配合而形成的舞姿，有平步双展翅、侧展翅、双腿交叉半蹲侧展翅、跪蹲侧展翅、半跪顺展翅、飞鹭翘掌、斧盾进击、叉腰呐步、平步垂手等。① 滇人的舞蹈，质朴、自然，已经有了宏大、和谐、对称、平衡等美的观念，对形、量与美的关系已经有了相当的认识。有专家认为，"摊掌"等舞姿和步伐，都是当今中国舞教材中的规范动作，而不是自娱性的"联袂踏歌"动作。"摊掌"的手是不能拉起来的，它是一个表演性的舞蹈动作，她们可能是滇王奴隶主的专门从事演奏的乐奴。②

有的学者据青铜器图像进行研究后，认为西汉时云南还有杂技和马戏，如我国内地早有的燕乐时的投壶，斗兽士在猴子的配合下与猛虎搏斗

---

① 杨德鋆：《铜鼓乐舞初探》，载《文艺研究》1980 年第 4 期。
② 聂乾先：《"四人铜舞俑"似乐奴》，载《春城晚报》1996 年 8 月 28 日第六版。

的角抵，用绳索拴养虎、豹的驯兽。这些活动都不是一般人有条件欣赏的，应该是专供滇王观看的表演[1]。东汉的杂剧以1989年在个旧东汉墓中发现的铜俑灯为代表。一位少数民族形象的艺人正双脚跪地，双手及头上各顶一盏灯，与现今杂剧表演中"顶碗"的节目相似，形象生动，神态滑稽，比例夸张，突出了表演时的戏剧效果，既是杂剧表演的成功之作，也是传世的艺术精品。

第三节 文化习俗

一 传说

西南夷各族的精神生活十分丰富，我们通过有关传说可以窥其一二。

人类在生产力比较低下，科学知识比较缺乏的时候，往往对自然灾害、人事沧桑无法理解，最后只有归结到灵异上。相信灵异是对科学的无知，也是对奴隶制残酷现实寄托的自我解脱。《华阳国志·南中志》载，牂柯"俗好鬼巫，多禁忌"，南广"俗妖巫，惑禁忌，多神祠"。其实，这不仅是一郡一县的情况，可用以概括整个西南夷地区的特点，祠祀在很多地方都能找到。

滇池县北有黑水祠，见《汉书·地理志》和《续汉书·郡国志》。清人阮元指为今昆明市北郊的黑龙潭。

夜郎县有竹王三郎祠，见《后汉书·西南夷列传》。《华阳国志·南中志》记载了一个与此有关的传说：

> 有竹王者，兴于遯水。有一女子浣于水滨，有三节大竹流入女子足间，推之不肯去。闻有儿声，取持归破之，得一男儿。长养，有才武，遂雄夷濮。氏以竹为姓。捐所破竹于野，成竹林，今竹王祠竹林是也。王与从人尝止大石上，命作羹。从者曰："无水。"王以剑击石，水出，今竹王水是也。破石存焉。

清代还有竹王祠，清初陈鼎《黔游记》载："竹王祠，在杨老驿，去清平县三十里，三月间香火极盛。""黄丝驿亦有其庙，香火亦盛。"杨老

---

[1] 李昆声：《云南艺术史》，云南教育出版社1995年版，第129—133页。

驿及黄丝驿皆在今贵州福泉县境，不识即汉竹王祠否？

越嶲郡有恶水，有关传说见《华阳国志·蜀志》："余多恶水，水神护之，不可污秽及沉乱发，照面则使人被恶疾。一郡通云然。"

邛都县有邛河，即今西昌邛海，流传着县陷为湖的传说。《后汉书·西南夷列传》李贤注引李膺《益州记》云：

> 邛都县下有一老姥，家贫孤独，每食，辄有小蛇头上戴角在床间，姥怜之，饴之。后稍长大，遂长丈余。令有骏马，蛇遂吸杀之。令因大忿恨，责姥出蛇。姥云在床下。令即掘地，越深越大，而无所见。令又迁怒杀姥。蛇乃感人以灵言瞋令："何杀我母？当为母报仇。"此后每夜辄闻若雷若风，四十许日。百姓相见咸惊语："汝头那忽戴鱼？"是夜方四十里与城一时俱陷为湖，土人谓之为陷河。唯姥宅无恙，迄今犹存。渔人采捕必依止宿，每有风波，辄居宅侧，恬静无它。风静水清，犹见城郭楼橹晏然。今水浅时，彼土人没水取得旧木，坚贞光黑如漆，今好事人以为枕相赠。

会无县产碧玉和骏马，又有濮人冢和天马河的传说。《华阳国志·蜀志》载：

> 今有濮人冢，冢不闭户，其穴多有碧珠，人不可取，取之不祥。有天马河，马日千里，后死于蜀，葬江原小亭，今天马冢是也，县有天马祠。初，民家马牧山下，或产骏驹，云天马子也。今有天马径，厥迹存焉。河中有铜胎，今以羊祀之，可取，河中见存。

三缝县山谷中有一片石头形似猪群，因称为石猪坪，又有猪化为石的传说。《华阳国志·蜀志》载：

> 有长谷，石猪坪中有石猪，子母数千头。长老传言：夷昔牧猪于此，一朝猪化为石。迄今夷不敢牧于此。

青蛉县有禺同山，俗谓有金马、碧鸡，《汉书·地理志》、《续汉书·郡国志》皆有记载。禺同山的位置，《读史方舆纪要》卷一一六谓即今永仁县的方山，袁嘉谷《滇绎》卷一谓为大姚县西三十里的龙山，今人或指为大姚县东 10 公里的紫丘山。《汉书·王褒传》载："方士言益州有金马、碧鸡之宝，可祭祀致也，宣帝使褒往祀焉。褒于道病死，上闵惜之。"王褒的祭文《碧鸡颂》说："持节使王褒谨拜南崖，敬移金精神马、缥碧之鸡。处南之荒，深溪回谷，非土之乡。归来归来，汉德无疆，兼乎唐虞，泽配三皇。"金马、碧鸡是什么？《后汉书·西南夷列传》李贤注引《汉书音义》说："金形似马，碧形似鸡。"左思《蜀都赋》也说："金马骋光而绝影，碧鸡倏忽而耀仪。"金马、碧鸡之所指，至今众说纷纭，但却留下了一段动人的传说。①《华阳国志·南中志》载：

> 禺同山有碧鸡、金马，光影倏忽，民多见之，有山神。汉宣帝遣谏议大夫蜀郡王褒祭之，欲致鸡马。褒道病卒，故不宣著。

永昌郡有关于哀牢的传说。方国瑜先生考证，认为永平年间哀牢内附，使臣经过成都时，为当时任蜀郡上计吏的杨终调查记录，整理成《哀牢传》，东汉末应劭将其收入《风俗通义》，疑常璩、范晔又从《风俗通义》转录。《华阳国志·南中志》谓："哀牢，山名也。其先有一妇人，名曰沙壶，依哀牢山下居，以捕鱼自给。"《后汉书·西南夷列传》作沙壹，并谓：

> 哀牢夷者，其先有妇人名沙壹，居于牢山。尝捕鱼水中，触沉木若有感，因怀妊，十月，产子男十人。后沉木化为龙，出水上。沙壹忽闻龙语曰："若为我生子，今悉何在？"九子见龙惊走，独小子不能去，背龙而坐，龙因舐之。其母鸟语，谓背为九，谓坐为隆，因名子曰九隆。及后长大，诸兄以九隆能为父所舐而黠，遂共推以为王。后牢山下有一夫一妇，复生十女子，九隆兄弟皆娶以为妻，后渐相滋长。种人皆刻画其身，象龙文，衣皆著尾。九隆死，世世相继。乃分置小王，往往邑居，散在溪谷。

---

① 朱惠荣：《金马碧鸡考》，载《云南城市规划》1997 年第 2 期。

以上所列有历史传说，有风物故事，有对山川的解释，往往把神话和现实糅在一起。这就是西南夷各族最早的文学创作，也是西南夷各族最初的历史故事，长期用他们本民族的语言世代相传，汉代始被用汉文记录下来，留传至今。

二 习俗

西南夷各族的文化生活丰富多彩，惜史多缺载。但滇池地区出土的大量青铜器，反映了秦汉时期滇人的习俗，我们可以据此了解当时西南夷习俗的一斑。

（一）猎头

江川李家山出土1件铜斧，在其銎部铸有三个男子，手中各持兵器。其中一人骑马，二人步行，骑马者手中提一人头作喜悦状。另有一件青铜短剑，柄上刻一大龇利齿的人，似为巫师，一手提人头，一手持刀，双腿下蹲作跳跃状，正在作某种祭祀仪式。

图26　猎头纹铜剑（西汉）

（二）祖先崇拜

石寨山的三座房屋模型，上层正中都有一小龛，皆供有滇人妇女的人头。这也可能是以滇人祖先头颅制成的模型，犹如近人供奉的遗像。此屋也系专门供奉祖先头颅的"神房"，人们奏乐、舞蹈、炊爨，似皆为祭祀自己的祖先。这是祖先崇拜的一种形式。[①]

（三）祭柱

石寨山出土贮贝器上有"杀人祭铜柱场面"，铜柱约相当于两人高，直径与人的腰围相近。有一柱下端横卧一鳄鱼，中段蟠绕二蛇，顶端立一虎。有一柱上蟠蛇两条，一蛇作噬人状。铜柱旁往往置铜鼓。参与祭祀者多围绕铜柱，有的献祭品，有的跪于柱旁。柱侧木牌上缚有待杀的奴隶。祭铜柱必须在奴隶主贵族的主持下进行，而且要以人为牺牲。

（四）纹身

石寨山出土铜鼓上刻一盛装的骑士，头饰羽翎，身着披风，在他裸露的小腿上画有一条蛇。还有一柄青铜剑，一个手持短剑正和老虎搏斗的武士，他裸露的腿上也画有花纹。

（五）饰羽翎

石寨山和李家山的青铜器上，常有饰羽翎的人物形象，即流行在髻上加羽毛饰物。有的用羽翎数支，多的饰羽翎数十支，呈扇形或长条形，有的则在头顶偏后插两支很长的羽翎。饰羽翎者多为巫师、舞乐者或武士。剽牛时缚牛的人也插雉尾。饰羽翎当为某些仪式所必需的一种盛装。

（六）斗牛

石寨山M3：140铜饰牌为台阶式建筑，分三层。上层踞坐10人，作观望状；中层两侧各坐4人，中间一人俯身跪坐，正弯腰将下层的大门打开；下层正中已被打开的门外有一巨角牛冲入，门两侧各有4人，或坐或立。这是斗牛即将开始的场面，三层看台上挤满的人，大都是热心的观众，正等候激动人心的时刻。还有两件铜饰牌所表现的内容与此相同，一块为三层，27人；另一块为两层，22人，门的两旁有10人头插雉尾，手上持物作防牛逃逸的样子。

[①] 汪宁生：《"滇"人的经济生活和社会生活》，收入《云南青铜器论丛》，文物出版社1981年版，第59页。

图 27　斗牛铜看台（西汉）

（七）剽牛

石寨山 M6：30 铜饰牌表现 5 人正将一牛拴在柱上，柱头有蛇饰。他们头插雉尾，前额有平板状物，前面一人正把绳子拴到柱上，其余的人或抚牛背，或持牛尾，表现出依依不舍的样子。M3：262 铜饰牌表现 9 人缚牛状，或抚牛背，或握牛尾，由于牛的挣扎，有两人已倒在地上。M13：46 铜饰牌内容与上略同，唯已残缺，只存 5 人，其中一人已被牛掀倒在地，牛正作挣扎状。广南铜鼓上的图像则有一条牛被拴在杆上，牛前站一人双手扶杆，牛尾站一人双手持钺，正朝牛身上砍去。这几件图像合起来，让我们看到了当时剽牛的全过程。

（八）竞渡

石寨山出土铜鼓纹饰，船上有竞渡者共 15 人，分为七组，每组二人并肩而立，每人手中各持一桨在水中划动，另一人持小旗站在船头指挥。船头饰有两个角形物，与现今西双版纳的龙舟颇为相似。其他铜鼓上也多有竞渡的图像。

（九）转秋

李家山 M24：42 铜鼓近圈足处有转秋图像。图中心为一立柱，顶端有一竖轴，轴上有可转动的圆盘，盘周系四条绳索，每条绳的末端另系一圆环。四个戴羽冠的人各挽一环，跳跃旋转为戏。这是秋千的一种，俗称磨秋。①

　　这些习俗，反映了滇人原始的崇尚爱好和朴素的审美意识，让我们窥见了滇人的精神世界。这些习俗距今已两千多年，是那么遥远！但有趣的是很多习俗一直延续到近现代，甚至保留到今天，仍在我们眼前！

---

① 以上参考张增祺《云南青铜文化研究》，载《云南青铜文化论集》，云南人民出版社1991年版。

第二编

三国 两晋 十六国 南北朝 隋时期

第六章

三国两晋十六国南北朝隋时期云南的环境和居民

第一节 南中的环境

三国、两晋、南北朝、隋时期，西南边疆的广大地区被称为南中。《三国志》多次出现"南中"字样。《汉晋春秋》《襄阳记》诸书皆记及南中事。也有专以南中为书名者，魏完《南中志》惜已不存。其后，东晋常璩《华阳国志》列有《南中志》专卷。直到隋代，《隋书·史万岁传》仍说，史万岁"至于南中"。南中之所指，《三国志·诸葛亮传》说："南中诸郡并皆叛乱，亮以新遭大丧，故未便加兵。"《三国志·谯周传》又说："或以为南中七郡，阻险斗绝，易以自守，宜可奔南。"《三国志·李恢传》裴松之注："臣松之讯之蜀人，云庲降，地名，去蜀二千余里。时未有宁州，号为南中，立此职以总摄之。晋泰始中，始分为宁州。"则南中即古西南夷地，相当于今云南、贵州两省及四川省大渡河以南地区。三国蜀汉以巴、蜀为根据地，这一带在巴、蜀之南，故名。

一 地理分区

南中土地辽阔，地形复杂，海拔悬殊，在三国两晋南北朝时期，其间的地理分异比秦汉时期更加明显。

（一）晋宁区

即晋宁郡，包有以滇池为中心的今滇中地区。《华阳国志·南中志》载："郡土平敞，有原田，多长松，皋有鹦鹉、孔雀、盐池、田渔之饶，金银、畜产之富。""滇池县，郡治。故滇国也。有泽水，周回二百里，所出深广，下流浅狭，如倒流，故曰滇池。长老传言，池中有神马，或交焉，即生骏驹，俗称之曰'滇池驹'，日行五百里。有黑水神祠祀。亦有温泉，如越巂温水。又有白猏山，山无石，唯有猏也。"湖水深广，湖边土地平敞，大片的草原牧放着名马"滇池驹"，山水间夹错着已开辟的农田。长松漫衍，鹦鹉和孔雀在林间或水边飞翔，白猏在山中嬉戏。有村舍、神祠、温泉点缀其间。这简直是一幅美妙的原始生态风景画。

（二）建宁区

即建宁郡，在今滇东地区。《永昌郡传》载："建宁郡在朱提之东南六百里，土气和适，盛夏之月热不郁蒸，猛冬时寒不惨慄。"郭义恭《广志》亦载："建宁郡，其气平，冬不极寒，夏不极暑。盛夏如此五月，盛冬如此九月，天下之异地，海内唯有此。按月令记，五气中之位宜在西南。如此，岂当土行之方，戊己之域乎。"[①] 建宁郡"冬不极寒，夏不极暑"，以平和的气候冠绝南中。其中心区元代以来称陆凉州，应与此有关系，陆凉州辖有芳华县，《元混一方舆胜览》谓：陆凉州"风土，四时皆春"，"芳华县，四时皆春，故名"。

（三）越巂区

即越巂郡，在今四川凉山州。《永昌郡传》载："越巂郡在建宁西北千七百里，治邛都县。自建宁高山相连，至川中平地，东西南北八十余里。特好桑蚕，宜黍、稷、麻、麦、稻、粱。"据《三国志·张嶷传》载："定莋、台登、卑水三县，去郡三百余里"，"出盐、铁及漆"。据《华阳国志·蜀志》载，台登县"又有漆"，会无县"土地特产犀牛"，"县有天马祠，初，民家马牧山下，或产骏驹，云天马子也"。越巂郡的地理分异十分突出，各具特色。安宁河谷土地平敞，气候温和，有湖泊、温泉，适宜多种农作物生长。周围各县为冷凉山区，林产、矿藏丰富，畜牧业比较突出，出盐、铁，特产名马和漆树。南部金沙江河谷最热，"特产犀牛"。

（四）朱提区

包有朱提、南广两郡，在今滇东北地区。《永昌郡传》载："朱提郡，在犍为南千八百里，治朱提县。川中纵广五六十里，有大泉池水，僰名千顷池。又有龙池以灌溉种稻。与僰道接，特多猿，群聚鸣啸于行人径次，

[①] 《太平御览》卷七九一《四夷部十二·南蛮七·西南夷》。

声聒人耳。夷分布山谷间，食肉衣皮……言语服饰不与华同。"《华阳国志·南中志》又载：南广"土地无稻田蚕桑，多蛇蛭虎狼"。左思《蜀都赋》刘逵注引《南裔志》曰："龙眼、荔枝，生朱提南广县。""邛竹、菌桂、龙眼、荔枝皆冬生不枯，郁茂于山林"。朱提郡内的环境状况也不一样。其中心区今昭通、鲁甸坝子土地平敞，有千顷池等湖泊，农业开发条件较好。四围丛山起伏，土地贫瘠，多蛇蛭虎狼，当地各族多狩猎畜牧，"食肉衣皮"。霍承嗣壁画墓上的少数民族皆披有毛毡，极似今彝族用以御寒的"察尔瓦"，说明当时朱提郡的气候与今滇东北接近。但其北为云贵高原的北缘，逐渐低热，特产龙眼、荔枝等，"皆冬生不枯，郁茂于山林"。

（五）牂柯区

包有牂柯、平夷、夜郎三郡，即今贵州省的大部。《永昌郡传》载："处所险峻，率皆高山，而少平地。"《华阳国志·南中志》又载："郡特多阻险，有延江、雾赤煎水为池卫。""郡上值天井，故多雨潦。俗好鬼巫，多禁忌。畲山为田，无蚕桑。颇尚学书，少威棱，多懦怯。寡畜产，虽有僮仆，方诸郡为贫。"多雨潦，多山险，河流深切，少平地，自然条件较差。农业还停留在刀耕火种的阶段，不知养蚕种桑，饲养的牲畜也少，经济发展水平较低。但林产丰富，人们对林木的认识和利用比较突出。如境内多梧桐。[①]北部平夷县"山出茶、蜜"，鳖县"有野生薜，可食"。[②]南部又出桄榔木。[③]

（六）兴古区

包有梁水、兴古、西平三郡，即今滇东南及广西、贵州部分地区。《永昌郡传》载：兴古郡"经千里皆有瘴气，菽、谷、鸡、豚、鱼、酒不可食，食皆病害人"。《华阳国志·南中志》载："多鸠僚、濮。特有瘴气。自梁水、兴古、西平三郡少谷。有桄榔木可以作面，以牛酥酪食之，人民资以为粮。欲取其木，先当祠祀。"《水经·叶榆河注》："盘水又东迳汉兴县。山溪之中多生邛竹、桄榔树，树出面，而夷人资以自给。"这一片处喀斯特地貌区，土地瘠薄，气候炎热，多瘴毒，外地人难以适应，

[①]《太平御览》卷九五六《木部五·桐》。
[②]《华阳国志·南中志》。
[③]《太平御览》卷七九一《四夷部十二·南蛮七》。

稻谷较少，但特产桄榔木，其面可当粮食。桄榔为热带常绿乔木，今人认为即董棕，树干挺直坚硬，可作水槽等用，其中多面可食，在今文山州南部丛山中还偶有发现。

（七）云南区

包有云南、兴宁、河阳等郡，即今滇西地区。《华阳国志·南中志》载：云南郡"本云川地。有熊仓山。上有神鹿，一身两头，食毒草。有上方、下方夷。亦出桐华布。孔雀常以二月来翔，月余而去。土地有稻田、畜牧，但不蚕桑"。这是云南郡的中心区，即今洱海周围一片的状况。有大湖，土地平旷，宜农宜牧，环境条件较好。产桐华木及孔雀，说明比今洱海地区的气候热；但气温又比滇池地区稍低，孔雀"常以二月来翔，月余而去"，停留时间较短，成为候鸟。郭义恭《广志》载："云南郡四五月犹积雪皓。"① 张华《博物志》又载："云南郡土特寒凉，四月、五月犹积雪皓然。"② 所述应为云南郡北部遂久、姑复一带的气候特点，当时是南中最冷的一片。

（八）永昌区

即永昌郡，包有今澜沧江以西、哀牢山以南的地区。据《华阳国志·南中志》载：永昌郡为"宁州之极西南也"。"土地沃腴"，特产犀、象、孔雀、翡翠、桐华木、濮竹等。"有大竹名濮竹，节相去一丈，受一斛许"。"有梧桐木，其华柔如丝，民绩以为布"。这些皆热带常见的动植物，与汉代资料所载略同，证明从秦汉至南北朝，这一片的环境状况基本未变。

二　气候

从秦汉到三国两晋南北朝，南中的自然环境状况在变化，人们对环境的认识也在深化。其中首先是气候的变化。

竺可桢根据中国内地的资料与国外有关资料比较，认为气候的大的波动是世界性的。他研究近五千年我国气候变迁的规律，认为从东汉以后我

---

① 《太平御览》卷十二《天部十二·雪》。
② 《北堂书钞》卷一五六《寒》。

国的天气趋于寒冷,三国两晋南北朝时期在我国历史上处于寒冷期。① 南中历史气候的资料,可以证明并充实竺可桢先生的结论。在各地的梁堆墓中,滇国时期大量出现的很多适于湿热环境生活的动物不见了,高爽透气的干栏式建筑也不见了,流行的是与内地相同的四周用高墙封闭的堡坞式建筑,猪、狗、鸡等家畜增多了,俨如进入另一个不同的气候带。这不但反映了民族的差别,文化的变化,时代的差异,更突出的是由于气候从湿热转到冷凉以后的自然和人文景观的变化。有学者认为,可能是由于滇池地区的气候变冷,滇国的主体民族"越人"不适应气候的变化而迁走所致。② 但是,从总体上看,三国两晋南北朝时期南中的气候,仍比现今云南、贵州两省温暖,还未见过大面积的冷冻记载,有关的物候记录也可以佐证。

三国两晋南北朝时期的南中,由于地理位置不同,特别是各地海拔的巨大差异,气候的地区分异十分显著,根据记载大致可分为三种气候类型。越巂、朱提、牂柯,纬度最北,海拔较高,属冷凉型气候。云南、晋宁、建宁,纬度偏南,多坝子和湖泊调节,北边又有高山阻挡,属暖温型气候。但三郡又略有区别,当时四季如春的典型地区不在滇池坝子而在温水(南盘江)上游今曲靖坝子、陆良坝子一带。永昌和兴古纬度最南,海拔最低,"经千里皆有瘴气",多为热带环境生长的动植物,属湿热型气候。

在南中,由于海拔的巨大差异,高山积雪、深谷多瘴的特点十分突出。《南中志》载:"县西北百数十里有山,众山之中特高大,状如扶风太一,郁然高峻,与云气相连结,因视之不见。其山固阴沍寒,虽五月盛暑不热。"③《太平御览》引《汉书》说:"云南郡有熊苍山,特寒,四月五月中犹积雪皓然。"④ 人们一般认为以上所载即今点苍山。20世纪中叶,点苍山积雪仍延至四月五月,比现今长,甚或终年积雪。⑤ 深切河谷酷热难挡,行旅视为畏途,这种情况也累见于记载。《南中志》载:谈指县

---

① 竺可桢:《中国近五千年来气候变迁的初步研究》,收入《竺可桢文集》,科学出版社1979年版。
② 何明:《历史时期滇池流域的经济开发与生态环境变迁》,云南大学博士论文2001年。
③ 《续汉书·郡国志》云南县刘昭注引。
④ 《太平御览》卷三十四引。查今本《汉书》无此文,疑为魏晋人记录。
⑤ 笔者20世纪50、60、70年代三月街期间(阳历5月初),从大理城多次亲见山顶还有积雪,当地有人背天然冰块下来卖与人品尝消暑。当地人称,山顶背阴处有冰雪终年不化。

"有不津江，江有瘴气"。这是今北盘江。同书又载：宛温县"县北三百里有盘江，广数百步，深十余丈。此江有毒气"①。这是今南盘江。《南中八郡志》载："永昌郡有禁水。水有恶毒气，中物则有声，中树木则折，名曰'鬼弹'；中人则奄然青烂。"② 其他澜沧江、怒江皆有瘴气，越巂郡南部金沙江河谷还特产犀牛。这些都是有关南中立体气候最早的记载。

西南边疆现今的一些气候特点，在三国两晋南北朝时期已经存在。《风土记》载："南中六月则有东南长风，风六月止，俗号黄雀长风。时海鱼变为黄雀，因为名也。"③ 人们已经注意到了南中东部盛行的东南季风。《搜神记》载："永昌郡不韦县有禁水。水有毒气，唯十一月、十二月可渡涉，自正月至十月不可渡，渡辄病杀人。"④ 南中西部为西南季风控制，干季和雨季交替亮相。现今云南的雨季为阳历五月至十月，那时雨季较现在晚，大体为农历六月至十一月，十一、十二两个月雨季刚结束，为较温凉的时段，也是瘴气较轻的短暂机遇，最便于行旅。诸葛亮选择"五月渡泸"，虽然酷热异常，但适逢干季，行军作战方便；雨季也是瘴毒的高峰期，内地旅人很难适应。《后汉书·西南夷列传》载，牂柯郡"地多雨潦"。《华阳国志·南中志》更喻其为"上值天井，故多雨潦"。贵州多雨的特点早在东汉就已有记载，两晋南北朝仍记录不断，但当时人对此还难以解释，把它归为"上值天井"。《广志》载：叶榆县"有吊鸟山，县西北八十里，在阜山。众鸟千百群共会，鸣呼啁晰，每岁七月、八月晦望至，集六日则止，岁凡六至。雏鸟来吊，特悲。其方人夜燃火伺取，无噪不食者以为义鸟，则不取也。俗言凤皇死于此山，故众鸟来吊"。《水经·叶榆河注》所载略同，"集六日则止"句作"十六七日则止"更准确。吊鸟山在今洱源县凤羽的罗坪山，"凤羽"即据此得名。早在两晋南北朝时期这条候鸟迁徙的路线即已见于记载。至今，罗坪山仍是候鸟迁徙经过的地方，每年中秋前后仍可看到这种壮观景象。候鸟沿横断山脉迁徙的通道十分漫长，所经不止罗坪山一处，近代人们调查证实还有巍山的"鸟道雄关"及南涧、墨江等地。

---

① 皆见《续汉书·郡国志》刘昭注引。
② 同见《太平御览》卷十五《天部十五·气》引及卷八八四《神鬼部四·鬼》下引。
③ 《太平御览》卷九《天部九·风目》。按，所指月份皆为农历，未换算为阳历，以下同。
④ 《太平御览》卷八八四《神鬼部四·鬼》下。

第二节　南中的人口

有关南中人口的记录，有《晋书·地理志》、《华阳国志·南中志》、《宋书·州郡志》。据《晋书·地理志》，宁州云南、兴古、建宁、永昌四郡共83 000户，当时属于益州的朱提、越嶲、牂柯三郡共57 200户，西晋太康初年南中地区共有140 200户。《华阳国志·南中志》记载的人口数字不全，而且皆为整数，应系约数。有记录的10个郡共87 000户，永昌、越嶲、梁水、平乐、西平等郡人户缺载。这是经过成汉在南中的争战以后东晋永和三年（347年）以前的情况。据《宋书·州郡志》，刘宋大明八年（464年）宁州15郡，有10 253户（若以各郡数字相加，则仅9907户），永昌郡无记录，加上当时属益州的越嶲郡有1349户，南中见于记录的人户也仅12 602户。

	《晋书·地理志》	《华阳国志·南中志》	《宋书·州郡志》
建宁郡	29000	10000	2562
晋宁郡		10000	637
建都郡			107
平乐郡		缺	
云南郡	9200	10000	381
河阳郡		1000	
东河阳郡			152
西河阳郡			369
兴宁郡			753
兴古郡	6800	40000	386
梁水郡		缺	431
西平郡		缺	176
永昌郡	38000	缺	
朱提郡	2600	8000	1010
南广郡		1000	440
牂柯郡	1200	5000	1970
平夷郡		1000	245
夜郎郡		1000	288
越嶲郡	53400	缺	1349
总户数	140200户	87000户	12602户

以上即三书所载人口列表对照数。

要分析以上的人口数字十分困难。以《华阳国志·南中志》所载与《晋书·地理志》相比，建宁郡加上晋宁郡的人口只及西晋太康初年建宁郡的三分之二左右，若再计入缺载的平乐郡，大概滇东和滇中的人口稍有减少。东晋云南郡与河阳郡的人口相加，比西晋云南郡的人口稍有增加。兴古郡的人口比西晋增加较多，若再加上从中析出的梁水郡和西平郡，则人口增加更为突出。东晋的朱提郡与从中析出的南广郡的人口相加，比西晋朱提郡的人口增加了数倍。东晋的牂柯郡与从中析出的平夷郡、夜郎郡的人口相加，比西晋牂柯郡的人口也增加了数倍。若按照西晋的数字补入《华阳国志·南中志》缺载的永昌郡和越嶲郡的人口，则东晋人口不会少于178 400户。从西晋到东晋，人口增长的趋势仍很明显。西晋后期，蜀中战乱，李特、李雄率流民在蜀地反晋，《华阳国志·大同志》载："三蜀民流迸，南入东下，野无烟火。"流徙的方向，《晋书·李雄载记》说得更具体："蜀民流散，东下江阳，南入七郡。""七郡"就是南中七郡的简称。有学者估计，此时"巴蜀底人向宁州、荆州流徙者，不下数十万家，六七十万人"，[①] 那么其中流入南中的难民数量，不少于二三十万。他们南下以后，正赶上南中战乱迭起，《华阳国志·南中志》载："晋民或入交州，或入永昌、牂柯，半亦为夷所困虏。"上述各郡人口的变化，正反映出经过战乱人口向边缘区流徙的形势。两晋时期南中各郡人口的增长很不平衡，属于中心区的滇东和滇中，由于战乱，人口略有减少。洱海地区人口略有增加。处于边缘区的滇南、滇东南、滇东北和贵州，人口有较大幅度的增加，这既有人口的自然增长，也要加上人口的机械增长，而且机械增长更突出。

从更长的时段看，两晋南北朝的人口比两汉明显减少，是无法否认的。东汉时的430 514户，西晋降至140 200户，刘宋时则仅12 602户。但是否竟锐减到十不存一的地步，还应该作具体分析。《宋书·州郡志》所载的人口数，第一，这仅是编户，即政府能控制的民户，亦即对郡县提供赋役的人户，不包括豪强荫附的户口，不包括大姓控制的部曲。第二，这仅是汉族，不包括大量的当地原有各族。第三，在南朝，大量汉族夷

---

① 白寿彝：《中国交通史》，商务印书馆1993年版，第79页。

化，以汉族身份出现的人户越来越少，刘宋比之于东晋少了许多，萧齐比之于刘宋当更突出。《南齐书·州郡志》没有为我们保留人口数字，但透过其中的叙述更加触目惊心。南齐一些州甚至在土著民族集中的地方设立"夷郡"进行管理，称为僚郡或俚郡，如益州"领夷、齐诸郡"，越巂僚郡、沈黎僚郡皆属益州。宁州虽无直接称僚郡、俚郡者，汉夷人口的比例也很突出，史称"蛮夷众多，齐民甚少"，这个"齐民"应即汉族的编户。有的如益宁郡"永明五年，刺史董仲舒启置，领二县，无民户"，永昌郡"有名无民曰空荒不立"，这些地方并不是荒漠无人区，而是已没有国家收取赋税的编户齐民，然而却有大量当地的土著民族需要管理，因此有的沿袭旧制，有的还是新析置。

第三节　土著各族

两汉时期，以土著为主体的西南夷，曾多次掀起大规模的反汉战争，但最后均以失败告终。著名的滇、夜郎、句町等大部族联盟逐渐消亡，土著力量遭到沉重打击。因此，在三国两晋南北朝和隋代的整个时期里，南中土著民族表现出两个鲜明特征：第一，像原先滇王、夜郎王之类统率一批小首领的大土著首领，已经不复存在了，剩下那些分散而力量削弱的小土著首领们，多忙于聚邑自守，除个别时期外，土著整体未能成为左右局势的力量。第二，土著民族占人口总数的绝大多数，潜在力量非常巨大，虽然其整体力量外在表现为低潮，但他们的内部潜力，也同时在这一过程中壮大聚集，为后来土著力量达到高潮——南诏、大理割据，准备了充分的条件。

三国两晋时，南中土著民族主要有昆人、叟人、僚人、濮人、蒲人等，其中又各有许多分支，互不统属。

一　昆人、叟人

昆人和叟人是今天中国西南一些藏缅语族民族的先民，《华阳国志·南中志》讲"夷人大种曰昆，小种曰叟"，他们是南中居民中所占人口比例最大，分布区域最广的群体。昆人主要源于汉代的昆明人，叟人则主要源于汉代的巂（塞）人，两者都是游牧民族，经济生产和文化习俗方面本来就有许多类似之处，秦汉之际双方的长期交往，彼此影响进一步加深，连服饰都一概"曲头木耳，环铁裹结"，即着铜头箍、挂木耳环、戴铁镯、包裹头发①，被统一看作南中"夷人"。

昆人和叟人的部族部落首领，汉族称为夷帅，他们自己叫"耆老"，一般用推举方式产生。虽然昆人和叟人都不乏强悍好斗的传统，但多数部族部落首领的当选，却不是靠武力，而是凭聪明机智、能言善辩的本事。首领拥有很大的权力和影响，对内不仅管辖部族部落的民事和经济，而且也是该部族部落的军事首长，对外则是全权外交代表，受着下属群众的委托，与外部组织和机构交往。他们对外的向背态度，往往决定着下属群众的向背。

大多数昆叟部族部落仍然从事传统的畜牧业生产，牛、马、羊是主要产品。部分昆叟部族部落还从事采矿和冶金，他们冶炼的金、银在三国两晋时，曾作为常规贡赋，上交官府。少数部族部落则过着半农半牧甚至完全农业的生活，个别部族部落农业生产水平相当发达，已经使用耕牛作为生产手段。当然，所有昆叟部族部落都不同程度地保持狩猎习俗，但狩猎已不再是主要生产手段，因为主要猎物是犀牛，昆人和叟人为战争需要猎取犀牛，用犀牛皮来制作坚韧的铠甲和盾牌。②

虽然个别昆叟部族的社会经济和政治已经发展到相当的高度，如越巂郡反蜀夷帅高定元，③已像汉族大姓那样拥有部曲组织，并一度统率部分小夷帅据地称王，分封官职，社会经济政治程度直追汉族大姓。但绝大多数昆人和叟人部族部落，仍处于带有浓厚原始公社色彩的奴隶制初期和原始社会时期。《华阳国志·南中志》说昆人和叟人，"其俗征巫鬼，好诅盟，投石结草，官常以盟诅要之"，有一套自成体系的价值观念。封建王朝的法律，设有深入这些以诅盟代替法律约束的昆叟部族中；在内部始终坚持习惯法的同时，他们还蔑视官府法律，敢于收留汉族逃犯，甚至兴兵反官。

联姻是当地非常重要的社会关系，《华阳国志·南中志》载：汉族大姓"与夷为姓曰遑耶，诸姓为自有耶。世乱犯法，辄依之藏匿。或曰有为官所法，夷或为之报仇。与夷至厚者谓之百世遑耶，恩若骨肉，为

---

① 张增祺：《中国西南民族考古》第2、3章，云南人民出版社1990年版。
② 《三国志·李恢传》云"赋出叟濮耕牛、战马、金银、犀革"等，可证。
③ 高定元：一作"高定"。

其逋逃之薮"。通常，多数学者均把"逞耶"和"自有耶"释为婚姻之家。① 从上述记载和后来的史实看，援助亲家似乎确是昆人和叟人一种道义上的责任，即使因此反抗官府，违犯法律，担负巨大风险，他们也在所不惜。

昆人和叟人还有看重恩德和信用的传统。《后汉书·邛都夷传》载东汉中晚期，张翕为越嶲太守，"有遗爱"，死后其子出任太守，行事很失民心，一些土著想起兵反汉，"诸夷耆老相晓语曰：'当为先府君故'，遂得以安"。魏晋时这种传统影响更为明显，汉族南中大姓和政府官员，要想在昆叟部族中获得号召力，就得像雍闿、吕凯和张嶷之流，树起个人的"恩信"招牌。否则，如果像蜀汉张翼持严法，不注意实施恩德，或者像西晋李毅出尔反尔，不讲信用，便会惹出战火。

本来人数众多的昆叟部族在云南应该具有很强大的力量，个别时期某些昆叟部族部落临时的联合行动，曾经显示过这一点。然而，在大多数时候，昆人和叟人总是分为众多分散的部族部落，没有统一的首领，甚至也没有较大的区域性首领，部族部落间各自为政，联系松弛，使他们本来强大的力量因分散而变得弱小了。

二 僚人、濮人

僚人、濮人分布很广。《华阳国志·南中志》永昌郡条说："有穿胸儋耳种、闽越濮、鸠僚……僳越、裸濮。"僚人、濮人属百越系统的民族。僚人的衣饰很奇特。据《永昌郡传》，他们"咸以三尺布角割作雨襜，不复加针缕之功也，广头著前，狭头覆后，不盖其形，与裸身无异"②。他们通常住在缘树而居的"干兰"式建筑中，有很好的水性，能潜入水中用刀、叉捕鱼，主要生产手段很可能就是农业和捕鱼。许多僚人社区中已出现初期奴隶制。从《魏书·僚传》的记载看，当时僚人种类很多，没有大的联盟集团，各个部族聚落互不统属，最初常常推举一位长者担任首领，后来则按照父死子继的方式世袭。他们信奉鬼神，团结性很差，相互经常争杀不休，复仇报怨时还会杀吃仇人，一旦愤怒起来，连父子之间也免不了一番被群体认可的残杀。亲戚邻居关系也不可靠，彼此随

---

① 刘琳：《华阳国志校注》，巴蜀书社1984年版，第366页。
② 《太平御览》卷七九一引《永昌郡传》。

时都有被出卖给别人作奴婢的危险。当然，这种经常性内讧，严重损害了僚人的整体力量。由于各个聚落之间和每个聚落内部矛盾重重，争斗蜂起，使僚人无暇在其社区之外，发挥出他们对云南局势的应有影响。僚人出于自身安全的顾虑，通常不敢轻易离开住地的事实，就是其对外软弱无力的具体写照。

越人、濮人生活习俗与僚人相似。"历史上凡分布在云南澜沧江以东广大地区的濮人，虽名为濮，实际属于百越族系。"[①] 其中一部分以两汉夜郎王国和句町王国遗民为主，分布在南中东部和东北部，源于百越系统民族，他们社会经济较为发达，力量在两汉时曾一度达到鼎盛。但后来屡遭中央王朝的沉重打击，两个王国先后消亡，势力大大削弱。

三　闽濮、裸濮

闽濮、裸濮，即蒲人。主要分布在滇西和滇西南，属孟高棉语族。是今布朗、佤、德昂等族的先民。相对百濮集团的濮人来说，他们的社会经济发展程度要低。

由于两汉汉族移民大量进入南中，中央王朝逐步加强了对南中的统治，魏晋时大多数土著部族，已被挤到山区和半山区，只有少部分仍留住在平坝。这一状况持续到南北朝中后期时，已经有所改观。中央王朝统治削弱，汉族大姓实力衰退，土著中的相当一批农耕部族又折回坝区，重新逐渐恢复土著部族在坝区的优势，加速了南中汉族居民整体夷化的过程。

总体来说，尽管南中土著从未形成一个整体，但无论昆叟和僚濮，其基层社会组织都具有军政合一的特点，都大量保留着部族部落的内核，有一套自己的法律、制度、文化生活习俗和价值观念，对外保守封闭，看重自身部族部落的切身利益。同时，某单个部族社区（或部落）又与一批社区（或部落）有着血缘和传统同盟关系，在他们的观念里，这种关系蕴含着不容推卸的相互援助义务。一旦外部力量对其利益损害过度，或者践踏其价值观念，他们就会在局部地区，甚至相当一部分区域里，群起反抗这种外力。

[①] 宋蜀华：《论古代云南高原的濮、僚族和百越的关系》，《中央民族学院学报》1991年第5期。

南中土著没有被中央王朝倚为当地统治支柱。从史籍记载看，在整个魏晋南北朝期间，没有一个南中土著曾进入政府机构，担任中央或地方行政官吏。土著首领们至多只有邑侯、邑君之类的象征性封号，不改变其只统领本部族邑落的实质。整个土著群体，仍处于被统治民族的地位。因此，他们与中央王朝之间存在矛盾，不时爆发反抗行动，只不过由于整体力量太过于分散，这种反抗行动的规模远远不及两汉时期。正是有鉴于此，诸葛亮南征后，南中土著放弃割据打算，认可了中央王朝的宗主地位，不仅如《三国志·谯周传》所说，"供出官赋，取以给兵"，而且还在个别时期和个别地区接受了官府的军事调遣，成为主要被剥削对象。

南北朝以后，汉族南中大姓因大规模内讧削弱了自身实力，中央王朝也忙于应付中原内乱，无力认真经营南中，从而使土著部族获得了迅速发展的广阔余地。同时，失去中央直接支持的汉族大姓爨氏，虽然名义上独霸南中，但面对人数众多并日益强大的土著部族，不得不采取主动姿态，靠近云南土著。并积极吸收某些土著文化特质，维持自己地方首领的地位，在客观上形成文化兼容的环境，有益于土著的发展。在土著与汉族的长期交往过程中，大批汉族迅速夷化。他们把内地先进的生产技术带入土著部族之中，如东汉赵过所创的"二牛三夫耕作法"等，逐渐取代了土著原有的落后技术，促进了当地经济的大发展，为土著在唐代的崛起，打下了坚实基础。

第四节　汉族移民与南中大姓

汉武帝开西南夷后，内地汉族主要以戍卒和屯田移民两种方式不断进入西南边疆。当时郡县戍卒按照两汉边郡军事编制集中屯戍当地，民户则采取内地乡亭基层组织形式，集中安置下来，在西南边疆形成一批汉族聚居社区[1]。汉族居民将内地封建生产方式和一整套封建意识形态、价值观念，也带入了南中汉族社区。这些东西本来就与土著部族格格不入，再加上汉族移民最初以统治民族身份进入该地，汉民族根深蒂固的优越感，使他们习惯用大民族主义的眼光，去看待土著，很难平等地同当地土著接近

---

[1] 参见单文《两汉的云南政策评析》，载《云南社会科学》1989年第6期。

和交流，往往出现"边郡吏民多放纵"①的情形，导致了汉族移民和土著的隔阂、冲突，双方长期以来界限分明，各有社区。

由于土著不时发动反抗两汉中央王朝的战争，汉族移民们置身远离内地的边疆民族地区，首当其冲地承受战争的巨大震撼和打击。为了保护自身生命和财产，他们便尽量向有驻军的郡县所在地靠拢，并力图靠近内地和交通沿线，形成一批东部较多并集中于大郡县治所的汉民聚居点，以便于及时得到官府保护。但是，驻守郡兵数量有限，内地支援的朝廷大军，又因为交通不便，给养困难等诸多原因，不能长期留驻和及时到达，使官府对南中汉族移民的保护，常常显得软弱而不够及时。南中汉族移民们只能在此基础上，从另外两个渠道来加强自我保护：其一是亦兵亦农，聚邑自保，其二是改善与土著关系，争取他们成为盟友。这样，便使魏晋南北朝时期的南中汉民基层社会，出现了不同于以往的新的社会面貌，南中大姓成为举足轻重的社会阶层。

南中大姓就是居于南中地区的豪强大族，最早出现在东汉初期的牂柯郡。《华阳国志·南中志》载："会公孙述据三蜀，大姓龙、傅、尹、董氏与功曹谢暹保境"，他们抗拒公孙述，效忠汉王朝。南中大姓主要有两个来源，一是边郡将领。据《后汉书·百官志》，东汉边郡"领军皆有部曲，大将军营五部，校尉一人，比二千石；军司马一人，比千石；部下有曲，曲有军侯一人，比六百石；曲下有屯，屯长一人，比二百石"。这些将领统辖戍卒，戍守边地，实行屯垦。由于离内地道路险远，戍卒无法正常更换，将领统兵日久，中央控制乏力，逐渐发展成"兵为将有"，将部下戍卒当成私人武装，又让他们在作战之余，继续耕种原有屯田，供自己剥削，从而使统兵将领变成大姓，部下戍守兵卒变成大姓部曲。二是聚邑自保的乡绅首领。他们是地方上很有势力和影响的人物，受到官府的倚重，能够做官为吏，把持乡村甚至郡县中的一定权柄，既有足够的财富来招募部曲，又有相当的权势来庇护下属。而南中普通汉族农民，则由于逃避政府苛税、面临异族威胁等缘故，需要寻求庇护，于是大多投奔乡绅首领门下，成为部曲，使乡绅首领跃为大姓。

大姓是占有土地人民，拥有私人武装，在地方上造成自己"经济上、

---

① 《东观汉记·王阜传》。

政治上、军事上"势力的豪门大族①。东汉末年,整个中国处在社会剧烈动荡之中,皇权衰微,豪强富室纷纷结垒乡里,组织武装,称雄地方,特别是黄巾起义后,豪强大姓"大者连郡国,中者婴城邑,小者聚阡陌"②的状况,更加普遍。各地军阀连年混战,朝廷自保不暇,南中大姓的势力也日益扩大,以致官府对于他们的违法乱纪,只能视而不见,听而不闻。像建伶令爨习犯法,却因为他是南中大姓而不被追究查办。三国初年,南中大姓发动大规模反蜀战争,表明大姓已成为当地举足轻重的社会阶层。

魏晋南中大姓庄园和其他汉民的聚居区域,与东汉时相差不大,基本上集中于南中东部和东北部,以及滇池一带和永昌等郡县治所,且都属于农耕坝区。这一时期南中大姓基本作如下分布:牂柯郡大姓有谢、龙、傅、尹、董、王、范氏,魏晋时谢氏最强,该族谢恕曾任宁州刺史;滇池地区和滇东一带,霍、爨、焦、雍、娄、孟、董、毛、李氏为大姓,三国初年雍氏势大,后被诸葛亮击败,西晋时作为蜀庲降都督后裔的霍氏最强,东晋初霍、爨两氏并雄,随后霍氏与孟氏同归于尽,爨氏开始称霸;朱提郡大姓有朱、鲁、雷、兴、仇、高、李、递、孟氏;永昌郡大姓则为吕、陈、赵、谢、杨氏,其中吕氏势力最大,出过蜀云南太守吕凯、晋南夷校尉吕祥,但西晋中期被闽濮赶到永寿;兴古郡仅见大姓爨深记载;越巂郡大姓状况史籍无载③。东晋爨氏独霸南中以后,大姓庄园和汉民聚居区则基本集中于滇东和滇中坝区。

南中大姓与内地豪强的显著不同,就是他们与当地土著关系密切,往往能取得土著的强大支持。三国初年,当地已经出现一批类似雍闿、孟获、吕凯那样,同时为汉夷所信任的大姓。诸葛亮平南中后,大姓在接受政府配给土著部曲的同时,自己也主动招募土著部曲,出现"夷汉部曲",直接用土著部族充实了自己的力量。西晋以后,大姓与土著首领之间,更出现了"遑耶"的亲密婚姻关系,这种关系甚至可以达到"恩若骨肉"的地步。南中大姓在取得土著支持的基础上,势力更加强大,敢于对抗甚至驱逐不利于己的地方官员。正如《华阳国志·南中志》所说,

---

① 唐长孺:《孙吴建国及汉末江南的宗部与山越》,载《魏晋南北朝史论丛》,三联书店1978年重印。

② 《三国志·文帝纪》注引《典论自序》。

③ 大姓分布可参看《华阳国志》之《南中志》、《梁益宁三州先汉以来士女目录》;正德《云南志》卷二十一。

"南人恃此,轻为祸变"。

　　古代中国地方郡县官员通常实行"回避"制度,他们从外地到任所时,往往只带少数幕僚。只有依靠当地头面人物的合作,官员才能顺利实施对地方的治理。南中这块夷汉杂居的地区,土著部族是被统治民族,不时发动反抗封建官府的斗争。封建统治者"非我族类,其心必异"的传统心理,也使土著部族不被倚重,用夷帅来"以夷治夷",显然是由于政府力量有限的缘故。南中大姓多为汉族,不仅拥有众多土地和部曲,又与土著部族关系密切,既能补充政府军政力量的不足,又有利于统治土著部族。同时,南中大姓们依靠部曲,各立山头,彼此间从未形成一个整体,反而时常因利益、志趣、向背等缘故,发生或大或小的冲突,使大姓们对外的整体力量大打折扣。大姓与夷帅的遑耶关系,也只是两个私人间的亲密关系,不是与土著整体的联合,他们与遑耶之外的其他土著部族间,依然存在矛盾,依然存在被土著赶跑甚至消灭的危险。毕竟南中是土著部族的汪洋大海,大姓要想避免覆灭,不得不依靠中央王朝的官府作有力靠山,只能搞程度有限的地方割据,绝不愿脱离中原王朝去闹分裂,呈现出"志不在大"[①]的特点。所以,南中大姓是中央王朝在当地统治的倚重支柱,他们有权通过察举、征辟等仕进渠道,进入封建统治机构,不仅担任功曹、铁官令、中郎、大中大夫等属吏或次要职位,甚至可以出任县官、郡守和刺史。

　　蜀汉和西晋时期,南中大姓曾得到政府的有力帮助,势力进一步巩固和发展。诸葛亮在打垮雍闿、朱褒等反蜀大姓后,不仅没有摧毁整个南中大姓阶层,反而鼓励大姓招募土著部曲,并强制性地将一些土著配给大姓作部曲,使其力量得到壮大。西晋则在南中大姓交趾惨败、元气大伤之后,给予封赐,让他们"世有部曲",实力迅速恢复。到西晋末和东晋时期,南中大姓受到沉重打击,整体力量急剧衰落。西晋太安二年(303年),南中爆发于陵承反晋战争,持续多年,大姓力量削弱。战后,王逊出任宁州刺史,又"诛豪右不奉法度者数十家",大姓势力再次遭到打击。随后,成汉与晋朝争夺南中,大姓们或依晋朝,或附成汉,相互内讧争战,实力大损。东晋时最有实力的霍、孟两家,在争斗中同归于尽,

---

[①] 方国瑜:《试论汉、晋时期的"南中大姓"》,载《滇史论丛》第1辑,上海人民出版社1982年版。

剩下大姓爨氏一枝独秀，南中大姓整体势力一蹶不振。东晋桓温伐蜀后，南中重归晋朝。此后直至整个南北朝期间，中原战乱不已，中央王朝基本上无力向南中派兵。以爨氏为代表的南中大姓，身兼地方军事和行政官员，将大姓庄园、汉民村落、军队屯戍地和郡县官府治所等南中汉民社区合为一体。西魏、北周时期，内地来的官员甚少，形成爨氏独霸局面，大姓庄园便成为南中唯一的汉族社区。

南中汉族整体实力急剧衰落，又失去了中央王朝的有力支持，为了生存，不得不大量靠拢当地土著，出现大量夷化。但是，从东晋到隋初，南中汉族仍未发生整体夷化，史书对汉民和土著的称呼，如"夷晋"、"宋晋"、"蛮夷狡窃，边氓荼炭"、"蛮夷众多，齐民甚少"和"多是汉人"[①]之类的描述，依然保持严格的族属区别。到隋代，史万岁和刘哙之两次南征，攻打大姓爨氏，杀首领爨翫，爨氏诸子全部押回内地成为官奴，爨氏辖下的汉族大姓庄园被摧毁，南中汉民失去社区依托，整体发生夷化。

---

① 见《华阳国志·南中志》、《爨龙颜碑》、《宋书·武三王传》、《南齐书·州郡志》、《隋书·梁睿传》。

第七章

蜀汉对云南的经营

第一节 刘备对南中的经营

东汉末年，社会矛盾尖锐，农民起义蜂起，皇权衰微，军阀混战。汉王朝鼓励地方势力出来镇压农民起义军，各地军阀通过镇压农民军发展自己，逐渐形成地方割据。各地方势力在混战中互相兼并，最终形成三足鼎立的局面。汉献帝时曹操专权，建安十八年（213年）自为魏公，建安二十一年（216年）进号为魏王。延康八年（220年）曹操死，其子曹丕废汉献帝，自己称帝，建都洛阳，国号为魏，建元黄初。刘备原在内地发展，建安十九年（214年）逐刘璋，定蜀，领益州牧。公元221年在成都称帝，国号蜀汉，建元章武。孙权是出身江南的下层豪强，222年在建业（今南京）称帝，国号吴，建元黄武。

自刘备定蜀，牂柯、越巂、益州、永昌四郡和犍为属国，都被纳入刘氏政权治下。蜀汉对南中的经营，通常以建兴三年（225年）为界，分为前后两个时期。

南中对于蜀汉政权的重要性，很早就被提出。还在刘备屯兵新野，托庇于荆州牧刘表翼下时，曾三顾茅庐礼请诸葛亮，求教霸图方略。诸葛亮感刘备盛情，提出了著名的《隆中对》，深得刘备赞许。《三国志·诸葛亮传》记载了诸葛亮的深刻认识：

> 益州险塞，沃野千里，天府之土。若跨有荆、益，保其岩阻，西和诸戎，南抚夷越，如是则霸业可成，王室可兴矣。

后来刘备初入四川，忙于安定蜀地，巩固根基。北面和东面，又分别雄踞曹魏和东吴两大势力，不得不屯聚重兵，应付战争。因此，在缺乏足够军力和财力的情况下，蜀汉政权前期主要采取安抚方针经营南中。

据《三国志·董和传》，刘备首先将益州郡太守董和征召回成都，任掌军中郎将。董和是前益州牧刘璋的旧部，任益州郡太守期间，"与蛮夷从事，务推诚心，南土爱而信之"。将董和调回，既可以防止刘璋旧部借助南中势力复起，又能用董和的高官地位，稳住南中官员和土著。同时，刘备将跟随自己入蜀的亲信邓方，任命为犍国属国都尉，旋又改犍为属国为朱提郡，邓方出任太守，并任安远将军、庲降都督，驻南昌县。

按蜀汉制度，往往于边地置都督，领兵屯守，汉中、江州、永安（巴东）等地区都曾设置都督，掌管军旅。刘备统治时期的庲降都督也是军务之职。庲降都督设于建安十九年（214年），是蜀汉政权经营南中的重大举措。"庲降"意即招徕降附。前期庲降都督与后期不同。它是南中地方最高军事长官，直属蜀汉朝廷中央，统领一支经营南中的军队，总摄朱提、越嶲、牂柯、益州、永昌五郡，但不介入地方行政。前期庲降都督军力弱小，无力深入南中腹地，也没有节制南中大姓们的部曲，军队只屯驻在今云南、贵州、四川三省交界地一带。尽管首任庲降都督邓方很能干，杨戏《季汉辅臣赞》说他"轻财果壮，当难不惑，以少御多，殊方保业"，但毕竟军力单弱，没有发挥出总摄南中全局的作用，只是作为一颗重要棋子摆在关键的部位，等待时机。

蜀汉章武元年（221年），邓方卒。此时南中局势已出现危机，益州郡大姓雍闿等人已杀死蜀汉所署益州郡太守正昂，投靠东吴交州刺史步骘。① 刘备就庲降都督继任人选征求治中从事李恢的意见。《三国志·李恢传》载：

> 章武元年，庲降都督邓方卒。先主问恢："谁可代者？"恢对曰："人之才能，各有长短，故孔子曰其使人也器之。且夫明主在上，则臣下尽情，是以先零之役，赵充国曰莫若老臣。臣窃不自揆，惟陛下察之。"先主笑曰："孤之本意，亦已在卿矣。"遂以恢为庲降都督，使持节领交州刺史，住平夷县。

---

① 雍闿等南中大姓杀太守正昂，投东吴之事，发生在步骘为交州刺史任内，而据《三国志·步骘传》，其离任时间在延康元年（220年），则雍闿反蜀投吴应该是此前的事。

李恢原为益州郡大姓，与当地大姓有隙，在刘备入蜀途中主动投奔，又受命至汉中说服马超归蜀，立有功劳，深受刘备信任。邓方死后，刘备看中李恢。于是，李恢受命出任庲降都督，兼领交州刺史，肩负起安定南中、对抗东吴交州势力的双重任务。同年，李恢将庲降都督治所移至平夷县。

益州最高行政长官为益州牧。由于刘备领益州牧后，已成为实际上的割据政权，该政权虽一度拥有荆州，却未设过荆州刺史。刘备称帝后所设的凉州、交州刺史，只是遥领的虚职，据《三国职官表》、《三国会要·职官》等，其司隶校尉（相当于京师所在地的州刺史），也只"督察京辇，不典益州事"，使益州机构与刘氏政权中央机构合二为一，州的职能由中央代替。所以，名义上由益州管辖的南中五郡，实际上直接隶属于中央朝廷。

刘备自称汉室正统，没有改变东汉的行政管理体制，南中郡级官员由中央直接任免。郡的最高行政首长是太守，其下有郡丞、功曹、督邮、主簿等一批僚属，这些僚属由太守个人任命，即所谓"郡守自辟"，报朝廷核准，协助太守管理属县，处理郡衙各项事务。

郡下辖县，县按大小分设令、长，即万户人口以上的大县设县令，万户以下的小县设县长。令长也有一批相应僚属，由令长自辟。本来县令（长）应由中央任免，但东汉末期皇权衰微，军阀混战，像南中这样的边远地区，中央对县级官员的任免，已经无力实施。《三国志·李恢传》载："恢坐习免官。太守董和以习方土大姓，寝而不许。"从刘备入蜀前夕，益州郡太守董和对建伶令爨习免官事"寝而不许"的情形看，似乎任免县令长之权，已经落入郡太守手中。从后来史籍中，也没有看到刘氏政权中央任免南中令长的记载，可能仍因袭东汉末期先例。

在益州牧的僚属中，有一批叫作部从事史的专职监察官员，负责监察下属各郡。《通典》谓："每郡国各一人"，"主督促文书，举非法"。《华阳国志·刘先主志》记载费诗"左迁部永昌从事"。《华阳国志·南中志》记载，常颀为部从事史，移部监察牂柯郡。说明南中诸郡可能都设有直属中央的专职监察官员。而常颀捕审牂柯郡主簿一事，又表明对郡级官员及其僚属的司法权，也属于刘氏政权中央所有。

然而，一个明显的事实是，蜀汉政权前期已无力将东汉行政管理体制完整施行于南中地区。除朱提郡和平夷县等部分地区外，如《资治通鉴》卷八十七胡三省注谓：四郡之民"既不出租税以供上用，又不出力为上有所施为"。中央很难履行郡级官员的任免权，永昌郡欠缺太守，朝廷却无法派人上任；益州郡派去了先后两任太守，却分别被当地大姓或杀或抓，根本履行不了职权；越嶲郡原有太守被夷帅所杀，后任者只好在离郡治八百里的地方做遥领太守；而中央对牂柯郡太守朱褒的任命，也只是承认既成事实的无奈之举。至于对郡下诸县，自然更管不了其事务。中央对南中各郡的监察权和司法权，也是有名无实，前述费诗任永昌部从事，但永昌郡与蜀汉阻隔，根本不能移部监察；常颀在牂柯郡试图履行职权，却反被朱褒攻杀，无法成事。

蜀汉前期，以安抚方针为指导的南中经营行动是软弱无力的，策略上也有重大失误，无法弥补自身军力、财力的不足，埋下大姓反蜀的祸根。

蜀汉南中居民分土著和汉族两大部分。土著占当地人口的绝大多数，虽然其族属有所不同，社会经济发展程度也极不平衡，但有一点是共同的，即基层聚落由夷帅或酋长执掌权力，社会组织兵农（或兵牧）合一特点浓厚，基层军事和行政职能紧密地合为一体。而南中汉族社会的一个显著特征，就是大姓部曲制，部曲平时耕种，战时出征，亦兵亦农。大姓则集地主、基层行政首长和军事首领于一身，他们统治下的那些大小不等的南中汉族社区，基层社会组织也具有强烈的军政合一色彩。所以，整个南中基层社会组织都呈现军政合一状况。蜀汉前期庲降都督总摄诸郡军事，但不介入地方郡县事务。而朝廷任命的郡级官员，基本上是文职行政官员，又直属中央，不与庲降都督发生隶属关系，形成军政分离的状态。这种制度，无疑脱离南中基层社会军政合一的实际，缺乏在当地扎根的土壤，不能完成逐步控制南中的自身固有使命，是设治策略上的重大失误之一。

当时土著居民力量分散，整体实力已不及两汉时强大，在汉族移民的压迫下，逐步退出历来是南中政治经济重心的大多数坝区，移居山区和半山区。土著居民已很难发挥出中坚的社会作用了。汉族移民占据着大多数坝区，不仅在东汉末期演变成大姓部曲制的社会结构，比两汉乡亭组织时实力更强，而且还同当地土著有了千丝万缕的联系，甚至可以得到部分土著的支持，成为南中社会中举足轻重的力量。因此，对蜀汉政权来说，要赢得南中地区，关键是争取到南中大姓的支持。

从南中大姓方面看，他们虽然统领部曲，联络土著，雄霸一方，但彼此之间各立山头，又与南中土著整体存在矛盾，他们必须依赖中央朝廷的支持，才能在南中站稳脚跟。南中大姓没有独立野心，应当是中央朝廷的天然同盟者。而成为天然同盟者的前提，是从政府那里能得到有力支持。这种所谓有力支持，除战争时的及时救助之外，主要就是让南中大姓加入统治队伍，名正言顺地获得军事、法律和政策上的特权保护。因为大姓们在面临内讧和异族威胁的形势下，只有通过出任政府官职，才能确保可以运用个人和政府双重权力来维护自身既得利益，仕途对南中大姓的意义非同小可。

蜀汉前期，军力弱小，不能向南中大姓提供及时而有力的军事救助，已经使南中大姓对蜀汉政权的支持变得不太可靠。本来，这种客观缺陷可以从鼓励大姓仕进方面作一些弥补，但蜀汉前期南中统治政策，恰恰在这里出现了重大失误。从史籍看，南中大姓们的正常仕进渠道显然受阻，未能顺利升迁，加入蜀汉统治队伍。大姓里仅有李恢和朱褒受到蜀汉委任，而李恢是与其他大姓有矛盾，主动投奔刘备受到任用的；朱褒则把持牂柯一郡，蜀汉政权承认既成事实而委为太守，两者都属特殊情况，其他绝大多数南中大姓没有受到蜀汉政权委任。南中大姓仕进需要没有得到满足，使他们对蜀汉政权本来就不太可靠的支持态度，变得更加不稳定了。

其实，南中局势动荡的重要背景，出于东吴政权的引力。孙权也千方百计想进占南中，既可与交州连成一片，巩固其西境；又可形成对蜀汉的合围，使蜀汉腹背受敌。但南中离东吴太远，军事进攻鞭长莫及；最理想的方法当然是对当地上层策反，使之东投。当时，魏、蜀、吴三足鼎立，都自称正统朝廷，蜀汉政权不再是南中民族上层和大姓们选择的唯一靠山，与蜀汉争夺南中的东吴稍一兴风作浪，南中就出乱子。

第二节　诸葛亮南征

一　诸葛亮南征的背景

刘备执政时期，南中局势已经不太稳定。早在建安十五年（210年），东吴孙权委步骘为交州刺史，步骘至交州，斩苍梧郡（治今广西苍梧）太守吴巨，接纳士燮兄弟四人归吴，声威大震。士燮为交州豪族大姓，官交阯太守，兄弟四人分别任交阯、合浦、九真、南海四郡太守。士燮家族与步骘结合后，交州成了东吴向南中扩展势力的基地。《三国志·士燮传》载：建安末年，"燮又诱导益州豪姓雍闿等，率郡人民使遥东附，权益嘉之，迁卫将军，封龙编侯。"《三国志·步骘传》也载："益州大姓雍闿等杀蜀所署太守正昂，与燮相闻，求欲内附。骘因承制遣使宣恩抚纳，由是加拜平戎将军，封广信侯。"雍闿等大姓杀害蜀汉所派去的益州郡太守正昂，通过士燮向步骘转达投吴意愿，步骘欣然接受。刘备随即派重臣张裔任益州郡太守，迅速赶到当地上任，又遭雍闿阻绝。《三国志·张裔传》载：

> 先是，益州郡杀太守正昂，耆率雍闿恩信著于南土，使命周旋，远通孙权。乃以裔为益州太守，径往至郡。闿遂趑趄不宾，假鬼教曰："张府君如瓠壶，外虽泽而内实粗，不足杀，令缚与吴。"于是遂送裔于权。

雍闿"恩信著于南土"，在郡中很有影响，却再三拖延，不到郡署拜会张裔，反而借助土著宗教煽动说："张太守像葫芦，外表虽光滑，里面却粗糙，值不得杀，绑起来送到吴国去。"于是，张裔又被绑送吴国，蜀汉失去了对益州郡的控制。

章武三年（223年），刘备去世。南中大姓、夷帅更加肆无忌惮，明目张胆地扯起反蜀旗号。

孙权任命原益州牧刘璋之子刘阐为益州刺史，"处交、益界首"，试图以交州为根据地取得整个南中。益州大姓雍闿公开投吴，蜀都护李严先后六次写信给雍闿，陈述投吴反蜀的利弊，希望雍闿回心转意，脱离东吴。雍闿坚决投吴，只写了一封回信说："盖闻天无二日，土无二王，今天下鼎立，正朔有三，是以远人惶惑，不知所归。"东吴又任命雍闿为永昌郡太守，雍闿欲前往永昌赴任，却被永昌大姓吕凯和永昌府丞王伉率众拒绝。吕凯颇有实力，在永昌"恩威内著，为郡中所信"，所以雍闿一直没有得手永昌郡。后来诸葛亮曾上书表彰："永昌郡吏吕凯、府丞王伉等，执忠绝域，十有余年，雍闿、高定逼其东北，而凯等守义不与交通。臣不意永昌风俗敦直乃尔！"以上事见《三国志·吕凯传》。

越巂郡的情况十分严重。据《三国志·李严传》，早在建安二十三年（218年），越巂郡夷帅高定元曾派兵围攻新道县，犍为太守李严率军"驰往赴救，贼皆破走"，高定军队败回越嶲。以后的情况，《华阳国志·南中志》说："先主薨后，越嶲叟帅高定元杀郡将军焦璜，举郡称王以叛。"《华阳国志·蜀志》也说："章武三年（223年），越嶲叟大帅高定元称王恣睢，遣斯都耆帅李承之杀将军梓潼焦璜，破没郡土。丞相亮遣越嶲太守龚禄住安上县，遥领太守。"① 高定元在越嶲称王，蜀汉派去的长官只能在郡境边隅，做有名无实的遥领太守。

牂柯郡的情况同样严重。《三国志·后主传》载："建兴元年（223年）夏，牂柯太守朱褒拥郡反。"《华阳国志·南中志》亦载，"牂柯郡丞朱提朱褒领太守，恣睢"，"从事蜀郡常顾行部南入"，"至牂柯，收郡主簿考讯奸。褒因杀顾为乱。"②

面对南中如此严酷的形势，诸葛亮并没有马上行动。《三国志·诸葛亮传》说："建兴元年，封亮武乡侯，开府治事。顷之，又领益州牧。政事无巨细，咸决于亮。南中诸郡，并皆叛乱，亮以新遭大丧，故未便加兵，且遣使聘吴，因结和亲，遂为与国。"《三国志·王连传》也说："时南方诸郡不宾，诸葛亮将自征之，连谏以为'此不毛之地，疫疠之乡，不宜以一国之望，冒险而行'。亮虑诸将才不及己，意欲必往，而连言辄恳至，故停留者久之。"刘备刚刚去世，内外诸事尚未安排妥帖，需要有一段时间完成从刘备到刘禅的平稳过渡，首先稳定蜀汉政权内部，同时对南征进行必要的物资和心理准备。在悄然进行这些准备的同时，为麻痹对方，故意传出一些偃旗息鼓的错误信号。对东吴，"遣使聘吴，因结和亲，遂为与国"，表示修好。对心有异志的渠帅，则进行安抚，防止他们躁动，《三国志·后主传》注引《魏氏春秋》所述就是一例。"初，益州从事常房行部，闻（朱）褒将有异志，收其主簿案问，杀之。褒怒，攻杀房，诬以谋反。诸葛亮诛房诸子，徙其四弟于越嶲，欲以安之。褒犹不悛改，遂以郡叛应雍闿。"

---

① 按，此事《三国志·张嶷传》也有记载："初，越嶲郡自丞相亮讨高定之后，叟夷数反，杀太守龚禄、焦璜，是后太守不敢之郡，只住安上县。去郡八百余里，其郡徒有名而矣。"但高定元作"高定"，指焦璜为郡太守，且系此事于诸葛亮南征之后。据《三国志·杨戏传》季汉辅臣赞注：龚禄，"建兴三年，为越嶲太守，随丞相亮南征，为蛮夷所害，时年三十一。"龚禄死于诸葛亮南征过程中，则龚禄住安上遥领应在此之前，今从《华阳国志》。

② 常顾：一作"常房"。

二 诸葛亮平南中

建兴三年（225年），诸葛亮正式率军南征。大军从成都出发时，谋士马谡送别诸葛亮走出几十里地。《三国志·马谡传》注引《襄阳记》记载了两人精彩的对话：

> 建兴三年，亮征南中，谡送之数十里。亮曰："虽共谋之历年，今可更惠良规。"谡对曰："南中恃其险远，不服久矣，虽今日破之，明日复反耳。今公方倾国北伐以事强贼，彼知官势内虚，其叛亦速。若殄尽遗类以除后患，既非仁者之情，且又不可仓卒也。夫用兵之道，攻心为上，攻城为下，心战为上，兵战为下，愿公服其心而已。"亮纳其策，赦孟获以服南方。故终亮之世，南方不敢复反。

一开始，诸葛亮就确定了攻心为上的策略，使这次战争成为古往今来传颂的佳话。

《三国志·后主传》载，"三年春三月，丞相亮南征四郡，四郡皆平。""十二月，亮还成都。"南征的时间在建兴三年的三月至年底。蜀汉大军从成都取水路沿岷江而下，来到僰道（今四川宜宾），以僰道为经略重镇，分兵三路向南中进发。西路由诸葛亮亲自率领，直扑越巂郡；东路由马忠率领入牂柯郡；中路则是庲降都督李恢带领进兵益州郡。

蜀汉大军压境，益州郡土著不愿随雍闿一道反蜀。对雍闿来说，失去土著支持，简直就是釜底抽薪，后果不堪设想。于是通过造谣的方法煽惑人心。《华阳国志·南中志》载：

> 益州夷复不从闿，闿使建宁孟获说夷叟曰："官欲得乌狗三百头，膺前尽黑，螨脑三斗，斲木构三丈者三千枚，汝能得不？"夷以为然，皆从闿。斲木坚刚，性委曲，高不至二丈，故获以欺夷。

"乌狗"即黑狗，胸前无白毛的黑狗十分罕见。"螨脑"疑即玛瑙，三斗玛瑙多难凑足啊！"斲木"当即柞木，木质坚韧，一般长不到两丈，但却索要架三丈高房屋用的料子三千根。他们就用这些内容欺骗群众，煽动大家反对蜀汉。

据《华阳国志·南中志》，"建兴三年春，亮南征，自安上由水路入越嶲"，"高定元自旄牛、定筰、卑水多为垒守。亮欲俟定元军众集合，并讨之，军卑水。定元部曲杀雍闿及士庶等，孟获代闿为主"。"亮既斩定元"。越嶲郡是诸葛亮南征的主战场，双方的主力在此集结。高定元在北边的旄牛（今四川汉源）、西边的定筰（今四川盐源）、东边的卑水（今四川昭觉）设置了很多堡垒，形成坚固的阵地，夹峙安宁河谷。益州郡大姓雍闿和孟获也率众来到越嶲，集中了两个郡的反蜀力量。诸葛亮统率南征主力从僰道溯金沙江西进，经安上、新道，再沿美姑河而上，屯驻卑水。这时发生了意外，高定元手下部曲杀了雍闿。雍闿余部与高定元分裂，由孟获统领，单独抗击蜀汉军队。诸葛亮乘机进击高定元，直捣邛都，拿下其大本营，擒获其妻儿，高定元全军惨败。《北堂书钞》卷一五八引诸葛亮《南征表》又说："初谓高定失其窟穴，获其妻子，道穷计尽，当归首以取生也。而邈蛮心异，乃更杀人为盟，纠合其类二千人，求欲死战。"高定元又杀人盟誓，纠合余部二千人死战，复为蜀军破斩。

诸葛亮《前出师表》有"五月渡泸，深入不毛"句。诸葛亮解决了越嶲郡的战斗，带领大军于五月渡过泸水，即今金沙江。渡泸水的位置，梁元帝《金楼子·杂记》说，"诸葛孔明到益州，尝战于石室。"此石室应即干宝《搜神记》卷四所说："益州之西，云南之东，有神祠，剋山石为室。"《太平寰宇记》卷七十九姚城县亦云："云南山，山有祠，处石室。"诸葛亮南征经过今姚安，唐宋人的说法是一致的。樊绰《蛮书》卷二说："蜀诸葛亮伐南蛮，五月渡泸水处在弄栋城北，今谓之南泸。"张柬之《请罢兵戍姚州书》也说："诸葛亮五月渡泸，收其金银盐布以益军储，使张伯岐（按即张嶷）选其劲卒勇兵，以增武备。"洪迈《容斋随笔·初笔》卷四"南夷服诸葛"条说："国朝淳化中，李顺乱蜀，招安使雷有终遣嘉州士人辛怡显使于南诏，至姚州，其节度使赵公美以书来迎，云：'当境有泸水，昔诸葛武侯戒曰：非贡献、征讨，不得辄渡此水，若必欲过，须致祭，然后登舟。今遣本部军将，赍金龙二条，金钱二千文，并设酒脯，请先祭享而渡。'乃知南夷心服，虽千年如初。呜呼！可谓贤矣。"诸葛亮从邛都沿安宁河谷南下，经会无，约在今拉鲊、鱼鲊处渡泸水，再经青蛉、弄栋南下，在弄栋附近的石室有过交锋。

诸葛亮在益州郡西境与孟获军队多次交锋。在《三国志·诸葛亮传》裴松之注所引的《汉晋春秋》中有一段精彩的描述：

> 亮至南中，所在战捷。闻孟获者，为夷汉所服，募生致之。既得，使观于营阵之间，问曰："此军何如？"获对曰："向者不知虚实，故败。今蒙赐观看营阵，若只如此，即定易胜耳。"亮笑，纵使更战，七纵七禽，而亮犹遣获。获止不去，曰："公，天威也，南人不复反矣。"遂至滇池。南中平，皆即其渠率而用之。

《华阳国志·南中志》所载略同，谓"乃赦获使还，合军更战，凡七虏七赦。获等心服，夷汉亦思反善。亮复问获，获对曰：'明公，天威也，边民长不为恶矣！'"

李恢所率的一路蜀汉军队的战况，《三国志·李恢传》记载较详：

> 丞相亮南征，先由越嶲，而恢案道向建宁。诸县大相纠合，围恢军于昆明。时恢众少敌倍，又未得亮声息，绐谓南人曰："官军粮尽，欲规退还。吾中间久斥乡里，乃今得旋，不能复北，欲还与汝等同计谋，故以诚相告。"南人信之，故围守怠缓。于是恢出击，大破之，追奔逐北，南至槃江，东接牂柯，与亮声势相连。南土平定，恢军功居多，封汉兴亭侯，加安汉将军。

李恢军从僰道南下，在昆明被围，此"昆明"为当时昆明族所居之地，约在今滇东、黔西一带。"南至槃江"，《水经·叶榆河注》也说"朱褒之反，李恢追至盘江者也"。即今南盘江，在今贵州兴义处南盘江北侧，李恢军直达此地，为中路最远处，蜀汉因在此设汉兴县，寓意蜀汉兴旺，李恢也因此封汉兴亭侯。李恢利用自己生长南中、了解情况、熟悉地形的优势，善用谋略，战胜了比自己多得多的敌人，是蜀汉军队南征中以少胜多的范例。

马忠一支的战况资料较少。《三国志·马忠传》载："（建兴）三年，亮入南，拜忠牂柯太守。郡丞朱褒反，叛乱之后，抚育恤理，甚有威惠。"大概朱褒的军队很快就失败了，战事经过不详。

《三国志·后主传》载："丞相亮南征四郡，四郡皆平。"四郡指越嶲、益州、牂柯、永昌。但诸葛亮可能没有到永昌。一方面，有吕凯、王伉固守永昌，堵绝雍闿、孟获西进，一旦孟获靠近永昌，只会遭到诸葛亮和吕凯前后夹击。正如《三国志·吕凯传》所说："永昌既在益州郡之西，道路壅塞，与蜀隔绝，而郡太守改易，凯与府丞蜀郡王伉帅厉吏民，闭境拒闿。"吕凯不是蜀汉派遣南征的军队，但对吕凯军队在配合诸葛亮平定南中的作用必须充分估计。另一方面，孟获从越巂退入益州后，诸葛亮必须紧追不舍，等到七战七捷，已近滇池，不可能中途分身到永昌。《水经·叶榆河注》说：漏江，"诸葛亮之平南中也，战于是水之南"，"朱褒之反，李恢追至盘江者也"。"盘水北入叶榆水，诸葛亮入南，战于盘东是也"。这一片正是李恢一支活动的范围，李恢"追奔逐北，南至槃江，东接牂柯，与亮声势相连"。《水经注》所说，可以理解为广义的诸葛亮南征的军队，实际是"李恢追至盘江者也"，把李恢一支和诸葛亮一支混为一谈了。

《三国志·诸葛亮传》载："（建兴）三年春，亮率众南征，其秋悉平。"《华阳国志·南中志》也载："秋，遂平四郡。"南征的战役在当年秋天结束，这时诸葛亮到了滇池地区。诸葛亮回程情况不获详考。唯《三国志·费诗传》载："建兴三年随诸葛亮南行，归至汉阳县，降人李鸿来诣亮。亮见鸿，时蒋琬与诗在坐。"该文又载诸葛亮《与孟达书》曰："往年南征，岁末乃还①，适与李鸿会于汉阳，承知消息，慨然永叹。"诸葛亮在滇池还停留了一段时日，处理南中战后的事务，于岁末带兵踏上归途，往北经汉阳县。汉阳县也是南中与内地联络的一条重要交通线上的节点，又称"汉阳道"，见《水经·延江水注》。诸葛亮取汉阳道还可就近安抚牂柯郡。嘉靖《贵州图经志书》卷十一载周洪谟撰《水西安氏家传序》说：夷帅"济济火善抚其众，时闻诸葛武侯南征，通道积粮，以迎武侯。武侯大悦，封为罗甸国王"。此事亦见老彝文《西南彝志》，可能济济火在诸葛亮回程途中受封。汉阳道不同于僰道，经过汉阳、平夷而达江阳（今四川泸州），今宣威、威宁、赫章、毕节、叙永、泸州的公路大体即取古汉阳道。杨慎《滇海曲》有"武侯征路七星关"句。七星关在今贵州毕节、赫章间，六冲河东岸，距毕节县城37公里。相传诸葛武侯征南中，回师途经此地，连夜抢渡河，燃火七堆，宛若七星

---

① 岁末乃还：原作"岁末及还"，宋人撰《三国志辨证》说："岁末及还，当作岁末乃还。"清人张澍编《诸葛亮集》已正为"岁末乃还"，见中华书局1960年出版《诸葛亮集》。

照耀，故名。① 从江阳乘船，十二月，诸葛亮回到成都。《三国志·费祎传》载："丞相亮南征还，群寮于数十里逢迎。"文武官员夹道数十里，出迎成功进行了这次南征的诸葛亮的车驾及他统领的大军凯旋。

第三节　蜀汉后期对南中统治的加强

诸葛亮南征以后，蜀汉通过各种制度和措施加强对南中的统治，巩固战争取得的成果。

一　南中七郡的设置

《三国志·后主传》载：建兴三年，"丞相亮南征四郡，四郡皆平。改益州郡为建宁郡，分建宁、永昌郡为云南郡，又分建宁、牂柯为兴古郡。十二月，亮还成都。"大概诸葛亮于战斗全部结束、在滇池边停留还未踏上归程的时候，就开始着手调整郡县设置的工作。益州郡是反对蜀汉势力的核心区，又是长期战乱动荡的地区，于建兴三年（225年）平定，因改名建宁郡，寓意建兴年间喜获安宁。为了削弱三郡动乱的基础，缩小它们的管辖范围，并调整了一些郡县辖属，打乱原来的统治关系。把建宁郡的西部划入云南郡，南部划入兴古郡；把越嶲郡的一部划入云南郡；把牂柯郡的一部划入兴古郡。新置的有云南郡和兴古郡。《三国志·后主传》说："分建宁、永昌郡为云南郡。"《华阳国志·南中志》又说："分建宁、越嶲置云南郡。"所说都不准确。蜀汉的云南郡系由永昌、越嶲、建宁三郡析出，云南、邪龙、叶榆三县原属永昌，青蛉、姑复、遂久原属越嶲，弄栋及其附近地区原属建宁。云南郡的设立，扩大了一直拥护蜀汉势力控制的地区，改变了永昌郡"与蜀隔绝"的局面，云南与永昌两郡又可互相声援。郡治弄栋正处在蜀汉通往滇西的交通要道上，便于进退，成为经营滇西广阔地区的据点和中继站，又可控扼越嶲、建宁反蜀力量联合的咽喉，此后两郡虽出现过局部反蜀事件，但都难于蔓延。弄栋成为郡治始于诸葛亮深邃的战略眼光，此后唐代和南诏都承袭了这个认识和安排。《水经·温水注》说："刘禅建兴三年，分牂柯置兴古郡，治宛温县。"所说也不确。还是《华阳国志·南中志》"分建宁、牂柯置兴古郡"

---

① 柴兴仪主编：《中华人民共和国地名词典·贵州省》，商务印书馆1994年版，第101页。

说的比较准确。兴古郡的设立，主要是对付孙吴的侵扰，加强了益州南部的统治，居高临下，成为蜀汉在南部的前哨阵地。配合此前任命李恢领交州刺史的做法，加强了蜀汉有意攻占交州的信号。这些都发生了作用，孙吴终于退让。《三国志·刘璋传》载："权复以璋子阐为益州刺史，处交、益界首。丞相诸葛亮平南土，阐还吴，为御史中丞。"即使到建兴七年（229年）"以交州属吴，解恢刺史"，蜀汉不再遥授交州刺史后，兴古郡作为边防前哨的地位一直不容忽视，兴古郡仍长期存在。

还有朱提郡，是蜀汉最早控制的一片，也是蜀汉经营南中的基地。它控扼蜀汉进入南中的主干道，居高临下，进可以攻，退可以守。它产银、铜，物产富饶，有支持发展的经济基础。庲降都督长期固守这里是极富远见的。《华阳国志·南中志》载："建安十九年（214年），刘先主定蜀，遣安远将军南郡邓方以朱提太守。"又载："建安二十年①，邓方为都尉，先主因易名太守。"蜀汉着意把这个基地做大做强，与东汉犍为属国相比，辖境扩大了，属县也增多了，恢复了西汉的堂琅县，新置了南昌县，南广县也从犍为郡划入。

综上所述，蜀汉后期在南中所设的郡有建宁、牂柯、朱提、越巂、永昌、云南、兴古等七郡。直到蜀汉末年，多数时间都保持七郡。这就是通常所说的"南中七郡"。《三国志·谯周传》说："景耀六年（即炎兴元年，263年）冬，魏大将军邓艾克江油，长趋而前"，"后主使群臣会议，计无所出"。"或以为南中七郡，险阻斗绝，易以自守，宜可奔南。"《三国志·霍弋传》也有霍弋"始率六郡将守上表"的话。当时霍弋为庲降都督并领永昌太守，加上他兼领的永昌郡，庲降都督所管刚好是七郡。

但需说明的是，蜀汉后期南中的设郡也有过变化。《华阳国志·南中志》说："南广郡，蜀延熙中置，以蜀郡常竺为太守。蜀朝召竺入为侍中，巴西令狐衷代之。建武九年省。"《华阳国志·后贤志》常骞传亦载："祖父竺，字代文，南广太守。"《水经·江水注》也说："南广县，故犍为之属县也"。"刘禅延熙中分以为郡"。蜀汉设南广郡是可信的，但"建武九年省"的说法却有误。西晋惠帝改元建武，时仅几个月，东晋元帝的建武也只有一年，建武并无九年。刘琳认为"建武九年省"当作"郡

---

① 按，前段谓"十九年"，说刘备的安排，应是发出诏令的时间，后段谓"二十年"，是说邓方到任的时间，概括了蜀设此郡的过程。

建九年省",①若从此说，则延熙中设置的南广郡存在了九年。蜀汉后期还设过汉阳郡。《三国志·法正传》说："子邈官至奉车都尉汉阳太守。"但不久即废，故晋、宋地志皆未载。蜀汉后期可能还短期设过梁水郡。《水经·温水注》说："温水上合梁水，故自下通得梁水之称。是以刘禅分兴古之䣢南，置郡于梁水县也。"这些郡的析置都发生在诸葛亮死后，刘禅统治的后期。它们存在的时间不长。

《三国志》无地理志，蜀汉南中七郡的辖县及范围不得其详。清人吴增仅《三国郡县表》（杨守敬曾作补正）、洪亮吉《补三国疆域志》、谢钟英《三国疆域表》等皆不得其详，县名及辖属关系间有错乱。今以《三国志》的直接记载为主要依据；参考唐以前的重要地学著作；缺乏资料者，则对比分析前后朝的设治情况，重辑《三国蜀汉庲降都督政区表》于后。经过落实，蜀汉庲降都督共辖县66个。

调整政区设置的目的，是加强对南中的控制。现将见于记载的蜀汉派往南中各郡的太守整理录记如下：

益州郡——建宁郡

1. 正昂　　刘备时期在任，被当地杀害。见《三国志·张裔传》、《华阳国志·南中志》。
2. 张裔　　成都人。继正昂为太守，被当地缚送于吴。见《三国志·张裔传》、《华阳国志·南中志》、《华阳国志·先贤士女总赞上》、《华阳国志·益梁宁三州先汉以来士女目录》。
3. 王士　　广汉郪人。诸葛亮南征，从犍为太守转为益州太守，将南行，为蛮夷所害。见杨戏《季汉辅臣赞注》、《华阳国志·先贤士女总赞中》。
4. 李恢　　俞元人。南征后第一任建宁郡太守。见《三国志·李恢传》、《华阳国志·南中志》、《华阳国志·益梁宁三州先汉以来士女目录》。
5. 杨戏　　一作"杨羲"。见《三国志·杨戏传》、《华阳国志·先贤士女总赞中》。
6. 霍弋　　南郡枝江人。蜀汉末任建宁太守。《三国志·霍弋传》："迁监军翊军将军，领建宁太守，还统南郡事。"此"南郡"非其

---

① 参考《华阳国志校注》，巴蜀书社1984年版，第419—420页。

原籍，而是蜀汉的南方各郡，亦疑为"南中"之讹。

牂柯郡

1. 费诗　　南安人。为刘备时期第一任牂柯太守。见《三国志·费诗传》，《华阳国志·南中志》。
2. 向朗　　刘备时在任。《三国志·向朗传》："蜀既平，以朗为巴西太守，顷之转任牂柯。"
3. 朱褒　　朱提人。刘备末期在任，建兴元年（223年）拥郡反。见《三国志·后主传》、《华阳国志·南中志》。
4. 马忠　　阆中人。建兴三年（225年）任牂柯太守。见《三国志·马忠传》、《华阳国志·南中志》。

朱提郡（含南广郡、汉阳郡）

1. 邓方　　南郡人。第一任朱提太守。章武二年（222年）卒于任。见《季汉辅臣赞注》。《三国志·李恢传》说邓卒于章武元年，待考。
2. 李丰　　李严之子。亦为朱提太守。见《三国志·李严传》。
3. 李光　　武阳人，李密之祖。朱提太守。见《三国志·杨戏传》裴注、《华阳国志·后贤志》。
4. 常竺　　江原人。延熙中为南广太守。见《华阳国志·南中志》、《华阳国志·后贤志》常骞传。
5. 令狐衷　　巴西人。继常竺任南广太守。见《华阳国志·南中志》。
6. 法邈　　法正之子。任汉阳太守，见《三国志·法正传》。任职时间不详。

越嶲郡

1. 马谡　　《三国志·马谡传》载：谡"以荆州从事随先主入蜀，除绵竹、成都令，越嶲太守"。马谡任越嶲太守时间应较早。
2. 焦璜　　梓潼人，刘备时期在任。章武三年（223年）被耆帅李求承杀害。见《三国志·张嶷传》。《华阳国志·蜀志》谓焦璜为将军，"李求承"作"李承之"。
3. 龚禄　　安汉人。章武三年（223年）至建兴三年（225年）在任。见《三国志·张嶷传》、《华阳国志·蜀志》。《季汉辅臣赞注》："随丞相亮南征，为蛮夷所害，时年三十一。"
4. 张嶷　　南充人。延熙三年（240年）至延熙十七年（254年）

"在郡十五年"。见《三国志·张嶷传》。

云南郡

1. 吕凯　　不韦人。建兴三年（225年）到任。后"为叛夷所害"。见《三国志·吕凯传》、《华阳国志·南中志》。
2. 张休　　汉嘉人。见《华阳国志·益梁宁三州先汉以来士女目录》。

永昌郡

1. 吕凯　　不韦人。刘备时期任功曹，"执忠绝域，十有余年"，成为永昌郡的实际主持者。见《三国志·吕凯传》、《华阳国志·南中志》。
2. 王伉　　成都人。建兴三年（225年）到任。见《三国志·吕凯传》、《华阳国志·南中志》。
3. 霍弋　　南郡枝江人。任建宁太守前曾任永昌太守。见《三国志·霍弋传》。

二　强化庲降都督的统治

蜀汉后期，随着统治势力的深入和郡县设置的扩大，迫切需要加强对南中各郡的统一调度和应急处理，加强对南中军事和行政的统一管理，早已存在的庲降都督随之获得了强化，成为既掌军事又管行政、军政合一的南中的最高军事行政机构。这是西南边疆出现的第一个单一的一级政区，"立此职以总摄之"，加强了对西南边疆的统一管理，有利于南中的变革和开发。《三国志·霍弋传》注引《汉晋春秋》载，弋"得后主东迁之问，始率六郡将守上表"，就是庲降都督统率南中各郡军事（将军）、行政（太守）长官的明证。为了发挥军事行政中心的作用，其驻地不能偏于一隅。据《三国志·马忠传》，"故都督常驻平夷县，至忠，乃移治味县，处民夷之间"。建兴十一年（233年）马忠任庲降都督，从平夷县迁治味县①。

《华阳国志·南中志》载：

---

① 按，《华阳国志·南中志》载：建兴三年"秋，遂平四郡，改益州为建宁，以李恢为太守，加安汉将军，领交州刺史，移治味县"。此指建宁郡治味县事，但此段未涉及庲降都督治所，与后来马忠将庲降都督治所迁味县有先后之别。

都督常用重人。李恢卒后，以蜀郡太守犍为张翼为都督。翼持法严，不得殊俗和。夷帅刘胄反，征翼，以马忠为代。忠未至，翼修攻战方略资储，群下惧。翼曰："吾方临战场，岂可以绌退之故废公家之务乎！"忠至，承以灭胄，蜀赐翼爵关内侯。忠在南，柔远能尔，甚垂惠爱，官至镇南大将军。卒后，南人为之立祠，水旱祷之。以蜀郡张表为代，加安南将军；又以犍为杨羲为参军，副贰之。表后，以南郡阎宇为都督，南郡霍弋为参军。弋甚善参毗之礼，遂代宇为监军、安南将军。抚和异俗，为之立法施教，轻重允当，夷晋安之。

庲降都督一直都由重臣担任，握有重兵。邓方在任时间为建安十九年（214年）至章武元年（221年）。李恢在任时间为章武元年至建兴九年（231年）。张翼，武阳人，建兴九年为庲降都督、绥南中郎将。《三国志》及《华阳国志·先贤士女总赞中》有传。马忠于建兴十一年（233年）代张翼为庲降都督，直至延熙十二年（249年）卒于任所。见《三国志·马忠传》。张表，成都人，见《三国志·杨戏传》。阎宇，南郡人，继张表为庲降都督。霍弋任庲降都督、南中监军，是蜀汉在南中的最后一任最高行政长官。从刘备入蜀到蜀汉灭亡的半个世纪，庲降都督换了七任。他们多是老成持重，政声卓著，长期在南中为官，深谙边疆情况。他们在任时间长，国家不轻易更换，有几位甚至老死于任上。他们握有重兵，但更重视"抚和异俗"，恩威并重，"柔远能尔，甚垂惠爱"，"立法施教，轻重允当，夷晋安之"。他们坚持贯彻诸葛亮治理南中的思路和策略，蜀汉后期南中形势的稳定与此关系甚大。张翼"持法严，不得殊俗和"，结果引发了民族矛盾，很快被撤换。这样的例子是个别的。庲降都督府的整个机构和属官设置情况缺载，征诸零星记录，有参军、护军、庲降后将军、副贰庲降都督、庲降屯副贰都督等职。

为了加强对郡县的控制，庲降都督治下的南中各郡太守，往往兼有军职；而庲降都督的官员，又多以军职兼太守。虽然郡县只管民事，但郡太守却拥有雄厚的军事实力，他们可以指挥军队，进行征讨。如建宁太守李恢、杨戏，先后任永昌太守、建宁太守的霍弋，皆以军职兼太守。牂柯太守马忠、越嶲太守张嶷是蜀汉名将，统有军队和部曲。建兴三年（225年）后，南中境内夷帅屡有反蜀军事行动，但都被庲降都督及其属下太守单独平定，证实这种体制具有更强的统治效果，有利于南中的稳定。南中将守的事迹，史书累有记载。《三国志·李恢传》：

> 后军还，南夷复叛，杀害守将。恢身往扑讨，锄尽恶类，徙其豪帅于成都。

《三国志·马忠传》：

> （建兴）十一年，南夷豪帅刘胄反，扰乱诸郡。征庲降都督张翼还，以忠代翼。忠遂斩胄，平南土。加忠监军奋威将军，封博阳亭侯。
> 忠为人宽济有度量……然处事能断，威恩并立，是以蛮夷畏而爱之。

《三国志·张嶷传》注引《益部耆旧传》：

> 以马忠为督庲降讨胄，嶷复属焉。战斗常冠军首，遂斩胄。平南事讫，牂柯、兴古獠种复反，忠令嶷领诸营往讨。嶷内招降得二千人，悉传诣汉中。

《三国志·霍弋传》：

> 永昌郡夷獠恃险不宾，数为寇害，乃以弋领永昌太守，率偏军讨之，遂斩其豪帅，破坏邑落，郡界宁静。

《三国志·张嶷传》：

> 除嶷为越嶲太守，嶷将所领往之郡，诱以恩信，蛮夷皆服，颇来降附。北徼捉马最骁劲，不承节度，嶷乃往讨，生缚其帅魏狼，又解纵告喻，使招怀余类。表拜狼为邑侯，种落三千余户皆安土供取。诸种闻之，多渐降服，嶷以功赐爵关内侯。
> 苏祁邑君冬逢，逢弟隗渠等，已降复反。嶷诛逢。逢妻，旄牛王女，嶷以计原之。而渠逃入西徼。渠刚猛捷悍，为诸种深所畏惮，遣

所亲二人诈降嶷，实取消息。嶷觉之，许以重赏，使为反间，二人遂合谋杀渠。渠死，诸种皆安。又斯都耆帅李求承，昔手杀龚禄，嶷求募捕得，数其宿恶而诛之。

汉嘉郡界旄牛夷种类四千余户。其率狼路，欲为姑婿冬逢报怨，遣叔父离将逢众相度形势。嶷逆遣亲近赍牛酒劳赐，又令离姊逆逢妻宣畅意旨。离既受赐，并见其姊，姊弟欢悦，悉率所领将诣嶷。嶷厚加赏待，遣还。旄牛由是辄不为患。

张嶷的很多做法，真可谓师法诸葛亮！

三国蜀汉庲降都督政区表[①]

建宁郡　　治味县　　领十七县

味县（今云南曲靖市麒麟区三岔）

《华阳国志·南中志》："蜀建兴三年，丞相亮之南征，以郡民李恢为太守，改曰建宁，治味县。"

存䣖（今云南宣威市境）

《华阳国志·南中志》："存䣖县：雍闿反，结垒于县山，系马柳柱生成林，今夷言无雍梁，言马也。"

《太平寰宇记》："武侯南征置存䣖戍，后改为县。"

毋单（今云南宜良县南部）

《水经·温水注》："温水又东南迳牂柯之毋单县。建兴中，刘禅割属建宁郡。"

昆泽（今云南宜良县北古城附近）

前后朝《续汉志》、《晋志》皆有。无省并记录。

同濑（今云南马龙县境）

前后朝《续汉志》、《晋志》皆有。无省并记录。

牧麻（今云南寻甸县境）

前后朝《续汉志》、《晋志》皆有。无省并记录。

谷昌（今云南昆明市区东十余里、滇池坝子东缘）

前后朝《续汉志》、《晋志》皆有。无省并记录。

[①] 朱惠荣：《三国蜀汉庲降都督政区表》，载《地名集刊》1982年第1期。

连然(今云南安宁市)

前后朝《续汉志》、《晋志》皆有。无省并记录。

秦臧(今云南禄丰县东北碧城镇)

前后朝《续汉志》、《晋志》皆有。无省并记录。

双柏(今云南双柏县境)

陈寿《季汉辅臣赞注》：何双"为双柏长"。

俞元(今云南澄江县旧城)

《三国志·李恢传》："李恢字德昂，建宁俞元人也。"

修云(今云南弥勒县新哨附近)

《宋书·州郡志》："晋武帝咸宁元年，分建宁郡修云、俞元二县间流民复立律高县。"证明蜀汉时有修云、俞元而无律高。

同并(今云南弥勒县城附近)

《宋书·州郡志》："汉旧县，前汉作同并，属牂柯，晋武帝咸宁五年省，哀帝复立。"

滇池(今云南晋宁县晋城镇)

前后朝《续汉志》、《晋志》皆有。无省并记录。建兴三年（225年）前益州郡治此。

建伶(今云南晋宁县昆阳坝子西缘)

《三国志·李恢传》：李恢："姑父爨习为建伶令。"

胜休(今云南江川县星云湖北岸龙街)

《宋书·州郡志》："腾休长：何志故属建宁，晋武帝从兴古治之，遂以属焉。"南朝宋的腾休为原胜休改名。

同劳(今云南陆良县西部)

两汉有同劳。《宋书·州郡志》同乐下注："晋武帝立。"则在晋初新设同乐前，蜀汉时应继东汉有同劳。

    朱提郡 治朱提 领五县

朱提(今云南昭通市昭通坝子)

《水经·若水注》："建安二十年立朱提郡，郡治县故城。"

南昌(今云南镇雄县境)

《三国志·杨戏传》："蜀既定，为犍为属国都尉，因易郡名为朱提太守，选为安远将军、庲降都督，住南昌县。"

南广(今云南盐津县附近)

《水经·江水注》:"南广县,故犍为之属县也。……刘禅延熙中分以为郡。"南广曾一度置郡,不久复为县。

汉阳(今贵州赫章县西南的妈姑镇附近)

《三国志·费诗传》:"建兴三年随诸葛亮南行,归至汉阳县。"该文录诸葛亮与孟达书亦说:"适与李鸿会于汉阳。"

堂琅(今云南巧家县东的老店子)

《方舆纪要》:"后汉省,蜀汉复立。"

牂柯郡　治且兰　领七县

且兰(今贵州福泉市、黄平县间的重安江畔)

《续汉志》作"故且兰",《晋志》作"且兰",吴增仅《三国郡县表附考证》认为系三国蜀汉时改故且兰为且兰。

平夷(今贵州毕节市)

《三国志·马忠传》:"故都督常驻平夷县。"

鳖县(今贵州遵义市西)

前后朝《续汉志》、《晋志》皆有。无省并记录。

毋敛(今贵州独山县附近)

前后朝《续汉志》、《晋志》皆有。无省并记录。

夜郎(今贵州关岭县永宁)

《三国志·谯周传》:"霍弋以强卒镇夜郎。"

谈指(今贵州贞丰县北部者相)

前后朝《续汉志》、《晋志》皆有。无省并记录。

广谈(今贵州平坝县境)

两汉无,《晋志》无,但《太康三年地记》载:"广谈县,属牂柯郡。"晋初当承蜀制。吴增仅《三国郡县表》认为"疑是蜀建兴初立",可从。平坝发现的汉墓,说明在那里的设治至迟不得晚于蜀汉。

兴古郡　治宛温　领十县

宛温(今云南砚山县西北部的维摩)

《水经·温水注》:"刘禅建兴三年,分牂柯置兴古郡,治宛温县。"

镡封(今云南砚山县平远街附近)

前后朝《续汉志》、《晋志》皆有。无省并记录。

句町(今云南广南县境)

《华阳国志·南中志》句町县:"故句町王国名也。其置自濮,王姓毋,汉时受封迄今。"

汉兴(今贵州兴义市东境)

《三国志·李恢传》:"南土平定,恢军功居多,封汉兴亭侯。"

洪亮吉《东晋疆域志》:"汉兴,沈志疑蜀汉所立。"吴增仅《三国郡县表》:"县名汉兴,当非晋立,二汉无,疑蜀汉时置。"

漏卧(今云南罗平县境)

前后朝《续汉志》、《晋志》皆有。无省并记录。

西丰(今云南华宁县附近)

《宋书·州郡志》:"毋棳令,汉旧县,属益州郡。《晋太康地志》属兴古。刘氏改曰西丰。晋武帝太始五年复为毋棳。"

贲古(今云南蒙自县新安所)

前后朝《续汉志》、《晋志》皆有。无省并记录。

进乘(今云南屏边县境)

《三国志·陈留王纪》:"遣都尉唐谱等诣进乘县。"

西随(今云南金平县境)

《宋书·州郡志》:"西隋令,汉旧县,属牂柯。《晋太康地志》属兴古,并作随。"

梁水(今云南开远市附近)

《水经·温水注》:"是以刘禅分兴古之监南,置郡于梁水县也。"

越嶲郡　治邛都　领十二县

邛都(今四川西昌市东南、邛海北岸)

《三国志·张嶷传》:"除嶷为越嶲太守。""始嶷以郡郭宇颓坏,更筑小坞。在官三年,徙还故郡,缮治城郭,夷种男女莫不致力。"

安上(今四川屏山县城附近)

《三国志·张嶷传》:"太守不敢之郡,只住安上县,去郡八百余里。"从章武三年(223年)至延熙三年(240年)越嶲郡治此。

新道(今四川屏山县新市镇附近)

《三国志·李严传》:"越嶲夷率高定遣军围新道县,严驰往赴救,贼皆破走。"

潜街(今四川雷波县龙湖南岸)

《华阳国志·蜀志》:"潜街县,汉末置,晋初省。"

马湖(今四川雷波县境)

《华阳国志·蜀志》:"马湖县,水通僰道入江,晋初省。"

卑水(今四川美姑、昭觉间)

《三国志·张嶷传》:"定莋、台登、卑水三县,去郡三百余里,旧出盐、铁及漆,而夷徼久自固食。嶷率所领夺取,署长吏焉。"

台登(今四川冕宁县南部的泸沽)

《三国志·张嶷传》,同上。

定莋(今四川盐源县)

《三国志·张嶷传》:"嶷之到定莋……嶷杀牛飨宴,重申恩信,遂获盐铁,器用周赡。"

苏祁(今四川西昌市北的礼州)

《三国志·张嶷传》:"苏祁邑君冬逢,逢弟隗渠等,已降复反。嶷诛逢。"

会无(今四川会理县城西五里)

前后朝《续汉志》、《晋志》皆有。无省并记录。

阐县(今四川越西县东北二十里)

《晋书·地理志》无。《宋书·州郡志》:"晋太康地志无。"《华阳国志·蜀志》:"阐县,故邛人邑,(治)邛都,接寒关,今省。""今省"系指晋代省,故蜀汉应有此县。"邛都"应为"邛部","寒关"疑为"灵关"之讹。

三缝(今云南元谋县金沙江北岸的姜驿)

《续汉志》作"三绛",《华阳国志·蜀志》作"三缝"。《嘉庆重修一统志》:"晋省,今会理州东南。"

　　　　云南郡　　治梇栋　　领七县

梇栋(今云南姚安县北十余里旧城)

《旧唐书·地理志》:"蜀刘氏……又分永昌、建宁置云南郡,而治于弄栋。"

《太平寰宇记》:"蜀刘氏分永昌、建宁为云南郡,而治于梇栋川。"

云南（今云南祥云县云南驿）

《蛮书》卷六云南城："诸葛亮分永昌东北置云南郡，斯即其故地也。"

青蛉（今云南大姚县）

前后朝《续汉志》、《晋志》皆有。无省并记录。

姑复（今云南永胜县东北部）

前后朝《续汉志》、《晋志》皆有。无省并记录。

遂久（今云南玉龙县与古城区）

前后朝《续汉志》、《晋志》皆有。无省并记录。

楪榆（今云南大理市喜洲附近）

前后朝《续汉志》、《晋志》皆有。无省并记录。

邪龙（今云南巍山坝子）

《水经·楪榆河注》："又东南迳永昌邪龙县，县以建兴三年刘禅分隶云南，于不韦县为东北。"

　　　　永昌郡　　治不韦　　领八县

不韦（今云南保山市隆阳区南 4 公里的汉庄城址）

《三国志·吕凯传》：吕凯"永昌不韦人也"。

嶲唐（今云南云龙县西的漕涧）

前后朝《续汉志》、《晋志》皆有。无省并记录。

博南（今云南永平县花桥）

前后朝《续汉志》、《晋志》皆有。无省并记录。

比苏（今云南云龙县境）

前后朝《续汉志》、《晋志》皆有。无省并记录。

哀牢（今云南盈江县境）

前后朝《续汉志》、《晋志》皆有。无省并记录。

永寿（今云南耿马县境）

《晋志》、《华阳国志·南中志》有。吴增仅《三国郡县表》认为："疑诸葛亮南征时置。"可从。

南涪（今云南景洪市境）

《晋志》、《华阳国志·南中志》有。吴增仅《三国郡县表》认为："疑诸葛亮南征时置。"可从。

雍乡（今云南澜沧县上允）

《晋志》、《华阳国志·南中志》有。吴增仅《三国郡县表》认为："疑诸葛亮南征时置。"可从。

三　以南中大姓进行统治

蜀汉在南中的统治，还着力于调整民族关系，淡化民族矛盾。一方面，吸收南中大姓参加蜀汉的统治政权，广开入仕渠道。《华阳国志·南中志》载："亮收其俊杰建宁爨习、朱提孟琰及获为官属，习官至领军，琰辅汉将军，获御史中丞。"京官中有爨习任领军，孟琰为辅汉将军，孟获任御史中丞。地方官的最大者，李恢为庲降都督、建宁太守，封汉兴亭侯，加安汉将军；吕凯为云南太守，封阳迁亭侯。南中同一时代出现那么多重臣，这是史无前例的。《三国志·诸葛亮传》裴注引《汉晋春秋》载："南中平，皆即其渠率而用之。"以上数人仅为代表，当还有大量被取用为官的渠帅未被记录下来。对大量民族上层地位的改善，史书缺载。但据《三国志·张嶷传》，越嶲郡有"邑君""邑侯""王"等，又载"奏封（狼）路为旄牛峋毗王"，"表拜（魏）狼为邑侯"，说明蜀汉在南中还敕封了大量民族上层。另一方面，扶持南中大姓扩大势力。《华阳国志·南中志》载：

> 分其羸弱配大姓焦、雍、娄、爨、孟、量[①]、毛、李为部曲；置五部都尉，号五子，故南人言四姓五子也。以夷多刚很，不宾大姓富豪，乃劝令出金帛，聘策恶夷为家部曲，得多者奕世袭官。于是夷人贪货物，以渐服属于汉，成夷、汉部曲。

这自然是大姓乐于接受的。而蜀汉政权在南中却有了稳固的统治基础，大姓成为蜀汉在南中的依靠力量。大姓"家部曲"的壮大，等于为蜀汉厉兵秣马，积蓄力量，寓兵于民，影响深远。《华阳国志·南中志》载："移南中劲卒青羌万余家于蜀，为五部，所当无前，号为飞军。"《续汉书·郡国志》南郡中庐县刘昭注引《襄阳耆旧传》亦载陆逊从中庐载名马还建业，"似巴、滇马"，"蜀使来，有五部兵家滇池者，识其马色，

[①] "量"，应为"董"字，因形近而误。

云亡父所乘,对之流涕。"这应该是来自滇池一带,自备战马的军队。这是南中劲旅在内地战场对蜀汉军事力量的直接支持。

部、曲本为东汉的军事单位。《续汉书·百官志》载:"领军皆有部曲。大将军军营有五部,每部有校尉一人,军司马一人。部下有曲,每曲有军侯一人。曲下有屯,每屯有屯长一人。"本来为军事建制的部曲,后来成为军队的泛称,又成了士卒的代称,大姓的家兵也称为私家部曲。东汉时期在南中出现的大姓,到蜀汉时获得了前所未有的发展机遇。国家采取措施,把当地土著强行配与大姓为部曲,又出谋划策,劝令大姓"聘策恶夷为家部曲",国家对部曲多者还给予鼓励。羸弱者有大姓收容,刚狠者被大姓控制,减少了南中社会的不稳定因素,缓和了东汉以来逐步发展的社会矛盾。随着"夷汉部曲"的逐步发展,也逐步淡化了民族界限。大姓实力却因此迅速增强。

蜀汉后期在南中的统治,主要是贯彻诸葛亮的政策。南征后不到十年,建兴十二年(234年),诸葛亮逝世。但诸葛亮立下的做法,却一直影响着蜀汉在南中的施政,获得了实效。诸葛亮《前出师表》说:"今南方已定,兵甲已足,当奖率三军,北定中原。"蜀汉三面受敌的形势改变了,争取到安定的后方,可以专心北伐。南方的社会经济得到恢复和发展,富庶的资源逐步得到开发和有效利用,南中的兵力和物资源源不断支持蜀汉政权,增强了蜀汉的财力和国力。《三国志·诸葛亮传》载:"军资所出,国以富饶。"《三国志·李恢传》载:"赋出叟、濮,耕牛、战马、金银、犀革,充继军资,于时费用不乏。"《华阳国志·南中志》也说:"出其金、银、丹、漆、耕牛、战马给军国之用。"这应是对整个南中情况的记录。《三国志·张嶷传》又载:张嶷在越嶲,"杀牛飨宴,重申恩信,遂获盐铁,器用周赡"。"始嶷以郡郛宇颓坏,更筑小坞。在官三年,徙还故郡,缮治城郭,夷种男女莫不致力"。"开通旧道,千里肃清,复古亭驿"。开发盐、铁、漆等土特产,重修已毁的郡城,开通已堵绝百余年的旄牛道,从一个郡的记录也可窥知整个南中的变化。

还有一桩有趣的事应该提及。《华阳国志·南中志》载:

> 诸葛亮乃为夷作图谱,先画天地、日月、君长、城府;次画神龙,龙生夷,及牛、马、羊;后画部主吏乘马幡盖,巡行安恤。又画夷牵牛负酒,赍金宝诣之之象,以赐夷。夷甚重之,许致生口直。又

与瑞锦、铁券，今皆存。每刺史、校尉至，赍以呈诣，动亦如之。

诸葛亮用绘画的形式，直观、形象地把内地的封建等级和统治秩序的知识传播到西南边疆，引起土著人士思想观念的变化，从而逐步习惯并接受封建秩序。诸葛亮推行的政策给南中带来好处，影响深远，因此，诸葛亮被边疆各族世代怀念和歌颂。对诸葛亮留下的图谱、瑞锦、铁券等信物的宝爱就是例子。《蛮书》卷六载永昌西北广荡城，"隔候雪山西边大洞川，亦有诸葛武侯城。城中有神庙，土俗咸共敬畏，祷祝不缺。蛮夷骑马，遥望庙即下马趋走。"直到近代，如江心坡，各寨均有孔明庙，春秋两季奉行不衰。[①] 景颇族敬"孔明老爹"如神，顶礼膜拜。佤族传说他们的谷种是孔明给的。傣族传说佛寺屋顶的建筑式样就是仿照孔明帽子的形式。西南边疆各族把诸葛亮视为体恤群众、关怀边疆、充满智慧的，他们至尊至爱的形象。南中故老对于诸葛亮事迹的追叙和怀念，见于两晋、南北朝、隋、唐、宋、元、明、清至今，史不绝书。张澍编《诸葛亮集》卷末为"遗迹篇"，收有诸葛亮在西南边疆的遗迹数十条[②]，但仍多遗漏。江应樑从明、清及民国所修的地方志中辑得有关"孔明轶事"、"武侯古迹"近二百条。[③] 征诸地方史籍，有关诸葛亮南征行迹的传说及地名，几乎遍及西南边疆各府。谢肇淛《滇略·绩略》说："武侯于滇，威德最远，距今二千年，犹人祠而家祝之，其遗迹故址，散见诸郡者，不可殚述。"南中的很多地方诸葛亮没有到过，但诸葛亮却活在西南边疆各族的心中。

[①] 1928年9月江心坡代表董卡诺谈话记录。
[②] 张澍编：《诸葛亮集》，中华书局1960年版。
[③] 江应樑：《诸葛亮与孟获》，云南大学1957年油印本，第20页。

第八章

两晋和成汉对云南的统治

第一节 西晋的宁州及南夷校尉

一 南中大姓出征交趾

炎兴元年（263年），魏军入蜀，后主刘禅降。魏咸熙元年（264年）三月，蜀汉南中监军霍弋得到后主刘禅降魏并东迁洛阳的确讯后，率部众投魏，南中之地属魏所有。魏相国司马昭仍以霍弋统治南中，官拜南中都督。咸熙二年（265年）十二月，司马炎篡魏，建立晋朝，改元泰始，建都洛阳，是为西晋，从此南中属晋统治。

蜀汉亡后，全国形成魏（晋）、吴对立的形势。南中属魏，影响就近的交趾紧张形势出现，魏想就此机会继续往南发展，吴也拼其全力稳住阵脚，交趾一度成为魏（晋）、吴争夺的焦点，南中大姓的军事力量在这场斗争中扮演了重要的角色。《晋书·陶璜传》载："孙皓时，交趾太守孙谞贪暴，为百姓所患。会察战邓荀至，擅调孔雀三千头遣送秣陵，既苦远役，咸思为乱。"吴国遣使至交趾郡（治龙编，在今越南河北省仙游县东）强制征兵及搜括异物，引起骚动，交趾郡吏吕兴率众起兵，杀吴使者及太守，驱逐属县官员，并派人通过南中都督霍弋向魏上表请附。九真（治今越南清化西北）、日南（治今越南平治天省广治河与甘露河合流处）两郡起而响应。咸熙元年（264年）九月，魏任命吕兴为安南将军、都督交州诸军事①。然而魏策命还未到达交州，吕兴已被交趾郡功曹李统所杀。于是，魏又任命霍弋假节、遥领交州刺史。《华阳国志·南中

---

① 按，吕兴所任官职，《三国志·魏书·三少帝纪》、《华阳国志·南中志》、《晋书·陶璜传》、《通鉴》卷七十九所记不一，今从《通鉴》。

志》载：

> 时交趾不附，假弋节，遥领交州刺史，得以便宜选用长吏。
> 时南中监军霍弋表遣建宁爨谷为交趾太守，率牙门将军建宁董元、毛炅、孟干、孟通、爨熊、李松、王素等领部曲以讨之。

魏咸熙二年（265年），爨谷率军直入交趾，安抚降附军民。[①] 不久，爨谷病逝，晋又任命原蜀庲降都督马忠之子马融为交趾太守。据《三国志·马忠传》，马忠卒于庲降都督任上。《华阳国志·南中志》云五苓夷帅于陵承反晋时，曾拥马忠之子建宁太守马恢为宁州刺史，可知马忠家族似与霍弋家族一样，留居南中，成为南中大姓。马融出任交趾太守，也属南中大姓身份。马融病故后，霍弋又遣杨稷出任交趾太守。

杨稷被加号绥远将军，属下董元、毛炅等牙门将军俱加号各类将军名号，队伍颇具规模。泰始四年（268年），吴交州刺史刘峻、前都督修则率吴军三次进攻杨稷军，试图将南中部众赶出交州，但三战皆败，反使郁林（治今广西桂平县西古城）和九真两郡附晋。杨稷乘势派毛炅、董元等攻合浦，战于古城，大破吴军，杀刘峻、修则。古城之役是南中军队入交趾后的漂亮一战，毛炅、董元因功升任郁林太守和九真太守。南中大姓的部曲军队不下10万，在交趾、郁林、九真、日南四郡纵横，为西晋王朝开拓南方局势，延续七年，威风一时。[②]

然而，好景不长，吴倾全国之力，大举进伐，力图争回交趾。据《三国志·吴书·孙浩传》：建衡元年（泰始五年，269年）冬，"遣监军虞汜、威南将军薛珝、苍梧太守陶璜由荆州，监军李勖、督军徐存从建安海道，皆就合浦击交趾。"但吴军横生枝节，"李勖以建安道不通利，杀导将冯斐，引军还"。以后，因"枉杀冯斐，擅撤军退还，勖及徐存家属皆伏诛"。三年，"汜、璜破交趾，禽杀晋所置守将，九真、日南皆还属。"建衡三年正是泰始七年（271年）。吴军的规模，《华阳国志·南中

[①] 按，此时间《三国志·吴书·三嗣主传》作魏咸熙元年，不从。《华阳国志·南中志》作泰始元年。但司马炎篡魏，于乙酉年十二月始改元泰始，南中大姓出征交趾为魏时所派遣，初出兵仍是魏时，以用咸熙二年（265年）为宜。

[②] 方国瑜：《滇史论丛》，上海人民出版社1982年版，第74页。

志》有记载："泰始七年春，吴主孙皓遣大都督薛珝、交州刺史陶璜帅二十万军，兴扶严恶夷合十万伐交趾。"《晋书·陶璜传》又载："以前所得宝船上锦物数千匹遗扶严贼帅梁奇，奇将万余人助璜。"有人怀疑吴国参战兵力的数字，但吴国调遣各路兵力，又用财物收买当地"恶夷"参战，其战场的规模已可想见了。杨稷派将军毛炅等率主力与吴军在封溪（今越南河内市东英县古螺）决战。封溪之役因寡不敌众，全军惨败，仅毛炅等人生还。杨稷集败军千余人，合新招兵丁共四千人左右，固守交趾城。《华阳国志·南中志》载：

  交趾固城自守。破败之后，众才千人，并新附可有四千，男女万余口。陶璜围之，杜塞蹊径，救援不至，虽班粮约食，犹不供继。至秋七月，城中食尽，病饿死者大半。交趾人广野将军王约反应陶璜，以梯援外，吴人遂得入城。得稷等，皆囚之，即斩稷长史张登、将军孟通及炅，并交趾人邵晖等二千余人。

这次从春至秋，固守孤城，既缺粮，又无援，病饿死者大半，其余的亦被斩绝。其主要人物的下落可考者，录于下：

  杨稷 《华阳国志·南中志》："受皓诏，传稷秣陵。""稷至合浦，发病呕血死，传首秣陵，弃其尸丧于海。"

  爨熊 一作"爨能"，传至建业，为皓所杀。

  李松 传至建业，为皓所杀。

  孟通 交趾城破，被斩。

  毛炅 《华阳国志·南中志》："古城之战，毛炅手杀修则。则子允随陶璜。璜以炅壮勇，欲赦之；而允必欲求杀炅，炅亦不屈于璜。璜怒，乃裸身囚结面缚，呵曰：'晋兵贼！'炅亦烈声呵曰：'吴狗，何等为贼！'吴人生剖其腹，允割其肝，骂曰：'庸复作贼！'炅骂不断，曰：'尚欲斩汝孙皓，汝父何死狗也！'吴人斩之。武帝闻而矜哀，即诏炅子袭爵，封诸子三人关内侯。"

  董元 《晋书·武帝纪》：泰始七年"四月，九真太守董元为吴将虞氾所攻，军败，死之"。

  孟干 《华阳国志·南中志》："初，稷等私誓：不能死节，困辱虏手，若蒙未死，必当思求北归。稷既路死，干等恐北路转远，以吴人爱蜀侧竹弓弩，言能作之，皓转付作部为弓工。九年，干自吴逃返洛阳。"

经过多次惨烈的战斗，出征交趾的南中大姓及其部曲全军覆没，其主要人物亦壮烈牺牲，仅孟干一人于泰始九年（273年）用计逃出辗转回到洛阳，也因此才可能将守卫交趾孤城的英勇战斗大白于世。吴军攻城百日不下，为掩盖其无能，编造了一段死无对证的谎言。《晋书·陶璜传》谓："稷等守未百，粮尽，乞降，璜不许，给其粮使守。诸将并谏，璜曰：'霍弋已死，不能救稷等必矣，可须其日满，然后受降，使彼得无罪，我受有义，内训百姓，外怀邻国，不亦可乎！'稷等期讫粮尽，救兵不至，乃纳之。"一看便知，全是陶璜的口气。巧的是终有见证历史的孟干回到洛阳，才抹掉了这桩冤案。《华阳国志·南中志》载：

> 初，晋武帝以稷为交州刺史，大封；半道，稷城陷，或传降，故不录。干至表状，乃追赠交州刺史，封松、熊后世侯焉。

南中为魏所有，从而改变了三足鼎立、互相牵制的政治局面。不久，西晋继有南中，占据长江上游，完成了南北两翼对东吴钳形包围的态势。南中大姓出征交趾，沉重打击了吴国在交州的统治实力。这些都为西晋最后灭吴创造了条件。南中在结束分裂、迎来全国统一的历史进程中立下了汗马功劳。

二　西晋初设宁州

霍弋任南中都督数年之后病故，其子霍在继父亲统领霍家部曲，负责抚绥南中大姓。晋王朝派巴西太守吴静出任南中都督。吴静在官数年，因处置失当，引起南中社会的矛盾和不满。晋南中军司（又称监司，即监军之职）鲜于婴上表举劾，晋王朝遂以鲜于婴代吴静为南中都督。

当时，晋武帝以益州地广，从益州所属的南中地区分出建宁、兴古、云南、永昌四郡，另成立宁州。原南中都督府撤销，鲜于婴任首任宁州刺史。刺史统管一州军政，并兼监察之职，权力甚重。南中原来的越嶲、牂柯、朱提三郡仍归益州统辖。宁州与益州平行，成为直属中央朝廷的一级政区。太康元年（280年），晋灭吴，统一全国，置19个州，宁州为其中之一，这是云南历史上的一件大事。设州之初，南中的许多土著民族纷纷内附。

西晋宁州设置的时间，诸书所载不同。《晋书·地理志》总叙说："晋武帝太康元年……别立梁、秦、宁、平四州。"但与该志秦州、平州条相对照，秦、平二州之设皆不在太康元年。据《华阳国志校注》，梁州应置于景元四年（263年）[1]。足证总叙之说有误。泰始七年（271年）之说见于《晋书·武帝纪》、《晋书·地理志》益州和宁州条，并见《宋书·州郡志》。《资治通鉴》卷七十九载："分益州南中四郡置宁州。"将此条系于泰始七年（271年）八月，与《晋书·武帝纪》同。胡三省注："宁州以建宁郡名州，统建宁、兴古、云南、永昌四郡。"《华阳国志·南中志》谓泰始六年（270年）置宁州，与泰始七年相差一年。泰始六年似为开始提出此事的时间，泰始七年为中央颁诏施行的时间。

两晋宁州的治所在晋宁。《华阳国志·南中志》载："（太安）二年于陵承及诜、猛、遑耶怒，扇动谋反，奉建宁太守巴西马恢为刺史，烧郡伪发，毅方疾作力出军，初以救恢，及闻其情，乃杀恢，夷愈强盛，破坏郡县，没吏民。会毅疾甚，军连不利，晋民或入交州，或入永昌，牂柯半亦为夷所困虏。夷因攻围州城，毅但疾力固孤城，病笃不能战讨。"这段话透露了宁州治所与建宁郡治各在一地，二者并不同城。于陵承反，奉建宁太守为刺史，烧了建宁郡城，李毅"作力出军"，且后才"及闻其情"，说明李毅不在建宁。后来，夷愈强盛，破坏郡县，终于打到宁州治所，"攻围州城"。这时李毅"力固孤城"，与原先的"作力出军"恰成对照，一是出征建宁郡，一是固守宁州城。同书晋宁郡条又载："本益州也……治滇池上……蜀建兴三年，丞相亮之南征，以郡民李恢为太守，改曰建宁，治味县。宁州别建为益州郡。后太守李邈，恢孙也，与前太守董懂、建兴爨量共叛，宁州刺史王逊表改益州为晋宁郡。"这段话厘清了汉晋时期这一重大设治的沿革：两汉时益州郡治滇池上，蜀汉改称建宁郡，移治味县，至晋又在宁州治所处别建为益州郡，以后改名晋宁郡，晋宁郡就是宁州治所，也是两汉的益州郡治。《南中志》还载："光熙元年春三月，毅薨，子钊任洛，还赴，到牂柯路塞，停住交州。文武以毅女秀明达有父才，遂奉领州事。秀初适汉嘉太守广汉王载，载将家避地在南，故共推之。又以载领南夷、龙骧参军。秀奖励战讨，食粮已尽，人但樵草炙鼠为命，秀伺夷怠缓，辄出军掩破，首尾三年。"此后在晋宁，有关李秀的事

---

[1] 刘琳：《华阳国志校注》，巴蜀书社1984年版，第19页注①。

迹史不绝书。《元混一方舆胜览》说："晋宁州，即汉宁州也。""名宦李毅，晋武以毅为南蛮校尉，卒，夷叛无救，毅女秀明达有父风，众推秀领宁州事固守，粮尽掘鼠食，伺夷怠击之，卒能保完。今有庙在晋宁州，贴金盖万两云。"该书还记晋宁有姚岳庙，事迹与《晋书·王逊传》同。正德《云南志》也说：晋宁州古土城内有忠烈庙，祀李毅之女秀，"唐开元初赐庙额"。明末，徐霞客在晋宁作了长期考察后也说："晋时，晋宁之地曰宁州，南蛮校尉李毅持节镇此，讨平叛酋五十八部。惠帝时，李雄乱，毅死之。女秀有父风，众推领州事，竟破贼保境，比卒，群酋为之立庙。是时宁州所辖之境虽广，而驻节之地实在于此。至唐武德中，以其为晋时宁州统会之地，置晋宁县。此州名之所由始也。"① 光绪《续云南通志稿》卷六十四记晋宁州忠烈庙说：在阳城堡，晋刺史李毅女名秀以守城有功，唐开元初赐庙额建坊，元至顺二年重修，清代又多次重修，还收有元贾贲记，所载传闻甚多。至今当地人还能指出天女城、李秀庙等遗址，并流传着有关李秀的故事。两晋宁州治所在今晋宁县晋城镇，信而有征。②

西晋武帝时宁州所辖的郡县，以《晋书·地理志》记载较完整。今据《晋书·地理志》，再用毕沅辑《晋太康三年地记》及《续汉书·郡国志》刘昭注引王隐《晋地道记》、《宋书·州郡志》等校补，整理出西晋前期宁州政区表如下：

西晋宁州政区表

建宁郡　　　领二十县
　味　　　　《晋书·地理志》为建宁郡首县。
　同乐　　　《晋书·地理志》无。《宋书·州郡志》："同乐令，晋武帝立。"刘琳《华阳国志校注》认为当是太康末年置。据补。
　昆泽　　　见《晋书·地理志》。

---

① 朱惠荣：《徐霞客游记校注》，云南人民出版社1999年增订本，第839页。
② 按，两晋宁州治所，《晋书·地理志》无明确记载，该志首列云南郡，《通典》因以为"晋宁州理云南"，不足据。《宋书·州郡志》说："建宁太守，汉益州郡，滇王国，刘氏更名。"这是误把爨氏的据点当作自古不变的统治中心，因南北朝时期爨氏逞强而把历史弄模糊了。

存䣖	《晋书·地理志》有。《宋书·州郡志》："存䣖，《晋太康地志》有。"
新定	《晋书·地理志》有。《宋书·州郡志》："新定长，《晋太康地志》有。"
谈稿	《晋书·地理志》有。《宋书·州郡志》："谈稿令，汉旧县，属牂柯。晋武帝立。"
毋单	《晋书·地理志》有。《宋书·州郡志》："《晋太康地志》属建宁。"
同濑	《晋书·地理志》有。《续汉书·郡国志》刘昭注："《地道记》曰：铜虏山，米水所出。"
漏江	《晋书·地理志》有。《宋书·州郡志》："晋武帝立。"
牧麻	见《晋书·地理志》。
谷昌	《晋书·地理志》有。《宋书·州郡志》："《晋太康地志》属建宁。"
连然	《晋书·地理志》有。《宋书·州郡志》："《晋太康地志》属建宁。"
秦臧	《晋书·地理志》有。《宋书·州郡志》："《晋太康地志》属建宁。"
双柏	《晋书·地理志》有。《宋书·州郡志》："《晋太康地志》属建宁。"
俞元	见《晋书·地理志》。
修云	见《晋书·地理志》。
泠丘	见《晋书·地理志》。
滇池	《晋书·地理志》有。《宋书·州郡志》："《晋太康地志》属建宁。"
建伶	《晋书·地理志》脱载。《宋书·州郡志》：建伶，"《晋太康地志》属建宁。"据补。
同并	《晋书·地理志》无。《宋书·州郡志》："晋武帝咸宁五年省，哀帝复立。"西晋初年存在。
兴古郡	领十二县
律高	《晋书·地理志》列为兴古郡首县。《宋书·州郡志》："律高令，汉旧县，属益州郡，后省。晋武帝咸宁元年分

	建宁郡修云、俞元二县间流民复立律高县。"《水经·温水注》："温水又东南迳律高县南。刘禅建兴三年分牂柯置兴古郡，治宛温县。《晋书地道记》治此。"在西晋时，律高为兴古郡治。
句町	《晋书·地理志》有。《续汉书·郡国志》刘昭注："《地道记》有文众水。"按，此应为"文象文"，因形近而误。
宛温	见《晋书·地理志》。
漏卧	见《晋书·地理志》。
毋棳	《晋书·地理志》有。《宋书·州郡志》：毋棳，"《晋太康地志》属兴古。刘氏改曰西丰，晋武帝泰始五年复为毋棳。"《续汉书·郡国志》刘昭注："《地道记》曰：有桥水，出桥山。"
贲古	《晋书·地理志》有。《续汉书·郡国志》刘昭注："《地道记》曰：南乌山出锡。"
胜休	《晋书·地理志》作"滕休"。《宋书·州郡志》："腾休长，《晋太康地志》属兴古。何志：故属建宁，晋武帝徙兴古治之，遂以属焉。"《续汉书·郡国志》刘昭注："《地道记》曰：（大河）水东至毋棳入桥水。"
镡封	《晋书·地理志》有。《宋书·州郡志》："《晋太康地志》属兴古。"
汉兴	见《晋书·地理志》。
进乘	见《晋书·地理志》。
都篖	《宋书·州郡志》于西平郡都阳令下说："按《晋起居注》太康二年（281年）置兴古之都唐县，疑是。"毕沅《晋书地理志新补正》谓："都篖，沅案：沈志、晋起居注太康二年置兴古之都唐县，疑是。"可从。都篖即都唐，与都阳无涉。
西随	《晋书·地理志》脱载。《宋书·州郡志》载：西隋令，"《晋太康地志》属兴古，并作随。"据补。
云南郡	领九县
云平	《晋书·地理志》为云南郡首县。《宋书·州郡志》："晋武帝咸宁五年立。"

云南	《晋书·地理志》有。《宋书·州郡志》："《晋太康地志》属云南。"
梇栋	《晋书·地理志》有。《宋书·州郡志》："《晋太康地志》属云南。"《续汉书·郡国志》刘昭注："《地道记》：连山，无血水所出。"
青蛉	《晋书·地理志》有。《宋书·州郡志》："《晋太康地志》属云南。"
姑复	《晋书·地理志》作姑复。《宋书·州郡志》："东古复长，汉属越嶲，《晋太康地志》属云南，并云姑复。"《续汉书·郡国志》刘昭注："《地道记》：盐池泽在南。"
邪龙	见《晋书·地理志》。
楪榆	《晋书·地理志》有。《宋书·州郡志》："《晋太康地志》属云南。"《续汉书·郡国志》刘昭注："有河。《广志》曰：有吊鸟山，县西北八十里，在阜山，众鸟千百群共会，鸣呼啁哳。每岁七月、八月晦望至，集六日则止，岁凡六至。雉雀来吊，特悲。其方人夜然火伺取，无噉不食者以为义鸟，则不取也。俗言凤皇死于此山，故众鸟来吊。《地道记》：有泽，在县东。"
遂久	见《晋书·地理志》。
永宁	见《晋书·地理志》。
永昌郡	领八县
不韦	《晋书·地理志》为永昌郡首县。
永寿	见《晋书·地理志》。
比苏	《晋书·地理志》作比苏。《宋书·州郡志》："芘苏令：前汉属益州郡，后汉、《晋太康地志》属永昌。芘作比。"
雍乡	见《晋书·地理志》。
南涪	见《晋书·地理志》。
嶲唐	见《晋书·地理志》。
哀牢	见《晋书·地理志》。
博南	见《晋书·地理志》。

附：西晋前期益州所辖南中各郡

朱提郡　　领五县

　朱提　　《晋书·地理志》列为朱提郡首县。

　南广　　《晋书·地理志》有。《宋书·州郡志》："《晋太康地志》属朱提。"

　汉阳　　《晋书·地理志》有。《宋书·州郡志》："《晋太康地志》属朱提。"

　南秦　　《晋书·地理志》有。《宋书·州郡志》："南秦长，本名南昌，晋武帝太康元年更名。"

　堂狼　　《晋书·地理志》有。《宋书·州郡志》："《晋太康地志》属朱提。"

越巂郡　　领五县①

　会无　　《晋书·地理志》列为越巂郡首县。

　邛都　　见《晋书·地理志》。

　卑水　　见《晋书·地理志》。

　定筰　　见《晋书·地理志》。

　台登　　见《晋书·地理志》。

牂柯郡　　领九县

　万寿　　《晋书·地理志》列为牂柯郡首县。《宋书·州郡志》："万寿令，晋武帝立。"

　且兰　　《宋书·州郡志》："《晋太康地志》无。"说明晋初曾省且兰县，《晋书·地理志》所载，应是太康三年（282年）以后复置的。《续汉书·郡国志》刘昭注："《地道记》曰：有沈水。"按，"沈水"应为"沅水"，因形近而误。

　谈指　　《晋书·地理志》原作"指谈"，校以前后朝各志，应为"谈指"。

----

① 《水经·沫水注》："灵道县，一名灵关道。汉制夷狄曰道。县有铜山，又有利慈渚。晋太始九年黄龙二见于利慈池，县令董玄之率吏民观之，以白刺史王浚，浚表上之，晋朝改护龙县也。"证以《宋书·瑞符志》："晋咸宁二年十月庚午，黄龙二见于汉嘉灵关。"《水经注》所载应为青衣江上的"汉嘉灵关"，而不是越巂郡的灵关道。

夜郎	见《晋书·地理志》。
毋敛	见《晋书·地理志》。
并渠	见《晋书·地理志》。
鳖	《晋书·地理志》有。《续汉书·郡国志》刘昭注:"《地道记》曰:不狼山,鳖水所出。"
平夷	见《晋书·地理志》。
广谈	《晋书·地理志》脱载。《宋书·州郡志》载:"广谈长,《晋太康地志》属牂柯。"据补。

西晋前期宁州共4郡,统辖49县,以滇中和滇东最密;比之于蜀汉,兴古郡所在的滇东南和云南郡所在的滇西北都有新县析置。相反,与蜀汉相较,牂柯郡增加了两县,朱提郡领县不变,越嶲郡领县大大缩减,仅保留五县。以《晋书·地理志》所载相较,"益州统郡八,县四十四,户十四万九千三百",其中属于南中的朱提、越嶲、牂柯三郡占19县57 200户,则其他五郡仅26县92 100户。除去以上三郡,宁州设县数竟还比益州稍多。在一般情况下,设治愈加繁密,反映了封建国家统治的深入,和对当地开发的深化。西晋前期南中设治的情况,是武帝朝加强西南边疆统治、南中地区获得深入开发的结果,从上列比较可以看出,当时滇中、滇东一带正在迅速追赶先进的四川盆地。

西晋前期宁州以建宁、兴古、云南、永昌四郡组成,其辖境既与明代相似,又是与今日云南省最相似的时期,可说是近代云南省政治地图最早的预演。

西晋宁州及其下的官员设置,与全国制度相同。《晋书·职官志》载:"州置刺史、别驾、治中从事、诸曹从事等员。所领中郡以上及江阳、朱提郡,郡各置部从事一人,小郡亦置一人。""诸州边远,或有山险,滨近寇贼羌夷者,又置弓马从事五十余人。"以上官职名目,多可在两晋的史料中得到印证。

三 南夷校尉的设置

《华阳国志·大同志》载:"(太康)五年,罢宁州,诸郡还益州,置南夷校尉。"《通鉴》卷八十一也系此事于太康五年。然而,《华阳国志·南中志》又载:"太康三年罢宁州,置南夷",与《大同志》所载牴牾。

《晋书》之《武帝纪》和《地理志》，以及《宋书·州郡志》均言罢宁州刺史和置南夷校尉在太康三年，且《宋书·州郡志》曾用"太康、元康定户，王隐《地道》，晋世《起居》，永初《郡国》，何、徐《州郡》及地理杂书，互相考覆"，所取诸书多作于晋世，应该是可信的。"三年"和"五年"应为中央颁布和地方施行的时间差。

从宁州刺史到南夷校尉的变化，与全国制度变更有关。《晋书·山涛传》载，太康初年，晋武帝下诏："州郡悉去兵。"《晋书·陶璜传》又载，交州刺史陶璜上书谏言交、宁二州情况特殊，两州之兵"未宜约损"，得到晋武帝批准，宁州之兵保留下来。太康三年晋朝制度改易，王隐《晋书》说，"罢刺史将军官。刺史依汉制，三年一入奏事"。[①]《后汉书·百官志五》注补言晋武帝太康初"诏曰：'上古及中代，或置州牧，或置刺史，置监御史，皆总纲纪而不赋政，治民之事任之诸侯、郡守。昔汉末四海分崩，因以吴、蜀自擅，自是刺史内亲民事，外领兵马，此一时之宜尔。今赖宗庙之灵，士大夫之力，江表平定，天下合之为一，当韬戢干戈，与天下休息。诸州无事者罢兵，刺史分职皆如汉氏故事，出颁诏条，入奏事京城，二千石专治民之重，监司清峻于上，此经久之体也。其便省州牧'"。也就是说西晋从太康三年起，刺史一职不得治民领军，仅存监察职能，全国范围内州一级行政军事机构基本撤销，州级变为监察机构（个别如交州等例外）。宁州宣布撤销，而原宁州之兵又照旧保留，据《华阳国志·大同志》，原宁州"诸郡还益州"，益州却又不如交州幸运，"（太康）三年，更以梁、益为轻州，刺史乘传奏事"，也变为监察机构。所以，新设立的南夷校尉便"持节如西夷"，即像西夷校尉一样持节统兵，代替原宁州刺史统领原宁州之兵，直属朝廷管辖，只是将监察权交还益州而已。

《华阳国志·南中志》载南夷校尉"持节统兵镇南中，统五十八部夷族，都监行事。……自四姓子弟仕进，必先经都监"。说明南夷校尉所辖的军事区域很可能是整个"南中"，即原宁州刺史属下的建宁、云南、永昌、兴古四郡，再加上越巂、牂柯、朱提三郡，总共是七郡范围。从李特兄弟在益州反晋战事未波及牂柯、越巂、朱提三郡，三郡也未出兵马随征，以及太安元年（302年）秋，朱提大姓李猛逐郡太守雍约，起兵反晋

---

① 《北堂书钞》卷七十二引王隐《晋书》。

被南夷校尉李毅击败，李猛向李毅认罪，李毅将其诱杀的情况看，朱提郡肯定属南夷校尉辖区，则牂柯、越嶲两郡也可能同属南夷校尉。据《华阳国志·大同志》，南夷校尉负责"举秀才、廉良"。"廉良"即孝廉、良吏，而《南中志》"自四姓子弟仕进，必先经都监"一语于理不通。同书说诸葛亮时"置五部都尉，号五子，故南人言四姓五子也"，并讲"五部都尉、四姓及霍家部曲"均在建宁郡内，而建宁大姓不止四个，南夷校尉既不会只管建宁郡内四个大姓的荐举，不管包括霍氏在内的其他建宁大姓子弟仕进，也不会只管建宁一郡子弟仕进而不管其他几郡子弟荐举。从朱提郡情况看，"朱提大姓、太中大夫李猛有才干，弟为功曹，分当察举，而（朱提太守雍）约受都尉雷逢赂，举逢子炤为孝廉，不礼猛"，可见，朱提郡举秀才、廉良的权力，执于郡太守掌中。朱提、越嶲、牂柯三郡原先均非宁州辖郡，情况类似，朱提郡荐举权在郡，而越嶲、牂柯两郡荐举权在南夷校尉的可能性很小。剔除此三郡，南夷校尉荐举权限范围恰好是四郡，所以我们有理由推断："自四姓子弟仕进，必先经都监"一语，很可能是"自四郡子弟仕进，必先经都监"，"姓"乃"郡"之误，失在抄刻流传的过程中。

南夷校尉统领南中七郡军事，管原宁州四郡荐举，直属中央。《华阳国志·大同志》载，元康六年（296年），晋"复以梁、益州为重州"，益州刺史加将军号统军，但南夷校尉的权限似乎没有变更。据《通鉴》卷八十四载：永宁元年（301年）李特军指成都时，益州刺史罗尚"求救于梁州及南夷校尉"。益、梁二州与南夷校尉之间，似为平级，并无调遣、派遣之说。而李毅所派的叟兵，《晋书·李特载记》作"南夷校尉李毅又遣兵五千助尚"，《华阳国志·大同志》也说"遣叟兵助尚"，是帮助而非下级对上级的服从，南中之兵不再归益州统辖。

南夷校尉所"统五十八部夷族"，其分布范围在南中七郡，还是原宁州四郡，史籍无载，待考。但其物资供应，在很大程度上依靠对五十八部夷族的剥削。《华阳国志·南中志》载："每夷供贡南夷（校尉）府，入牛、金、毡、马，动以万计，皆预作忿恚致校尉官属；其供郡县亦然。南人以为饶。"南夷校尉既握大权，又是能剥削当地民族的肥缺之职。首任南夷校尉李毅，为政就很不清廉。在其任内，云南太守吕祥（永昌大姓，原蜀汉吕凯之子）就积极活动，献明珠五百斤，结果不仅获准回永昌郡做太守，而且还继李毅之后当上了南夷校尉。也可以想见吕祥这类人的贪欲剥削，不在李毅之下。

第二节 南中大姓的发展与军事冲突

一 南中大姓的发展

魏灭蜀时，南中没有经历战争，霍弋率大姓们降魏晋后，朝廷采用安抚政策，又委霍弋以本任，并"宠待有加"，包括霍氏在内的南中大姓力量被完整保留下来。紧接着，霍弋遥领交州刺史，有权"便宜选用长吏"，上表派出以爨谷为首的一批建宁大姓，率领部曲进占交趾。属下南中大姓也多有县级官员，爨谷、毛炅、董元、王素等大姓经朝廷批准，还担任了郡守职务。虽然吴将陶璜反攻交州时，赴交趾的大姓及部曲全军覆没，但损失的仅是建宁郡的一部分大姓及部曲，南中其他地区的大姓势力依然强大。况且受损的建宁大姓后裔，又受到晋王朝封赐，世代可以拥有部曲，力量逐渐恢复。

晋朝南中大姓势力发展的一个重要特征，就是大姓及其部曲受到特别倚重。霍弋救交趾，所遣兵马尽为南中大姓，未见魏晋之兵从内地进入归于霍弋属下。据《华阳国志·南中志》，"今官和解夷人，及适罚之，皆依弋故事。弋卒，子在袭领其兵，和诸姓。"霍弋死后，晋派巴西太守吴静任南中都督，而霍弋时的制度及霍家部曲的势力依旧。从史籍中看，也未发现西晋南中都督、宁州刺史和南夷校尉从外地率军赴任的记载，他们不得不借重南中大姓的军事力量。因此，南中大姓得到了西晋王朝特别的扶持和笼络。他们中有的"世有部曲"，有的出任南中都督、南夷校尉、郡太守、郡都尉、县令长、铁官令等实职，有的则受赐各种杂号将军、大夫等爵位性质的散职，南中大姓及其子弟们，还可以通过察举而获得升迁、仕进，这一切不能不有力地促进南中大姓势力的发展。

南中大姓与土著夷帅的亲密关系，也是其势力发展的一大特征。据《华阳国志·南中志》载：

> 夷中有桀黠能言议屈服种人者，谓之"耆老"，便为主。论议好譬喻物，谓之"夷经"。今南人言论，虽学者亦半引"夷经"。与夷为姓曰"遑耶"，诸姓为"自有耶"。世乱犯法，辄依之藏匿。若曰：

有为官所法，夷或为报仇。与夷至厚者谓之"百世遑耶"，恩若骨肉，为其逋逃之薮。故南人轻为祸变，恃此也。

"遑耶"一词，迄今尚无定论。刘琳认为："耶"似谓族姓，外来人加入其氏族或结成同盟，即"与夷为姓"，是为"遑耶"；其本部落之诸氏族是为"自有耶"。其论断与史实似有出入，后来毛诜、李叡、李猛反晋，并无加入其土著"遑耶"氏族或与"遑耶"结盟起事的迹象，这一观点仍有待证实。而顾广圻释"姓"为"婚"误写之说，蒙默又以"遑耶"音略近彝话"姻家"语言，所推断的"遑耶"即"通婚亲家"之观点，[①]虽在史学界被多数人引用，但细致推究，仍有可疑之处。一则只解释"遑耶"，讲不通"自有耶"和"百世遑耶"之义，且婚姻亲家之间竟可用"恩若骨肉"来形容，十分费解；二则将其判断为当地民族语言，证据也嫌不足。如果我们从汉语民间俗称讲，也未必不是汉语。著名的北朝民歌《木兰诗》中即有"卷卷有耶名"之语，"耶"乃民间对父亲的俗称，"遑耶"、"自有耶"正可能是南中汉人俗语，与拜异族、异姓干爹风俗有关。无论何种解释成立，南中大姓与南中夷帅之间结成一种亲密的相互依靠关系，总是毋庸置疑的。南中大姓因此而更有力量，也是无疑的。

二　南中动乱初起与晋复置宁州

晋时南中大姓力量发展，又得夷帅相助，气势更壮。而西晋朝廷未遣大批内地士兵入南中，其地方统治多借助南中大姓，但因地方僻远，官吏贪赂更甚，地方政治不公，南中大姓中得利者拥戴地方首长，吃亏者则心怀怨怒，意欲报复，只是由于大姓山头林立，意见各异，又身处边陲，尚须依靠朝廷，所以隐忍下来，等待机会。

西晋惠帝立，除了享乐，什么事也不懂，被称为白痴。这时，统治阶级内部为争权而互相厮杀，出现了"八王之乱"。在延续16年的内战中，参战诸王相继败亡，贾后被杀，惠帝被毒死，大大消耗了西晋统治集团的力量。司马氏诸王的混战，给人民带来了无穷的灾难，社会生产受到严重的破坏。人民无以为生，相率向外逃亡，出现了严重的流民问题。如山西流入河南，河北流入山东、河南，陕、甘流入四川、河南，四川流入湖

[①] 刘、顾、蒙之说参见刘琳《华阳国志校注》，巴蜀书社1984年版，第366页注⑤。

北、湖南，流向辽东、河西、云南等边远地区的也不少。流亡人口见于记载的达百万以上。流民规模庞大，涉及的地域宽广，像洪流冲击着风雨飘摇中的西晋王朝。李特领导的流民起义即为其中的代表。

永宁元年（301年）三月，益州刺史罗尚赴成都上任，逼遣以李特兄弟为首的陕甘流民回原籍。其属下太守又想杀流民首领，劫取流民资财。流民惊惧，纷纷依附李特兄弟，同年冬天举兵反晋。罗尚及其将领均属贪暴之辈，蜀民深以为患。而李特则不同，据《晋书·李特载记》，"与蜀人约法三章，施舍振（赈）贷，礼贤拔滞，军政肃然"，受到百姓拥护。因此，李特之军连败罗尚，进占广汉（郡治今四川广汉），兵指成都。《通鉴》卷八十四载，罗尚只得"阻长围，缘郫水作营，连延七百里，与（李）特相拒。求救于梁州及南夷校尉"。晋征西大将军河间王司马顒派其部将衙博率军入梓潼；朝廷又派张征为广汉太守，军屯德阳；南中也派出叟兵五千入川助战。但战事自夏及秋，晋军屡败，李特进占德阳，势力大振。

在此期间任南夷校尉的，是籍贯为广汉的李毅，他与首任校尉李毅（籍贯天水）不是同一人。李毅颇有才干，青年时被广汉太守王浚看中，用为主簿。后来在助王浚平张弘之乱，升任益州刺史一事中立有大功，出任州主簿、别驾。王浚做征东大将军伐吴时，又以参军身份随征，平吴后因功封侯，任陇西护军。因病离职复出后，又历任县令、太守。王浚临死前，曾上表向朝廷力荐李毅。大约在晋惠帝元康（291—299年）年间出任南夷校尉，使持节。①

但是，李毅的才华无法阻挡南中的动乱。据《华阳国志·南中志》，其属下"建宁太守巴西杜俊、朱提太守梓潼雍约懦钝无治，政以贿成"。杜俊强行剥夺了该郡大姓铁官令毛诜、中郎李叡的部曲，将毛诜之弟处以剔去鬓毛、服刑两年以上的惩罚，惹怒了这一批大姓。而雍约则因受都尉雷逢的贿赂，将雷逢之子雷炤举为孝廉，把本来应当受到察举的大姓李猛晾在一边。李猛有才干，其弟又任功曹，负责察举，知道了事情的内幕，心里非常怨恨。太安元年（302年）秋天，毛诜、李叡乘李特在蜀中势盛，中原战乱已起之机，联合郡内一批大姓赶走了建宁太守杜俊。李猛闻讯后，给毛诜等建宁大姓写信说："昔鲁侯失道，季氏出之。天之爱民，

---

① 参见《华阳国志》卷十一。

君师所治。知足下追踵古人，见贤思齐。足下箕帚，枉惭吾郡。"李猛也带头驱逐朱提太守雍约，响应毛诜等人，聚众达数万人。

李毅随即率军击败了这批大姓的军队，毛诜兵败掉了脑袋，李叡跑去其遑耶五荼夷①帅于陵承处避难，李猛则向李毅写了降书，但李毅仍设计诱杀了李猛。

在以上背景下急需加强对南中的控制，复置宁州被提到了议程。《华阳国志·南中志》载：

> 部永昌从事江阳孙辨上南中形势："七郡斗绝，晋弱夷强，加其土人屈塞，应复宁州，以相镇慰。"冬十一月丙戌，诏书复置宁州，增统牂柯、益州、朱提，合七郡，（以毅）为刺史，加龙骧将军，进封成都县侯。

太安元年（302年）十一月下诏复置宁州。据《晋书·地理志》、《宋书·州郡志》，第二年即太安二年（303年）正式恢复了宁州。

惟《华阳国志·南中志》言，宁州复置后，"增统牂柯、益州、朱提，合七郡"，与《宋书·州郡志》载"增统牂柯、越嶲、朱提三郡"相左。按宁州重置时并无益州郡存在，且益州郡本从建宁郡中分出，与"增统"之说不符。所以，应依《宋书·州郡志》所言，重置宁州，增统牂柯、越嶲、朱提三郡。后来又从建宁郡中分出益州郡，宁州刺史统领八郡。

值得注意的是，此时西晋诸州的刺史，已非太康三年后只管监察的官员了。如《通鉴》所说，"刺史复兼兵民之政，州镇愈重矣"，州机构又恢复为兼统军政的性质。重新设置的宁州，成为一个兼摄地方行政和军事的区域，有利于"以相镇慰"，便于加强对西南边疆的控制和安抚，加强处理边疆突发应急事件的综合调控能力。

南夷校尉之职在宁州复置后仍保留下来。《华阳国志·南中志》说李毅"为刺史，加龙骧将军，进封成都县侯"，并无免其南夷校尉的说法。而《晋书·李雄载记》则讲宁州复置后，于陵承等围州城，"南夷校尉李毅固守不降"，可证李毅仍保留南夷校尉官职。李毅之后，除其婿王载一

---

① "荼"：诸书及不同版本所书不一，有荼、荼、蔡等写法，《通鉴》卷八十五作"苓"。似应为"荼"，"五荼"疑即后来的"乌撒"。

度在特殊情况下领南夷校尉不任刺史外，其他几任南夷校尉均由宁州刺史兼领，可参见《华阳国志·南中志》。

三 于陵承反晋与王逊重振宁州

太安二年，李叡的遑耶五茶夷帅于陵承来找李毅说情，请求李毅饶恕李叡之罪。李毅答应了于陵承的请求。但是，当李叡回到州城时，手下的大小官员认为毛诜、李叡"破乱州土"，坚决要求一定要杀掉李叡。李毅劝说无效，又不能一意孤行得罪下属这批南中大姓，出于不得已，只好批准杀李叡。

李毅出尔反尔的做法，激怒了于陵承和毛诜、李猛的遑耶，他们四处煽动谋反，拥戴马忠之子建宁太守马恢为宁州刺史，"烧郡伪发"。起初李毅不知内情，尽管身体疾病刚刚发作，仍勉力出兵去救马恢，待情况明朗后，李毅随即杀了马恢。但是，土著夷帅们的反晋浪潮已经势不可当了。《晋书·李雄载记》言："先是，南土频岁饥疫，死者十万计，南夷校尉李毅固守不降。（李）雄诱建宁夷使讨之。"南中在频岁饥疫的情况下，本已不稳，于陵承等起兵后，李雄又主动与之联合，原先南中大姓毛诜、李猛等欲与成汉"和光合势"的构想，已被夷帅们变为现实。反晋夷帅们"破坏郡县，没吏民"，连连得手。正遇上李毅病重，晋军屡挫。南中汉民纷纷逃往交州、永昌郡和牂柯郡避难，大约一半的汉民来不及逃走，被反晋夷帅们困房。

夷帅联军随即围攻宁州刺史驻地。李毅病势沉重，只能努力固守孤城，无法出战证讨。当时，李流、李雄在蜀地与益州刺史罗尚激战正酣，益州自顾不暇，无兵可援，而中原八王之乱，争战不已，更不能出兵救助宁州。李毅抱着一丝侥幸希望，上书朝廷："不能式遏寇虐，疾与事遇，使虏游魂。兵谷既单，器械穷尽，而求救无望，坐待殄毙。若必不垂矜忧，乞请大使，及臣尚存，加臣重罪；若臣已死，陈尸为戮。"言辞哀切至极，但朝廷仍未发一兵一卒来救。李毅之子李钊时在洛阳，任尚书外兵郎，久等未见朝廷发兵救其父，遂上表自荐赴难。来到牂柯郡之后受阻不得前进，只好绕道交州，仍然无法进入宁州。

光熙元年（306 年）春，李毅病死。州中文武推举李毅之女李秀领州事。李秀原先嫁给汉嘉（郡治今四川芦山县）太守王载，因蜀地战乱，王载举家迁往南中避难。在王载的帮助下，李秀勇挑起守卫宁州的重担，首尾三年，艰苦卓绝，固守州城。《通鉴》卷八十六光熙元年载：

> 毅女秀，明达有父风，众推秀领宁州事。秀奖励战士，婴城固守。城中粮尽，炙鼠拔草而食之。伺夷稍怠，辄出兵掩击，破之。

《华阳国志·南中志》、《晋书·王逊传》皆有类似的记载。

《晋书·怀帝纪》谓：永嘉元年"建宁郡夷攻陷宁州，死者三千余人"。同书《李雄载记》谓："（李）毅病卒，城陷，杀壮士三千余人，送妇女千口于成都。"均说宁州城已被攻陷，甚误，不可从。一则与同书《王逊传》言"毅卒，城中百余人奉毅女固守经年"之说自相矛盾；二则《华阳国志》作者常璩，是当时之人，在成汉李势时任散骑常侍，对南中事十分熟悉，如有城破大事，不会不记；三则如城破死三千军士，被掠千口妇女，州中文武官员应该死亡殆尽，但从《南中志》"文武复逼钊领州府事"，以及王逊未到任时，建宁功曹扣留其举秀才任命看，城中职官仍存，与城破情形不符。很可能是建宁夷帅攻破建宁郡城，掠送妇女千口于成都，被夸大其词，传言为破宁州城所得，致诸书误。

李秀主持政务期间，李毅故吏州治中从事毛孟等，于永嘉元年（307年）赴京师洛阳求救①，情节感人。《晋书·王逊传》载：

> 治中毛孟诣京师求刺史，不见省。孟固陈曰：君亡亲丧，幽闭穷城，万里诉哀，不垂愍救，既惭包胥无哭秦之感，又愧梁妻无崩城之验，存不若亡，乞赐臣死。朝廷怜之，乃以逊为南夷校尉宁州刺史，使于郡便之镇。

晋怀帝又任命李钊为平寇将军，领南夷护军；并命令交州出兵救援。《通鉴》卷86永嘉元年载："李钊至宁州，州人奉钊领州事。""仍诏交州出兵救李钊。交州刺史吾彦遣其子咨将兵救之。"

王逊在永嘉元年受任后，与毛孟等一道赴宁州。由于半路遇上寇贼等原因，辗转至永嘉四年（310年）方才到任。赴任途中，王逊遥举建宁大

---

① 《晋书·王逊传》系此事于永嘉四年。今参考《华阳国志》所述，年代从《通鉴》卷八十六。

姓董敏①为秀才。当时建宁郡久无太守，由郡功曹周悦主持郡务。周悦看不起董敏，认为不是人才，擅自扣住王逊所发的委任状。王逊初到任时的情况，《华阳国志·南中志》说："时荒乱后，仓无斗粟，众无一旅，官民虚竭，绳纪弛废。"《晋书·王逊传》也说："外逼李雄，内有夷寇，吏士散没，城邑丘墟。"宁州刺史力量极其虚弱，而形势又十分严峻。王逊严格执法，首先拉住一批南中大姓，打击轻慢法度的南中大姓，借以树威，立住脚跟。于是，他以周悦擅自抗命为由，将周悦抓来杀掉。周悦之弟周㻛时任秦臧县长，找到当地夷叟首领，合谋策划杀王逊，另立原建宁太守赵混之子赵涛为宁州刺史。不料事机不密，被王逊发觉，周㻛、赵涛反被王逊所杀。王逊敢作敢为，受到了另一些南中大姓的拥戴，取得恢复力量的基础。接着，他乘势"又诛豪右不奉法度者数十家"，沉重打击异己大姓。派李钊出任朱提太守，移郡治于南广，抗御李雄。李钊不负其望，"数破雄，杀贼大将乐初"，局势开始稳定。王逊本人也过着"恶衣菜食"的生活。反晋南中夷帅及广大人民也厌恶战乱，"渐亦反善"。经过数年"披荒纠厉，收聚离散"的工作，王逊终于重振宁州，建立起自己的强力统治。他抓住五茶夷掘夜郎庄王墓的罪名，出兵征讨南中土著，残酷镇压，"俘馘千计，获马及牛羊数万余"，灭五茶夷及诸夷数千落，威震南中，土著及大姓"莫不振服"。这些，《晋书·王逊传》和《华阳国志·南中志》皆有记载。

为了加强对地方的控制，同时也为分化削弱大姓，王逊根据南中的地理形势，对宁州的郡县作了一系列调整，析置了一批新郡。《晋书·王逊传》载："逊以地势形便，上：分牂柯为平夷郡，分朱提为南广郡，分建宁为夜郎郡，分永昌为梁水郡，又改益州郡为晋宁郡。事皆施行。"上引虽有错漏，但王逊任上在这方面的举措确很突出。西晋末年析置的有以下七郡：

益州郡　《晋书·地理志》载："太安二年惠帝复置宁州。又分建宁以西七县别立为益州郡。永嘉二年改益州郡曰晋宁。"该文没有确指设置益州郡的时间，但《宋书·州郡志》载："晋宁太守，晋惠帝永安二年，分建宁西七县为益州郡，晋怀帝更名。"按，惠帝永安无二年，"永安"之说有误，整理者改"永安"为"太安"，②可从。益州郡设于晋惠

---

① 董敏：一作"董联"。
② 见中华书局1974年版标点本《宋书·州郡志》校勘记。

帝太安二年（303年），但在太安元年下诏复置宁州时还未提到议事日程，因此，七郡之数不包括益州郡。它与两汉的益州郡有别，两汉的益州郡辖境宽广，初时辖县达24县；西晋的益州郡仅辖建宁以西7县。

南广郡　《宋书·州郡志》载："晋怀帝分朱提立。"《晋书·愍帝纪》又载：建兴四年（316年）"五月，平夷太守雷炤害南广太守孟桓，帅二郡三千余家叛降于李雄"。设郡的时间不足十年，此后南广郡一度废弃。

平夷郡　《宋书·州郡志》载："晋怀帝永嘉五年宁州刺史王逊分牂柯、朱提、建宁立平夷郡。"阚骃《十三州志》同。但《水经·延江水注》："晋建兴元年置平夷郡。"《华阳国志·南中志》载："元帝建兴元年置。"顾千里嘉庆癸酉校记谓"元帝当作愍帝"，[①] 与《水经注》同，可从。《晋书·本纪》和《通鉴》皆载建兴四年（316年）平夷太守雷炤降于李雄，证明西晋末年该郡已存在。

夜郎郡　《华阳国志·南中志》载："晋元帝世，（牂柯）太守建宁孟才以骄暴无恩，郡民王清、范朗逐出之。刺史王逊怒，分牂半为平夷郡，夜郎以南为夜郎郡。"按，夜郎与平夷同时置郡，亦应置于愍帝建兴元年（313年）。《宋书·州郡志》谓："晋怀帝永嘉五年宁州刺史王逊分牂柯、朱提、建宁立。"与所载平夷郡同，不从。

平乐郡　《华阳国志·南中志》载："平乐郡，元帝建兴元年，刺史（王逊）割建宁（之）新定、兴迁二县，新立平乐、三沮二县，合四县为一郡。后太守建宁董霸叛降李雄，郡县遂省。宁州北属雄，复为郡，以朱提李壮为太守。"从刘琳说，"元帝"应为"愍帝"。[②] 该郡约在今贵州盘县、普安一带。《资治通鉴》载："平乐太守董霸帅三千余家叛，降于成"，系此事于建兴四年（316年），则西晋平乐郡仅存在了四年。宁州北属李雄，成汉仍相沿设平乐郡。宁州重归东晋后，平乐郡未见记载。《宋书·州郡志》建宁郡又有原属平乐郡的新定县，证明东晋后期平乐郡重新并入建宁郡了。

梁水郡　《宋书·州郡志》谓："梁水太守，晋成帝分兴古立。"但王逊时已有梁水太守。《晋书·明帝纪》载：太宁二年（324年）"梁

[①] 刘琳：《华阳国志校注》，巴蜀书社1984年版，第386页。
[②] 同上书，第413页。

水太守爨亮、益州太守李遐以兴古叛降于李雄"。太宁二年王逊已死，分置梁水郡的时间应比此还早。《华阳国志·南中志》载："梁水郡，刺史王逊分置，在兴古之盘南。"所说可信。

河阳郡　《华阳国志·南中志》载："河阳郡，刺史王逊分云南置，属县四。"所领四县有脱漏，不获详考。《宋书·州郡志》亦载："晋怀帝永嘉五年，宁州刺史王逊分永昌、云南立。"

以上益州、南广、平夷、夜郎、平乐、梁水、河阳等7郡，加上原来的建宁、兴古、云南、永昌、朱提、牂柯、越嶲7郡，西晋后期宁州曾达14郡。新置诸郡多数处于北部和东部，当与加强边防，安置蜀中涌入的流民，对付成汉扩张有关。正因为如此，由于战事不断，有些郡存在的时间甚短，改易也很频繁，郡县设置极不稳定。

第三节　成汉及东晋时期的宁州

一　西晋末期和东晋初期的宁州

王逊任宁州刺史，《晋书·王逊传》说他"专杖威刑，鞭挞殊俗"。《华阳国志·南中志》说他"严猛太过，多所诛锄"，"夷晋莫不惶惧"。这引起许多南中大姓的恐慌和怨恨，大姓中逐渐发生拥晋和拥成汉的分化。而随着宁州局势好转，原先"恶衣菜食"的王逊开始放纵自己的贪婪本性，威望大大下降。《晋中兴书·王逊传》载："王逊为宁州刺史，民人谒者，多使作金刺通名。妻尤之，曰：何先清而后浊也。"[1] 建兴四年（316年）拥成汉的南中大姓开始发难，平夷太守朱提大姓雷炤杀南广太守孟桓，率两郡中的三千余家投靠李雄；平乐郡太守建宁大姓董霸也举郡反王逊，降李雄，使宁州失去平乐、平夷、南广三郡。[2]

---

[1] 见《北堂书钞》卷七十二。
[2] 《华阳国志·南中志》言："犍为太守朱提雷炤、流民阴贡、平乐太守董霸破牂柯、平夷、南广，北降李雄。"考《晋书·愍帝纪》载："建兴四年五月，平夷太守雷炤害南广太守孟桓，帅二郡三千余家叛降于李雄"（《十六国春秋·后蜀录》同），知雷炤应是平夷太守（犍为时已早属成汉）；《南中志》平乐郡条又载："太守建宁董霸降李雄，郡县遂省"，《华阳国志·李雄势志》载，"朱提雷炤率民归降"，而谢恕保有牂柯，直至宁州降李寿，则又无可置疑。是知雷炤所破者仅平夷、南广二郡，牂柯郡并未受损；董霸举平乐一郡降李雄，与雷炤同时，其地隔平夷郡方接成汉，二郡均应附成汉方能据守。后来李寿从南郡入滇，可知南广亦属成汉无疑。

建兴四年（316年），晋愍帝出降刘曜，西晋灭亡。第二年，晋宗室司马睿在建康（今江苏南京）称晋王，建立东晋。各地汉族地主官僚纷纷上表劝进，拥其称帝。宁州刺史王逊也派其长子王澄前去送表劝进。大兴元年（318年），司马睿正式称帝，是为东晋元帝。为嘉奖王逊的劝进，晋元帝下诏封王逊为散骑常侍、南安将军，假节、南夷校尉、宁州刺史、赐爵褒中县公。

《晋书·职官志》载："武帝置南蛮校尉于襄阳，西戎校尉于长安，南夷校尉于宁州。""及江左初，省南蛮校尉，寻又置于江陵；改南夷校尉曰镇蛮校尉。"未见其他史籍佐证。相反，《晋书·王逊传》讲东晋时，王逊领"校尉、刺史如故"，即仍任南夷校尉、宁州刺史不变；且又说王逊死后，"诏除（王逊之子王）坚为南夷校尉、宁州刺史"；《华阳国志·南中志》载："永昌元年（按，此年代有误），晋朝更用零陵太守南阳尹奉为宁州刺史、南夷校尉，加安西将军。"东晋初期在南中任校尉的王逊、王坚、尹奉三人，上述史籍均言是南夷校尉，不见改易名称的痕迹，《晋书·职官志》"江左初"改镇蛮校尉之说不可从。《宋书·百官志下》谓："江左改（南蛮校尉）曰镇蛮校尉。"可以理解为东晋末年改名。

此时，反晋的南中大姓又乘势而起，益州太守李遏、梁水太守董憕与建宁大姓爨量一道，据兴古郡的盘江以南反晋降成汉①。王逊派军攻讨，屡战无功。原先被李雄抓去的越嶲太守李钊（李毅之子）从蜀地逃回宁州，王逊再次任命其为越嶲太守。太宁元年（323年）正月，李雄派其叔父李骧率任回等将进攻越嶲，在台登破死晋将司马玫，李钊与其妹婿前汉嘉太守王载共同御敌。经双方大战，李钊惨败，便与王载一道降李雄，越嶲遂属成汉。《晋书·李雄载记》说：李雄极力笼络李钊，将其接到成都，"待遇甚厚，朝廷仪式、丧纪之礼，皆决于钊"。这年五月，李骧等渡泸水进攻宁州。王逊派其属下督护云南大姓姚岳②、爨琛率军迎战，在堂狼县大败李骧。《晋书·王逊传》载："战于堂狼，大破骧等，崇追至泸水，透水死者千余人。"《晋书·李雄载记》又载："骧进军由小会

---

① 《晋书·明帝纪》言：太宁二年，"梁水太守爨亮、益州太守李遏以兴古叛降于李雄"，与《华阳国志》异。今从《华阳国志》。"爨量"又作"爨亮"。

② 姚岳：亦作"姚嶽"、"姚崇"，皆误。见杨守敬《水经注疏》，江苏古籍出版社1989年版，第2955页。

（无）攻宁州刺史王逊，逊使其将姚岳悉众距战。骧军不利，又遇霖雨，骧引军还，争济泸水，士众多死。"但姚岳不敢渡江穷追，虽获大胜而未擒得李骧等。王逊十分恼怒，囚参战群帅，鞭责姚岳。并因此，"发上冲冠，冠为之裂，夜中卒"，患脑溢血猝死。但经此一战，成汉十来年中未再大规模兴兵进攻宁州，局势相对平静。①

以收人质的方式，去控制手握重权的方镇大吏，是魏晋统治宁州的一大策略。魏灭蜀时，南中都督霍弋就曾"委质"于晋文王；② 李毅任宁州刺史、南夷校尉，其子李钊在京师洛阳任职，也有质子的意义。王逊受任宁州刺史时，宁州正处困境，《晋书·王逊传》说，晋朝"使于郡（王时任广汉太守）便之镇"，很可能未收其人质。大兴元年其子王澄赴都劝进元帝时，正值东晋草创，也来不及收人质。到永昌元年（322年），东晋对宁州开始实行人质制度。《宋书·五行志》云："晋元帝永昌元年，宁州刺史王逊遣子澄入质，将渝、濮杂夷数百人入京。"查《晋书·王逊传》，王逊死后，"州人复立逊中子（王）坚行州府事"，《华阳国志·南中志》所载略同。可知王澄当时的确未在宁州，否则以当时所重的长幼之序，领宁州刺史、南夷校尉事是轮不到王坚的。

东晋元帝永昌元年（322年）时，宁州刺史在军事关系上不再直接隶属中央朝廷。《晋书·元帝纪》载永昌元年八月，权臣王敦"自领宁、益二州都督"，即都督宁、益二州军事，类似今天大军区司令，有权节制宁州刺史麾下兵马。《云南史料丛刊》第1辑《东晋以来持节都督宁州军事表》言第五猗在西晋愍帝时，已任都督荆、梁、益、宁四州军事。然查其出处《晋书·周访传》，只说第五猗职务是"征南大将军，监荆、梁、益、宁四州"，而同书《杜曾传》也说"第五猗为安南将军、荆州刺史"，则第五猗只是四州监军而非都督。宁州刺史受其他都督数州军事的官员节制，实应始于东晋永昌元年。

太宁元年（323年），王逊病死。州中大姓及文武官员，共同推举王逊的二儿子王坚领宁州刺史、南夷校尉。晋明帝认可这一推举，下诏除王坚宁州刺史、南夷校尉。

太宁二年（324年），自领都督宁、益二州军事的大将军王敦病死，

---

① 朱惠荣：《堂狼之战与王逊之死》，载《史与志》2007年第3期。
② 《三国志·霍弋传》注引《汉晋春秋》。

其反晋余党被晋军击败。太宁三年①（325年），荆州刺史陶侃认为王坚之才不足以对抗成汉，上表推荐零陵太守尹奉为宁州刺史。于是，东晋朝廷下诏征王坚回京师，任命尹奉为宁州刺史、南夷校尉。

尹奉到任，鉴于据守南盘江以南的爨量经常侵掠，为患吏民，便出重金招募宁州城外的少数民族，使之刺杀了爨量。随后又诱降李遏，平定了南盘江以南。尹奉因功进封安西将军、迁陵伯。尹奉任宁州刺史期间，又对宁州郡县作了一些调整。他首先在南盘江以南的地区，新置西平郡；从建宁郡中划出一部置建都郡；从河阳郡中划出西河郡；从云南郡中又分出兴宁郡。同时，他又将朱提郡治从南广移回朱提。其时，宁州越嶲、平乐、平夷三郡已属成汉，尹奉治下的宁州仍统有14个郡。尹奉在地域缩小的形势下多置郡县，与王逊分化削弱南中大姓势力不同。他吸取王逊"专杖威刑"、"严猛太过"的教训，试图采用"无为而治"的办法，发展南中大姓力量抗御成汉。《华阳国志·南中志》说他"威刑缓钝，政治不理"。多置郡县就是一种拉拢南中大姓的措施。郡县一多，官职自然也多，给南中大姓以所需的官职，他们就可能拥护刺史。但是，面临成汉的威胁，"无为而治"已经不合时宜了。

二 成汉对南中的经营

在中国历史上，北方各族割据的十六国时期几乎与南方的东晋相始终。以太元八年（383年）的淝水之战为界，其前期先后出现的政权有成—汉、汉—前赵、后赵、前燕、前秦、前凉、冉魏、代。后期在关东、关中、陇右先后出现了十一个割据政权，在代北崛起了北魏。实际上十六国时期不止十六个政权，十六国应该被视为这一分裂割据时期的代号。诸割据政权中，仅成汉位居四川，它不但与南中有着千丝万缕的关系，而且后来南中也成为成汉的一部分。

巴蜀乃天府之国，沃野千里，以富庶著称，历来为统治者所倚重。割据巴蜀的行为，不能被中央容忍，一定会与朝廷大军发生战争。南中是巴蜀的后方，其稳定和依附与否，事涉巴蜀的巩固。割据巴蜀者，面对中原朝廷压力，需要尽力对抗、支撑，一旦南中与其作对，后果十分堪忧。顾

---

① 《华阳国志》作永昌元年，误。陶侃于太宁三年任荆州刺史，辖零陵郡，且王敦于前一年已死，陶侃方能举尹奉，插手宁州。此从《通鉴》卷九十三及《晋书·王逊传》。

祖禹《读史方舆纪要·陕西纪要》就说："盖定南方然后可以固巴蜀。"诸葛亮《隆中对》中所谓"南抚夷越"的立国方略；蜀汉平定南中后，所称"今南方已定，兵甲已足，当奖帅三军，北定中原"之说，就证实了南中和巴蜀的特殊关系。

成汉政权割据巴蜀，为避免来自南中的沉重打击，一直十分注意经营南中。太安元年（302年）夏天，南夷校尉李毅派五千叟兵入川，助罗尚攻李特。头一年罗尚入川时领军不过七千余人，李毅一次发五千人马助战，对李特威胁甚大。事实上，八月李特破德阳，李流据成都以北，李骧进占离成都仅二十余里的毗桥（今四川新都南三河场昆河上）情况危急，罗尚是靠叟兵来袭破李骧之军的。据《华阳国志·大同志》，后因叟兵"军数挫"，才使"（李）特势日盛"。同年秋天，南中毛诜、李叡、李猛等起兵逐太守，聚众数万。据《华阳国志·南中志》所载，他们自己承认"与李特和光合势。虽不能营师五丈，略地渭滨，冀北断褒斜，东据永安"，有意同李氏共同割据巴蜀。李毅迅速平定这一事变，但南中局势已经不稳，李毅再无兵马派入四川。太安二年（303年）正月，李特攻入成都。二月，李特诸军受晋军和三蜀地主武装联合反击，大败。李特死，李流领其众，境况艰难。九月，李流病故，李雄继领其众，称大将军、大都督、益州牧，军势复振，攻入成都少城。又遣李骧率军攻占犍为郡，截断据守成都太城的罗尚粮道。十二月，罗尚因粮运不继退走，李雄全部占领成都。其间，正值南中夷帅于陵承等兴兵反晋。李雄乘机推波助澜，逼得李毅困守孤城，自保不暇，使得诸李免除南中之忧，迅速复起，从容破城。《晋书·李雄载记》就说，是李雄"诱使建宁夷"讨李毅。永嘉元年（307年）南中夷帅们曾向成汉报功，并送去所掠的上千妇女，被夸大为已破宁州州城。南中夷帅和李雄之间，已经建立明显的联系，说明成汉对南中的经营很有成效。太安二年以后，南中陷于战乱，不再对成汉构成威胁。而李雄在永安元年（304年）称成都王后，一直与以罗尚为首的晋军争战，也无暇南入宁州。光熙元年（306年），李雄称帝，国号大成，改元晏平。

王逊于永嘉四年（310年）到任为宁州刺史，用了数年时间恢复南中。而王逊到任的同年，罗尚病死，李雄加紧攻势。永嘉五年（311年），李雄破涪城，擒谯登；又攻巴西，杀文硕①；隗文又杀张罗降李雄。《华阳国志·大同志》载，蜀人曾言："谯登治涪城，文石在巴西，张罗守合水，巴氏那得前！"将此三人倚为柱石，三人一死，蜀地混乱。李雄势力大振，至建兴二年（314年）占有益、梁二州绝大部分地区。

据《华阳国志·李特雄期寿势志》，李雄据有蜀地后，任命李凤为征北大将军、梁州刺史，任命任回为镇南大将军、南夷校尉、宁州刺史，任命李恭为征东大将军、南蛮校尉、荆州刺史。他与李骧着力安抚蜀地百姓，上述三个大将军则负责对外部的招抚，明确成汉要据有宁州的决心。任回"招流民于外，称有功"。建兴四年（316年）晋平夷太守雷炤率平夷、南广两郡三千家叛降成汉，就有流民阴贡参与行事。

晋王朝也不甘心失去益州，任命王逊遥领益州刺史、平西将军②，相机收复益州。王逊虽然实力有限，但也有意一试。正好原平西将军罗尚的参军侯馥在牂柯避难，王逊便将他再度聘为平西参军，准备利用侯馥在故乡江阳的影响兴兵举事。随后王逊上表欲迁牂柯太守谢恕为涪陵太守，出兵屯巴郡把口（今四川巴县冬笋坝）；又表侯馥为江阳太守，住江阳郡的沘源（今四川叙永县附近）。侯馥到后，立即招降当地土著民族，修造船舰，准备进军事宜。他先请王逊派兵前来，又致函谢恕相约同取涪陵。不料船舰尚未造好，王逊大军未到之际，成汉征东大将军李恭已率兵来攻。侯馥寡不敌众，兵败被擒，王逊的计划也只好不了了之。

但成汉并未善罢甘休。大兴元年（318年）策反南中大姓爨亮等据兴古郡盘江以南附成汉。太宁元年（323年），李雄派其叔父李骧等人率军渡泸水，准备大举攻宁州。经堂狼一战，李骧等溃回，损失惨重，成汉取宁州势头才被暂时遏止。成汉占领越巂后，局势也不太安宁。太宁元年（323年）越巂土著斯叟起兵反成汉，攻围任回及成汉越巂太守李谦。李雄遣征南将军费黑率兵救援，至咸和元年（326年）夏天，斯叟才被击破。据《晋书·成帝纪》，咸和二年（327年）春天，宁州秀才庞遗又聚众兴兵，攻围任回、李谦等。李雄派其将罗恒、费黑赴救，宁州刺史尹奉也派将军姚岳、朱提太守杨术率兵支援庞遗。两支援军在台登交战，晋军大败，杨术战死。成汉乘战胜之际，将郡民移居蜀地。

---

① 文硕：一作"文石"。
② 《华阳国志·南中志》言王逊曾官至平西将军又兼益州刺史，同书卷十二亦有平西之说。

成汉进攻宁州决定性的一战发生在咸和七年（332年）。《华阳国志·李特雄期寿势志》载：

> 七年秋，寿南征宁州，以费黑为司马，与邵攀等为前军，由南广入；又别遣任回子调由越嶲入①。冬十月，寿、黑至朱提，朱提太守董炳固城。宁州刺史尹奉遣建宁太守霍彪、大姓爨深等助炳。时寿已围城，欲逆拒之。黑曰："料城中食少，霍彪等虽至，赍粮不多，宜令人入城共消其谷，犹嫌其少，何缘拒之？"彪等皆入城。城久不下，寿欲急攻之。黑谏曰："南中道险，俗好反乱，宜必待其诈勇已困，但当日月制之，全军取胜，必求有余。涸牢之物，何足汲汲也！"寿必欲战，果不利，乃悉以军事任黑。

> 八年春正月，炳、彪等出降，威震十三郡。三月，刺史尹奉举州委质，迁奉于蜀。寿领宁州。

大概董炳、霍彪诸军是宁州的主力，被围不足百日就出降，实力之虚弱可想而知。主力一降，尹奉亦举州降成汉，宁州兵力之单薄也可以想见。经过多年战乱的损耗，此时的宁州已接近一触即溃了。成汉统治宁州，李寿为宁州刺史。

据《华阳国志·李特雄期寿势志》，李雄时"乃虚己受人，宽和政役，远至迩安，年谷丰登"。"其赋民，男丁一岁谷三斛，女丁一斛五斗，疾病半之。户调绢不过数丈，绵不过数两。事少役稀，民多富实，乃至闾门不闭，路无拾遗，狱无滞囚，刑不滥及。"然而，当南中成为成汉一部分的时候，成汉政权已进入了它的衰落时期，内部矛盾加剧，暴政渐显，统治上层互相残杀。②"南中初平，威禁甚肃，后转凌掠民"。南中各族领受了成汉与晋长期争夺宁州的战争苦难，却未获得成汉统治带来的好处。这年秋，建宁大姓毛衍、罗屯等起兵反成汉，杀成汉建宁太守邵攀；牂柯太守南中大姓谢恕也"举郡为晋"，宣布脱离成汉。李寿复率大军进击二郡，东晋又无援军可派，二郡先后为李寿所破，复归成汉。《资治通鉴》

---

① 《晋书·李雄载记》："遣镇南任回征木落，分宁州之援。"与《华阳国志》异。木落在越嶲境。

② 杨伟立：《成汉史略》，重庆出版社1983年版。

卷九十五载，咸和八年（333年）八月，"成建宁、牂柯二郡来降，李寿复击取之"，即指此事。《华阳国志·南中志》又载："咸和八年，（尹奉）遂为雄弟寿所破获，南中尽为雄所有。唯牂柯谢恕不为寿所用，遂保郡独为晋，官至抚夷中郎将、宁州刺史、冠军。"牂柯成为东晋宁州存在的象征。还有吕氏世官领郡的永昌郡也举郡固守，为成汉势力所不能达。

南中局势不稳，成汉大军又不可能久留宁州，李雄只好仍然倚重南中大姓。咸和九年（334年）春，李寿受封建宁王。成汉分宁州置交州，以霍彪为宁州刺史、爨深为交州刺史。霍彪即霍弋之孙，统有"霍家部曲"，世代相沿，已成为名副其实的南中大姓，在南中根基甚固，影响很大。爨深是建宁大姓，其爨氏家族自东汉起，一直是著名南中大姓。成汉任用二人为刺史，实因成汉力量不济，必须笼络和倚重南中大姓之故。咸和九年（334年）三月，李寿率大军还蜀，南中仍属成汉，但实际统治权已基本落在霍氏、爨氏等南中大姓手中。李雄时复置的平乐、南广二郡，以朱提大姓李壮为平乐太守，李播为南广太守。见于史籍的建宁、兴古太守，也均是南中大姓。这一时期南中大姓主要倾向拥护成汉。

六月，李雄病死，其兄子李班袭位。十月，李班为李雄之子李越所杀，越弟李期自立为帝。李寿徙封汉王，李越受封建宁王。李期在位，政刑失措，大臣、亲戚人人自危，力量不如从前。咸康二年（336年），东晋广州刺史邓岳派督护王随率兵三千进攻夜郎郡，又派新昌太守陶协击兴古郡，克二郡。至此牂柯、夜郎、兴古三郡复归东晋，加岳督宁州。

咸康四年（338年），李寿攻入成都，杀李期、李越，自立为帝，改国号为汉，以其侄李权为镇南大将军、南夷校尉、宁州刺史。咸康五年（339年），李寿任部将李奕为镇东大将军，进攻牂柯郡，无功而返。《晋书·李寿载记》说："太守谢恕保城据守者积日，不拔。会奕粮尽，引还。"南中大姓建宁太守孟彦等人乘机活跃起来，率部众缚原成汉宁州刺史霍彪以降，[①] 举建宁郡归晋。当时，成汉宁州刺史李权驻越嶲，李寿派

[①] 《华阳国志·李特雄期寿势志》言："孟彦率州人缚宁州刺史霍彪于晋。"查同书同卷前云霍彪任宁州刺史于咸和九年（334年），李权任宁州刺史于咸康四年（338年）四月，并未言霍彪已复职。而《晋书·成帝纪》云："建宁人孟彦执李寿将霍彪以降"，似霍彪已非刺史，再看《华阳国志》云孟彦缚霍彪后，仅"举建宁为晋"，并非举"宁州"，是知霍彪为前宁州刺史可能性甚大，故作"原宁州刺史"称呼。

其右将军李位都率军进攻建宁郡。随后，李寿又派原晋宁州刺史李毅之孙李摅为御史，进入南中，利用李家与南中大姓的老关系，积极安抚劝说南中大姓。李寿的措施，收到了一定效果，咸康六年（340年）三月，成汉军队攻下丹川①，孟彦、刘齐、李秋等守将战死。李寿再次稳定了南中局势。

　　成汉在南中的设治很不稳定。不仅一些郡在战守中易主频繁，州也经常置废更迭。据《华阳国志·李特雄期寿势志》，咸和九年（334年）春，"分宁州置交州，以霍彪为宁州、建宁爨深为交州刺史"。咸康二年（336年）"省交州"。《资治通鉴》卷九十五胡三省注："成分宁州之兴古、永昌、牂柯、越嶲、夜郎等郡为交州。"《晋书·地理志》又载："其后李寿分宁州兴古、永昌、云南、朱提、越嶲、河阳六郡为汉州。"汉州之名，当与李寿称汉皇帝，改元汉兴，改大成国号为汉有关，时间在咸康四年（338年）。成汉先后析置交州和汉州，意在表示对交州、永昌等一些尚未控制的州郡的领土主权及经营意向；也用以安置、笼络霍彪、爨深等南中大姓，获取他们对成汉政权的支持。然而，又惧怕因设置一级政区而形成新的反对成汉的政治势力，所以除宁州刺史由李寿兼任或由其侄子李权担任，其他交州、汉州等皆设置时间短暂，地域零散而互不连接，一些郡的隶属关系又频繁更换，刺史空有其名而难于联络、调遣或控制。东晋在南中也采取了对应措施。据《晋书·成帝纪》，咸康四年（338年）秋八月"分宁州置安州"，咸康七年（341年）冬十二月"罢安州"。对此，《晋书·地理志》记载较详："咸康四年分牂柯、夜郎、朱提、越嶲四郡置安州，八年又罢并宁州，以越嶲还属益州，省永昌郡焉。"东晋此举与成汉如出一辙，当时朱提、越嶲皆在成汉统治下，忽而宁州的越嶲，忽而安州的越嶲，忽而益州的越嶲，短期内频繁的更张，对于东晋没有实际意义；但竟把无法联系的永昌郡"省"了，却反映出东晋统治者的衰朽和昏聩。

　　《晋书·李寿载记》载，李寿仰慕王逊以杀罚御下的做法，"人有小过，辄杀以立威"，致使"民疲于徭役，吁嗟满道，思乱者众矣"。建元

---

① 《晋书·成帝纪》作"汉人攻拔丹川"。《通鉴》咸康六年三月载："汉人攻拔丹川，守将孟彦、刘齐、李秋皆死。"据胡三省注："五年，孟彦以建宁降，丹川当在建宁界。"刘琳：《华阳国志校注》，巴蜀书社1984年版，第691页。注云："丹川当为宁州之讹。"可备一说。

元年（343年），李寿卒，其子李势即位。《华阳国志·李特雄期寿势志》载，李势"骄淫不恤国事，中外离心"，"加以饥馑，境内萧条"，又擅杀素得人心的大臣马当、鲜思明，力量进一步衰微。《晋书·穆帝纪》："永和元年，李势将爨頠来奔。"永和元年（345年）大姓爨頠弃成汉归晋。成汉在宁州统治，本倚重南中大姓，而南中最有势力的大姓是霍、孟、爨三家，霍、孟两家此前已同归于尽，仅剩爨氏。现在爨頠归晋，成汉在南中的统治受到沉重打击。永和三年（347年），晋将桓温伐蜀，李势出降，宁州复归东晋所有。

三 东晋后期在宁州的统治

宁州复归东晋以后，晋朝统治远不如先前有力，基本上没有什么建树。南中大姓中幸存的爨氏等，成为实际的地方统治者，被中央王朝所倚重。但终东晋之世，王朝正朔及制度仍然施行于南中。此时世领永昌郡守的大姓吕氏，已经与宁州隔绝。而在升平元年（357年）以前，未见晋朝向南中委派郡守和刺史的记载。根据牂柯大姓谢恕原任宁州刺史，以及《元和姓纂》宁州刺史爨頠的记载，很可能最初东晋采取任用大姓统治当地的做法，先后以忠于晋朝的谢恕和永和元年（345年）投奔晋朝的爨頠担任宁州刺史，显示东晋直接经营南中，似已出现力不从心之感，宁州在朝廷的分量已经下降。

晋穆帝升平初年，桓温部将毛穆之出任督宁州诸军事、扬威将军、宁州刺史，他在宁州很可能招募了一批兵士。升平四年（360年）底，因桓温受封南郡公，毛穆之也受封建安侯，回桓温的太尉府任参军。但其所募兵马被配属在其麾下。从毛穆之离宁州后继任的参军、太守等职看，似乎宁州刺史的地位，与内地参军、太守区别不大。

晋哀帝兴宁初年（363年），周仲孙出任督宁州军事、振武将军、宁州刺史。据《晋书·周访传》，周仲孙"在州贪暴，人不堪命"。咸安元年（371年），鉴于益、梁二州多有反晋战乱，权臣桓温以"周氏世有威称"，仲孙祖父周访、伯父周抚、堂兄弟周楚等在益、梁素著威名，便以周仲孙监梁、益二州军事，领益州刺史。[①] 宁康元年（373年），前秦苻

---

① 《晋书·周访传》言周仲孙仅"监益、梁二州之三郡"，但从同书《孝武帝纪》和《苻坚载记》看，周仲孙似同时领益州刺史，故采《通鉴》卷103之说。

坚派大军攻蜀，晋军屡战屡败，周仲孙率五千骑兵马逃奔南中，前秦据有蜀地。

前秦据蜀后，任命姚苌为宁州刺史，但屯驻垫江（今四川合川县），并未进入南中。虽然《晋书·苻坚载记》言："于是西南夷邛、筰、夜郎等皆归之"，并言太元八年（383年）"益州西南夷海东诸国，皆遣使贡其方物"，但参考其他资料，此时宁州统治权仍在东晋手中。《宋书·符瑞志》载，太元十二年（387年）和太元十四年（389年），宁州刺史费统分别上奏宁州有甘露、神马祥瑞。该志又载："晋武帝太康元年十二月戊子，嘉瓠生宁州，宁州刺史费统以闻。"费统是晋孝武帝时人，本条"武帝"应是"孝武帝"；"太康"乃"宁康"之误，时间在宁康元年（373年）。也就是说从公元373—389年，东晋宁州刺史费统仍在宁州城内，曾三次上报祥瑞，而前秦据蜀恰在这段时间，表明宁州仍属东晋，归附前秦的，仅是南中土著的一小部分，并非全部。此外，从周仲孙五千骑奔南中，前秦没有追击，其宁州刺史仍驻垫江的情形看，前秦据蜀后，确实没有摧毁东晋的宁州机构。益州虽归前秦，宁州并未归前秦统治。

淝水之战后，前秦政权陷于崩溃。太元十年（385年），东晋夺回益州，宁州与朝廷的联系再次畅通。费统之后，毛穆之之子毛璠曾出任宁州刺史，死于任上。义熙元年（405年），为表彰毛氏兄弟平桓玄反晋之功，晋安帝下诏任毛璠之弟蜀郡太守毛瑗为宁州刺史。但在此之前，毛瑗与其兄益州刺史毛璩一道，已被毛璩部将谯纵所杀，这一任命未能生效。①

在义熙元年谯纵据蜀以前，南中和晋朝的关系基本正常。《爨宝子碑》言爨宝子23岁死于建宁太守任上，时在义熙元年。其云爨宝子曾被"（宁）州主簿、治中、别驾举秀才、本郡太守"，一则说明当时宁州似缺刺史，荐举之事出于州刺史属吏之手，应是毛璠去世之后；二则说明当时南中大姓实际上直接统治当地，爨宝子不足23岁，毫无建树，仍可直接被推举为太守，并任本郡；三则说明东晋举官制度仍被奉行，王朝威权仍受大姓承认。方国瑜先生言："《爨宝子碑》纪大亨四年乙巳，实即义熙元年（405年），连年号都弄不清，可见南中与晋朝的关系几乎断绝了。"

---

① 《晋书·毛宝传》言桓振死后安帝下诏。而桓振死于三月，毛璩、毛瑗死于二月。

又言："可见东晋不惟不能统治南中，即互通消息都很少。"① 方先生之论似有未妥。晋安帝元兴元年（402年）三月改元大亨；第二年十二月桓玄篡立，改元永始；桓氏败没，安帝反正，改元义熙。《通鉴》卷一一二元兴元年正月条胡三省注云："是年三月元载败，复隆安年号。桓玄寻改曰大亨。玄篡，又改曰永始。元兴之元改于是年正月，《通鉴》自是年迄义熙初，元皆不改。元兴之元不与桓玄之篡，拨乱世返之正也。"元兴年号实际上仅存在了三个月，其后为大亨年号，史书所谓元兴二年，当时是大亨二年。年底桓玄改元永始，而拥晋室的各地官员和将领仍奉晋正朔，不从桓玄年号，故史书之元兴三年，即是晋大亨三年和桓玄永始二年。益州刺史毛璩拒桓玄拥晋，当奉大亨年号无疑。毛璩的两个弟弟曾被晋朝委任过宁州刺史，毛氏与宁州渊源颇深，两州地又邻近，宁州与益州一道奉晋大亨年号，恐不能说"南中与晋朝的关系几乎断绝了"，更不能说"互通消息都很少"。安帝反正，于正月改元义熙，且未能于当月返回京师。而二月谯纵杀益州刺史毛璩宗族，称成都王，据有益州。宁州与晋廷联系一时中断，不知改元消息，葬于该年四月的爨宝子，其碑书"大亨四年"，以示奉晋正朔，是不足为奇的。

义熙二年（406年），谯纵投靠后秦姚兴，益州为后秦所属。此后东晋对宁州刺史的任命不见于史书记载。据《爨龙颜碑》载，爨龙颜的祖父曾任"晋宁建宁二郡太守、龙骧将军、宁州刺史"。其祖父任职时间应在东晋。义熙元年以后，宁州虽仍属东晋，但实际上已被以爨氏为首的南中大姓把持。

义熙十一年（415年），刘裕率大军讨平晋宗室荆州刺史司马休之，加领南蛮校尉。爨氏看准了刘裕日益壮大的势力和取代东晋的趋势，由爨龙颜"相征西镇，迁南蛮（校尉）府行参军"，得到赏识，任试守建宁太守，后升任宁州司马长史。义熙十二年（416年）八月，爨氏又向刘裕献琥珀枕，讨好刘裕。因琥珀有治疗刀伤之效，刘裕大为欢喜，命人捣碎，分赐给将随自己北征的将士。爨氏和刘裕之间有了明显的联系。

东晋的宁州战乱频仍，郡县的析分、整合也很频繁。今据《晋书·地理志》、《华阳国志·南中志》、《宋书·州郡志》，并参考毕沅《晋书地理志新补正》、洪亮吉《东晋疆域志》、徐文范《东晋南北朝舆地表》

---

① 《滇史论丛》，上海人民出版社1982年版，第97、106页。

等，编成《东晋宁州政区表》，反映东晋宁州的郡县设置情况。

东晋宁州政区表

晋宁郡

西晋太安二年（303 年）析建宁郡置益州郡。东晋初改名晋宁郡。东晋末年领七县。

滇池：《华阳国志·南中志》："滇池县，郡治。"

连然：《华阳国志·南中志》、《宋书·州郡志》皆属晋宁。

建伶：《华阳国志·南中志》、《宋书·州郡志》皆属晋宁。

谷昌：《宋书·州郡志》属晋宁。《华阳国志·南中志》系于建宁郡，不从。

秦臧：《华阳国志·南中志》、《宋书·州郡志》皆属晋宁。

双柏：《宋书·州郡志》属晋宁。《华阳国志·南中志》系于建宁郡，不从。

益宁：诸书缺载，今补。见《昆州、益宁考》。[①]

建宁郡

蜀汉置。东晋末领十五县。

味县：《华阳国志·南中志》："味县，郡治。"

同乐：《华阳国志·南中志》："同乐县，大姓爨氏。"《晋书·五行志》："孝武太元十四年六月，建宁郡铜乐县枯树断折，忽然自立相属。"铜乐即同乐。

谈藁：《晋书·地理志》、《华阳国志·南中志》、《宋书·州郡志》皆属建宁。

牧麻：《晋书·地理志》、《华阳国志·南中志》、《宋书·州郡志》皆属建宁。

漏江：《晋书·地理志》、《华阳国志·南中志》、《宋书·州郡志》皆属建宁。

同濑：《晋书·地理志》、《华阳国志·南中志》、《宋书·州郡志》皆属建宁。

昆泽：《晋书·地理志》、《华阳国志·南中志》、《宋书·州郡志》

---

① 朱惠荣：《昆州、益宁考》，载《史与志》2006 年第 2 期。

皆属建宁。
存䣖：《宋书·州郡志》："《晋太康地志》有。"《晋书·地理志》、《华阳国志·南中志》皆属建宁。
新定：《宋书·州郡志》："《晋太康地志》有。"《晋书·地理志》属建宁。《华阳国志·南中志》属平乐。
同并：《宋书·州郡志》："晋武帝咸宁五年省，哀帝复立。"同并于公元279年省后，东晋哀帝时（362—365年）复立。
毋单：《晋书·地理志》、《宋书·州郡志》属建宁。《华阳国志·南中志》属晋宁。修云：《晋书·地理志》、《华阳国志·南中志》皆属建宁。
伶丘：《晋书·地理志》作冷丘，《华阳国志·南中志》作伶丘，皆属建宁。
万安：《华阳国志·南中志》无。《宋书·州郡志》："万安长，江左立。"当是东晋后期置。
新兴：《华阳国志·南中志》无。《宋书·州郡志》："新兴长，江左立。"当是东晋后期置。
同安：《晋书·地理志》、《宋书·州郡志》皆无。惟见于《华阳国志·南中志》，可能仅于东晋前期存在。《南中志》系于晋宁郡，疑为错简，带"同"的地名应该相近，兹置建宁郡。

建都郡

东晋成帝时分建宁西境置。《华阳国志·南中志》无。《宋书·州郡志》："建都太守，晋成帝分建宁立。"领六县，与郡俱立。

新安：《宋书·州郡志》："晋成帝立。"
经云：《宋书·州郡志》："晋成帝立。"
永丰：《宋书·州郡志》："晋成帝立。"
临江：《宋书·州郡志》："晋成帝立。"
麻应：《宋书·州郡志》："晋成帝立。"
遂安：《宋书·州郡志》："晋成帝立。"

朱提郡

蜀汉时置。东晋末领五县。

朱提：《华阳国志·南中志》："朱提县，郡治。"
堂螂：《晋书·地理志》、《华阳国志·南中志》作"堂螂"。《宋书

・州郡志》作"堂狼"，谓："《晋太康地志》属朱提。"
临利：《华阳国志·南中志》属南广郡。《宋书·州郡志》属朱提，谓："临利长，江左立。"
汉阳：《晋书·地理志》、《华阳国志·南中志》皆属朱提郡。《宋书·州郡志》："《晋太康地志》属朱提。"
南秦：《晋书·地理志》、《华阳国志·南中志》皆属朱提郡。

南广郡

蜀汉、西晋都曾短期设过南广郡，旋废。桓温平蜀后，继成汉之制，仍置南广郡。领四县。

南广：《华阳国志·南中志》："南广县，郡治。"《宋书·州郡志》："《晋太康地志》属朱提。"
新兴：《宋书·州郡志》："新兴令，何志不注置立。"但《华阳国志·南中志》南广郡有新兴县，该县应置于永和三年（347年）前。
晋昌：《华阳国志·南中志》无。《宋书·州郡志》谓："晋昌令，江左立。"晋昌应置于东晋后期。
常迁：《华阳国志·南中志》属南广郡。《宋书·州郡志》同，并谓："常迁长，江左立。"常迁应置于永和三年（347年）前。

牂柯郡

汉旧郡。东晋末领五县。

万寿：《宋书·州郡志》："万寿令，晋武帝立。"《华阳国志·南中志》："万寿县，郡治。"
且兰：《晋书·地理志》、《华阳国志·南中志》皆属牂柯。
毋敛：《晋书·地理志》、《华阳国志·南中志》皆属牂柯。《宋书·州郡志》作"故毋敛"。
晋乐：《华阳国志·南中志》无。《宋书·州郡志》："晋乐令，江左立。"晋乐应置于东晋后期。
丹南：《华阳国志·南中志》无。《宋书·州郡志》："丹南长，江左立。"丹南应置于东晋后期。

平蛮郡

西晋建兴元年（313年）分牂柯、朱提、建宁置平夷郡。《宋书·州郡志》谓"后避桓温讳改"，不确。当为桓温擅权时，为避废帝司马奕的名讳改，司马奕于公元365年嗣立，改名当在是年。领二县。

平蛮：《华阳国志·南中志》："平夷县，郡治。"《宋书·州郡志》亦

　　谓：平蛮令"故名平夷"。当与郡同时改名。

鳖：《华阳国志·南中志》："大姓王氏。"

夜郎郡

西晋建兴元年（313年）分牂柯南境置。东晋末年领四县。

夜郎：《华阳国志·南中志》："夜郎县，郡治。"

谈指：《晋书·地理志》作"指谈"，《宋书·州郡志》作"谈柏"。《华阳国志·南中志》属夜郎，作"谈指"，与两汉志同，从"谈指"。

广谈：《晋书·地理志》无。《华阳国志·南中志》属牂柯。《宋书·州郡志》属夜郎，并谓"《晋太康地志》属牂柯"。当是东晋前期属牂柯，后期改属夜郎。

谈乐：《华阳国志·南中志》无。《宋书·州郡志》："谈乐长，江左立。"谈乐应置于东晋后期。

兴古郡

蜀汉置。《晋书·地理志》有而《华阳国志·南中志》无者为漏卧、毋棳、进乘三县。刘琳谓："此三县疑是王逊分郡时省。"[①] 东晋末领六县。

宛暖：《华阳国志·南中志》："宛温县，郡治。"《宋书·州郡志》："本名宛温，为桓温改。"桓温（312—373年），永和年间曾带兵伐蜀灭成汉，后任丞相，曾废海西公司马奕，改名时间当在桓温擅权阶段。

律高：《晋书·地理志》、《华阳国志·南中志》、《宋书·州郡志》皆属兴古。

镡封：《晋书·地理志》、《晋太康地志》、《华阳国志·南中志》皆属兴古。

句町：《晋书·地理志》、《华阳国志·南中志》、《宋书·州郡志》皆属兴古。

---

① 刘琳：《华阳国志校注》，巴蜀书社1984年版，第456页。

南兴：《晋书·地理志》、《华阳国志·南中志》有汉兴而无南兴。《宋书·州郡志》无汉兴，并谓："南兴长，江左立。"疑东晋后期改汉兴为南兴。

西安：《华阳国志·南中志》："都唐县，故名都梦县。"都唐即汉都梦县改名。又《华阳国志·南中志》有都唐而无西安，《宋书·州郡志》有西安而无都唐，疑东晋后期改都唐置西安。故《宋书·州郡志》载："西安令，江左立。"

西平郡

东晋成帝时分兴古之东置。领六县。

西平：《宋书·州郡志》："何志晋成帝立。"

暖江：《宋书·州郡志》："温江令，何志晋成帝立。"按，原作温江，后避桓温讳改暖江。同宛温例，见《南齐书·州郡志》。

都阳：《宋书·州郡志》："何志晋成帝立。"

晋绥：《宋书·州郡志》："何志晋成帝立。"

义成：《宋书·州郡志》："何志晋成帝立。"

西宁：《宋书·州郡志》："《永初郡国》、何志并有西宁县，何云晋成帝立，今无。"

梁水郡

西晋末，王逊分兴古之盘南置。领四县。

梁水：《宋书·州郡志》："梁水令，与郡俱立。"《华阳国志·南中志》："梁水县，郡治。"

胜休：《晋书·地理志》作滕休，《华阳国志·南中志》作胜休，皆属兴古。《宋书·州郡志》作腾休，属梁水。大概在东晋后期始改属梁水郡。

西随：《华阳国志·南中志》作"随"，属梁水。可从。

贲古：《晋书·地理志》属兴古。《华阳国志·南中志》属梁水。

云南郡

蜀汉置。东晋末领四县。

云南：《华阳国志·南中志》："云南县，郡治。"

云平：《晋书·地理志》、《宋书·州郡志》有。

姑复：《晋书·地理志》有姑复，《华阳国志·南中志》缺载，但《宋书·州郡志》的东古复、西古复注"永初郡国有"，显系刘宋初年由姑复改名并析分,据补东晋的姑复。

遂久:《晋书·地理志》、《华阳国志·南中志》皆属云南郡。

兴宁郡

东晋成帝时,从云南郡中析置。《宋书·州郡志》:"兴宁太守,晋成帝分云南立。"领二县。

弄栋:《晋书·地理志》、《宋书·州郡志》作㭛栋。此从《华阳国志·南中志》。

蜻蛉:《晋书·地理志》、《宋书·州郡志》作青蛉。此从《华阳国志·南中志》。

河阳郡

西晋末年,王逊分永昌、云南地置。东晋末领二县。

河阳:《华阳国志·南中志》:"河阳县,郡治。"《宋书·州郡志》:"何不注置立,疑与郡俱立。"

楪榆:《晋书·地理志》、《华阳国志·南中志》皆属云南。《宋书·州郡志》属东河阳。

西河郡

东晋成帝(326—342年)时,析河阳郡西部置。领三县。《宋书·州郡志》:"西河太守,晋成帝分河阳立。"中华书局标点本据《南齐书·州郡志》改为"西河阳郡",不从。

芘苏:《晋书·地理志》、《华阳国志·南中志》属永昌郡,作比苏。

成昌:《宋书·州郡志》:"晋成帝立。"

建安:《宋书·州郡志》:"晋成帝立。"

永昌郡

东汉置。两晋相沿。东晋领七县。

永寿:《华阳国志·南中志》:"永寿县,今郡治。"

不韦:《华阳国志·南中志》:"不韦县,故郡治。"西晋元康末年(299年)以前为郡治。

哀牢:见《晋书·地理志》、《华阳国志·南中志》。

嶲唐:见《晋书·地理志》、《华阳国志·南中志》。

雍乡:见《晋书·地理志》、《华阳国志·南中志》。

南涪:见《晋书·地理志》、《华阳国志·南中志》。

博南:见《晋书·地理志》、《华阳国志·南中志》。

从上表可知，东晋末年，宁州共领 16 郡，辖 82 县。但晋宁、西平、河阳、永昌、越嶲等郡须作说明。

晋宁郡　　益州郡设于太安二年（303 年）复置宁州后不久。但改晋宁郡的时间却有异说。《晋书·地理志》载："太安二年惠帝复置宁州，又分建宁以西七县别立为益州郡。永嘉二年改益州郡曰晋宁。"《华阳国志·南中志》载："后太守李逷，恢孙也，与前太守董慬、建宁爨量共叛，宁州刺史王逊表改益州为晋宁郡。"《晋书·本纪》系"益州太守李逷"叛降李雄事于太宁二年（324 年）。此既为王逊表改，只能在王逊任上发生，王逊于永嘉四年（310 年）到任，太宁元年（323 年）死，则益州郡改名为晋宁郡事当发生在东晋初年元帝时。永嘉二年（308 年）说与太宁二年说皆不可从。《宋书·瑞符志》载："建兴二年三月，木连理二生益州双柏。"则益州改晋宁在比建兴二年（314 年）更晚的王逊主政后期。又，《明一统志》卷八十六认为"晋隆安初置晋宁州"，系据《晋书·地理志》益州部分的末句"隆安二年（398 年）又立晋熙、遂宁、晋宁三郡"。按，改"益州"为"晋宁"，即取晋代安宁之意，王逊时期战乱频仍，容易联系到这个意愿地名，何得晚至隆安时？殊不可解。晋宁郡领七县见于记载，但《宋书·州郡志》仅列六县，成孺《宋书州郡志校勘记》谓："南齐志晋宁郡有俞元，疑此志所缺即俞元也。"俞元应为七县之一，但不属缺文，而是东晋、刘宋时俞元沉入湖中，故未载。① 所缺者或为益宁，见前。

西平郡　　《华阳国志·南中志》载："西平郡，刺史王逊时，爨量保盘南，逊出军攻讨，不能克。及逊薨后，寇掠州下，吏民患之。刺史尹奉重募徼外夷刺杀量，而诱降李逷，盘南平。奉以功进安西将军，封迁陵伯。乃割兴古盘南之盘江、来如、南零三县为郡。"《宋书·州郡志》又载："西平太守，晋怀帝永嘉五年，宁州刺史王逊分兴古之东立。何志晋成帝立，非也。"此说与《南中志》矛盾，不从。何承天州郡志谓晋成帝立，可从。西平郡应置于太宁三年（325 年）尹奉就任宁州刺史以后。《宋书·州郡志》列出五县，并谓："案此五县应与郡俱立"，但五县名与

---

① 详见朱惠荣《澂江古代文明与地理环境的关系》，载《李埏教授九十华诞纪念文集》，云南大学出版社 2003 年版。

常志不同。从文意理解，王逊时已在兴古郡之盘南析置盘江、来如、南零三县，成帝时析原属兴古郡此三县地另置西平郡，重新设为西平、温江、都阳、晋绥、义成、西宁六县。

河阳郡 《宋书·州郡志》载："东河阳太守，晋怀帝永嘉五年 (311年)，宁州刺史王逊分永昌、云南立。"《华阳国志·南中志》亦载："河阳郡，刺史王逊分云南置。"西晋末王逊时置河阳郡是可信的。从《宋书·州郡志》的记录可知，河阳郡初设时既应领有原属云南的楪榆，也应领有原属永昌的比苏。"河"指西洱河。该郡以西洱河为中心，辖境西至澜沧江一带。《宋书·州郡志》又载："西河太守，晋成帝分河阳立。"东晋成帝时将澜沧江一带分置西河郡，此"河"指澜沧江。刘宋永初时，又以西洱河为界，分河阳郡为东、西二河阳郡，原河阳郡从此改名东河阳郡。刘宋后期省西河阳郡，所以《宋书·州郡志》仅录东河阳郡。

永昌郡 《三国志·吕凯传》裴注引《蜀世谱》说："吕祥后为晋南夷校尉，祥子及孙世为永昌太守。李雄破宁州，诸吕不肯附，举郡固守。王伉等亦守正节。"《华阳国志·南中志》也载："（吕）祥子元康末为永昌太守。值南夷作乱，闽濮反，乃南移永寿，去故郡千里，遂与州隔绝。吕氏世官领郡，于今三世矣。大姓陈、赵、谢、杨氏。"《新纂云南通志》卷八十二金石考记载："升平四年长生砖，在车里县境，民国十八年掘土得之。左篆书'长生'二字。右分书晋'升平四年三月四日'，文六行十字。俱阳文。今存车里县署。"升平四年为东晋穆帝年号，即公元360年。《晋书·地理志》谓咸康八年（342年）"省永昌郡"之说有误。吕氏举郡固守，"亦守正节"，用晋年号，拒益州、宁州的战乱于境外，争得安定的环境，对永昌郡的发展是有利的。

越巂郡 两晋时期越巂郡与宁州的关系若即若离。西晋初年，宁州已无越巂郡。太安二年（303年）复置宁州，增统越巂郡。但不久越巂一片即成为晋与成汉争夺的战场。据《华阳国志·李特雄期寿势志》，大兴二年（319年）李骧伐越巂，次年获越巂太守李钊。从此，双方在越巂互有进退。咸康四年（338年），东晋以越巂属安州。咸康八年（342年）又"以越巂还属益州"。在战乱中越巂郡悄然离去，直至南北朝结束，越巂一片都不再属宁州或南宁州了。

第九章

南北朝和隋代的云南

第一节 南朝宋、齐、梁对南中的经营

南北朝时期，无论南方和北方，都经历了频繁的政权更迭和军阀割据，中国内地烽烟不绝，战乱连绵。朝廷对南中的统治力度已远不如两晋时期，爨氏势力逐渐膨胀。但南中仍是我国中原王朝的一部分，并随着南朝与北朝的王朝更迭而频繁改变归属。由于南中地处南方，它长期属于宋、齐、梁等南朝，以后也被西魏、北周等北方政权统治。隋代虽以大军击败爨氏，但因经营不得要领，未能取得预期的效果。

一 刘宋王朝对宁州的经营

元熙二年（420年），刘裕建立宋朝，改元永初，统治南方，史称刘宋。宁州归属南朝刘宋的统治之下。

刘宋王朝初期，曾着意经营宁州。《爨龙颜碑》说，爨龙颜"万里归阙，除散骑侍郎"，"忠诚简于帝心，芳风宣于天邑"。虽无明确年代，但按碑文看，无疑只会在东晋末或刘宋初年。爨氏子弟赴京城"归阙"受任，有质子含义，而桓玄之乱后东晋皇帝已成为刘裕的摆设，爨氏又十分注意巴结刘裕，东晋末年派子弟质于东晋皇室的可能性极小。因此，爨龙颜"归阙"，时在刘宋王朝初年更合情理。即刘宋王朝建立之初，仍然对爨氏实行人质制度，加以控制。

此时，宁州刺史仍是爨龙颜的祖父担任。永初二年（421年），可能这位爨氏宁州刺史去世。年底，刘裕派原员外散骑常侍应袭出任宁州刺史。据《宋书·徐羡之传》，元嘉三年（426年），应袭卸任回到京城。元嘉五年（428年），朝廷又任命安陆公相周籍之出任宁州刺史。

景平元年（423年）底，刘宋朝廷将宁州所属的江阳、犍为、安上三郡合并，设立宋昌郡。此三郡均在今四川境内，云南一带的郡县设置未见改易。据《宋书·裴松之传》，元嘉三年（426年），刘宋朝廷分派大使巡行各地，其中一位大使即"驸马都尉奉朝请潘思先使宁州"。

元嘉九年（432年），益州爆发赵广起义，蜀地战乱。同年，宁州也出现大规模战乱，《爨龙颜碑》称："岁在壬申，百六构衅，州土扰乱，东西二境，凶竖狼暴，缅成寇场。"据《宋书·武三王传》，为了平定宁州战乱，刘宋宗室江夏文献王刘义恭上表推荐其部将王天宝，声称："南中夐远，风谣迥隔，蛮僚狡窃，边氓荼炭，实须练实，以绥其难"，"天宝可宁州刺史，庶足威怀荒表，肃清遐服"，但朝廷没有表态。恰在此时，爨龙颜纠合五千精锐兵马，"身抗矢石，扑碎千计，肃清边嵎"，为刘宋朝廷平定了宁州。于是，朝廷因功任命爨龙颜为护镇蛮校尉、宁州刺史。

刘宋朝廷不希望爨氏力量壮大，企图将其力量限制在一定的程度内。元嘉十五年（438年），刘宋派陈、南顿二郡太守徐循出任宁州刺史。大概爨龙颜卸任刺史，爨氏势力受到压制，引起诸爨氏大姓的不满，元嘉十八年（441年）底，晋宁太守爨松子起兵反叛。宁州刺史徐循出兵很快就平定了爨松子的反叛，并派流官就任晋宁太守。第二年，朝廷所委的晋宁太守周万岁还升任了宁州刺史。或以为"周万岁是宁州大姓周氏家族中的代表人物"，并推断其为晋时周悦兄弟后裔。但所说无确证，且周氏早为王逊诛除，《爨龙颜碑》虽有二周姓，即均是建宁人氏，其他史籍也无晋宁有周氏大姓记载，推断其为流官似更合理。刘宋朝廷对宁州的统治进一步加强，地方势力受到抑制，爨龙颜于元嘉二十三年（446年）病逝后，其子一直想立碑褒扬而未能如愿。此后，朝廷还不断向宁州派遣刺史。元嘉三十年（453年），以沛郡太守垣阆为宁州刺史。孝建元年（454年），以强弩将军尹怀顺为宁州刺史。

当然，爨氏实力始终不容忽视，爨龙颜虽不任刺史，仍属"南中磐石"，保有龙骧将军、护镇蛮校尉和邛都县侯官位，与朝廷宁州刺史的关系，《爨龙颜碑》称："虽子产之在郑，蔑以加焉。"比春秋时郑国权相子产与郑王的关系，有过之而无不及。爨龙颜去世，朝廷还赠给中牢的祭品，以示笼络。在大明二年（458年），爨龙颜的子孙及故吏给爨龙颜立了碑，加以颂扬，显示出爨氏势力的恢复。

刘宋朝廷从大明二年至大明五年，四年内就任命了四位宁州刺史。大明二年（458年）以强弩将军杜叔文为宁州刺史。大明三年（459年）以建宁太守符仲子为宁州刺史。大明四年（460年）以员外散骑侍郎费景绪为宁州刺史。大明五年（461年）以北中郎参军费伯弘为宁州刺史。为什么要如此频繁更换刺史？有的似乎并未亲履其境。刘宋王朝急于加强对宁州的控制，但似乎收效不大。《宋书·萧惠开传》载：

> （大明八年）改督益、宁二州刺史，持节将军如故。惠开素有大志，至蜀欲广树经略，善于述事，对宾僚及士人说："收牂柯、越嶲以为内地，绥讨蛮濮，辟地征租。"闻其言者以为大功可立。太宗即位，进号冠军将军……泰始四年还至京师。

萧惠开虽说得好听，但无政绩可言。《南史·萧惠开传》有记载：

> 惠开素有大志，至蜀欲广树经略。善于叙述，闻其言者皆以为大功可立；才疏意广，竟无成功。严用威刑，蜀人号曰卧虎。

其时靠近蜀地的牂柯、越嶲还未收成"内地"，刘宋朝廷更不可能直接控制宁州腹地了。

刘宋末期，又继续任命了三任宁州刺史。泰始六年（470年），奉朝请孔玉为宁州刺史。元徽二年（474年），以征虏行参军刘延祖为宁州刺史。元徽五年（477年）以建宁太守柳和为宁州刺史。[①]

南朝刘宋之世共60年，可考的宁州刺史达16人，平均近4年换一人。从任职者的身份看，除爨龙颜祖孙二人外，其他皆为内地调赴宁州的官员。他们先在当地任晋宁、建宁太守后升为刺史者亦仅3人。封建国家对州级官员的委任应该还是正常的。但是，郡的太守就不同了，据《爨龙颜碑》、爨龙颜祖孙三代都任建宁郡和晋宁郡的太守。郡县长官多为地方大姓（特别是爨氏）担任，他们容易据地自雄，但必须接受朝廷委任，

---

① 按，大明八年（464年）后，宋改酉阳郡下属的建宁左县为建宁左郡。据《宋书·沈攸之传》，宋末曾击败沈攸之部将公孙方平的张谟就是郢州建宁太守。柳和也可能不是宁州建宁郡的太守，而是郢州建宁郡的太守。

执行刘宋王朝的政令和制度，接受州刺史的监督。据《宋书·夷蛮传》，大明中，有"前朱提太守费沈""率众南伐，并通朱崖道"。又据《宋书·沈攸之传》，升明二年（478年）建宁太守张谟击破沈攸之。有宋一代，仍一直向宁州派遣太守。

南朝的政治中心都偏在江左，而宁州远处西陲，成为流放罪犯的地方。《通鉴》卷一二九载，大明四年（460年）"前庐陵内史周朗，言事切直，上衔之，使有司奏朗居母丧不如礼，传送宁州，于道杀之"。《南史·宋明帝本纪》又载：泰始四年（468年）"诏定黥刖之制"。"斩刑若遇赦，黥及两颊劫字，断去两脚筋，徙付交、梁、宁州。五人以下止相逼夺者，亦依黥作劫字，断去两脚筋，徙付远州"。当时交州、梁州、宁州都属远州，对于远州，执行政策较为宽松。《宋书·文帝本纪》载：元嘉二十七年（450年）"春正月辛未，制交、宁二州假板郡县，俸禄听依台除"。按当时制度，委官皆书于板而除授，未经中央任命真除，暂时摄理其事或承制板授，即称假或假板。暂时摄理郡县的官吏"俸禄听依台除"，可以按朝廷正式任命的官享受同等的俸禄。这是刘宋朝廷给予交、宁等远州又一便宜行事的例子。

南朝宋宁州共领15郡，辖76县[①]。郡县辖属及设官情况详下表：

刘宋宁州政区表

建宁太守： 领十三县
　味县令　　在今云南曲靖市麒麟区三岔。
　同乐令　　在今云南陆良县南三里的旧城。
　谈稿令　　在今云南富源和贵州盘县间。
　牧麻令　　在今云南寻甸县境。
　漏江令　　在今云南泸西县境。
　同濑长　　在今云南马龙县境。
　昆泽长　　在今云南宜良县北古城附近。
　新定长　　在今贵州盘县北部。

---

① 按，《宋书·州郡志》谓宁州有县81，但各郡领县数字相加为77，实列县名仅75。

存䣖长①	在今云南宣威市境。
同并长	在今云南弥勒县城附近。
万安长	
毋单长	在今云南宜良县南部。
新兴长	|加
晋宁太守：	领六县
建伶令	在今云南晋宁县昆阳坝子西缘。
连然令	在今云南安宁市。
滇池令	在今云南晋宁县晋城镇。
谷昌长	在今云南昆明市区东十余里。
秦臧长	在今云南禄丰县东北碧城镇。
双柏长	在今云南双柏县境。
建都太守：	领六县
新安令	按，该郡在今云南武定、禄劝一带，各县位置无法一一确指。
经云令	
永丰令	
临江令	
麻应长	
遂安长	
朱提太守：	领五县
朱提令	在今云南昭通市昭通坝子。
堂狼令	在今云南巧家县东的老店子。
临利长	
汉阳长	在今贵州赫章县妈姑镇附近。
南秦长	在今云南镇雄县境。
南广太守：	领四县
南广令	在今云南盐津县附近。
新兴令	

---

① 《宋书·州郡志》原缺"长"字。但该志体例，称令"者"列前，称"长"者列后，且集中排列，今存䣖后皆为"长"，则知存䣖亦为长。

	晋昌令	
	常迁长	
牂柯太守:	领六县	
	万寿令	在今贵州瓮安县东的草塘附近。
	且兰令①	在今贵州福泉、黄平间的重安江畔。
	故毋敛令	在今贵州独山县附近。
	晋乐令	在今贵州贵阳市区。
	丹南长	在今贵州雷山县境。
	新宁长	《宋志》:"何、徐不注置立。"在今贵州独山县南部。
平蛮太守:	领二县	
	平蛮令	在今贵州毕节市。
	鳖令	在今贵州遵义市西。
夜郎太守:	领四县	
	夜郎令	在今贵州关岭县永宁。
	广谈长	在今贵州平坝县境。
	谈乐长	在今贵州罗甸县附近。
	谈指令	原作"谈柏",不从。在今贵州贞丰县者相。
兴古太守:	领六县	
	漏卧令	在今云南罗平县境。
	宛暖令	在今云南砚山县维摩。
	律高令	在今云南弥勒县朋普。
	西安令	在今云南文山坝子。
	句町令	在今云南广南县境。
	南兴长	在今贵州兴义市东境。
西平太守:	领五县②	
	西平令	在今广西西林县东南部的西平。
	暖江令	原作温江,据《南齐书·州郡志》改。在今广西田林

---

① 中华书局标点本改"且兰"为"故且兰",校刊记谓:"各本无故字,而下条毋敛令上有故字。按两汉皆有故且兰,而无曰故毋敛,今移'毋敛'上'故'字于'且兰'之上。"此不从。

② 按,《宋书·州郡志》西平太守下谓:"《永初郡国》、何志并有西宁县,何云晋成帝立,今无。"刘宋初年西平郡尚辖有西宁县。

	县北的旧州。
都阳令	在今广西凤山县都阳山附近。
晋绥长	
义成长	
梁水太守：	领七县
梁水令	在今云南开远市附近。
胜休长	原作"腾休"，因形近而误，据《南齐书·州郡志》、《水经·温水注》改。在今云南江川县北的龙街。
西隋令	在今云南金平县境。
毋椒令	在今云南华宁县附近。
新丰长	《宋书·州郡志》："何志不注置立。"在今云南蒙自县新安所。
建安长	《宋书·州郡志》："何志不注置立。"在今云南建水坝子。
镡封长	在今云南砚山县平远街附近。
云南太守：	领五县
云南令	在今云南祥云县云南驿。
云平长	在今云南宾川县境。
东古复长	《宋书·州郡志》："汉属越嶲，《晋太康地志》属云南，并云姑复。《永初郡国》、何并云东古复。"东古复系姑复改名。在今云南永胜县城附近。
西古复长	《宋书·州郡志》："西古复长，《永初郡国》有，何不注置立。"西古复系刘宋初年从东古复析出。在今云南永胜县西部。
邪龙	《宋书·州郡志》谓"领县五"，但仅列以上四县。成孺《宋书州郡志校勘记》谓："本有邪龙，而传写者失之。"据《晋书·地理志》《南齐书·州郡志》补。在今云南巍山坝子。
兴宁太守：	领二县
梇栋令	在今云南姚安县北十余里旧城。
青蛉令	在今云南大姚县。
东河阳太守：	领二县

东河阳令	应即《华阳国志·南中志》所载河阳郡郡治河阳县改名。在今云南大理市凤仪坝子。
楪榆长	在今云南大理市喜洲附近。
西河太守：	领三县
芘苏令	在今云南云龙县境。
成昌令	
建安长	

以上所列为大明八年（464年）刘宋在宁州所置的郡县。南朝刘宋在宁州所置的郡县，以沈约所撰《宋书·州郡志》最完整。该志序谓："以班固、马彪二志，太康、元康定户，王隐《地道》，晋世《起居》，《永初郡国》，何、徐《州郡》及地理杂书，互相考覆。"《永初郡国》载宋初设治，何承天、山谦之《州郡》"迄元嘉二十年"，[①] 为公元443年。徐爰《宋书》起于东晋义熙元年，迄于大明末年。《宋书·州郡志》谓："今志大较以大明八年为正，其后分派，随事记列。"该志不但保留了大明八年（464年）系统的政区表，其可贵处还在于透露了刘宋时期郡县置废变更的线索。在此，还有益宁、宋昌、西河阳等郡须加说明。

益宁郡　大明二年（458年）立的《爨龙颜碑》，碑阴题名有"西曹益宁杨琼子"，为有关益宁最早的记载。该碑其他题名者的籍贯如建宁、晋宁、牂柯、朱提、南广等皆为郡名，按此体例，益宁在大明八年（464年）前曾一度为郡。以后南齐设益宁郡当有所本。郡治在今云南昆明市区西缘的马街。

宋昌郡　《宋书·本纪》载：景平元年（423年）"十二月丙寅，省宁州之江阳、犍为、安上三郡，合为宋昌郡"。从"宋昌"的含义看，该郡始置于刘宋无疑。南朝时由原籍迁往或逃至他乡侨居的人户称为侨户，他们仅在南方境内迁徙，与北人南奔的侨人有所不同。晋宋时期蜀中多次发生战乱，大量人口拥入宁州，疑江阳、犍为等郡即为给从这些郡迁来的侨户所立。由于侨户的来去极不稳定，从刘宋初到南齐末年，宋昌郡时置时废，有时又分为江阳、犍为、安上三郡。其位置当在距益州江阳、犍为不远的宁州北缘的山区。

[①] 《宋书·州郡志》郢州刺史巴陵太守条。

西河阳郡　　《宋书·州郡志》载："《永初郡国》又有西河阳，领楪榆、遂段、新丰三县。何、徐无。遂段、新丰二县，二汉、晋并无。"则宋初有西河阳郡，但以后可能省并，所以仅《永初郡国》有，何、徐、沈志皆不列。

二　南朝齐的宁州

昇明三年（479年）刘宋灭亡，萧道成建立南齐政权，改元建元，宁州归属南齐统治。

南齐虽然继承了刘宋对宁州的统治，但统治力量却弱于刘宋朝廷。据《南齐书·高帝纪下》，在南齐建国的当年，齐高帝曾遣使十二人巡行四方，却"以交、宁（二州）道远，不遣使"。建元二年（480年），陈显达出任都督益宁二州军事、安西将军、益州刺史。据《南齐书·陈显达传》，时"益部山险，多不宾服"，大渡河畔的僚人部落，前后几任刺史都无法制服。陈显达派使者去征收租赋，因显达曾中箭仅有一目，"僚帅曰：两眼刺史尚不敢调我，况一眼乎？"杀掉使者。显达随后派兵突袭平定，才使"山夷震服"。大渡河畔尚如此艰难，宁州腹地显然不容易深入。

武帝即位，于永明元年（483年）下诏，郡县丞尉普复旧秩，又诏郡县官以满三年为限，意在整顿地方设治，加强对地方官吏的调遣控制。在这一背景下，宁州也不例外，中央勤派刺史，刺史多置郡县，各届宁州刺史的政绩多围绕这方面展开，有关资料均见于史册。永明二年（484年）以始兴王鉴为督益州、宁州军事，益州刺史，任命宁朔将军程法勤为宁州刺史，就在这一年析置了南犍为郡。永明三年（485年），又任命骠骑中兵参军董仲舒为宁州刺史。永明五年（487年）董仲舒析置益宁郡。永明十年（492年），以新城太守郭安明为宁州刺史。《南齐书·州郡志》载，隆昌元年（494年）置西益郡、江阳郡、犍为郡、永兴郡、永宁郡、安宁郡等六郡。延兴元年（494年7—10月）立东朱提郡。建武三年（496年）"刺史郭安明启置"安上郡。这些都是郭安明在任内设置的。南齐宁州析置的郡县，多集中在北部边缘和滇中台地。前者在于招徕、固著蜀中流散来的人口，保持地方稳定；后者反映了滇池周围和洱海周围的深入开发，需要在设治上适应，不是随个人意志所能左右。那种认为所有的刺史"都不曾亲临宁州"，"并不曾对新增设的郡县实行真正的控制"的说法是没有根据的。

《南齐书·海陵王本纪》载，延兴元年（494年）八月庚戌，以车骑板行参军李庆综为宁州刺史。《南齐书·明帝本纪》又载：建武三年（496年）五月己巳，前新除宁州刺史李庆宗为宁州刺史。两处所载应为一人，可能前刚除授，恰遇南齐皇室内讧不休，西昌侯萧鸾杀齐帝，贬号郁林王，立新安王萧昭文，改元延兴。不久，萧鸾又废昭文为海陵王，自为皇帝，改元建武，是为高宗明皇帝。朝中的变故，影响刺史外放，迁延两年李庆宗始得成行，这是特例。郭安明的任期也延续到建武三年，宁州并未因此无人值守。

据《南齐书·和帝本纪》，南齐最末一位皇帝为萧宝融，系高宗第八子，永元元年（499年）封南康王，为持节督荆、雍、益、宁、梁、南北秦七州军事，荆州刺史。他原来的势力范围就在齐的中部和西部，而且直接督宁州军事，对西部地区的重视不言而喻。中兴元年（501年），萧宝融在江陵即皇帝位，随即任命征房将军柳忱为益、宁二州刺史，直至南齐末年都没有放弃对宁州的控制。

这里还要提及从两晋延续下来的一项制度。《宋书·百官志下》载："南夷校尉，晋武帝置，治宁州。江左改曰镇蛮校尉。"《南齐书·百官志》亦载："镇蛮校尉，隶宁州。"说明西晋的南夷校尉后来一直存在，只是东晋中后期改称镇蛮校尉。镇蛮校尉的地位在逐渐降低，先是由宁州刺史兼领，其地位应与刺史相同，到南齐时变为"隶宁州"，已降为刺史下属的一员。但直到南齐，镇蛮校尉一直未废，反映出封建王朝对南中军事地位重要性的认识迄未减弱。

南齐宁州的情况，《南齐书·州郡志》有概括：

> 宁州，镇建宁郡，本益州南中，诸葛亮所谓不毛之地也。道远土瘠，蛮夷众多，齐民甚少，诸爨氏强族恃远擅命，故数有土反之虞。永昌郡，有名无民，曰空荒不立。

对于这段记载，我们应该用历史的眼光，按当时的情况进行解释。当时的宁州，"道远"述及位置极西，是距建康最远的几个州之一。"土瘠"言其农业开发的力度甚微，垦殖指数较低。"蛮夷众多，齐民甚少"，是说当地以土著各族为主，上版籍向国家纳赋役的齐民比例很小。所谓"有名无民,曰空荒不立"的永昌郡,则几乎都是不在籍的土著各族,国家无法进行征发,并不是荒无人烟。"民"即指"齐民",为国家直接控制的编户,一些郡注"无民户"者皆指无编户。"诸爨氏强族恃远擅命,故数有土反之虞",反映了以爨氏为主的地方大姓实力雄厚,对中原王朝形成威胁,然而并未叛离出去。南齐的统治仅24年,主要力量用于应付北边强敌,注意与北魏修好,多次遣使聘于魏。在宁州,历届刺史着力于协调朝廷与地方势力的关系,未见发生突出的事件,保持了一个和平安定的环境。

南齐在宁州的设治,《南齐书·州郡志》有全面记载。然而,该志尽行搜罗了南齐一代不同年份的政区设置,前后重复甚多,且不乏文字错讹。今以《南齐书·州郡志》为主,参考其他有关资料,整理出《南齐宁州政区表》附后。已废州县不算,南齐末年宁州共辖28个郡87个县,州的治所在同乐县。

南齐宁州政区表

建宁郡：　原作"建平郡"。《南齐书·州郡志》宁州首句谓该州"镇建宁郡"。据改。

　　同乐　在今云南陆良县治南三里的旧城。

　　同濑　在今云南马龙县境。

　　牧麻　在今云南寻甸县境。

　　新兴

　　新定　在今贵州盘县北部。

　　味　　在今云南曲靖市麒麟区三岔。

　　同并　在今云南弥勒县城附近。

　　万安

　　昆泽　在今云南宜良县北古城附近。

　　漏江　在今云南泸西县境。

　　谈稿　在今云南富源和贵州盘县间。

　　毋单　在今云南宜良县南部。

　　存䣖　在今云南宣威市境。

南广郡：

　　南广　在今云南盐津县附近。

常迁

　　　晋昌

　　　新兴

南朱提郡：系朱提郡改名。

　　　朱提　在今云南昭通市昭通坝子。

　　　堂狼　在今云南巧家县东的老店子。

北朱提郡：在原朱提郡北部，析东晋朱提郡临利县置。

　　　河阳　在今云南彝良县附近。

　　　义城

东朱提郡：系延兴元年（494年）分南朱提郡东部二县立。

　　　汉阳　在今贵州赫章县妈姑镇附近。

　　　南秦　在今云南镇雄县境。

安上郡：原有宋昌郡，辖江阳、安上、犍为三县，隆昌元年（494年）析置江阳郡和犍为郡，建武三年（496年）又析置安上郡，则宋昌郡至齐末已不存。安上郡在四川屏山县城附近。

江阳郡：与益州所领郡名同。疑此为给江阳郡迁来的侨户置。位置无考。

犍为郡：与益州所领郡名同。疑此为给犍为郡迁来的侨户置。位置无考。

南犍为郡：以在犍为郡南得名。永明二年（484年）置。位置无考。

南牂柯郡：系牂柯郡改名。按，郢州所领又有东牂柯郡，永明三年（485年）新置。

　　　且兰　在今贵州福泉、黄平间的重安江畔。

　　　万寿　在今贵州瓮安县东的草塘附近。

　　　毋敛　在今贵州独山县附近。

　　　晋乐　在今贵州贵阳市区附近。

　　　绥宁　在今贵州独山县南部。

　　　丹南　在今贵州雷山县境。

平蛮郡：

　　　平蛮　在今贵州毕节市。

　　　鳖　　原分写作"鷩邑"二字。据《汉书·地理志》《续汉书·郡国志》《华阳国志》改。在今贵州遵义市西。

夜郎郡：

　　　夜郎　在今贵州关岭县永宁。

谈指　本志及《宋书·州郡志》皆作"谈柏"，据《汉书·地理志》《续汉书·郡国志》改。在今贵州贞丰县者相。

　　　谈乐　在今贵州罗甸县附近。

　　　广谈　在今贵州平坝县境。

晋宁郡：

　　　建伶　在今云南晋宁县昆阳坝子西缘。

　　　滇池　在今云南晋宁县晋城镇。

　　　俞元　在今云南澄江县旧城。

　　　谷昌　在今云南昆明市区东十余里。

益宁郡：原有平乐郡，系析晋宁郡连然县等地置，辖益宁、安宁二县。永明五年（487年）益宁扩为郡。

　　　武阳　在今云南昆明市区马街。

　　　绵水

安宁郡：隆昌元年（494年）以平乐郡安宁县扩建为郡。在今云南安宁市。

建平郡：原作"建宁郡"，与宁州首郡误倒，据改。为东晋以来的建都郡改名。在今云南武定、禄劝一带。六县具体位置无考。

　　　新安

　　　永丰

　　　绥云

　　　遂安

　　　麻雅

　　　临江

兴古郡：

　　　西中　在今云南文山坝子。

　　　宛暖　在今云南砚山县维摩。

　　　律高　在今云南弥勒县朋普。

　　　句町　在今云南广南县境。

　　　漏卧　在今云南罗平县境。

　　　南兴　在今贵州兴义市东境。

梁水郡：

　　　梁水　在今云南开远市附近。

西随　在今云南金平县境。

母椒　原作"母掇"，诸书皆作"母椒"，据改。《廿二史考异》："《说文》椒从木，从手误。"在今云南华宁县附近。

胜休　在今云南江川县北的龙街。

新丰　在今云南蒙自县新安所。

建安　在今云南建水坝子。

镡封　原作"骠封"，因形近而误。他书并作"镡封"，据改。在今云南砚山县平远街附近。

西平郡：

西平　在今广西西林县东南部的西平。

暖江　在今广西田林县北的旧州。

都阳　在今广西凤山县都阳山附近。

西宁　在今云南富宁县东北部。

晋绥

新城

兴宁郡：

青蛉　在今云南大姚县。

弄栋　在今云南姚安县北十余里旧城。

云南郡：

东古复　在今云南永胜县城附近。

西古复　在今云南永胜县西部。

云平　在今云南宾川县境。

邪龙　在今云南巍山坝子。

永宁郡：隆昌元年（494年）置。在今云南宁蒗县北部永宁。

东河阳郡：

东河阳　在今云南大理市凤仪坝子。

楪榆　系以楪榆泽以东地置，在今洱海东岸。

西河阳郡：原作西阿郡。《宋书·州郡志》载："《永初郡国》又有西河阳，领楪榆、遂段、新丰三县。"领县名相同，据改。中华书局标点本反据《南齐志》改《宋志》，此不从。南齐又恢复西河阳郡，故《南齐书·州郡志》与《永初郡国》同，但郡名却误作"西阿郡"了。

楪榆　在今云南大理市喜洲附近。
　　新丰
　　遂段　原夺"段"字，据《宋书·州郡志》补。在今云南玉龙县与
　　　　　古城区。
西河郡：原作西河阳郡，从《宋书·州郡志》改。
　　比苏　在今云南云龙县境。
　　建安
　　成昌
永昌郡：
　　永安
　　永寿　原夺"寿"字，据《晋书·地理志》《华阳国志》补。在今
　　　　　云南耿马县境。
　　不韦　原作"不建"，应为不韦，因形近而误。在今云南保山市隆阳
　　　　　区南4公里的汉庄城址。
　　嶲唐
　　雍乡　在今云南澜沧县上允。
　　西城　在今云南盈江县境。
　　博南　在今云南永平县花桥。
西益郡：隆昌元年（494年），从原益州郡七县中最西的秦臧、双柏两县
　　　　析置，因称西益郡。治所与原秦臧同，在今云南禄丰县碧城镇。
永兴郡：隆昌元年（494年）置。位置无考。

三　南朝梁的宁州

中兴二年（502年），萧衍代南齐，建立梁王朝，改元天监。萧梁王朝承继南齐继续统治宁州。

梁武帝在位期间，梁和北魏的关系十分紧张。天监十三年（514年），魏"以司徒高肇为大将军、平蜀大都督，将步骑十五万寇益州"。他们长期争夺今川北和陕南一带，互有进退。北魏在此一带广为设治遣官，派兵驻守，作为南下的基地。《资治通鉴》载，普通五年（524年）魏以子建兼尚书，为行台，刺史如故。梁、巴、二益、二秦诸州皆受节度。胡三省注："谓子建本为东益州刺史。""魏置梁州于南郑，置巴州于汉巴西郡，置益州于晋寿郡，东益州于武兴郡，秦州于上邽，南秦州于仇池。"面对

这种形势，南朝梁也倾其全力进行反击。天监四年（505年），梁大举击魏，诏王公以下各上国租助军。在此情况下，与益州为邻的宁州当然必须组织力量奔赴第一线。据《魏书·李苗传》载，天监四年（505年）魏将王足伐蜀时，梁宁州刺史李略"大著威名"，拒魏于涪城。① 又据《魏书·傅竖眼传》，天监十四年（515年）魏军大举伐蜀，梁宁州刺史任太洪"从阴平偷路入益州北境"，拒战魏军后路。《资治通鉴》卷一四八记此事较详：

> 魏之伐蜀也，军至晋寿，蜀人震恐。傅竖眼将步兵三万击巴北，上遣宁州刺史任太洪自阴平间道入其州，招诱氐、蜀，绝魏运路。会魏大军北还，太洪击破魏东洛、除口二戍，声言梁兵继至，氐、蜀翕然从之。太洪进围关城，竖眼遣统军姜喜等击太洪，大破之，太洪弃关城走还。

萧梁时期，任太洪率领的一支南中子弟轻骑北上，在抗魏的战斗中立下了功劳。

出于战略的原因，萧梁政权一直以宗室甚至皇子执掌中西部地区的军事，他们所控制的范围都有宁州。据《梁书·本纪》，太宗简文皇帝萧纲，天监十三年（514年）出为使持节，都督荆、雍、梁、南北秦、益、宁七州诸军事，南蛮校尉、荆州刺史，将军如故。普通元年（520年）出为使持节，都督益、宁、雍、梁、南北秦、沙七州诸军事。世祖孝元皇帝萧绎，普通七年（526年）出为使持节，都督荆、湘、郢、益、宁、南梁六州诸军事，西中郎将，荆州刺史。太清元年（547年）徙为使持节，都督荆、雍、湘、司、郢、宁、梁、南北秦九州诸军事，镇西将军，荆州刺史。

萧梁治理宁州政绩突出者有萧纪和徐文盛。大同三年（537年），梁武帝派其子武陵王萧纪为都督、益州刺史。萧纪在蜀"开建宁、越巂，贡献方物，十倍前人"。不久，又任命徐文盛为宁州刺史。《南史·徐文盛传》载：

---

① 《资治通鉴》卷一四七亦载："魏王足之入寇也，上命宁州刺史涪人李略御之，许事平用为益州。足退，上不用，略怨望，有异谋，上杀之。"

> 大同末为宁州刺史。州在僻远，群蛮劫窃相寻，前后刺史莫能制。文盛推心抚慰，夷人感之，风俗遂改。太清二年闻国难，乃召募得数万人来赴，元帝以为秦州刺史加都督，授以东讨之略，东下至武昌，遇侯景将任约，遂与相持。

对于徐文盛在宁州的事迹，《梁书·徐文盛传》记载较详。该书载：

> 大同末以为持节督宁州刺史。先是州在僻远，所管群蛮不识教义，贪欲财贿，劫篡相寻，前后刺史莫能制。文盛推心抚慰，示以威德，夷獠感之，风俗遂改。

徐文盛安定了宁州的混乱局面，赢得当地各族拥护，使王朝政令得以推广。太清二年（548年）梁朝发生侯景之乱，徐文盛闻讯，召募了宁州数万兵众东下，在今湖北境大破侯景将任约，侯景亲率大军来，也被"文盛击破之"。南中各族子弟数万人东下，成为进击侯景的劲旅。

治云南史者多认为徐文盛东下后，萧梁王朝势力即退出宁州，《通典·南蛮上》西爨条，《新唐书·两爨蛮传》皆主此说。这种说法不准确，我们对萧纪在西南的经营应有充分的估计。《南史·武陵王萧纪传》载：

> 纪在蜀开建宁、越巂，贡献方物十倍前人，朝嘉其绩，加开府仪同三司。邵陵王纶屡以罪黜，心每不平，及闻纪为征西，纶抚枕叹曰："武陵有何功业而位乃前我，朝廷愦愦，似不知人。"武帝闻之大怒曰："武陵有恤人拓境之勋，汝有何绩？"……在蜀十七年，南开宁州、越巂，西通资陵、吐谷浑，内修耕桑盐铁之功，外通商贾远方之利，故能殖其财用，器甲殷积，马八千匹。

当时益、宁二州为萧纪长期经营，实力十分雄厚。徐文盛治宁州之绩，不能不与萧纪有密切关系，甚至很可能也是萧纪功劳簿上的一页。徐文盛在宁州的时间止于太清二年（548年），与任约相拒是大宝元年（550年），这时被称为"前宁州刺史"，宁州刺史已经换其他人担任。大宝三年（552年）萧纪在成都称帝，并督师东下，随侍者有宁州刺史陈知祖。《南史·武陵王萧纪传》载："宁州刺史陈知祖请散金银募勇士，（萧纪）不听，恸哭而去。自是人有离心，莫肯为用。"《资治通鉴》卷一六五承圣二年（553年）也载："宁州刺史陈智祖请（萧纪）散之以募勇士，弗听，智祖哭而死。""陈智祖"即"陈知祖"，是萧梁王朝最后一位宁州刺史。① 承圣二年陈知祖不知所终，随后萧纪也兵败被杀。

萧梁时的宁州大体保持宋、齐的规模。当时人邱迟《与陈伯之书》夸赞梁的盛事说："夜郎、滇池，解辫请职。"《政和证类本草》卷四"银屑，生永昌，采无时"句引陶弘景《名医别录》说："永昌本属益州，今属宁州。"该书卷六"木香，一名蜜香，生永昌山谷"句又引《名医别录》说："此即青木香也，永昌不复贡，今皆从外国舶上来。"加上前述萧纪"南开宁州、越嶲"，"开建宁、越嶲"等，宁州的主要部分都涉及了。越嶲郡大概在梁后期置为嶲州。《梁书·本纪》载，大宝元年（550年）九月，与徐文盛同下武昌拒任约的还有嶲州刺史席文献，承圣三年（554年）十一月，以嶲州刺史裴畿为领军将军。《资治通鉴》卷一六五承圣三年十一月亦有嶲州刺史裴畿。② 胡三省注："越嶲郡，梁置嶲州。嶲音髓。"萧梁时，南中设有宁州和嶲州。《隋书·地理志》序谓：

> 天监十年（511年），有州二十三，郡三百五十，县千二十二。其后务恢境宇，频事经略，开拓闽、越，克服淮浦，平俚洞，破牂柯，又以旧州迥阔，多有析置。大同年中，州一百七，郡县亦称于此。

《资治通鉴》卷一五八大同五年（539年）载：

> 散骑常侍朱异奏："顷来置州稍广，而大小不伦，请分为五品，其位秩高卑，参僚多少，皆以是为差。"诏从之。于是上品二十州，

---

① 《南史·周敷传》载："侯景平，梁元帝授敷宁州刺史，封西丰县侯。"其宁州在今江西省境，与南中无涉。见朱惠荣《读史札记四则》，载《史与志》2007年第1期。

② 裴畿应是最后一任嶲州刺史，此时南中已属西魏，所以他在江陵元帝身边。

次品十州，次品八州，次品二十三州，下品二十一州。时上方事征讨，恢拓境宇，北逾淮汝，东距彭城，西开牂柯，南平俚洞，纷纶甚众，故异请分之。其下品者异国之人，徒有州名而无土地；或因荒徼之民所居村落置州及郡县，刺史守令皆用彼人为之，尚书不能悉领，山川险远，职贡罕通。五品之外，又有二十余州不知处所。凡一百七州。又以边境镇戍虽领民不多，欲重其将帅，皆建为郡，或一人领二三郡太守，州郡虽多而户口日耗矣。

从以上两段叙述可知：第一，南北朝时期州郡县的设置混乱，析分越来越细，数量越来越多，大小不等，有的甚至不知其位置。这是那个时代全国的通病，不能把这种情况仅解释为西南边疆爨氏割据的证据。第二，萧梁有一套完整的地方行政系统，仍实行州—郡—县三级制，而且前后期变化很大，大同年间比天监时增加了数倍。第三，《梁书》无《地理志》，由于资料缺佚，对于萧梁时期的地方行政区划无法获知。洪齮孙《补梁疆域志》说："（宁）州治及郡县见齐志，今不列。"徐文范整理的《东晋南北朝舆地表》所记梁时政区全抄《南齐志》，都是不科学的。对于萧梁时期宁州的州、郡、县行政系统，只有俟诸他日辑补。

蜀汉庲降都督、两晋南朝宁州的范围，诸书间有记载。西部的情况，《三国志·魏书·乌丸等传》裴注引《魏略》说："大秦道既从海北陆通；又循海而南，与交趾七郡外夷比。又有水道通益州永昌，故永昌出异物。"《魏书·西域传》记大秦国略同："东南通交趾，又水道通益州永昌，郡多出异物。"大秦通永昌的水道应循今伊洛瓦底江而上，今伊洛瓦底江上游一片当时属永昌郡。《宋书·瑞符志》载："晋武帝太康元年八月，白虎见永昌南罕。"南罕即今缅甸南坎，当时属永昌郡。南部的情况，《水经·温水注》说：类水"自九德通类口，水源从西北远荒，迳宁州界来也"。按九德郡在今越南义静省，类水应即今越南蓝江，然时人认类水为今越南的马江，则其北源出自今越南莱州省南部，只有宁州南界达今莱州省南界附近，类水才可能"从西北远荒迳宁州界来也"。又据《三国志·魏书·陈留王纪》，咸熙元年（264年），南中已为魏所有，吴将吕兴驱逐吴的交趾太守长吏，并"遣都尉唐谱等诣进乘县，因南中都督护军霍弋上表自陈"，等待降魏。说明进乘县仍是紧邻交州的边沿县，与两汉的范围相同。

第二节 西魏、北周的南中

承圣二年（553年），梁与魏书，希望魏讨成都。西魏利用梁统治阶级内部的矛盾，出兵攻梁益州。大将军尉迟迥率甲士万二千人，骑万匹，自散关伐蜀，乘虚围成都，于是尽得巴蜀之地。

西魏统治四川的情况，《周书·尉迟迥传》有记载：

> 诏迥为大都督益、潼等十八州诸军事，益州刺史，以平蜀功封一子为公，自剑阁以南，得承制封拜及黜陟。迥乃明赏罚，布恩威，绥缉新邦，经略未附，夷夏怀而归之。

对尉迟迥的政绩，《北史·尉迟迥传》《资治通鉴》皆有记载。彰德尉迟迥庙碑更说：迥在蜀"西南夷威怀允洽"。① 随着西魏统治四川，亦有南中之地。从此，南中便属北朝统治，不再与南朝发生联系。正德《云南志》卷二十一载：

> 爨云，建宁郡人，仕魏，累官骠骑大将军、开府仪同三司、南宁州刺史，封同乐郡侯。有碑在陆凉州南三十里。

按《魏书·世祖纪》，始光四年（427年）以氐王杨元为都督荆、梁、益、宁四州诸军事，北魏曾出现宁州，但那是作为给氐王的封号。西魏废帝三年（554年）改豳州置宁州，在今甘肃宁县。② 与此差相同时，南方的宁州亦属西魏，因此才改名南宁州。西魏没有派外地官员进入，爨云正是这时西魏的南宁州刺史。

西魏有22年（535年—556年），但统治南中的时间仅其最后三年。恭帝三年（556年）十二月，宇文氏迫恭帝禅位，建国号周，史称北周。从此南宁州属北周统治。

对北周时期南宁州的情况，以《隋书·梁睿传》记载最详：

---

① 《金石萃编》卷八十二。
② 《中国历史大辞典·历史地理》，上海辞书出版社1996年版，第255页。

睿时威振四川，夷僚归附，唯南宁酋帅爨震恃远不宾。睿上疏曰："窃以远抚长驾，王者令图易俗移风，有国恒典。南宁州汉世牂柯之地，近代已来，分置兴古、云南、建宁、朱提四郡，户口殷众，金宝富饶，二河有骏马明珠，益宁出盐井犀角。晋太始七年，以益州旷远，分置宁州，至伪梁南宁州刺史徐文盛被湘东征赴，属东夏尚阻，未遑远路，土民爨瓒遂窃据一方，国家遥授刺史。其子震相承至今，而震臣礼多亏，贡赋不入，每年奉献不过数十匹马。其处去益路止一千，朱提北境即与戎州接界，如闻彼人苦其苛政，思被皇风，伏惟大丞相匡赞圣朝，宁济区宇，绝后光前，方垂万代，辟土远服，今正其时。幸因平蜀士众不烦重兴师旅，押僚既讫，即请略定南宁。自卢戎已来，军粮须给，过此即于蛮夷征税以供兵马，其宁州朱提、云南、西爨并置总管州镇，计彼熟蛮租调，足供城防仓储，一则以肃蛮夷，二则裨益军国。今谨件南宁州郡县及事意如别，有大都督杜神敬，昔曾使彼，具所谙练，今并送往。"书未答。

又请曰："窃以柔远能迩著，自前经拓土开疆，王者所务。南宁州，汉代牂柯之郡，其地沃壤，多是汉人，既饶宝物，又出名马，今若往取仍置州郡，一则远振威名，二则有益军国。其处与交、广相接，路乃非遥，汉代开此本为讨越之计，伐陈之日复是一机。以此商量，决谓须取。"高祖深纳之，然以天下初定，恐民心不安，故未之许。后竟遣史万岁讨平之，并因睿之策也。

北周继承了西魏的政治遗产，南宁州成为周的一部分。"其处与交、广相接"，"汉代开此，本为讨越之计"。北齐又于承光元年（577 年）被周灭亡。至此形成了西、北两方对陈的战略包围。由于南中北属，改变了南北对峙力量的对比，陈的辖境大大缩小，在南朝诸政权中，陈统治范围最小，无力再与北方抗衡，有利于北方最终统一南方。然而，北朝对南宁州的统治毕竟时间太短，基础太薄弱，必须把主要力量用于统一内地，巩固政权，不敢稍微分散军力，往西南边疆派兵。因此只能借助地方势力进行统治，放松了南朝在宁州委派最高长官的做法，由"国家遥授刺史"，爨瓒、爨震等得以父子相承，"窃据一方"，国家对当地的租调赋役变成了有限的贡赋，"每年奉献不过数十匹马"。东晋十六国南北朝经过几百年的分裂割据和混战，至此，离全国统一的形势越来越近了。但是在南中，长期受到封建国家调控的地方势力，在北朝统治时期失去了这种有限的调控机制，久已蓄势的爨氏大姓恶性膨胀，又增加了统一的难度，"唯南宁酋帅爨震恃远不宾"，使南宁州迈入全国统一政权的进程步履蹒跚。大象二年（580年），周益州总管王谦起兵反杨坚，被梁睿带步骑二十万入川平定。梁睿为益州总管，派人深入了解宁州情况，欲乘胜出兵南中，却未得到批准。

据《周书·武帝本纪》，保定元年（561年）南宁州遣使献滇马及蜀铠。保定二年（562年）分南宁州置恭州。天和五年（570年）大将军郑恪率师平越嶲，置西宁州。北周在南中共置三个州，大概恭州和西宁州是北周直接控制的地区。恭州在今云南昭通。据《元和郡县图志》："周武帝天和三年（568年），开越嶲地，于嶲城置严州。"《隋书·地理志》："越嶲郡，后周置严州。开皇六年改曰西宁。"西宁州也可能称过严州，旋改为西宁州。西宁州领亮善、宣化、白沙①、邛亮、平乐等五郡。又据《元和郡县志》，西宁州治嶲城，即今四川西昌市。《隋书·梁睿传》提到上报的南宁州郡县，可惜已佚。据上引有关资料，南宁州应包有传统上的建宁、兴古、云南、益宁、二河等地区。"其处与交、广相接"，北边"与戎州接界"。据《通鉴》载，天嘉二年（即保定元年，561年）陈"赂以黔中地及鲁山郡"，既然黔中都属北周，则周的东部更应包有牂柯、夜郎地了。

第三节　隋对南中的经营

一　南宁州总管府的设置及开石门路

大定元年（581年）二月，杨坚取代北周，建立隋朝。此时，战乱已久的中国正逐步走向统一，开皇九年（589年），隋文帝杨坚灭陈，统一中国，结束了东晋十六国南北朝长达数百年的分裂割据的局面。

早在杨坚任北周大臣相时，就十分赞赏梁睿经营南宁州的方略。隋朝建立后，即着力于对南中的经营。《隋书·韦冲传》载：

---

① 《隋书·地理志》原作"日沙郡"。《舆地广记》卷三十及杨守敬《隋书·地理志考证》作"白沙郡"。据改。

起为南宁州总管，持节抚慰。复遣柱国王长述以兵继进。冲上表固让。诏曰："西南夷裔，屡有生梗，每相残贼，朕甚愍之，已命戎徒，清抚边服。以开府器干堪济，识略英远，军旅事重，故以相任。知在艰疚，日月未多，金革夺情，盖有通式，宜自抑割，即膺往旨。"

冲既至南宁，渠帅爨震及西爨首领皆诣府参谒。上大悦，下诏褒扬之。

其兄子伯仁随冲在府，掠人之妻，士卒纵暴，边人失望。上闻而大怒，令蜀王秀治其事。益州长史元岩性方正，案冲无所宽贷，冲竟坐免。

这次出兵取得了积极的成果。《新唐书·南蛮传》载："隋开皇初遣使朝贡，命韦世冲以兵戍之，置恭州、协州、昆州。"据《元和郡县图志》，恭州、协州皆"隋开皇四年开置南中"置，协州所领东安、西安、胡津"右三县，隋开皇四年并同州置"。南宁州总管府亦应设于开皇四年（584年），首任南宁州总管即韦冲（又作韦世冲）。南宁州总管府的治所，杨守敬《隋书地理志考证附补遗》说："有宁州，亦称南宁州，在今云南曲靖，此即晋宋以来之宁州建宁郡也。"

然而，这是一次艰难的行动。韦冲明知此事的艰巨性，"上表固让"推辞。只是由于隋文帝经略南中的态度坚决，韦冲终于成行。《隋书·王长述传》又载，带兵继续跟进的王长述，"以行军总管击南宁，未至，道病卒"，在半路就病死了。"上甚伤惜之，令使者吊祭，赠上柱国、冀州刺史，谥曰庄"，为经略南中而死，获得了隋王朝隆重的礼遇祭奠。以后，由于韦冲的兄子在当地胡作非为，引发"边人失望"，隋文帝闻讯，十分震怒，严加追究，韦冲因此被免官。这些，反映出隋王朝对南中的重视，及隋文帝严肃法纪以安定边疆的决心。

随着派兵和设治，隋王朝也注意在南中凿石开道，改善交通。《蛮书》卷一云南界内途程载石门隋初刊记："开皇五年十月二十五日，兼法曹黄荣领始①、益二州石匠，凿石四孔，各深一丈，造偏梁桥阁，通越析

---

① 《资治通鉴》卷一七四胡三省注："《五代志》，梁置南梁州，后改曰安州，西魏改曰始州。"始州在今四川剑阁。

州、津州。"《新唐书·地理志》开边县条记石门镇也说："隋开皇五年率益、汉二州兵所开。"石门是隋代始州（今四川剑阁）、益州（今四川成都）、汉州（今四川广汉）的工匠和兵士所开，因凿石四孔，其形如门，故称石门，通过石门到云南的这条大道从此即称石门路。《蛮书》又载："从石门外出鲁望、昆州至云南，谓之北路。""越析州，今西洱河东一日程，越析州诏长故地也。津州未详其处。"这条路出石门以后经鲁望（今云南鲁甸）、昆州（今昆明）直至云南（今祥云县云南驿），终点在越析州（今宾川县）、津州，是当时沟通内地和西南边疆，横贯滇池地区和洱海地区的交通干道。因为这条路的修建，南宁州总管府的范围扩大到洱海地区，大概越析州和津州就置于开皇五年（585年）修通石门路时。

二 史万岁南征

隋王朝曾多次用兵南宁地区。刘哙之、杨武通讨西爨就是一例。《隋书·庶人秀传》载："大将军刘哙之讨西爨也，高祖令上开府杨武通将兵继进。秀使嬖人万智光[①]为武通行军司马。上以秀任非其人，谴责之，因谓群臣曰：'坏我法者必在子孙乎！譬如猛兽，物不能害，反为毛间虫所损食耳。'"《隋书·杨武通传》又载："武通，弘农华阴人。性果烈，善驰射，数以行军总管讨西南夷，每有功，封白水郡公，拜左武卫大将军。"由于杨武通讨西南夷，"朝廷以其有威名"，时党项羌累为边患，又调他"历岷、兰二州总管以镇之"[②]。其实杨武通"数以行军总管讨西南夷，每有功"，配合刘哙之讨西爨仅是其中的一次。

开皇十七年（597年），隋王朝又以史万岁为行军总管，进兵南中。《隋书·史万岁传》对史万岁南征的前后经过有详细记载：

> 先是，南宁夷爨翫来降，拜昆州刺史。既而复叛。遂以万岁为行军总管，率众击之。入自蜻蛉川，经弄栋，次小勃弄、大勃弄，至于南中。贼前后屯据要害，万岁皆击破之。行数百里，见诸葛亮纪功碑，铭其背曰："万岁之后，胜我者过此。"万岁令左右倒其碑而进。

[①] 万智光，《北史·庶人秀传》作"万知先"。
[②] 此事亦见《北史·杨武通传》。党项羌反是在开皇十六年（596年），则杨武通讨西南夷只能在开皇十六年前。《资治通鉴》卷一七九胡三省注认为"此必爨翫再反时"，不可从。

度西二河，入渠滥川，行千余里，破其三十余部，掳获男女二万余口。诸夷大惧，遣使请降，献明珠径寸，于是勒石颂美隋德。万岁遣使驰奏，请将爨翫入朝，诏许之。爨翫阴有二心，不欲诣阙，因赂万岁以金宝，万岁于是舍翫而还。蜀王时在益州，知其受赂，遣使将索之。万岁闻而悉以所得金宝沉之于江，索无所获，以功进位柱国。……

明年，爨翫复反，蜀王秀奏万岁受赂纵贼，致生边患，无大臣节。上令穷治其事，事皆验，罪当死。上数之曰："受金放贼，重劳士马，朕念将士暴露，寝不安席，食不甘味，卿岂社稷臣也？"万岁曰："臣留爨翫者，恐其州有变，留以镇抚。臣还至泸水，诏书方到，由是不将入朝，实不受赂。"上以万岁心有欺隐，大怒曰："朕以卿为好人，何乃官高禄重，翻为国贼也？"顾有司曰："明日将斩之。"万岁惧而服罪，顿首请命。……因下诏罪万岁曰："柱国、太平公万岁，拔擢委任，每总戎机。往以南宁逆乱，令其出讨。而昆州刺史爨翫包藏逆心，为民兴患。朕备有成敕，令将入朝。万岁乃多受金银，违敕令住，致爨翫寻为反逆，更劳师旅，方始平定。所司检校，罪合极刑，舍过念功，恕其性命。"年月未久，即复本官。

史万岁南征的原因，是因昆州刺史爨翫降而复叛，为平息南宁地区的爨氏分裂势力。《隋书·文帝纪》载："开皇十七年二月癸未，太平公史万岁击西宁羌，平之。"史万岁不是"击西宁羌"，而是由西宁州（即今四川西昌）入，经蜻蛉川（今大姚）、弄冻（今姚安）、次大勃弄、小勃弄（今弥渡县），渡西二河（即西洱河，今洱海），渠滥川（今大理市凤仪坝子）。史万岁往西最远可能达到今喜洲，当地故老相传，史万岁渡西洱河至此，因名史城①。《新唐书·两爨传》载："史万岁至西洱河、滇池而还。"先到西洱河进行包抄，再到滇池边打败爨翫。史万岁归途应该取滇东北的石门关（今盐津豆沙关），北渡泸水（今金沙江），经戎州（今四川宜宾）、成都北还。史万岁的大军中不乏名将，如"从史万岁击西爨累有战功"的苏沙罗，见《隋书·苏沙罗传》。这次战役"行千余里，破其三十余部"，"诸夷大惧，遣使请降"，可谓战果辉煌。然而，"爨翫寻

---

① 朱惠荣主编：《中华人民共和国地名词典·云南省》，商务印书馆1994年版，第349页。

为反逆，更劳师旅，方始平定"，开皇十八年（598年）爨翫复反，隋王朝不得不再度出兵，方始平定。

隋文帝对南中的经营十分重视，多次出兵，多次获胜。历史证明隋王朝的军事力量是爨氏地方势力无法抗衡的。但每次军事行动以后，南宁地区的形势都出现反复。韦冲以后，其兄子"掠人之妻，士卒纵暴，边人失望"；刘哙之讨西爨，也有蜀王秀派自己的亲信误事；史万岁南征，又因受赂放纵爨翫，致其再反。《太平御览》卷七九一西爨条说："隋开皇初遣使朝贡，文帝遣韦世冲将兵镇之，析置恭州、协州、昆州。未几复叛。后遣史万岁击之，所至皆破，逾西洱河、临滇池而还。翫惧而来朝，文帝诛之，诸子没为官奴，不收其地，因与中国绝。"《隋书·地理志》犍为郡开边县说："开皇六年置，七年废训州入焉。大业初废恭州、协州入焉。"至炀帝时，恭州、协州都撤了，在今滇东北只保留了一个开边县（在今云南水富县两碗）。后周以来诸州置总管府的制度至大业元年（605年）废。大业三年（607年）又改州为郡。炀帝时已无在南宁地区设郡的记录。蜀汉与隋，都是短暂的朝代，它们都着力经营南中，但效果却不相同。仅以武力取胜是不够的，历史的经验值得总结。

在爨氏大姓势力所不及的地区，隋的经营比较顺利。在北部，隋置西宁州，取得了稳定的局面。《隋书·地理志》载："越嶲郡，后周置严州，开皇六年改曰西宁州，十八年又改曰嶲州。"《隋书·梁毗传》记载了西宁州刺史梁毗的事迹：

> 出为西宁州刺史，改封邯郸县侯。在州十一年。先是蛮夷酋长皆服金冠，以金多者为豪隽，由此递相陵夺，每寻干戈，边境略无宁岁，毗患之。后因诸酋长相率以金遗毗，于是置金坐侧，对之恸哭而谓之曰："此物饥不可食，寒不可衣，汝等以此相灭，不可胜数，今将此来，欲杀我邪？"一无所纳，悉以还之。于是蛮夷感悟，遂不相攻击。高祖闻而善之，征为散骑常侍大理卿。

在东部亦得以顺利设置郡县。据《隋书·地理志》："牂柯郡，开皇初置牂州，统县二：牂柯，带郡。宾化。"开皇初置牂州，大业二年（606年）改称牂柯郡，在今贵州中部。"黔安郡，后周置黔州，不带郡。"统县二：开皇十三年（593年）置彭水县，开皇五年（585年）置涪川县。彭水今属重庆市辖，涪川在今贵州德江、思南一带。又据《新唐书·地理志》：夷州义泉郡"本隋明阳郡地"，义泉县"本隶明阳郡"。义泉县在今贵州湄潭。思州宁夷郡"本务州，武德四年以隋巴东郡之务川、扶阳置"。务川在今贵州沿河境。播州"贞观九年以隋牂柯郡之牂柯县置"，今贵州遵义隋时也属牂柯县。隋代在今贵州大部顺利设治的历史，又与东西爨和隋的关系形成鲜明的对照。从此，贵州大部地区或往北靠拢，或往东靠拢，相沿成为内地其他一级政区的一部分，而与其西的南宁州分道扬镳了。由于形势使然，隋代成了我国古代在西南边疆设治的新的轨迹的起点。

第四节　爨氏在南中的统治

爨氏是建宁郡大姓。《爨龙颜碑》曾自述家世说："其先世则少昊、颛顼之玄胄，才子祝融之渺胤也。……霸王郢楚，子文铭德于春秋，班朗绍踪于季叶。阳九运否，蝉蜕河东，逍遥中原。班彪删定汉记，班固述修道训。爰暨汉末，采邑于爨，因氏族焉。姻娅媾于公族，振缨蕃乎王室。乃祖肃，魏尚书仆射、河南尹……迁运庸蜀，流薄南入，树安九世。"称自己是楚王后裔。大概爨氏处门第之见甚重的时代，欲抬高自己身世，故假托楚王后裔。方国瑜先生提出，"未见班氏分支为爨之说。"① 至于有人推测"爨"与"庄"音同，疑爨氏为楚将庄蹻后裔，并未得到爨氏自述及中原古籍佐证。据方国瑜先生考证，从《爨龙颜碑》所谓"蝉蜕河东，逍遥中原"，《元和姓纂》言"爨氏望出晋昌，后汉河南尹爨肃，见谢承《后汉书》"，以及《通典》卷一八七"西爨自云本河东安邑人"等记载看，疑"爨氏采邑即在河东"，并言："南中爨氏自中原迁来，是可确定的。"②

在与爨肃同时的东汉末期，南中已出现了爨氏大姓。当时任建伶县令的爨习违法，益州郡太守董和以其"方土大姓"，不予追究。而作于晋时的《华阳国志·益梁宁三州先汉以来士女目录》明确说："爨习，建宁郡人。"可见爨氏已是南中的方土大姓了。后来，爨习曾率部参与雍闿反

---

① 《滇史论丛》第一辑，上海人民出版社1982年版，第101页。
② 同上。

蜀，诸葛亮南征后，收爨习为蜀汉官属，迁往成都，后官至领军。据《华阳国志·南中志》，当时，南中"大姓焦、雍、雷、爨、孟、董、毛、李部曲，置五部都尉，号五子。故南人言四姓五子也"。《爨龙颜碑》也说："乡望标于四姓。"有的学者认为，四姓或即爨、孟、李、霍四家①。爨氏已成为四姓之一，是著名大姓了。

西晋初年，霍弋遣建宁大姓征交趾，以爨谷为交趾太守，统率一批建宁大姓出征，其下还有牙门将爨熊（一作能）统有部曲。爨谷病逝后，吴军大举进攻交趾，建宁诸大姓及其部曲全军覆没，势力受损。但晋王朝为表彰其忠烈，又封包括爨熊在内的建宁大姓后裔为侯，使他们"得世有部曲"，恢复力量。

东晋时期，梁水郡太守大姓爨量据兴古盘南反晋，投靠李雄。宁州刺史王逊屡攻不下，爨量反而不时攻扰宁州城一带，后被尹奉募人刺杀。而同时的另一个爨氏大姓——爨琛，则拥晋抗李雄，曾率军与姚岳一道，在朱提堂狼大破李雄将李骧。在爨量败之后，可能曾委爨琛出任过兴古太守，收纳爨量残部。② 在李寿大军攻南中时，爨琛以大姓身份随建宁太守霍彪援守朱提，粮尽降成汉，被任命为成汉交州刺史，在名义上统兴古、永昌、牂柯、越巂、夜郎等郡。成汉内乱，大姓孟彦执霍彪归晋，霍氏势力被摧垮。东晋咸康六年（340年），李寿又派军灭孟彦，孟氏力量也趋衰微。爨氏自此成为南中最有实力的大姓。

据《新唐书·南蛮传下》，西爨自云其"七世祖，晋南宁太守。中国乱，遂王蛮中"。元代李京《云南志略》也说"晋成帝时，以爨深为兴古太守"。从文物资料看，正德《云南志》卷二十一载："爨深，兴古郡人。永嘉中，与将军姚岳同破李雄，仕为本郡太守。今南宁县南十余里，有《兴古太守爨府君碑》。"兴古郡是宁州属下，爨深出任太守似无疑处，惟其是"兴古郡人"之说与《华阳国志·南中志》相左，《爨府君碑》在明代后期，"仅有额，其墓不可考"③，说明在明代中期可能已有缺文，正德《云南志》所谓"兴古郡人"之说，未必确实出自碑文，应依《华阳国志》"建宁大姓"的说法。大概爨深出任兴古太守后，在原先大姓与夷

---

① 汪宁生：《云南考古》，云南人民出版社1992年版，第96页。
② 《滇史论丛》第一辑，上海人民出版社1982年版，第103页。
③ 《（天启）滇志》卷三。

帅"遑耶"关系的基础上，多方结援当地土著，遂至一定程度上的联合，而不是"遂王蛮中"，更谈不上"爨人之名始此"①。当时爨氏仍属大姓，霍、孟二氏衰亡后，南中仍有许多其他大姓。

永和元年（345年），爨頠弃成汉投晋。晋于永和三年（347年）灭成汉后，先后任命谢恕和爨頠出任宁州刺史，借重大姓统治南中。爨氏力量在晋末已形成气候。据《爨宝子碑》，其宗族子弟爨宝子20来岁，并无战功政绩，就被"州中别驾举秀才、本郡太守"。据《爨龙颜碑》，晋末宋初，爨龙颜的祖父任晋宁建宁二郡太守、龙骧将军、宁州刺史；父亲任龙骧辅国将军、八郡监军、晋宁建宁二郡太守；爨龙颜本人二十多岁，晋末"本州礼命主簿，三辟别驾从事史，正式当朝"，又举为秀才，后来累官郎中、行参军、试守太守、州司马长史等职。其中一些官职属州府自辟，不是朝廷任命，说明爨氏已握有当地实权。

刘宋初年曾有意抑制爨氏势力，派出两任宁州刺史，并收爨龙颜入京任散骑侍郎，作为人质。但爨氏力量已经强大，朝廷也不得不加以笼络。爨龙颜之父去世后，被追谥封号，爨龙颜回南中袭父爵邛都县侯，出任龙骧将军、试守晋宁太守。元嘉九年（432年），宁州发生战乱，爨龙颜率兵迅速平定，因功出任护镇蛮校尉、宁州刺史，显示出爨氏实力。元嘉十五年（438年），刘宋另派徐循接任宁州刺史，并于元嘉十八年（441年）平定了晋宁太守爨松子的反晋行动，进一步压制爨氏。但到大明二年（458年）左右，爨氏力量逐渐恢复，爨龙颜的属官和子孙终于给他立了碑，此时距爨龙颜去世已有12年之久。爨氏名义上称霸八郡，但越嶲郡晋末归属益州，永昌郡为吕氏据守，牂柯郡有谢氏大姓把持，并不听从爨氏。爨氏统治南中，实际仅兴古、云南、建宁、朱提四郡。②

刘宋中期以前，爨氏势力虽然在宁州膨胀，也与当地土著联合，但总的看来，仍遵守着中原王朝的行政制度和统治规程。据《爨宝子碑》，爨宝子仕进，要通过州主簿、治中、别驾来荐举，其郡守属吏有主簿、录事、西曹、都督、省事、书佐、轩吏、小史、威仪等，基本与《晋书·职官志》相似。爨龙颜同样经历了礼命、府辟、荐举等仕进形式，其祖

---

① 李京：《云南志略》。
② 参见方国瑜《南北朝时期爨氏对南中的统治》，载《思想战线》1982年第5期。

父宁州刺史、其父八郡监军与他就任护镇蛮校尉、宁州刺史之间,并无直接世袭继承的关系,他所承袭的仅是邛都县侯爵位。《爨龙颜碑》碑阴题名官职分上、中、下三层,上层为宁州刺史府属官,中层为镇蛮校尉府属官,下层可能是邛都县侯属官。其中县侯属官无考,但刺史属官和校尉属官大体上也符合《宋书·百官志》所述,仅略有出入。两个爨碑行文叙事,也属内地汉族形式无疑,特别是《爨龙颜碑》所谓"祖已薨背,考志存铭记,良愿不遂,奄然早终。嗣孙硕子等及乎哀感……树立玄碑",表明爨氏似乎极重嫡长子,嫡长孙的关系。

另外,《爨龙颜碑》表明当时宁州已有"东西二境"的分野,可能是后来东、西爨地的雏形。《爨龙颜碑》题名属吏48人中,有籍贯可考者32人,非南中籍或籍贯字迹不清者6人。南中籍贯的25名大姓属吏中,建宁郡21人,分别有爨姓10人、孟姓5人、周姓2人、赵姓1人、毛姓1人、李姓1人、陈姓1人;晋宁郡2人,赵姓1人、骆姓1人;朱提郡1人,李姓;牂柯郡1人,谢姓;南广郡1人,杨姓。说明南中一带尚有其他大姓活动,只不过势力不及爨氏而已,土著夷帅和其他大姓仍具有相对的独立性。

刘宋后期至梁朝徐文盛入宁州以前,朝廷累派宁州刺史,但郡县官吏多任用当地土长。爨氏势力的发展表现在两个方面:一是宗族各支虽有联系,但已开始各自发展,分立部众。《南齐书·州郡志》所言"诸爨氏强族,恃远擅命",证明爨氏各支均力量强大,形成诸爨各部,大概"爨部"形成于这一期间。二是同当地土著联系更紧,逐步放弃汉族特点,开始走向"夷化",但整体上仍保留汉族身份。如《南齐书·州郡志》载宁州"蛮夷众多,齐民甚少",《梁书·徐文盛传》载宁州"州在僻远,所管群蛮不识教义",说明当地许多汉族已经开始夷化,以爨氏为首的大姓与当地土著夷帅的界限,开始出现模糊。

北朝统治时期,朝廷不再派刺史,而是给爨氏遥授南宁州刺史,爨氏遂正式称霸一方。这一时期,爨氏统治区域基本分化为西爨白蛮地区和东爨乌蛮地区,从《隋书·梁睿传》载梁睿两次上书,将兴古、云南、建宁、朱提与朱提、云南、西爨并提,参考《蛮书》卷四西爨白蛮和东爨乌蛮的地望记载,大约西爨包有兴古、建宁两郡,东爨地即在朱提郡[①],

---

① 方国瑜:《南北朝时期爨氏对南中诸郡的统治》,载《思想战线》1982年第5期。

而包括洱海地区在内的云南郡大部，似乎与西爨关系更密切，隋史万岁出征西爨时，就曾到过西洱河（今云南洱海）地区。爨氏虽在西魏、北周时期接受朝廷南宁州刺史的官号，但已不同于内地刺史，梁末就开始"贡献方物"，西魏时更无正式赋税，北周则明确定为"贡赋"，属典型的羁縻州郡。爨氏本身已成为实际上的部族部落首领。据《新唐书·两爨蛮传》，当地"夷人尚鬼，谓主祭者为鬼主，每岁户出一牛或一羊，就其家祭之"，而爨氏诸首领在唐初多有鬼主、大鬼主之称，说明至少在隋代，爨氏治下的社区结构已与土著部族部落鬼主制结构趋于一致。爨瓒之子爨震继承父亲南宁州刺史之职，北周也将就认可，并称其为"酋帅"，隋代不仅称为"渠帅爨震及西爨首领"，更直接把昆州刺史爨翫叫作"南宁夷爨翫"。

不过西爨与东爨之间仍有显著区别。东爨的情况，《蛮书》卷一载："男则发髻，女则散发，见人无礼节拜跪，三译四译，乃与华通。大部落则有大鬼主，百家二百家小部落，亦有小鬼主。一切信使鬼巫，用相服制。土多牛马，无布帛，男女悉披牛羊皮"，社会发展程度较低，绝大多数是受汉文化影响较少的土著民族，部落林立，互不统属。《蛮书》卷八又载：西爨白蛮则"依汉法为墓"，言语间"最正"。洱海一带的白蛮按部落制习惯行事，但"有城郭村邑，弓矢矛铤；言语虽小讹舛，大略与中夏同；有文字，颇解阴阳历数"[①]。说明西爨社会发展程度高一些，其社会成员的主要成分是"夷化"了的汉族和受汉文化影响较多的土著民族。

爨氏名义上是南宁州刺史，实际上只能控制西爨白蛮地区。东爨乌蛮由于语言障碍及生活方式差异，只是与爨氏联合，未必直接听命，更谈不上控制。刘哙之击爨翫，则直接书为"击西爨"。而西爨地区的社会组织也很松散，爨氏家族在爨瓒之后，就一分为二，由其子爨震、爨翫"分统其众"，其下又有一些大小爨氏首领。当地异姓首领力量虽弱，但仍有分布。如《蛮书》卷四所载唐初被爨归王袭杀的孟氏父子，《王仁求碑》所载安宁王氏，《蛮书》卷六及《元和姓纂》卷九所载魏末云南段氏等，他们并不与爨氏同心。所以，爨氏在西爨白蛮地区的统治，也分为直接控

---

① 木芹：《南诏野史会证》，云南人民出版社1990年版，第57页。校补唐梁建芳《西洱河风土记》佚文。

制和间接控制两种。

因此，除爨松子反刘宋和爨翫反隋两次失败的行动外，在南北朝至隋代的大多数时间里，尽管内地战乱不休，常常无力顾及云南，爨氏凭借实力，称霸一方，但南中却始终是我国中原王朝的一部分，不仅接受而且珍视朝廷给予的官职，只是"开门节度，闭门天子的称雄"①。重要的原因，就在于爨氏自身实力不足，必须依靠朝廷，以及南中社会发展极不平衡所致。

---

① 方国瑜：《彝族史稿》，四川民族出版社1984年版，第137页。

第十章

三国两晋十六国南北朝隋时期南中的社会与经济

第一节 南中的社会形态

蜀汉以降，随着西南边疆的逐步开发，汉人的大量南迁，以及土著各族的部分汉化，南中经济较前有明显进步。农耕区域较前扩大，生产技术普遍提高，畜牧业水平有所增长，手工业生产继续进步，产品交换日益频繁，交通网络逐步形成，社会经济形态也更趋复杂多样。

社会经济发展的不平衡是西南边疆自古皆然的现象。这一时期，居于边远地区和大量山区的土著各族，相当一部分还长期处于原始社会阶段，如《华阳国志·南中志》所说，"编发左衽，随畜迁徙"。

这一时期，散在邛、笮氏羌部落集团边外地区的濮人多数还处于原始社会末期以前的社会形态之中，如《华阳国志·南中志》所说，"南域处邛、笮五夷之表，不毛闽濮之乡"。永昌郡西南的尾濮，则如《春秋释例》所说，"男女长，皆随宜野会，无有嫁娶，犹知识母，不复识父"[①]。又如《永昌郡传》所说，建宁郡南的百濮，"无君长总统，各以邑落自聚"，云南郡"亦多夷、濮，分布山野"。一直居于牂柯、兴古二郡的僚人，其社会形态也以原始社会为主。《晋书·武帝纪》载，晋武帝太康四年（283年），"牂柯僚二千余落内属"。《华阳国志·南中志》载，王逊为南夷校尉、宁州刺史，"讨恶僚刚夷数千落，威震南土"。这些以"落"相称的僚人明显带有浓厚的血缘氏族色彩，还没有完成向阶级社会的过

[①] 《左传·文公十六年》"疏"引杜预《春秋释例》。

渡。此外，《新唐书·南蛮传》说的大、小勃弄二川蛮，"无酋长，喜相仇怨"，《永昌郡传》说的朱提郡夷，"分布山谷间，食肉衣皮"，他们生产发展水平亦未超出原始社会末期以前的状况。

南中处于原始社会发展阶段的民族与地区，社会生产一般仍较低下，刀耕火种，随畜迁徙，没有明显的阶级分化。

秦汉时期西南夷中，除夜郎、滇、邛都三个地区已经进入奴隶制外，多数地区还停留在"随意迁徙，毋常处，毋君长"的原始社会时期。与之相比，蜀汉至南北朝南中处于原始社会末期以前的民族与地区的比例显然已是大大缩小。冯甦《滇考·诸葛武乡侯南征》说，诸葛亮在南中"劝彝筑城堡，务农桑，诸彝感慕德化，皆自山林徙居平壤"，进入定居的农耕生活，反映了这种社会形态消长的事实。

由于受到中原先进文化的影响，南中所属少数民族大部社会生产都在不同程度上有了相当发展，阶级分化十分迅速。原始部落中的少数军事首领或酋长逐步演变为奴隶主贵族，部落成员和战俘则逐步沦为平民和奴隶。《华阳国志·南中志》载，晋武帝太康五年（284年），李毅为南夷校尉，"统五十八部夷族都监行事"。《晋书·武帝纪》载，太康十年（289年），"西南夷二十余国来献"。《晋书·惠帝纪》载，永平元年（291年），"南夷二十四部并诣校尉内附"。这些以"部""国"相称的土著民族部落的社会形态，应该均已进入奴隶制发展阶段。

南中的奴隶主贵族一般称为"叟帅""叟大帅""夷帅""夷率"，或又称为"豪帅""耆帅"等。或者受到中央王朝敕封，或者自行效法，一些奴隶主贵族也以"王"称，如句町王[1]、罗甸国王[2]等，《华阳国志·南中志》载，越嶲叟帅高定元也曾"举郡称王以叛"，永昌郡所属闽、越、濮、僚，"其渠帅皆曰王"。这些奴隶主贵族拥有部落中的大部分生产资料，不从事任何生产活动，专门指挥战争或主持祭祀。与此相反，没有或极少生产资料的平民与奴隶则是农业、畜牧业、手工业的主要生产者，每年要将产品的一部乃至全部缴纳给奴隶主贵族，以供其挥霍与纳贡

---

[1] 《华阳国志·南中志》。按：《南中志》称句町县，"故句町王国名也。其置自濮，王姓毋，汉时受封迄今。"说明晋时句町奴隶主贵族仍以"王"称。

[2] 道光年间《大定府志》卷五十三。按：今贵州大方县文物管理所收有《济王纪功碑》一块，相传是济火载录自己被蜀汉封为罗甸国王一事的遗物。

郡县。奴隶主贵族可以把部落中的任一成员征调为兵，组成所谓"励卒青羌""夷兵""叟兵"，也可以把部落中的部分成员作为奴隶买卖纳贡。据《华阳国志·南中志》，南中夷帅重诸葛亮图谱，"许致生口直"，即以奴隶数量多少作为衡量的价格。牂柯郡"寡畜产，虽有僮仆，方诸郡为贫"，也是指牂柯郡所属的奴隶主贵族占有可以自由支配的奴隶的数量不如南中其他郡为多。

蜀汉而下，内地汉族地主豪民迁入南中仍相续不辍。据《三国志·霍峻传》：建宁霍氏，祖籍南郡枝江（今湖北枝江），随刘备入蜀，任梓潼太守。至霍弋时，迁永昌太守，更迁监军翊军将军，"领建宁太守，还统南郡事"，遂为建宁豪族。据《通鉴》卷八十五，西晋末年，巴氏李氏据蜀，"蜀民皆保险结坞，或南入宁州，或东下荆州，城邑皆空，野无烟火"。据《晋书·苻坚载记》：东晋宁康元年（373年），苻坚平蜀，益州刺史周仲孙"率骑五千奔于南中"。内地汉族地主豪民大批南下，在考古发掘中反映最为明显。云南昭通、姚安、大理，四川西昌，贵州清镇、平坝、安顺等地都发现了数量不少的汉晋花边砖室墓，出土了各种着汉族衣饰的陶俑，以及大量的陶房、陶井、陶灶、铜洗、摇钱树等。这些墓葬的形制和出土器物与成都平原抑或中原地区的汉晋墓葬完全相同，直接间接地反映出墓葬主人来自内地或与内地有相当密切的渊源关系。受到内地先进文化熏陶的汉族地主豪民移入南中以后，采用先进的封建生产方式组织生产，形成了南中经济形态中最有特色的封建地主庄园经济。

有人认为，内地汉族地主豪民移入南中以后，有一个明显的"夷化"过程。因而，他们的经济形态实际上已经退回到了奴隶制阶段。1982年，考古工作者在贵州习水良村区三岔河乡发现人工岩墓五座，有蜀汉章武三年（223年）摩岩题记："章武三年七月十日姚立从曾意买大父曾孝梁右一门七十万毕知者廖诚杜六葬姚胡及母。"[①] 这是当时姚、曾两家买卖位于岩壁右端的一座岩墓的据约，说明蜀汉时期南中有土地买卖的现象存在。结合铁器与牛耕在此一时期的普遍运用，我们认为，迁入南中的内地汉族地主豪民的生产方式并没有倒回到奴隶制形态，而仍然保持了内地的封建庄园经济形式。

---

① 黄泗亭：《贵州习水县发现的蜀汉岩墓和摩崖题记及岩画》，载《四川文物》1986年第1期。

自给自足的自然经济是南中封建地主庄园的主要特点。封建庄园地主占有大量的田地、房屋、山林、矿藏、陂池、牲畜、僮仆，在庄园中根据自己的需要生产粮食、蔬菜、瓜果以及各种经济作物，喂养牲畜。庄园中还有各种手工业，能制造农具、织布、缫丝、酿酒、制衣、加工各种工艺品，等等。一个庄园就是一个自给自足的生产单位。南中汉晋墓葬中大量的随葬器物，多数都是墓主庄园内自行生产的，墓主生前所需的一切奢侈消费也应是在庄园之内自行解决的。这与汉晋之际内地庄园的情形一致。

这一时期内地封建地主庄园的另一特点是拥有大量部曲。部曲成为豪强地主的私属，依附性极强。他们可以跟随主人东迁西徙。如《三国志·魏延传》载，魏延本义阳（今湖北枣阳）人，"以部曲随先主入蜀"。《三国志·霍峻传》载，霍峻兄笃，"于乡里合部曲数百人"，刘表卒，"峻率众归先主"。《华阳国志·巴志》载，延熙十一年（248年），车骑将军邓芝讨平涪陵徐巨，"移其豪徐、蔺、谢、范五千家于蜀为猎射官，分赢弱，配督将蒋□□，名为助郡军，遂世掌部曲为大姓"。内地汉族地主豪民移居南中，携其部曲同行是极其自然的事情。《晋书·李流载记》载，巴氐李氏据蜀，"三蜀百姓并保险结坞，城邑皆空"，其"百姓"即指拥有部曲的庄园地主。他们中的部分稍后即举族"南入宁州"。与内地的情形一样，南中封建地主庄园也多拥有大量部曲。庄园地主拥有大量的生产资料和部曲，实际上就是封建领主。部曲作为隶农，被牢固地束缚于土地之上，人身依附于庄园地主，不仅要向庄园地主交纳各种实物地租，如农产品、金银、畜产，而且还要承担各种军事徭役，组成部曲军队。尽管如此，这些部曲与庄园地主的关系已经是封建生产关系，他们的身份与奴隶是有天壤之别的。

蜀汉平定南中以后，曾"移南中劲卒青羌万余家于蜀"，又"分其赢弱配大姓焦、雍、娄、爨、孟、量、毛、李为部曲"。除了这种将南中地区土著民族强行配与大姓为部曲之外，蜀汉政府又以"聘策"的方式劝令南中大姓富豪招募"夷人"为部曲。《华阳国志·南中志》载："以夷多刚狠，不宾大姓富豪，乃劝令出金帛，聘策恶夷为家部曲，得多者奕世袭官。于是夷人贪货物，以渐服属于汉，成夷汉部曲。"这样，与内地封建地主庄园不同，南中封建地主庄园之内除了拥有大批"汉部曲"外，别有部分"夷部曲"倚于其下。云南昭通后海子发现的东晋霍承嗣墓，西壁下部绘有人物四列：最上一列手持环首刀，最下一列骑马，均穿汉装；其中两列头顶梳尖髻，形如今四川凉山彝族的"天菩萨"，身着披毡，亦与彝族相同，他们似处在穿汉式服装者监视之下。一般认为，此图所绘就是南中"夷汉部曲"形象，"'夷部曲'地位最低，他们必须在已经归化的身着汉装的'汉部曲'监视下行动"[①]。我们估计，归附于汉族地主庄园之中的土著民族或仍保持一定的组织形式与落后的生产方式。这就使得南中封建地主庄园较之内地更有特色。

蜀汉以来南中的先进工具和生产技术的最早考古实证，多数是在庄园地主墓葬中找到的。即使不能因此就说这些先进的生产工具和生产技术是在庄园经济中首先被采用，但是说庄园经济尽快地、广泛地采用先进工具和先进技术应该是没有问题的。因此，我们可以认为，南中封建地主庄园具有较高的生产力，在整个社会经济中占有优势。其次，由于中原政局动荡不安，南中与中央政府的关系若即若离。在这种情况下，以封建地主庄园经济作为经济基础产生和发展起来的南中大姓，不独成为南中政治稳定的主要力量，而且成为南中经济发展的主要保证。可以说，在南中整个社会生产的延续中，封建地主庄园经济起了主导作用。

总的说来，蜀汉以降南中的社会形态仍很复杂。封建地主庄园经济控制的地方虽然只存在于部分夷汉杂居的区域，但在整个南中经济中却占有突出的地位；奴隶制经济支配的地区虽然远远大于庄园经济的范围，然而并未能够左右整个南中经济；另一部分地区，则仍然散居着许多原始社会经济形态支配的氏族、部落。

第二节　经济

一　农业

蜀汉平定南中以后，沿袭汉代旧规，在滇东大兴屯田，改变汉代以军屯为主的做法，鼓励拥护蜀汉政权的南中大姓进行私屯。这一方面促进了南中封建地主庄园规模的扩大与数量的增加，另一方面又使南中农业生产的规模迅速扩大。至晋，南中各郡的农业生产普遍都有发展。据《永昌郡传》载：朱提郡有龙池，仍是"以（龙池）灌溉种稻"。越嶲郡"自建宁高山相连，至川中平地，东西南北八十余里。特好桑蚕，宜黍、稷、

---

① 汪宁生：《云南考古》，云南人民出版社1992年版，第98页。

麻、稻、粱"。兴古郡有菽、谷。① 据《华阳国志·南中志》载：建宁郡"郡土平敞，有原田"。永昌郡"土地肥腴"，"有蚕桑"，"宜五谷"。云南郡"土地有稻田畜牧，但不蚕桑"。牂柯郡"畲山为田，无蚕桑"。兴古等郡"自梁水、兴古、西平三郡少谷"。与秦汉时期相比，南中从事农业生产的地区已经扩大了许多。农业生产发展的地区差异十分突出。建宁郡是古滇国所在，后分为建宁、晋宁二郡。农业生产极为发达。牂柯郡的农业比较粗放。兴古郡的农业生产虽不发达，但已开始步入农耕阶段。

在农业生产规模逐步扩大的同时，南中农业的栽培作物品种也较前显著增多。综合考古发掘与文献记载，粮食作物除稻谷外，黍、稷、粱、豆均已普遍种植，与此同时，某些粮食代用品的发现与种植也已在南中农业发展中产生影响。《南中八郡志》载，兴古郡有一种莎树，大四五围，长十余丈，"树皮能出面，大者百斛，色黄，鸠民部落而就食之"。② 左思《蜀都赋》有"面有桄榔"句，刘逵注："桄榔，树名也。木中有屑如面，可食。出兴古。"魏王《花木志》也载："桄榔出兴古国者，树高七八丈，其大者，一树出面百斛。"显然桄榔不是一般的粮食作物，而应是一种粮食代用品。粮食作物品种的增多既是这一时期南中农业发展的结果，又反过来促进了农业的持续发展。

经济植物在南中各地也有利用或栽种，品种涉及蔬菜、药材、竹木等类。

晋嵇含《南方草木状》载："甘薯，民家常以二月种之，至十月乃成卵，大者如鹅，小者如鸭。掘食，其味甜，经久得风，乃淡泊耳。"出交趾及兴古。③ 有人认为此应为薯蓣科的甜薯，而非番薯。④ 一般认为甘薯的原产地在美洲，但近人调查，云南有一种"野甘薯"，当地人把它当成喂猪草，也有一种"野番薯"可以喂猪，因此专家认为，我国西南应有甘薯原生植物的分布。⑤ 对于甘薯栽培的记录应该受到重视。郭义恭《广志》载："有百子芋，出叶榆县。有魁芋，无旁子，生永昌。"⑥ "重小

---

① 《太平御览》卷七九一引《永昌郡传》。"菽"一作"蒜"，不从。
② 《太平御览》卷九六○《木部九·莎木》。
③ 《太平御览》卷九七四《果部十一·甘薯》。
④ 参见《辞海》甘薯、番薯、薯蓣诸条。
⑤ 李璠：《中国栽培植物发展史》，科学出版社1984年版，第76—78页。
⑥ 《太平御览》卷九七五《果部十二·芋》。

豆，一岁三熟。藁甘白豆，粗大可食，刺豆亦可食。柜豆，苗似小豆，紫花，可为面。生朱提、建宁。"① 在南中，芋和豆资源丰富，种类较多，分布较广，生产技术较粗放。韦齐休《云南行记》载："嶲州界缘山野间出菜，大叶而粗茎，其根若大萝卜。土人蒸煮其根叶而食之，可以疗饥，名之为诸葛菜。云：武侯南征用此菜子莳于山中，以济军食。"② 这应该就是近代大凉山高寒山区常见的蔓青，传说由诸葛亮传入，种收不受季节限制，管理粗放，抗病虫能力较强。从以上作物的种植，我们可以窥知，蜀汉至隋南中的生产虽有发展，但生产水平并不高。

蜀汉至隋南中的药材已著称于世。《南方草木状》载："漏蔻树，子大如李实，二月花，七月熟，出兴古。"③ "漏蔻"应即豆蔻。"霍香，榛生，民自种之，五六月采，曝之乃芳芬耳。"出兴古。④ 晋张华《博物志》载："松脂沦入地中，千年化为茯苓，千年化为琥珀。琥珀一名红珠。今太山有茯苓而无琥珀，益州、永昌出琥珀而无茯苓。"⑤ 晋郭义恭《广志》载："茯神，松汁所作，胜茯苓，或曰松根茯苓，贯着之，生朱提濮阳县。"⑥ "丹，朱沙之朴也，大者如米，生山中。出牂柯、兴古。"⑦ 左思《蜀都赋》谓"其间则有虎珀、丹青"。晋刘逵注："永昌博南县出虎珀。牂柯有白曹山出丹青、曾青、空青也。《本草经》云：皆出越嶲郡。"《本草经》又载："木香，一名木蜜香，味辛温，无毒，治邪气，辟毒疫，温鬼强志，主气不足；久服又梦寤魔寐，轻身致神仙。生永昌山谷。陶隐居云'此即青木香也，永昌不复贡，今皆从外国舶上来'云。"⑧

其他还有一些具有经济价值的林木和林产品。《广志》载："木棉树，赤华，为房甚繁，逼侧相比，为棉甚软。出交州、永昌。"⑨ "永昌有汉竹，围三尺余。"⑩ 这应即《华阳国志·南中志》所载"节相去一丈，受

---

① 《初学记》卷二十七《草部·五谷》。
② 《太平御览》卷九八〇《菜茹五》。
③ 《太平御览》卷九七一《果部八·豆蔻》。
④ 《太平御览》卷九八二《香部二·霍香》。
⑤ 《太平御览》卷八〇八《珍宝部七·虎魄》。
⑥ 《太平御览》卷九八九《药部六·茯苓》。"濮阳"疑为"汉阳"，因形近而误。
⑦ 《太平御览》卷九八五《药部二·丹》。
⑧ 《太平御览》卷九九一《药部八·木香》。
⑨ 《太平御览》卷九六〇《木部九·木棉》。
⑩ 《太平御览》卷九六三《竹部二·竹下》。

一斛许"的濮竹,"漢"应为"濮"之误字。这样的大竹现在阿佤山还能看到,佤族用以挦水或贮米。《诗义疏》载:"梓实桐皮曰椅,今民云梧桐也。有青桐、白桐、赤桐。白桐宜琴瑟。今云南、牂柯人绩以为布。"① 梧桐类林木丰富,用途也广。陆机《毛诗疏义》载:"北山有楰。《尔雅》曰:楰,鼠梓。其树叶木理如楸,山楸之异也。今人谓之昔楸,湿时脆,燥而坚。今永昌人谓鼠梓,汉人谓之楰。"② 南中是茶叶的故乡,近年在镇沅、澜沧等县发现了成片的野生茶树。今人在勐海县巴达乡贺松寨山谷发现的一株野生茶树,原高 32.12 米,1967 年被风折断,现高 14.7 米,树龄已 1700 余年,约相当于两晋时期。③ 南中林产品丰富,很早就以产茶和饮料著称。《华阳国志·南中志》载,平夷县"山出茶、蜜",鳖县"有野生薜,可食"。薜即薜荔,又名木莲,其实中子多而小,至今云贵农村夏天还用此子浸汁揉制凉粉解暑。《南方草木状》载:"橄榄,子大如枣,二月华,八九月熟。生食,味酢;蜜藏,乃甜美。"④ "刘,三月华,七月、八月熟。其色黄,其味酢。"⑤ "鬼目,树大者如木子,小者如鸭子,二月花,色仍连着实,七月、八月熟。其色黄,其味酸,以蜜煮之,滋味柔嘉。"⑥ 这些水果兴古郡皆有出产。《南方草木状》又载:"事毦至藤,生山中,大如苹,蒿蔓衍居,民采取,剥之以作毦,然不多。""科藤,生金封山,乌浒人往往卖之。其色正赤,又云以草染之。出兴古。"⑦ 这些仅是在兴古被人们利用的藤类。

蜀汉而下,一方面受到生产工具改进的自身影响,一方面又受到大批内地移民的传入,铁制农具的使用迅速普遍。学术界认为,汉唐之际是南中"铁器使用普遍化"的时期,⑧ 这种"普遍化"当然也应包括铁制农具的使用。参考南诏时期铁制农具普遍使用的情况,我们认为,汉唐之际南中铁制农具的使用不仅已经相当普遍,而且类型也应相当丰富了。

---

① 《太平御览》卷九五六《木部五·桐》。
② 《太平御览》卷九五八《木部七·梓》。
③ 《云南地州市县概况·西双版纳傣族自治州分册》,云南人民出版社 1988 年版,第 88 页。
④ 《太平御览》卷九七二《果木部九·橄榄》。
⑤ 《太平御览》卷九七三《果部十·刘》。
⑥ 《太平御览》卷九七四《果部十一·鬼目》。
⑦ 《太平御览》卷九九五《百卉部二·藤》。
⑧ 汪宁生:《云南考古》,云南人民出版社 1992 年版,第 128 页。

与铁制农具的普遍使用相应，牛耕技术也在南中普遍推广开来。蜀汉时，南中"赋"出耕牛，见于《三国志·李恢传》及《华阳国志·南中志》。诸葛亮平定南中，"为夷作图谱"，"画夷牵牛负酒"以贡。"耕牛"与一般放牧的牛不同，必须先穿鼻子，经过人工训练，教会其听人使唤的一套技能，让其熟悉口令或特殊的声音和动作，才能负犁耕作。所以，能用绳子"牵"的牛应即耕牛，已会使犁的牛才称为"耕牛"，对耕牛的使用技术已不局限于个别人，耕牛才可能作为"贡赋"成批输往巴蜀。这是南中普遍使用牛耕的明证。史称诸葛亮在南中"令人教打牛以代刀耕，彝众感悦"。[①]至今云南德宏傣族中还流传着诸葛亮教示牛耕的传说，有的地方还保存着他教人打牛耕田的地名——打牛坪。[②]晋时南中各族向南夷府纳贡，牛为其首，"动以万计"。梁堆墓中常见的随葬品，多有牛的造型与砖画。对于已经进入农耕阶段的民族而言，这些"牛"绝不仅仅只有畜牧上的意义，至少有相当部分是用于农耕的。

二 畜牧和渔猎

在秦汉时期发达的畜牧业基础上，蜀汉以降，南中畜牧业有了新的进步。蜀汉平定南中，诸葛亮为夷作图谱，有牛、马、羊等；南中所纳贡赋，耕牛、战马首当其冲。至晋，据《华阳国志·南中志》，"每夷供贡南夷府，入牛、金、旄、马"。北周时，梁睿为益州总管，上疏朝廷，称南宁州"又出名马"，以产马著称。从蜀汉至隋，牛、马一直是南中向中原纳贡的主要内容，说明以牛、马为代表的畜牧业在南中的经济生活中占有重要地位。

《华阳国志·南中志》载，晋宁郡有"金银畜产之富"，云南郡"土地有稻田畜产"。《宋书·瑞符志》载，太元十四年（389年）六月二十八日，滇池有"神马二匹，一白一黑，忽出于河中，去岸百步。县民董聪见之"。参与《水经·温水注》所言，这一带"长老传言，池中有神马，家马交之，则生骏驹，日行五百里"。证明这一时期滇池周围仍盛产良马。《水经·若水注》载，会无"县有骏马河，水出县东高山。山有天马径，厥迹存焉。马日行千里，民家马牧之山下，或产骏驹，言是天马

---

① （清）冯甦：《滇考·诸葛武乡侯南征》。
② 《（光绪）永昌府志》。

子"。这是越嶲郡产良马的记录。畜牧业在南中发达地区的经济生活中固然重要，在较为落后的地区地位更是显著，几乎成为某些民族的经济支柱。据《永昌郡传》，建宁郡"夷"丧葬，"则大杀牛羊，共相劳贺作乐"。据《西南彝志》载，彝族先祖仲牟由为避洪水，"牵着自己的马，赶着自己的羊，到泥洛白（彝语称山为'白'）去住"。进入贵州西北后，彝祖先民六大部落之间经常为了争夺土地和牲畜而引起战争。彝文经典《夷㑶権濮》称：在六祖分支后，彝族中的一些宗支迁到今禄劝、武定一带定居，有"宗简十二代"一支，来到"渡口处，畜无船儿渡"，"天牛蹄天地，四周绵羊歇，山羊角儿尖，肥猪卧四围"，祭祀时"先把牺牲备，祭牛聚成堆，绵羊挤成林，山羊围成群。祭猪卧成岗，百鸡做贡献，群马长嘶鸣，祭坑如蜂涌"。"糯且宝这家，得享大繁荣，牲畜无其数，放牧山谷中。""逃难的人儿，暂时来栖息。中棚六十六，用来关牲畜。"其畜牧业的兴旺繁荣显而易见。这些民族除了畜牧生产而外，几乎没有更多的其他经济形式。

南中畜牧种类除了旧有的"六畜"之外，南诏时期所有的鹅、鸭、兔、猫、驴、象、豹、鹿、沙牛等的驯养多数都应起于此时。这些禽畜的形象，常常出现在梁堆墓中的随葬器物与砖画之上。[①] 其中，马、牛、羊的牧养数量最大，地区最广；而豹与沙牛的驯养如果可信，则是南中畜牧业发展中的一个了不起的成就。据《三国志·诸葛亮传》，由于得到南中耕牛、战马等贡赋以资军国，"国以富饶"。据《华阳国志·南中志》，晋时南中所贡牛马"动以万计"。据《晋书·王逊传》，王逊为南夷校尉，征伐诸夷，"获马、牛、羊数万余"。梁堆墓中大批出土的牛、羊、猪、鸡、驴、马等随葬器物，无不说明南中畜牧数量不仅不应逊于前代，而且理应有所增加。

蜀汉而下，由于社会经济发展的不平衡，狩猎仍是南中一些民族的主要生活来源。朱提南广一带，丛山相连，《华阳国志·南中志》载："土地无稻田蚕桑，多蛇、蛭、虎、狼。"《永昌郡传》又载："特多猿，群聚鸣啸于行人径次，声聒人耳。夷分布山谷间，食肉衣皮。"[②] 永昌郡以产

[①] 参见孙太初《云南"梁堆"墓之研究》，载《云南省博物馆建馆三十周年纪念文集》；李伟卿：《梁堆的墓砖纹饰》，载《云南民族学院学报》1989年第2期。

[②] 《太平御览》卷七九一《四夷部十二·西南夷》。

奇珍异兽著称。《广志》载："其境出白蹄牛、犀、象。"① 《华阳国志·南中志》载：有翡翠、孔雀、犀、象，"又有貊兽食铁，猩猩兽能言，其血可以染朱罽"。建宁、永昌等郡皆有貊兽。魏完《南中志》载："貊兽，毛黑白臆，似熊而小，以舌舐铁，须臾便数十斤，出建宁郡也。"有人认为貊兽即大熊猫②。永昌、兴古等郡皆有猩猩。《南方草木状》载："猩猩之兽生在野，状如独子，民人捕取。"③《后汉书·南蛮西南夷列传》注引《南中志》："猩猩在山谷中，行无常路，百数为群。"此外，云南郡、永昌郡皆有神鹿。左思《蜀都赋》刘逵注引《南中志》："有神鹿，两头，主食毒草，名之食毒鹿，出云南郡。"张华《博物志》亦载："云南郡出茶首。茶首，其音为蔡茂，是两头鹿名也。兽似鹿，两头，其腹中胎常以四月中取，可以治蛇虺毒。永昌亦有之。"④ 飞禽之属，永昌、兴古皆有翡翠。《广志》说"翡色赤，翠色绀"。⑤《南中八郡异物志》说："翠大如燕，腹背纯赤。民捕食之，不知贵其毛羽也。"⑥ 永昌、云南皆有孔雀，但云南郡的孔雀成了候鸟。这些走兽飞禽多数都是南中各族的狩猎对象。

捕鱼作为另一种获取食物的方式，也在南中部分民族中保留下来。据《永昌郡传》，兴古郡僚民"能水中潜行数十里，能水底持刀刺捕取鱼"。《南中八郡志》载："江出黄鱼，鱼形颇似鳣，骨如葱，可食。"⑦ 邛河"多大鱼，长一二丈，头特大，遥视如戴铁釜状"。⑧《魏武四时食制》载："发鱼，带发如妇人，白肥无鳞，出滇池。"⑨ 丰富的鱼类资源不仅为以捕鱼为生的南中部分民族提供了赖以生存的食物，也为其他以农耕、畜牧为主的民族提供了改善食物结构的条件。

三 手工业

蜀汉至隋，南中的手工业生产继续进步，除了保持前代的冶炼业优势

---

① 《太平御览》卷七九一《四夷部十二·西南夷》。
② 刘琳：《华阳国志校注》，巴蜀书社1984年版，第434页。
③ 《艺文类聚》卷九十五《兽部下·猩猩》。
④ 《太平御览》卷九〇六《兽部十八·鹿》。
⑤ 《艺文类聚》卷九十二《鸟部下·翡翠》。
⑥ 《太平御览》卷九二四《羽族部十一·翡翠》。
⑦ 《太平御览》卷九四〇《鳞介部十二·黄鱼》。
⑧ 《后汉书·西南夷列传》李贤注引。
⑨ 《太平御览》卷九四〇《鳞介部十二·发鱼》。

外，煮盐、纺织、珠宝加工、酿酒、革毡以及制陶、砖瓦烧制、木石制作等方面都取得了令人瞩目的成就。

蜀汉时期，南中所出贡赋除耕牛、战马外，金银、犀革、丹漆作为手工业品也是不可少的物品。至晋，常璩《华阳国志·南中志》称永昌郡有黄金、光珠、虎魄、翡翠、绵绢、采帛、文绣、罽旄、帛叠、水精、瑠璃、轲虫、蚌珠、铜、锡等土产，牵涉到手工业生产的冶炼、纺织、革毡、珠宝加工几个部门，故称益州西部为"金银宝货之地，居其官者皆富及十世"。晋宁郡则有盐池、金银之富。南中土著民族向南夷校尉府贡献方物，金银、旄革是其主要内容之一。降及北周，据《隋书·梁睿传》，梁睿上书称爨区"户口殷实，金宝富饶，二河有骏马、明珠，益宁出盐井、犀角"。很显然，南中手工业得到了长足的发展。

（一）矿冶

蜀汉至隋，矿物开采与冶炼保持了前代的发展势头，同时又将开采地区拓广，产量增加。据《华阳国志》《南中八郡志》等书记载：晋时，晋宁郡有金、银之富；兴古郡所属律高出锡、银，贲古出银、铅、铜、锡；永昌郡所属不韦出铁，博南、哀牢出金；朱提郡出银，所属堂狼出银、铅；越嶲郡所属会无出银、锡，邛都出铜。《南中八郡志》称："云南旧有银窟数十，刘禅时岁常纳贡。亡破以来，时往采取，银化为铜，不复中用。""银化为铜"反映的是银矿开采已尽，所余均为铜矿的事实。由此可见，蜀汉时期矿冶开采之猛。

这一时期南中金的采洗也有记载。据《华阳国志·南中志》载：博南县澜沧江中"有金沙，以火融之为黄金"。《续汉书·郡国志》注、《后汉书·哀牢传》注引此文皆作"有金沙，洗取，融为金"。《蜀都赋》刘逵注："永昌有水出金，如糠，在沙中。"《水经·若水注》也载："兰仓水出金沙，越人收以为黄金。"直到近世，金沙仍然以水淘获得，其实此法早已有之。

在梁堆墓中金银指约、银手镯之类迭有出土，反映了南中金、银冶炼发达的事实。南中的金、银能够一直作为必不可少的贡品，可见其冶炼质量在当时处于全国的先进行列。

这一时期冶金业方面的另一项伟大成就是白铜的制造。常璩《华阳国志·南中志》载："堂螂县，因山名也，出银、铅、白铜。"这是我国有关白铜最早的记载。白铜是铜镍的合金，我国古代的白铜，可分为镍白铜和砷白铜两类。① 冶炼时，铜镍应该保持一定的比例。镍多于铜的矿山，必须掺入纯铜，清代曾有"发红铜到厂，卖给硐民，点出白铜"的记载。镍少的铜矿，则以砒石点化为白铜。《本草纲目》载："白铜出云南，赤铜以砒石炼为白铜。"有人认为，砷白铜加入的砒石，大概不是指三氧化二砷（As_2O_3）的砒霜，而应该是含镍的红砷镍矿（NiAs）。② 明清以来的记载显示，云南、四川间金沙江两岸的矿带上，如牟定、东川、巧家、会理等地不但盛产铜，而且富含镍，这类铜镍共生矿具备产白铜的自然资源条件。堂螂县正位于这一特殊的矿带上，具有得天独厚的自然禀赋，矿石中铜镍的比例刚好达到出白铜的要求，人们不用配比就生产出银光闪亮的精美的白铜。③ 以后经过长期的经验积累和工艺提升，技术愈加精湛，对含镍比例不同的铜矿皆能分别生产镍白铜和砷白铜，白铜产区的范围和规模越来越大。明清时期，云南白铜厂生产的多数为以红铜点出的镍白铜。《天工开物》载："凡红铜升黄而后溶化造器，用砒升者为白铜器。工费倍难，侈者事之。"砷白铜的生产，又把白铜冶炼技术提到了一个新高度。白铜的生产在 1700 年前最先从云南开始，逐渐发展为享誉世界的"云白铜"，是我国古代合金冶炼技术上出色的成就。④ 直到 18、19 世纪间，西方人才仿造成功"自云南得来的""中国白铜"。

反映南中铸造技术的另一类，就是殉葬器物。梁堆墓中大量出土的铜带钩、铜带扣，铜制的釜、甑、豆、盘、壶、盉、镰斗、耳杯、案、碗、箸、洗、镫、锭、镜、车马饰，铁剑、环首刀、弩机、摇钱树、金发针、铁削，等等，种类丰富，技术精良，反映出南中冶铸业的兴盛与发达。

据《北史·僚传》载：居于川、黔一带的僚人，"铸铜为器，大口宽腹，名曰'铜爨'，既薄且轻，易于熟食"。"铜爨"即铜鼓，既是炊具又是乐器。能够闻名中原，除了说明其冶铸技术较高而外，或亦用于商品交换。"铜爨"的冶铸，标志着南中土著民族冶铸技术也达到了相当高的水平。

---

① 夏湘蓉等：《中国古代矿业开发史》，地质出版社 1986 年版，第 272—273 页。
② 袁翰青：《中国化学史论文集》，生活·读书·新知三联书店 1964 年版。
③ 张增祺：《云南冶金考古》，见《云南文物》1991 年第 29 期。
④ 杜石然等：《中国科学技术史稿》下册，科学出版社 1982 年版，第 79 页。

（二）煮盐

云南的三叠纪红色岩系分布较广，北起永胜、永仁、华坪，西至兰坪、云龙、永平，南达普洱、思茅、澜沧，东迄富民、安宁。这几处地区合成一个盆地，而又由于某些较古地层的阻隔分成为几个小盆地。已故著名地质学家谢家荣教授称之为红色岩盐区。这个红色岩盐区，由于含岩盐的地层被地下水渗入，多溶解而成卤水，形成三个较大的盐泉群盐区：（1）滇中盐区：旧称黑井盐区，分布于禄丰、盐兴、盐丰、广通、安宁各地；（2）滇西盐区：旧称白井盐区，分布于剑川、兰坪、云龙等县；（3）滇南盐区：旧称磨黑盐区，分布于普洱、景谷、镇沅、景东等县。①

围绕红色岩盐区的分布，蜀汉以降南中煮盐业颇为兴盛，连然县、蜻蛉县等均有较大规模的煮盐生产。南广县也有盐官，说明其煮盐生产也很繁荣。据《华阳国志·南中志》称："连然县有盐泉，南中共仰之。"其产量之大可以想见。万寿县有万寿山，"汉本有盐井，汉末时夷民共诅盟不开，今三郡皆无盐。"很显然，至东晋时无盐可采不是由于"诅盟不开"，而恰恰应是开采过猛所致。史书称晋宁郡有"盐池田渔之饶"，也说明其煮盐产量颇大。正因如此，蜀汉迄晋封建王朝分别在南广、蜻蛉设置盐官，直接经营管理食盐的产销。及北周，梁睿上疏称益宁"出盐井犀角"，南中煮盐业的影响之大显而易见。

《华阳国志·蜀志》载：定筰县在郡西，"渡泸水，宾刚徼白，摩沙夷有盐池。积薪，以齐水灌而后焚之成盐。"定筰县即今四川盐源，汉晋时属越巂郡。按彝语称山为"白"，"宾刚徼白"意即刚徼山附近，"齐水"当即卤水，故《华阳国志》载摩沙夷制盐当是：积薪，焚之，以卤水灌而后成盐。② 直至唐代，这种焚柴取盐的方法仍在西南少数民族中广泛采用。

（三）纺织

蜀汉平定南中，劝令大姓"出金帛"以招夷为家部曲。《永昌郡传》称兴古郡鸠民"咸以三尺布，角割作两襜，不复加鍼缕之功也"。纺织品

---

① 参见何塘《云南矿产》，载《云南史地辑要》下册。转见王宏道：《古代彝族的畜牧业和食盐煎销业述略》，载《民族·历史·文化》，云南大学出版社1990年版。

② 参见王宏道《古代彝族的畜牧业和食盐煎销业述略》，载《民族·历史·文化》，云南大学出版社1990年版。

在南中社会生活中地位之重要由此可见。

史传诸葛亮平定南中，曾派人送来蜀锦，传授织锦技术。现在云贵地区苗族生产的"诸葛锦"、壮族编织的"诸葛侗锦"，相传都是在诸葛亮南征后受蜀锦影响发展起来的。常璩《华阳国志·南中志》称，永昌郡土产有绵绢、采帛、文绣、帛叠等纺织品，与上述传说相应，证明蜀汉至隋南中确有纺织业存在。

上已说过，南中栽桑养蚕的地区较前普遍扩大。因此，纺织品的生产在南中应该较为普遍。绵绢、采帛、文绣均应为丝织所属。永昌郡有兰干细布。《华阳国志·南中志》解释说："兰干，僚言纻也，织布文如绫锦。""纻"即纻麻所织的布，左思《魏都赋》有"黝黝桑柘，油油麻纻"，一般纻麻布较粗，但此兰干为细布，纹如绫锦。或谓"纻"为丝织品，清末成都等地仍将丝织锦带称为"兰干"，当承此称。① "细布"当指质地较为细密的布帛，《北史·僚传》称，川、黔一带僚人"能为细布，色至鲜净"。考虑到丝织品而外的其他纺织品另有专称，"细布"显然也应是一种丝织品。

除丝织品外，南中另有一种木棉制品，即所谓"桐华布"。《华阳国志·南中志》载：永昌郡"有梧桐木，其花柔如丝，民绩以为布，幅广五尺以还，洁白不受朽，俗名曰'桐华布'"。云南郡"有上方、下方夷，亦出[桐]华布"。据《广志》载，永昌郡西南的黑僰濮，土产之属也有桐华布。② 此外，有学者研究，白叠、白毡、帛叠等布都是永昌木棉布（即桐华布）的别称。③ 南中生产的桐华布在内地影响很大，故而左思《蜀都蜀》称成都市场"异物崛诡，奇于八方，布有橦华，面有桄榔"。

（四）珠宝加工

西南边疆是我国重要的珠宝生产基地，又是古南方丝绸之路的必经要道，故而汉唐之际南中珠宝加工业十分兴盛。

据史书载：永昌郡有光珠、虎魄、水晶、瑠琉、轲虫、蚌珠，所属博南有光珠、虎魄、珊瑚，黑僰濮出武魄，二河有明珠。光珠，即明珠，张

---

① 傅崇矩：《成都通览》。
② 《太平御览》卷七九一引郭义恭《广志》。
③ 参见徐兴祥《云南木棉考》，载《云南民族学院学报》1988年第2期。

华《博物志》称："光珠，即江珠也。"① 又称："虎珀，一名江珠。"② 则是以琥珀、光珠、江珠为一物。然左思《蜀都赋》、常璩《华阳国志》及《后汉书》等俱以光珠、虎魄并称，可见二者不指一物。《华阳国志·南中志》称，博南县"有光珠穴，出光珠"，则"光珠"亦非海产，而应是一种矿生宝物，有人认为或即宝石。③ 清刘崑《南中杂说》称："腾越外二十站有宝井，山中碎石外甚粗粝而内蕴精光，号曰宝石，又号红珠。是凿地而取之，非入水而取之也。"武魄、虎魄即琥珀，是一种松柏树脂化石，极脆，可燃，摩擦则生电。《华阳国志》称博南县"有虎魄，能吸芥"。《广志》亦称："有虎魄生地中，其上及旁不生草。深者四、五、八、九尺，大者如斛，削去外中成虎魄，如升。初如桃胶凝坚成也。"④ 据樊绰《蛮书》记载："琥珀，永昌城界西去十八日程琥珀山掘之，去松林甚远。片块大者，重二十余斛。"说明直至唐时，博南、腾冲及其以西一带仍是琥珀的重要产地。水晶是稀有矿石的一种，坚而晶莹；瑠璃系用铝和钠的硅酸化合物烧制成的釉料，二者均有可能产于永昌郡本地。轲虫即珂，一种贝类，白色，可作装饰；蚌珠即珍珠，还有珊瑚，这些海产珠宝很可能是从南亚等地沿南方丝绸之路贩运而来，再在永昌郡地加工出售。直至今天，珠宝加工仍是腾冲等地的主要家庭手工业。

以丰富多样的原料作为背景，南中的珠宝加工业相当繁荣。在梁堆墓中大量出土的琉璃耳珰、琥珀、玛瑙佩饰等可以作为物证。南诏时许多民族都已挂珠佩玉。此一风尚的兴起，没有南中珠宝开采与加工的发达作为基础，是绝对不可能的。

（五）革毡

南中盛产马、牛、羊，有的地方还产犀、象。蜀汉、两晋在南中的贡赋，包括"犀革""旄马""丹漆"等，"动以万计"。"旄"通"毡"，为毡缩羊毛等而成的块片。"罽"也是毛织品。皮革加工及毛制品生产的数量惊人。《广志》载，牂柯、兴古的僚族"皆以朱漆皮为兜鍪"。⑤ 僚

---

① 《后汉书·西南夷传》注引。
② 左思：《蜀都赋》注引。《太平御览》卷八〇三引《广雅》亦称："琥珀，光珠也。人以为贵，出博南县。"
③ 参见刘琳《华阳国志校注》，巴蜀书社1984年版，第442页。
④ 《续汉书·郡国志》注引。
⑤ 《太平御览》卷三五六《兵部八十七·兜鍪》。

族等善于用皮制作头盔，再施以朱红涂漆，具有高超的技艺。

（六）酿酒

诸葛亮为夷作图谱，"画夷牵牛负酒"以贡。《西南彝志》中有两处提到烧酒，反映出南中酿酒技术已经发展到蒸馏酒阶段。

（七）制陶

梁堆墓中一般均伴有陶器出土，除各种容器外，另有陶仓、陶灶、陶井、陶屋、水田、池塘、陶俑、鸡、鸭、鱼等明器，反映出蜀汉至隋南中制陶业的兴盛。1956年在贵州平坝汉至六朝墓出土的陶罐，有双耳、四耳等形制，器表有黄、绿釉，内有方格纹、弦纹，形制极为精巧美观。次年，又在平坝两座六朝墓出土带耳和带系的陶罐八件，里外均施浅绿色薄釉，质地坚硬，火候很高，已经接近半陶半瓷。由此可见，南中制陶业无论在形制上还是技术上都达到了相当高的水平。

（八）砖瓦烧制

梁堆墓葬一般为砖室墓。其墓砖的烧制明显受到内地影响，多有图饰。墓砖纹饰可分为两种：一是以几何纹为主的花砖，常见的有斜方形、菱形等；一是以绘画为主的画像砖，多以车骑、牛马、人物、动物作为内容。[①] 从梁堆墓砖的形制与图案可以推知，南中砖瓦烧制水平并不逊于内地。

（九）木石制作

梁堆墓葬葬具常用石棺，棺上雕刻画像，内容有青龙、白虎、朱雀、玄武，有蛇尾人身（伏羲女娲），有楼阙，有武士。[②] 除石棺外，木棺也大量存在，虽然无完整保存者，但铁棺钉和漆皮却屡有发现。[③] 这反映出南中木石制作生产比较普遍。

在贵州平坝尹关、马场等地的汉至六朝墓葬中，考古工作者还曾发现了石砚、水注等文化用品，说明南中木石制作生产的范围极广。

此外，丹漆作为南中的贡赋之一，反映出漆业生产的存在。1956年在贵州平坝的汉至六朝墓葬中，也曾发现漆器数件。能够作为贡品，说明其产品已经颇具影响。

---

① 参见李伟卿《梁堆的墓砖纹饰》，载《云南民族学院学报》1989年第2期。
② 参见孙太初《云南古代画像石刻内容考》，载《学术研究》1965年第5期。
③ 参见汪宁生《云南考古》，云南人民出版社1992年版，第93页。

总之，蜀汉到隋南中手工业无论从门类上还是规模上讲，都有长足进步。在技术方面，有的部门保持了前代的水平，有的部门则超过了前代的水平。南中手工业的发展，为以后南诏手工业的繁盛奠定了坚实的基础。

四　商业

南中各族的农业、畜牧业、手工业产品，除了满足自己必须的消耗之外，剩余部分主要用于贡赋与贸易。

随着南中社会经济的发展，剩余产品逐渐增多，产品交换频繁。如《华阳国志·南中志》载，永昌郡产的桐华布除了"以覆亡人"之外，"然后服之及卖与人"，其中一部分已经投入市场出卖。永昌处在南方丝绸之路上，对外贸易的势头更胜过内部交换。《魏略》载：大秦"又有水道通益州永昌，故永昌出异物"[1]。唐张柬之称：永昌"其国西通大秦，南通交趾，奇珍进贡，岁时不阙"。[2] 这些"异物""奇珍"即多来自南中以外的地区，主要是东南亚、南亚乃至中亚、西亚等地。《华阳国志·南中志》称永昌有"身毒之民"，应即属于寄居永昌的南亚商人。除海外贸易，南中作为南方丝绸之路的中转站，又把海外货物与本地特产转贩于中原各地。左思《蜀都赋》称成都市场有桐华布、桄榔面，就是南中货物转贸内地的例证。

南中贸易因为多系对外交易，金银容易使人接受，而且还通行实物货币。《蛮书》卷八载："凡交易缯帛、毡罽、金银、瑟瑟、牛羊之属，以缯帛幂数计之，云某物色值若干幂。""帛曰幂，汉四尺五寸也。"直至南诏，贸易往来尚且仍以缯帛作为一般等价物进行价值换算，蜀汉至隋时期的贸易状况可想而知。蜀汉诸葛亮劝大姓富豪"出金帛"以"聘策恶夷"，夷人贪货物而渐服于大姓，似乎可以对此作一说明。在这里，作"聘策"的等价物"帛"既是商品，又具有货币的性质。

在一般的贸易往来中，多行用内地通用的货币。这一时期梁堆墓中出土的铜钱大体有三类，以汉代的五铢钱数量最多，这是传统货币在南中继续受到欢迎的证明。另一类是王莽时期铸的"货泉""货布""大泉五十"等，也在继续行用。第三类为蜀汉新铸的钱币，这是当时流通的法

---

[1] 《三国志·乌丸鲜卑东夷传》注引鱼豢《魏略》。
[2] 杜佑《通典》卷一八七引张柬之奏书。

定货币。其中的"直百五铢"在昭通地区及贵州西北部"多有出土",①也不排除蜀汉所铸的"直百""定平一百""太平百钱"等其他钱币在南中流通。

这一时期还出现了另一时髦的物品钱纹砖。保山汉城遗址出土了各式钱币纹砖,其中之一为圆形方孔钱纹,方孔两侧分别模印篆体阳文"五""十"二字。另一种为两枚圆形方孔五铢钱纹,钱孔两侧阴刻对称的篆体"五""铢"二字,钱纹外端分别饰"泉"字和"贝"字,再外饰网格纹和菱形纹。还有一种为金钱棍纹砖,正中为一圆形方孔钱纹,两端饰对称的金钱棍加两个半圆内网格纹。还有为两组双线菱形内加圆形钱币纹饰,或两组网格纹间饰两组单线三角形内加圆形钱币纹饰等。在钱纹砖散处的田间、村头,也发现"建安""延熙""元康"等纪年砖。②呈贡七步场有五铢钱纹砖。下关大展屯有钱纹砖。大理喜洲西晋墓与"泰始""太康"等年号砖同时出土的也有各式钱纹砖。③ 大概从东汉后期历蜀汉到两晋,由于铜钱的普遍使用,钱纹砖成为一般人夸示或祈求财富的象征。但随着币种的增加,五铢钱已逐渐淡化,铜钱的形象常被简化为内方外圆的图案而已。

第三节 交通

一 交通干道的增加

蜀汉至隋,南中与周边联系的通道主要有以下几条:

(一) 旄牛道

《三国志·张嶷传》载:"郡有旧道,经旄牛中至成都,既平且近;自旄牛绝道,已百余年,更由安上,既险且远。嶷遣左右赍货币赐(狼)路,重令路姑喻意,路乃率兄弟妻子悉诣嶷,嶷与盟誓,开通旧道,千里肃清,复古亭驿。"旄牛道因过旄牛夷区而得名。"汉嘉郡界旄牛夷种类四千余户",因置旄牛县,在今大渡河边的汉源。东汉以来道绝百多年的旄牛道重又开通,张嶷回成都时,"民夷恋慕,扶毂泣涕,过旄牛邑,邑

---

① 李根源:《云南金石目略初稿》;《贵州通志·金石志一》。
② 保山市隆阳区博物馆:《保山汉庄城址及其价值》,载《云南文物》2002 年第 1 期。
③ 汪宁生:《云南考古》,云南人民出版社 1992 年版,第 247—248 页。

君襁负来迎，及追寻至蜀郡界，其督相率随嶷朝贡者百余人"。这条道从越嶲郡过汉嘉郡到蜀郡，即从今四川西昌往北，过越西、汉源、荥经、雅安、邛崃等市县直达成都。蜀汉后期旄牛道恢复旧观，重置亭驿，交通条件改善。

（二）新道

《三国志·李严传》载："越嶲夷高定遣军围新道县，（李）严驰往赴救，贼皆破走。"盖因东汉时北方旄牛中之旧道阻绝而新开的交通要道，因此称为新道，控扼此道的要地亦设治命名新道县。新道与犍为郡接近，所以越嶲夷高定遣军围新道县，时任犍为太守的李严可以就近"驰往赴救"。蜀汉前期越嶲太守住安上县，也是为了利用这条通道。《华阳国志·南中志》载，诸葛"亮南征，自安上由水路入越嶲"，就是取新道作为进军路线。该道从僰道县往西取金沙江水路经安上、新道、马湖等县，再登陆经卑水县到越嶲，全长八百余里。即水行经今四川屏山、雷波，以后从陆沿美姑河谷翻黄茅埂，再下到安宁河谷的西昌。至今载重100吨的轮船雨季仍可从宜宾通航至云南永善县城附近①，约可比照当时水行的里程。

（三）僰道——石门道

东汉以来进入南中的干道是僰道。《华阳国志·南中志》有较详的记载："自僰道至朱提有水、步道。水道有黑水及羊官水，至险，难行。步道度三津，亦艰阻。故行人为语曰：'犹溪、赤木，盘蛇七曲；盘羊、乌栊，气与天通。看都濩泚，住柱乎伊。庲降贾子，左儋七里。'又有牛叩头、马搏坂，其险如此。"《水经·若水注》所载略同。僰道最险的为僰道县至朱提县，即从四川宜宾到云南昭通一段。由四川盆地爬上云贵高原，海拔高差较大，增加了山行的艰难。不但从陆，也可从水，水行可取道符黑水及羊官水。符黑水即今南广河，至今南广河珙县境内仍可通航并连接长江航运，沐滩、石碑口等地皆通木船②。羊官水即今横江，至今横江在盐津县普洱渡以下仍可通航载重40吨的木船③。隋开皇五年（585

---

① 朱惠荣主编：《中华人民共和国地名词典·云南省》，商务印书馆1994年版，第90页。

② 蒲孝荣主编：《中华人民共和国地名词典·四川省》，商务印书馆1993年版，第514—515页。

③ 朱惠荣主编：《中华人民共和国地名词典·云南省》，商务印书馆1994年版，第83—84页。

年）凿石开道，造偏梁桥阁，改善了这条路的交通条件，从此这条路称为石门道。

（四）八亭道

《华阳国志·南中志》载："南秦县，自僰道、南广有八亭道通平夷。"此道从僰道县出发，经南广后转往东南，再过南秦（原称南昌），到达平夷郡（后改称平蛮郡）。揆之今地，从四川宜宾出发，经过云南的盐津、镇雄，到贵州毕节。南广以北当取水路；南广至平夷从陆，设八亭，因名八亭道。汉代在西南夷中也设有亭，置亭长，亭既是基层行政组织，亭舍又可供来往人员食宿。此系两晋沿袭汉代旧制。

（五）汉阳道

《三国志·费诗传》载，建兴三年（225年）费诗"随诸葛亮南行，归至汉阳县"。《水经·延江水注》又载："延江水又与汉水合。水出犍为汉阳道山阘谷。"汉阳县是诸葛亮大队人马行经的大道，因此也称汉阳道。有人把它解释为僰道，但同一条僰道为什么要称汉阳道呢？其实，汉阳既是僰道上的重要节点，往东北又可达平夷与牂柯联络，更往前经江阳通三巴，沿途较僰道——朱提段平缓。从汉阳达江阳的大道即汉阳道。

（六）夷道

夷道为西汉所开，三国时仍在行用。《三国志·先主传》载：章武二年（222年）"先主自秭归率诸将进军，缘山截岭，于夷道、猇亭驻营，自佷山通武陵，遣侍中马良安慰五溪蛮夷，咸相率响应"。《三国志·向朗传》载："先主定江南，使朗督秭归、夷道、巫、夷陵四县军民事。蜀既平，以朗为巴西太守，顷之转任牂柯，又徙房陵。"向朗任官的区域，反映出夷道与巴及牂柯的紧密关系。两晋时蜀中战乱频仍，交通阻绝，从北方经由牂柯到南中及交趾者多取此道。

（七）牂柯道

《三国志·刘巴传》载：刘巴"从交趾至蜀"。裴松之注引《零陵先贤传》曰："巴入交趾，更姓为张，与交趾太守士燮计议不合，乃由牂柯道去，为益州郡所拘留，太守欲杀之，主簿曰：'此非常人，不可杀人。'主簿请自送至州，见益州牧刘璋。"刘巴所走的路线，系从交趾经益州郡再取牂柯道到成都。牂柯道为东西向经牂柯境的大道。东晋、南朝的政治中心在建康（今江苏南京），这200多年内，横贯南中的牂柯道成了连接内地的主要交通干道。

（八）兴古道

《晋书·陶璜传》载交州牧陶璜上言："宁州兴古接据上流，去交趾郡千六百里，水陆并通，互相维卫。"《南中八郡志》亦载："交趾郡治龙编县，自兴古鸟道四百里。"① 三国两晋南朝，宁州战乱，人民"或入交州，或入永昌"，一批著名人物如刘巴、许慈、许靖、张裔等多经这条道来去。兴古道在两汉牂牁水道的基础上又有发展，兼有水道和陆道，但从红河水道上岸往北，海拔骤增，必须攀爬"鸟道四百里"，成为这条道上最险的一段。

（九）永昌道

鱼豢《魏略》载："大秦道既从海北陆通，又循海而南，与交趾七郡外夷比；又有水道通益州永昌，故永昌出异物。"② 魏收所撰《魏书·西域传》亦载：大秦国"东南通交趾；又水道通益州永昌，郡多出异物"。永昌郡往西的水道应即今印度的布拉马普特拉河，往南的水道应即今缅甸的伊洛瓦底江，水陆衔接，沟通了大陆和海洋。这条出海通道长期影响着处于崇山峻岭中的西南边疆各族的发展，"永昌出异物"，作为国际交通线在经济、文化交流中的作用，表现得十分明显。

二 交通网络及通塞情况

三国两晋南北朝时期的地志，有关交通里距的记载逐渐增多，现将各郡有关资料整理列表如下：

南中交通里程表

	《永昌郡传》	《华阳国志·南中志》去洛阳里程	《宋书·州郡志》去京都里程	《宋书·州郡志》去州里程
建宁郡	在朱提东南 600 里	5639 里	13300 里	
晋宁郡		5600 里	水 13700 里	730 里
建都郡			水 15000 里	2000 里
朱提郡	犍为南 1800 里	5300 里	水 14600 里	720 里
南广郡			水 10400 里	水 2300 里

---

① 《昭明文选》卷二十六谢玄晖《暂使下都夜发新林至京邑赠西府同僚》诗李善注引。
② 《三国志·魏书·乌丸鲜卑东夷传》裴松之注引。

续表

	《永昌郡传》	《华阳国志·南中志》去洛阳里程	《宋书·州郡志》	
			去京都里程	去州里程
牂柯郡	建宁东北1200里	5610里	水12000里	1500里
平蛮郡			水13000里	
夜郎郡			水14000里	1000里
兴古郡	建宁南800里	5890里	水16000里	2300里
西平郡			水15300里	2300里
梁水郡			水16000里	水3000里
云南郡	建宁南45里（?）	6343里	水14500里	1500里
兴宁郡			水14500里	1500里
东河阳郡			水15000里	2000里
西河郡			水15500里	2500里
永昌郡	云南西700里	6900里		
越巂郡	建宁西北1700里			

上表中的资料有缺误，如《宋书·州郡志》缺平蛮郡至州的里程，《华阳国志·南中志》所缺更多。《永昌郡传》谓云南郡"在建宁南四十五里"，显然有误。表中误者只得存疑，缺者仍付阙如。然而，这些资料对于我们认识三国两晋南北朝时期的交通，却有极高的价值。这些数字，大多来自官方档册，可信度高；《永昌郡传》可能系私家经验的记录，虽为约数，但验之地望，确乎可信。《宋书·州郡志》的里程一般偏大，滇西、滇南距州治的里数最突出。这可能是当时官府规定的驿递路线，一些郡无官道直达，只能从主干道分歧路绕行，因而增加了程站和里距，犹如现今的"邮路"，一些边远县邮车所行的路线，比常人所走远得多。《永昌郡传》载，兴古郡在建宁南800里，郡治宛温县北300里有盘江，验以今地比较合理。但《宋书·州郡志》载兴古郡去州2 300里，所绕行的官道无从落实。

我国古代封建国家实施统治，十分重视从首都到各州郡的交通路线和距离，从保留至今的有限资料，也可以探究这些路线的走向和变化。据《续汉书·郡国志》载，益州郡在"洛阳西"5 600里，牂柯郡在"洛阳西"5 700里，越巂郡在"洛阳西"4 800里，永昌郡在"洛阳西"7 260

里。东汉时进入西南边疆的国道是从洛阳往西经关中，再折往南经成都后分道南下，各达益州郡和牂柯郡，从成都到牂柯不经过益州郡，所以两地里程仅差100里。从上列里距折算，永昌距越嶲达2 460里，殊不可解；距益州郡1 660里，比例正合，东汉时传统交通线应取僰道，经过益州郡再往西到永昌，而不经过越嶲。《华阳国志·南中志》的里距与《续汉书·郡国志》几乎相同，晋宁郡"去洛"5 600里，牂柯郡"去洛"5 610里，证明直到西晋通往南中的国道仍与东汉时期相同。东晋王朝南迁建康，历宋、齐、梁，随着都城的转移，通往南中的国道大变，成为严格意义的东西走向。《宋书·州郡志》所载"去京都"里程，牂柯郡最近，仅12 000里，以后建宁、晋宁、云南、东河阳、西河等郡按比例增加，最西应该是永昌郡。据《永昌郡传》，永昌郡在云南郡西700里，郡东北80里有泸仓津。则永昌郡去建康不少于15 200里，约与西河郡的路程相当。从牂柯郡到永昌郡，横贯云贵高原的中部。西魏末期，南中复北属，以后历北周至隋，行政中心在洛阳或长安，通往南中的国道又重新通过成都南下，石门道成为南中的交通纵轴。纵向经过嶲州的路虽已开通，但地位不如石门道。而牂柯已不属南宁州，牂柯道遂消失其重要价值。

《宋书·州郡志》透露了一个最新信息，即南朝从南中"去京都水"，皆取水程[①]。这条道从建康出发，先取江水，再取沅水，直到且兰从陆，水程占的比例很大，完全可以理解为水路。但在南中内部，仍以陆程为主，仅南广、梁水为水程。该志载，南广郡"去州水二千三百，去京都水一万四百"。同样是乘船，南广郡比牂柯郡里程短，因为赴牂柯郡的船得辗转漂流几条江河，而赴南广郡的船入江后直达僰道，再换小船距南广路已很近。南广到州治味县的水路长达2 300里，估计是绕道泸水（今金沙江）、涂水（今牛栏江），为节省劳力，不计较时间快慢。该志又载，梁水郡"去州水三千，去京都水一万六千"。这应该是利用温水（今南盘江）航行。历史上南盘江是通航的，直到明末，还可以从曲靖乘船到陆良[②]。在两晋南北朝时期，此水当可从味县一直航行到梁水郡治梁水县。全面分析上表，我们发现，南北朝时期，宁州内部已经形成了完整的交通

[①] 按，该书宁州序称"去京都一万三千三百"，与其下各郡不同，脱"水"字。应据以下各郡例补。

[②] 朱惠荣：《徐霞客游记校注》，云南人民出版社1999年增订版，第821—822页。

网络，官道可以通到每个郡。我国古代的交通网络是随着郡县的逐步析分而编织成的，为了加强对各基层政区的控制，推动了封建国家对交通驿道的建设，南中的情况也如此。当然，南中各地的交通网络发展也不平衡。由于人口较密和对外交往频繁，北部道路网络较密，围绕僰道、南广、朱提、建宁这条纵轴往东西两面展开。其东有八亭道和汉阳道，直通平夷郡和江阴郡。其西越嶲境内，据《华阳国志·蜀志》，还有"自安上由水路入越嶲"的新道；有"会无县，路通宁州，渡泸得堂狼县"，东通朱提郡；有"三缝县，一曰小会无，音三播，道通宁州，渡泸得蜻蛉县"，南通云南郡。位于今滇西、滇南的一些郡地广人稀，山重水复，交通条件较差，但借助别的干道，绕经其他郡仍可进出。这一带的交通网络就较稀疏了。

然而，三国两晋南北朝时期的分裂割据和战乱频繁，经常阻绝交通，行旅十分困难。《三国志·许靖传》载《许靖与曹公书》曰："荆州水陆无津，交部驿使断绝。欲上益州，复有峻防，故官长吏，一不得入。前令交趾太守士威彦，深相分托于益州兄弟，又靖亦自与书，辛苦恳恻，而复寂寞，未有报应。……若荆、楚平和，王泽南至，足下忽有声命于子云[①]，勤见保属，令得假途由荆州出，不然，当复相绍介于益州兄弟，使相纳受。"三国时的情况于此可见。《华阳国志·南中志》载，"光熙元年春三月，毅薨。子钊任洛，还赴到牂柯，路塞，停住交州。""首尾三年，钊乃得达丁丧。"朝廷以魏兴太守"王逊为南夷校尉、宁州刺史，代毅。自永嘉元年受除，四年乃至"。李毅死后，其子奔丧，从洛阳南下，绕道交州，走了三年。以后王逊继任，从魏兴郡（治今湖北郧西县上津镇）到宁州，走了四年。官员尚且如此，一般群众出行更加困难，两晋时的情况于此可见。

---

① 按，"子云"为交州刺史张子云。

第十一章

三国两晋十六国南北朝隋时期南中的文化

第一节 艺术

三国两晋南北朝时期，由于内地混战不休，一方面大批汉族难民进入南中，朝廷对南中的控制能力也逐渐衰弱；另一方面，南中土著各族经过两汉时期与汉族的密切接触，社会生产和社会发展水平有所进步，整体力量逐步壮大。因此，南中文化既有汉文化内容，又有土著文化的成分，两者相辅相成，极具特色。从总体看，既是一个汉文化向土著文化变异的过程，也是一个土著文化大量吸收汉族文化的过程。南中文化承滇文化之先，经土著文化和汉文化的碰撞、糅合，开启南诏文化的辉煌于后。

伴随社会经济的长足进步，南中艺术也创造了令人瞩目的成就，在书法、绘画、雕塑、伎艺几个方面为以后南诏艺术的辉煌奠定了基础。

一 书法

汉唐之际是我国书法艺术由篆到隶、到楷演变的关键时期。我国篆书书体始于先秦，至汉渐为隶书取代。至于曹魏，楷书兴起，东晋渐盛，至唐而成极盛。南中书法艺术正好体现了此一划时代转折的种种特点，并在其体现中逐步自成一体，形成了书家所谓"爨体"书体。

据有的学者对四川汉代纪年砖、字砖书法艺术的研究，认为它们大约可以划分为三个时期。第一时期为西汉晚期，特点是字的外形基本上仍然是篆书，但常有较浓的隶书味道，因而实际上是一种过渡性书体。第二时期为东汉前期，这一时期的书法已基本演变为隶书，但仍有某些篆书意味存在。结体上多取纵势，笔画细劲圆润，波磔不明，且略带稚拙，不太成熟。第三时期为东汉中晚期，这一时期是隶书书法成熟并达到峰巅的时期，书法各具神采，令人叹为观止。按照风格的不同，这一时期的书法艺术又可分为几派：第一派笔法纯用方笔折锋，结体自然洒脱，不拘规矩，奇姿百出，点画刚健，笔力千钧；第二派书体扁宽疏落，笔法以圆笔为主，细劲遒媚；第三派笔法方圆兼施，浑厚凝重；第四派体取纵势，方笔折锋，浑厚朴实；第五派字体扁宽，笔画一波三折，波磔分明，方圆兼施，形体宽博平正；第六派刚劲沉着，雄强朴茂；第七派字形宽博，结体不拘常规，富于奇趣①。南中汉代书法艺术与四川类似，主要处于由篆向隶的转化阶段。云南晋宁石寨山出土三面铜镜，铭文书体为方笔直折篆文，颇似秦权诏版与汉《陶陵鼎》铭文。个别又像楚文篆书，与河南、湖南等地出土的汉代铜镜铭文相似。这三面铜镜铭文标志着至迟在西汉时期西南夷所属地区已经有了成熟的篆书书体出现。及至东汉，新中国成立前后在云南昭通地区发现的大批汉洗，铭文虽仍为规整的汉篆，但已多少带有隶书笔意。1973年在云南呈贡小松山东汉墓中出土的铜提梁壶上，刻有"二千石大徐氏"字样；1937年在云南昭通发现一块东汉刻石，上镌"建初九年三月戊子造"字样。二文书体均已由篆入隶，笔画细劲，波磔分明，结体自由，奇姿百出。1956年在云南昆明官渡塔密苴发现的延光四年刻石，其书体与汉宋伯望刻石近似，文字大小不等，也属南中书法作品中成熟隶体的典型代表。南中汉代隶体书法作品影响最大的当推《孟孝琚碑》。其碑刻于东汉永寿二年（156年），碑文共15行。前五行简述孟氏生平，中间六行为四言铭辞，第十二行为七言"乱曰"，末二行为立碑者的题名。书体方正平满，简朴古茂，体势张扬，横排放纵，用笔凝重而气势雄放，结体略与《樊敏碑》《尹宙碑》仿佛，而有些笔法又近似他碑。碑文布局参差，恣肆开阔，不受界格之限，行密格满，毫不循规蹈矩，出于淳朴自然，这在东汉碑中别具一格。此碑自光绪二十七年（1901年）发现以来，一直备受书家称道。罗振玉称其为"海内有数之瑰宝"；梁启超跋赞称"见此碑可征汉隶今隶递嬗痕迹"，"真稀世之宝矣"②。《孟孝琚碑》的发现不独证实了清人"滇南无汉碑"的推断错误，

---

① 参见雒启坤、杨琼《四川汉代纪年砖字砖书法艺术初探》，载《四川文物》1990年第2期。

② 《汉孟孝琚碑题跋》；《新纂云南通志》卷80。

而且证实了南中汉代书法已经取得了相当成就，丝毫不让中原。①

　　1955年在云南姚安西普屯发现一块题为"咸宁四年大中大夫李氏造"西晋墓砖，其书体隶意颇浓，波磔曳长，字形大小不等，与汉代南中的铭刻书体具有明显的相承关系。然而，其"咸"字斜勾已经出现楷化，说明其书体已经开始向楷书过渡。1965年在云南陆良坝岩古墓中发现一块东晋石刻，上有"太和五年岁在辛未正月八日戊寅立爨龙骧之墓"20余字，书体近似后来的《爨宝子碑》与《爨龙颜碑》，与姚安西晋墓砖一样都是南中书法艺术由隶到楷过渡的早期实物。云南昭通发现的东晋霍承嗣墓，北壁有八行墨写题字，字体与晋人写经由隶到楷的笔意相类，而有些字又是魏晋时的变体字。与姚安西晋墓砖及爨龙骧石刻字体比较，其书体已经完全进入楷体。②

　　东晋南朝时期南中书法作品中成就最高的当推《爨宝子碑》与《爨龙颜碑》。《爨宝子碑》全称为《晋故振威将军建宁太守爨府君之墓》，碑高1.83米，宽0.68米，碑文共13行388字。

图28　爨宝子碑亭

---

① 参见顾峰《云南碑刻与书法》，云南人民出版社1984年版。
② 同上。

按照风格的不同，整碑可分为三段：前段（序辞）结构开张，体势多圆，活泼多姿，点画直中有曲致，善用曲，多隶意；后段（正文后半部分与尾部题名）结构紧敛，体势方整拘谨，点画多方折顿挫，少曲致，多楷意；中段（正文前半部分及碑额）是前后段的中介与过渡态，兼有两段的风格特征，似隶非隶，似楷非楷，在对立面的互渗互融互补中追求中和之美。用笔方面强化三角点、折弯与横画两端"雁尾"之方强，外露锋芒，耀其精神。同时，通过善用曲使横竖画直中有曲致。夸张撇捺下端部形成浑厚圆转的大曲弧挑勾，使筋骨内含，隐其情性。点画形成三种态势，既刚劲又曲柔，亦刚亦柔。结构方面破坏常规常态的匀称均衡，造成违法不违理的"失度""失当"的变体，险中求正，静中寓动（方中用曲），动中求静（圆中用方），并将极方极曲的点画结体组合于单个字和整碑中，产生强烈鲜明的视觉效果。章法方面粗视行间匀称，间隔分明，细观局部又大小无规，斜正无度，形成鲜明的节奏韵律。整碑在矛盾之中求和谐，无规无序无度之中求规求序求度，体现了晋人用自然之理之道来结字作书

图29　爨宝子碑拓本

的艺术精神，具有很高的艺术价值。① 此碑立于东晋大亨四年（405年），

---

① 参见蒋大康《从文化角度审视爨宝子碑的美学特征及价值》，载《爨文化论》，云南大学出版社1991年版。

乾隆四十三年（1778年）在云南曲靖县南七十余里的杨旗田发现以后，备受书家推崇。康有为称其"体在隶楷之间"，"上为汉分之别子，下为真书之鼻祖"，"端朴若古佛之容"，"朴厚古茂，奇姿百出"。[1] 俞剑华称之"多与晋唐之结体相反，而自有奇异之趣，普通多寓板正严整于奇妙变化之中，故能出奇制胜而规矩森严如不可犯，不似唐人之空言结构，而千篇一律也"[2]。

《爨龙颜碑》全名为《宋故龙骧将军护镇蛮校尉宁州刺史邛都县侯爨使君之碑》，碑高3.38米，宽1.46米，厚0.25米，正文24行，每行45字，共927字，碑阴另有许多题名。此碑立于刘宋大明二年（458年），原碑在陆良县东南二十里贞元堡，元人李京《云南志略》已有著录。书法雄强茂美，参差有致，笔力遒劲，气势宏伟。方笔略兼圆笔，仍有隶书笔意，有气魄而多变化，在雄浑庄严之中又饶豪放粗野之气。此碑于道光年间（1821—1850年）重新出世之后，清人阮福大为称赞："可叹刘宋、萧齐八十年间，宇内竟无片石，伟哉此碑！"并称《爨龙颜碑》"字体方正，在隶楷之间，毕肖北魏各碑"[3]。清人范寿铭列举了南北朝的《中岳嵩高灵庙碑》《大代华岳庙碑》《刘怀氏墓志》等碑与《爨龙颜碑》进行比较，认为："是碑尤五刻中之最隽者"，"盖由分入隶之始，开六朝唐宋无数法门，魏晋以还，此两碑（指《爨龙颜碑》与《中岳嵩高灵庙碑》）实书家之鼻祖矣。"[4] 康有为更是推崇备至，称其"下画如昆刀刻玉，但见浑美；布阵如精工画人，各有意度，当为隶楷极则"，"若轩辕古圣，端冕垂裳"，推尊为"雄强茂美之宗"，"古今楷法第一"，列为"神品第一"。[5] "二爨"碑版是海内闻名的书法精品，被书家称为"南碑瑰宝"。书法风格极为独特，故而书家称其书体为"爨体"，艺术价值颇高。此外，光绪三十四年（1908年）在陆良三仁里出土的《祥光残石》，碑高1.33米，宽0.73米，共14行，每行31字。因为泐蚀太大，字迹已多模糊不清。据袁嘉谷题跋称："审其笔法与《爨宝子碑》同，盖东晋物也"，"此碑当亦两爨之流，可与两爨碑鼎峙"。

---

[1] 康有为：《广艺舟双楫》。
[2] 俞剑华：《书法指南》。
[3] 阮福：《滇南古金石录》。
[4] 范寿铭：《循园金石文字跋尾》卷一。
[5] 康有为：《广艺舟双楫》。

图 30　爨龙颜碑拓本

汉唐之际南中书法艺术的辉煌成就，说明作为汉族艺术的书法不仅在南中地区有所传习，而且水平丝毫不逊于内地。

与书法有关的镌刻，汉唐之际也已在南中出现。传世的"汉叟邑长"印[①]与1963年在云南昭通洒鱼河墓中出土的"汉叟邑长"印，据学者研究，应分别为东汉晚期与蜀汉信物[②]。二印均为白文篆书，前者平正浑

---

① 孔云白：《篆刻入门》，商务印书馆1936年版，第20页附印。
② 参见顾峰《云南碑刻与书法》，云南人民出版社1984年版。

厚，绝类汉印；后者结体简古，刀工粗朴。另有"南夷长史"印，铜质鼻钮，篆书白文。其印篆法别致，笔画散漫，恣肆有趣，与汉印迥然有别。有学者认为，可能是晋惠帝以前之物[①]。这几枚印章作为中原王朝给南中各级官员颁发的信物，代表了内地篆刻艺术向边地的渗透。1954年在云南昭通二坪寨墓中出土的"孟腾之印"，1973年在昭通出土的"孟琴之印""孟琴""伯称"三枚子母印，均为汉晋遗物。"孟腾之印"为白文，有边框，殳书结体，字形恭正。整印柔媚纤丽，灵动秀美。"孟琴之印"与"孟琴"亦为白文，有边框，风格摹拟汉印，质朴简练，柔中带刚；"伯称"篆文白文，无边框，汉印结体，轻灵流畅。这几枚汉晋印章篆文疏密得体，那让有度，刀法娴熟，或轻灵雅丽，或古拙庄重，具有较高的艺术价值。作为私人印信，它们代表了汉唐之际南中地区民间篆刻艺术的相当水平。

二 绘画

属于汉唐之际的南中绘画实物不多。

云南昭通后海子中寨发现的东晋霍承嗣墓，墓室呈正方形，边长3米，高2.20米，砂石建造，墓顶呈复斗形。墓室内壁砂石上抹一层约两厘米厚的石灰，上绘图画。画系彩绘，颜色朱、黄、赭、黑不等。墓室北壁（即后壁）是壁画的重点部分，按内容可分上下二层，二层之间用连续勾连纹隔开。上层上部绘流云，圆圈内绘花瓣；下部画一骑者猎獐，另有莲花、龟蛇缠斗图案。下层正中绘墓主人霍承嗣像，比其他人物大出许多，正襟危坐，高48厘米。头戴平顶帽，身着圆领长袍，手执麈尾。主像右后绘有仪仗架，上插矛、戟、华盖、旌幢、幡等物。架前七名家丁侍立，左方对称部位也有七名家丁侍立，人物极小，仅10余厘米。主像后面左右共有五名侍从，高20余厘米，地位高于家丁，似为墓主人亲信侍从。主像左上方有墨书题记。墓室东壁也分上下二层，上层绘朱雀、白虎、房舍、流云，下层绘持幡为墓主人送葬的队伍，共13人。另有骑兵队伍，共5骑，骑士及马均着铠甲。骑士执长矛，有的矛上还有悬铃。墓室西壁上层绘青龙，另有玉女一人，以及鹿、獐、鸟雀、楼房屋宇、莲蓬、流云；下层绘墓主人的家丁部曲：第一列为汉族部曲，共13人，排

---

① 参见顾峰《云南碑刻与书法》，云南人民出版社1984年版。

成长列，每人手执一具环首铁刀；下面二列部曲为彝族先民，共 27 人，头梳"天菩萨"，身披"察尔瓦"（即披毡），多赤足；下方还有骑者数人。墓室南壁上层绘朱雀、流云，并有四个圆圈，圈内绘六枚瓣状图案，左侧绘一极似四川珙县岩画上的铜鼓鼓面；下层绘一长形广厦，屋檐上挑，屋旁一人，另有大于此人的二符号。"这是云南迄今为止考古发现的唯一一座壁画墓。"①

与中原此时已经炉火纯青的绘画相比，霍承嗣墓壁画确实"画风古拙，技法粗劣，人物比例、形象均不甚准确"②。但是仔细分析，它自有许多不同于中原绘画的突出特点：第一，在透视上采用散点与焦点结合。霍承嗣墓壁画虽然多数都采用散点透视，与中国绘画的传统透视方法一致，但我们注意到墓室北壁霍承嗣像与其左右五名侍从之间有共同的地平线可寻，说明壁画作者有意无意地采用了焦点透视，这在散点透视一以贯之的中国绘画史上是极为可贵的，尽管它并不成熟、系统与完善。第二，在笔法上尽量简练，突出特征。霍承嗣墓壁画与中国传统绘画一样，以线条作为主要表现手段，但又适当兼以块面作为辅助，以达到简练的目的。甚至大胆采用突出特征而粗略其他的表现方法，以求简洁明快。关于这点，墓室西壁的家丁部曲图最能提供生动的说明。图中"夷人"描绘极其简单，但由于抓住了"天菩萨"头饰加以突出，身份仍然相当鲜明。第三，在立意上大胆进行夸张、象征。霍承嗣墓壁画人物不讲比例，不求准确，只求表达绘画者的主观意愿。墓室北壁画中的三组人物大小出入很大，粗看起来极不协调。但是，正是由于绘画者的这种有意突破，主人、侍从、家丁三种人物的身份一目了然，尊卑鲜明。又如，图中仪仗比例颇大，地位极为突出，旨在象征墓主人一生的戎马与显赫。此外，布局、设色、组画配置、动态刻画，等等，霍承嗣墓壁画均有自己的独到之处。它在中国绘画史上地位虽不突出，但也绝不是一无可取。

三　雕塑

南中雕塑艺术按加工手法的不同，可分为雕刻与塑造，前者包括砖雕、石雕等，后者则包括陶塑、金属铸造等。

---

① 李昆声：《云南文物古迹》，云南人民出版社 1984 年版，第 118 页。
② 同上书，第 117 页。

南中砖雕主要见于墓砖。墓砖由内地传来，经本地工匠制作，表现出一定地方特色。梁堆的有纹砖，多施于墓壁，很少用作铺地砖。墓砖纹饰有两种：一是以几何花纹为主的花砖；一是绘画形式的画像砖。

花砖常见的为斜方形和菱形的网状图案，其中有的还夹有各种钱纹。斜方形和菱形的网状图案，以对角交叉的线条为其"骨法"，由于角度不同而形成斜方和菱形的差别。这一"母题"结构并不复杂，但其文化源头却颇久远，可以上溯到东南沿海地区新石器时代的印纹陶。钱纹有相当复杂的历史内涵，不仅见于东汉六朝时期杭州湾以南广大地区的墓砖之中，而且作为流行于岭南地区的"唯高大为贵"的俚僚铜鼓的主要装饰母题。云南梁堆花砖的纹样，表明了南中与中原文化的一体性正在形成之中①。

南中画像砖的风格特点，表现在其稚拙天真、朴素无染之中。就题材内容而言，梁堆墓砖所画的主要有：车骑、畜牧、歌舞的人物，以及驴、马、牛、羊、龙、凤（孔雀）等动物。构图简单而带装饰性，常为横排的单列形式，强调有序和对称，与四川画像砖的章法迥然不同。南中画像砖内容远不如四川同类物的丰富，描绘技巧也略逊一筹，形象的塑造比较单纯，多用高度概括的手法，"影绘法"的形象比"线描法"更为多见，物像绝不互相重叠，有明显的"求全性"，与崖画似有相通之处。据研究，南中画像砖与四川等地发现的画像砖具有极深的渊源关系，内容、构图等无不如此。但是，在制模艺术方面，它又与四川画像砖的细腻有所不同，形式粗犷简练，追求神似而疏于形。这反映了南中雕塑艺术在师承汉文化传统的同时，已经有了许多变化，形成了自己的特色。

现存南中碑刻上也多有线刻或浮雕图案。《爨龙颜碑》碑首有双蟠龙纹，穿左右各有日纹和月纹，日中刻踆乌，月中刻蟾蜍等。

四　歌舞

汉唐之际南中舞蹈材料所见不多。从梁堆墓中出土的画像砖看，一种是舞者身着长袍宽袖，正看旋转用袖动作；另一种舞者仍着长袍，一手支腰，一手向上摆动。舞蹈形式与内地汉画像砖石上的袖舞颇类似，明显受到中原舞蹈的影响。另外，有学者认为霍承嗣壁画画像下的两排小人，形

---

① 李伟卿：《梁堆的墓砖纹饰》，载《云南民族学院学报》1989年第2期。

似踏歌。如此说成立，则反映出南中汉族舞蹈受到当地少数民族的影响。

汉唐之际南中少数民族舞蹈相当兴盛。《魏书·僚传》载：僚人"其俗畏鬼神，尤尚淫祀。所杀之人美须髯者，必剥其面皮笼之于竹，及燥，号之曰鬼鼓，舞祀之以求福利……铸铜为器，大口宽腹，名曰铜爨，既薄且轻，易于熟食"。这里没有言僚人所舞为何，但从其跳舞的场合看，似可视为"鬼鼓舞"。同时，从其大谈铜鼓的情形而言，铜鼓是一种炊具与乐器并举的器物，当亦有铜鼓舞存在。这一时期留下的从石寨山式蜕变的新的铜鼓类型，为此判断提供了物证。

明人谢肇淛《滇略·杂略》云："丞相亮征孟获入滇。滇人未知琴，亮居南尝操之。土人有愿学者，乃为著《琴经》一卷，述琴之妙，及七弦十三徽之音意，于是滇人始识鼓琴。"呈贡归化东汉墓中出土的抚琴陶俑和吹箫俑表明，早在东汉时期南中已有琴、箫乐器及其表演，很可能西汉时期流行于汉族内地的乐器基本上已传入南中发达地区，谢肇淛之说，仅是证明蜀汉时期南中琴的影响更大而已。

《魏书·僚传》载："僚王各有鼓、角一双，使其子弟习吹击之。……用竹为簧，群聚鼓之，以为音节。"足见南中民族中不但已有鼓、角之类乐器，且有声簧类乐器存在。前面述及的"鬼鼓"，也在僚人乐器中占有重要地位。至于有名的铜鼓，作为南方土著民族的独有乐器，更是普遍存在于南中土著民族之中。

乐歌形式在南中土著民族中相当流行。从汉代的《白狼歌》《博南古歌》，到唐代南诏商人所唱"冬时欲归来，高黎贡山雪。秋夏欲归来，无那穹赊热。春时欲归来，囊中络赂绝"歌谣，也说明汉唐之际，南中各民族且歌且舞形式的乐歌不少，只不过史籍记载较少而已。

总之，南中乐舞作为第一次大规模民族交融的体现，兼有许多前代所不曾有的新特点，为南诏乐舞的兴盛奠定了基础。

第二节　宗教

南中各地社会经济发展极不平衡，相应地南中宗教发育也极不平衡。一方面，南中大量存在原始崇拜和原始宗教，又有了一些神学宗教的雏形；另一方面，大量汉民进入南中，又恰值战乱之际，内地宗教对当地民族产生强烈影响，而当地民族又反过来深刻影响着汉民，改造着内地宗教，形成一幅以"鬼教"为主的多彩的宗教画卷。虽然这一时期东南亚佛教很可能经云南传入四川，并在云南留下影响和痕迹，但由于缺乏有关材料证据，本节未作论述。

一 祖先崇拜

南中少数民族中普遍存在着祖先崇拜，其信仰根深蒂固。汉代哀牢族有关九隆的传说，至魏晋仍十分完整。据《华阳国志·南中志》载，九隆在魏晋时"南中昆明祖之"，诸葛亮作图谱，就画有神龙，"龙生夷"，竟然有"夷甚重之"的效果，证明南中昆明人对祖先崇拜非常重视。推而言之，其他史籍未载的南中各族中，也必然存在普遍的祖先崇拜。

二 英雄崇拜

毫无疑问，在九隆祖先神话中，所谓"有才武""黠而能言"等，实际上已经掺有英雄崇拜的成分了。牂柯郡的竹王祠则是很明显的英雄崇拜。据《华阳国志·南中志》，魏晋之际香火仍很盛，人称"甚有灵响"。后来在云、贵、川、桂、鄂等省都曾出现过竹王祠。

《华阳国志·南中志》载：朱提郡"先有梓潼文齐，初为属国，穿龙池，溉稻田，为民兴利，亦为立祠"。文齐在朱提郡被立祠祭祀，至魏晋时香火不断。而蜀汉庲降都督马忠，"柔远能尔，甚垂惠爱"，"卒后，南人为之立祠，水旱祷之"。

这类英雄崇拜在南中应当很多，但史料所遗仅是被"祠祀"的人物，且"祠祀"人物可能也很不完整，绝大多数流传在南中各族中的英雄人物并未记录下来。

三 自然崇拜

自然崇拜与万物有灵观念紧密相连。南中各族有关自然的神话很多，在《华阳国志·南中志》中就有记载。如讲滇池县"长老传言，池中有神马，或交焉，即生骏驹，俗称曰'滇池驹'，日行五百里"；蜻蛉县"禺同山有金马碧鸡，光影倏忽，民多见之，有山神"等。

南中各族自然崇拜的材料也不少，像前述竹王祠的竹林，这一竹崇拜一直延续到后世。据《华阳国志·南中志》，当时，滇池县有水神祠，蜻蛉县有山神。兴古郡有桄榔木，"欲取其木，先当祠祀"。南中汉夷百姓中，还有崇拜月亮的现象，味县就"有明月社，夷晋不奉官，则官与共盟于此社也"。南广郡"俗妖巫，惑禁忌，多神祠"的情况，应当是整个南中地区的缩影。

四　鬼魂崇拜

在南中大部分民族中，鬼魂观念受到高度重视。如永昌郡的桐华布，织成后必须先"以覆亡人，然后服之及卖与人"。新织的好布要先给死人用后，活人才能使用，这足以说明死人的鬼魂在永昌哀牢夷心里占有何等重要的地位。

各种葬式、葬俗也证明南中民众中鬼魂崇拜的普遍。《永昌郡传》载："建宁郡葬夷，置之积薪之上，以火燔之。烟气正上，则大杀牛羊，共相劳贺作乐。若遇风，烟气旁邪，尔乃悲哭也"①，其对鬼魂的重视与敬畏，已经可以左右他们的悲乐了。而僚人"死人有棺，其葬，竖棺埋之"②。滇东北将棺木置于山崖凹洞或架于绝壁的悬棺葬等各异但已固定的葬式，也是鬼魂崇拜的表现。

在云南梁堆中大量的汉式墓葬，如保山市汪官庄蜀汉砖墓及其铜刀、陶质模具随葬品；大理市荷花村西晋券顶石室墓、文阁村和凤阳村的西晋砖石墓及其铭文；姚安西普屯西晋墓及墓砖铭文等，以及著名的昭通后海子霍承嗣壁画墓③，其墓葬风格上承东汉、下至初唐，"葬具常用石棺，棺上雕有画像，内容有青龙、白虎、朱雀、玄武（龟蛇），有蛇尾人身，有楼阙，有武士"④，墓上有高大的封土堆，除棺具材质（石棺）稍异外，整个情况与内地汉族相同，体现出南中汉民的鬼魂崇拜。

在云南昭通大湾子及大关岔河等地还发现有崖墓，墓葬营于山崖之上，而"墓室形制、随葬品与一般'梁堆'已无不同"⑤。从崖墓属于南方民族的一种古老葬俗，大关第三号墓中发现三块鹅卵石上支有铜釜，釜内盛水，釜下有灰烬这种云南少数民族典型的炊爨方式看，不论墓主人是

---

① 《太平御览》卷五五六《礼仪部三十五》。
② 《太平御览》卷七九六《四夷部十七》。
③ 参见汪宁生《云南考古》，云南人民出版社1992年版，第四章及247—248页。
④ 汪宁生：《云南考古》，云南人民出版社1992年版，第92页。
⑤ 同上书，第99页。

汉化了的"夷人"①，还是部分"夷化"的汉人，总之，少数民族与汉族的鬼魂崇拜观念，已经发生了交叉影响。虽然有些崖墓年代定在东汉时期，但从四川等地南北朝仍存在崖墓，以及崖墓与"梁堆"相同之处甚多的情况看，崖墓及崖墓所表现的汉夷鬼魂崇拜交融现象，一直延续至后世。它是三国两晋南北朝时期，南中一种独特而值得深入考察的文化宗教现象。

五 "鬼教"与"五斗米道"

东汉末年，张陵创立了早期道教——五斗米道。《三国志·张鲁传》载："张鲁，字公祺，沛国丰（今江苏丰县）人也。祖父陵，客蜀，学道鹤鸣山中，造作道书以惑百姓，从受道者出五斗米，故世号米贼。"葛洪《神仙传》也有记载：张道陵（张陵）"本太学书生，博通《五经》，晚乃叹曰：'此无益于年命。'遂学长生之道。得黄帝九鼎丹法……闻蜀人多纯厚，易可教化，且多名山，乃与弟子入蜀，住鹤鸣山，著作道书二十四篇。"张陵入蜀时先已奉道并带有弟子，五斗米道明显带有某些中原道教因素，如追求"长生""度厄"，反对"贼盗""欺诈"，驱使神鬼、劾鬼疗病等。因此，五斗米道虽然吸收了巴蜀土著宗教的诸多成分，但它并不是西南少数民族的原始宗教②。

二十四治是五斗米道早期设立的二十四个传教中心，其中有主簿、蒙秦二治。据《正一炁治图》记载，主簿治设在犍为郡僰道县界，即今宜宾，正好是古代五尺道的起点，而蒙秦治在越嶲郡邛都县，即今四川西昌，恰是灵关道的枢纽。可以断定，主簿、蒙秦二治"专以南中少数民族为发展对象"，"是把触角伸到了云南的"③。

五斗米道又被称为"鬼道"。《三国志·张鲁传》载：张鲁"以鬼道教民"；《后汉书·刘焉传》讲张鲁"兼挟鬼道"；《华阳国志·大同志》也载西晋初犍为民陈瑞"以鬼道惑民"。相应地，五斗米道中，如《典略》所说，还有"为病者请祷"的"鬼吏"④，如《三国志·张鲁传》所

---

① 同上书，第98—99页。
② 段玉明：《鬼教即五斗米道试证》，载《研究集刊》1995年合刊本。
③ 段玉明：《五斗米道入滇考》，载《中国史研究》1993年第4期。
④ 《后汉书·刘焉传》注引。

说，还有初来学道的"鬼卒"之类的称呼。五斗米道的首领一般称"祭酒"。《三国志·张鲁传》载："受本道已信，号祭酒，各领部众，多者为治头大祭酒。"道中首领同时又被民间俗称为"五斗米师"。《后汉书·灵帝纪》注引《汉灵献二帝纪》载："时巴郡巫人张修疗病，愈者雇以五斗米，号为五斗米师。"另外更有"米巫"之称，如《巴郡太守樊敏碑》之"季世不祥，米巫殆疟"①，以及《米巫祭酒张普题字》② 等。张陵所创道教还重视"使鬼"。李膺《益州记》载："（张陵）避病疟于丘社之中，得咒鬼之术书，为之，遂解使鬼法。"

五斗米道擅长巫鬼之术，吸收了许多少数民族的原始宗教成分。而从《华阳国志·南中志》的记载看，南中各族"俗征巫鬼"，牂柯郡"俗尚巫鬼，多禁忌"，与五斗米道有相近之处，很容易产生认同，受到影响。

事实上，蜀汉时南中所出现的"鬼教"，似乎已经印有五斗米教的痕迹。《华阳国志·南中志》载，蜀汉派张裔出任益州郡太守，当地亲吴大姓雍闿"假鬼教曰'张裔府君如瓠壶，外虽泽而内实粗，杀之不可，缚与吴。'于是执送裔于吴"。联系《三国志·张鲁传》注引《典略》讲张鲁道派"依月令，春秋禁杀"的规定，鬼教所谓"杀之不可"很可能源于五斗米道道规。虽然"鬼教"未必一定"就是'鬼道'的转称"③，但"鬼道"——五斗米道已经渗入南中土著民族的宗教之中，则应该是可以相信的。

西晋末年，蜀地战乱，《晋书·李特载记》说，"蜀人流散，东下江阳，南入七郡"。入南中者甚众，其中半数又被反晋夷帅所"困虏"。而蜀地盛行五斗米道，进入南中的蜀人中肯定有大批五斗米道信徒。再者，李特、李雄的流民集团祖籍是巴西"賨人"，《晋书·李特载记》又说，"汉末张鲁居汉中，以鬼道教百姓，賨人敬信巫觋，多往奉之"。其流民起义曾得到川西道教首领范长生的鼎力支持，建立成汉政权后，如《晋书·李雄载记》说，李雄"加范长生为天地太师，封西山侯，复其部曲不豫军征，租税一入其家"。《晋书·周抚传》更明确讲范长生"为李雄国师"，意味着五斗米道成为成汉政权的"国教"了。东晋时成汉曾征服

---

① （宋）洪适：《隶释》卷十一。
② （宋）洪迈：《隶续》卷三。
③ 段玉明：《五斗米道入滇考》，载《中国史研究》1993年第4期。

宁州，其"国教"也应在南中有所扩展。

因此，从蜀汉时掺有大量五斗米道痕迹的南中"鬼教"开始，两晋又有更多的五斗米道内容进入南中，扩大影响，经过南北朝时期与南中土著民族原始宗教的结合、发展，逐渐在隋朝及唐初形成了著名的"鬼主制度"。

五斗米道如《三国志·张鲁传》载，"不置长吏，皆以祭酒为治"，而其道首祭酒"各领部众，多者为治头大祭酒"，是典型的政教合一。而《蛮书》卷一所说，东爨乌蛮"大部落则有大鬼主，百家二百家小部落，亦有小鬼主。一切信使鬼巫，用相制服"，就是政教的高度合一。五斗米道"出米五斗"，在信奉鬼教的少数民族部落中，如《新唐书·两爨蛮传》所说，变通为"每岁户出一牛或一羊，就其家祭之，送鬼迎鬼必有兵"，更与早期五斗米道事巫祀鬼的主旨有一脉相承之处。到了唐初及南诏时，鬼主制度更成为一种不容忽视的基层社会结构制度，盛行于一大批云南当地民族的部族部落之中。

大事记

秦惠文王更元十四年　公元前 311 年
　　秦军破滇，丹、犁臣秦。
秦昭襄王二十二年　公元前 285 年
　　张若取莋及其江南地。
秦始皇二十六年　公元前 221 年
　　秦统一中国，派常頞略通五尺道，西南边疆颇置吏焉。
汉高帝元年　公元前 206 年
　　刘邦灭秦为汉王。后来建立汉朝，都长安，史称"西汉"。
建元六年　公元前 135 年
　　汉武帝派唐蒙出使南夷，见夜郎侯多同，约为置吏，并析出巴郡和蜀郡的部分地方，置犍为郡。
元光五年　公元前 128 年
　　派司马相如出使西夷，置一都尉，十余县。
元朔三年　公元前 126 年
　　汉王朝为专力对付匈奴，罢西夷，独置南夷、夜郎两县一都尉，属犍为郡。
元鼎六年　公元前 111 年
　　置牂柯郡和越嶲郡。
元封二年　公元前 109 年
　　遣将军郭昌、中郎将卫广发巴蜀兵平西南夷未服者，以兵临滇。滇王尝羌举国降，于是以为益州郡，赐滇王王印。
始元元年　公元前 86 年

益州廉头、姑缯民反。牂柯二十四邑皆反。

始元四年　公元前 83 年

姑缯、叶榆复反，杀益州太守。至始元六年平定。

初始元年　公元 8 年

王莽篡汉，建国号为"新"。

始建国四年　公元 12 年

王莽派牂柯大尹周歆杀句町王邯，邯弟承起兵攻杀周歆。

天凤元年　公元 14 年

益州蛮夷杀大尹程隆，牂柯、越嶲、益州三个边郡纷纷起义，历时十余年，直至王莽灭亡。

建武元年　公元 25 年

刘秀称帝，建都洛阳，史称"东汉"。

建武十八年　公元 42 年

益州发生昆明族为主的大起义，汉派刘尚率军从越嶲入，起义军退到今滇西继续反抗，至建武二十一年（45 年）栋蚕首领在不韦被杀。

建武二十七年　公元 51 年

哀牢王扈栗率种人诣越嶲太守内附。

永平十年　公元 67 年

置益州郡西部都尉，治嶲唐，镇慰哀牢人、叶榆蛮夷。

永平十二年　公元 69 年

哀牢王柳貌遣子率种人内属，因置永昌郡。

元初四年　公元 117 年

郡县赋敛烦数，十二月，越嶲夷起义，杀遂久令，以后形成越嶲、永昌、益州、蜀郡的大起义。起义军达 10 多万人，攻占了 20 多县。元初六年（119 年），杨竦带兵平定。

熹平五年　公元 176 年

益州郡各族起义，派朱龟将并、凉劲兵讨之，不克。又派李颙、庞芝将巴郡板楯军征伐。

建安十九年　公元 214 年

刘备定蜀，领益州牧，并设庲降都督控制南中。

建兴三年　公元 225 年

诸葛亮南征，分兵三路：东路马忠领军入牂柯，中路李恢领军案道向建宁，诸葛亮亲率西路，直扑越巂。五月渡泸，后至滇池。斩高定元，七擒孟获，南中平定，归途经汉阳还成都。南中分置为建宁、朱提、牂柯、兴古、越巂、云南、永昌七郡。

咸熙元年　公元264年

霍弋降魏，蜀汉在南中的统治结束。

咸熙二年　公元265年

南中大姓出征交趾。

十二月，司马炎代魏，国号晋，都洛阳，改元泰始，史称"西晋"。

泰始七年　公元271年

晋置宁州，辖建宁、兴古、云南、永昌四郡，治滇池县。

交趾封溪之役，吴军攻城百日不下，终因寡不敌众，宁州兵败绩。七月，交趾城破。

太康三年　公元282年

罢宁州，置南夷校尉。

太安元年　公元302年

复置宁州。

永安元年　成建兴元年　公元304年

李雄据成都，自称成都王。后建国号"大成"。

光熙元年　公元306年

由于李雄的诱使，反晋夷帅烧郡伪发。进而攻围宁州，刺史李毅病死。众推其女李秀固守宁州城，奖励战讨，樵草炙鼠为命，首尾三年而终未破。

永嘉四年　公元310年

王逊于永嘉元年（307年）受命宁州刺史，路途艰阻，四年到州上任。

建武元年　公元317年

晋元帝司马睿在建康建立政权，史称"东晋"。

大兴元年　成玉衡八年　公元318年

爨量据兴古盘南附成汉。

太宁元年　成玉衡十三年　公元323年

成派李骧大举攻宁州，正月与晋军发生温水之战，因此占有越巂郡。五月，发生堂狼之战，成军大败，双方因以泸水为堑。王逊亦死。

咸和二年　成玉衡十七年　公元327年
晋军与成军复战于台登。

咸和七年　成玉衡二十二年　公元332年
冬十月，李寿、费黑率兵围朱提。第二年春正月，城破。三月，晋宁州刺史尹奉出降。

咸康二年　成玉恒二年　公元336年
东晋广州刺史邓岳派王随率兵攻夜郎，陶协攻兴古，克。

咸康四年　成汉汉兴元年　公元338年
李寿入成都自立为帝，改国号为"汉"。
南中大姓孟彦举建宁郡归晋。

咸康六年　成汉汉兴三年　公元340年
成汉派李位都率军攻下丹川。

永和元年　成汉太和二年　公元345年
爨頠弃成汉归晋，晋以頠为宁州刺史。

永和三年　成汉嘉宁二年　公元347年
桓温伐蜀，成汉李势出降，宁州复归东晋。

元熙二年　公元420年
刘裕代晋称帝，国号宋，建元永初，都建康，统治南方，史称"刘宋"。宁州属刘宋。

昇明三年　公元479年
萧道成建立齐，统治南方，改年号为建元，史称"萧齐"或"南齐"。宁州属南齐。

中兴二年　公元502年
萧衍建立梁，统治南方，建元天监，史称"萧梁"。宁州属南朝梁。

太清二年　公元548年
宁州刺史徐文盛东征。

承圣二年　西魏废帝元年　公元553年
西魏尉迟迥伐蜀，南中亦为西魏统治，改宁州为南宁州。

恭帝三年　公元556年

　　宇文氏迫恭帝禅位，建国号周，史称"北周"。从此南宁州属北周。

开皇四年　公元584年

　　隋置南宁州总管府，并置恭州、协州、昆州。

开皇五年　公元585年

　　隋修石门路。

开皇十七年　公元597年

　　史万岁南征，入自蜻蛉川，经弄冻，渡西二河、渠滥川，行千余里，破其三十余部，诸夷大惧，遣使请降。

参考文献

一 古籍文献

司马迁：《史记》，中华书局校点本，以下同。1959 年版。
班固：《汉书》，中华书局 1962 年版。
范晔：《后汉书》，中华书局 1965 年版。
陈寿：《三国志》，裴松之注，中华书局 1959 年版。
房玄龄等：《晋书》，中华书局 1974 年版。
沈约：《宋书》，中华书局 1974 年版。
萧子显：《南齐书》，中华书局 1972 年版。
姚思廉：《梁书》，中华书局 1973 年版。
姚思廉：《陈书》，中华书局 1972 年版。
魏收：《魏书》，中华书局 1974 年版。
李百药：《北齐书》，中华书局 1972 年版。
令狐德棻：《周书》，中华书局 1971 年版。
魏征等：《隋书》，中华书局 1973 年版。
李延寿：《南史》，中华书局 1975 年版。
李延寿：《北史》，中华书局 1974 年版。
司马光：《资治通鉴》，中华书局校点本，1963 年版。
常璩：《华阳国志》，顾广圻校本，商务印书馆 1958 年版。
郦道元：《水经注》，王先谦校本，巴蜀书社 1985 年版。
欧阳询等：《艺文类聚》，中华书局上海编辑所 1959 年版。
李昉等：《太平御览》，中华书局 1960 年影印。

［日］泷川资言：《史记会注考证》，上海古籍出版社1986年版。

王先谦：《汉书补注》，商务印书馆1959年版。

王先谦：《后汉书集解》，商务印书馆1959年版。

洪亮吉：《十六国疆域志》，商务印书馆1958年版。

王谟：《汉唐地理书钞》，中华书局1961年版。

杨守敬、熊会贞：《水经注疏》，段熙仲、陈桥驿校点，江苏古籍出版社1989年版。

张澍编：《诸葛亮集》，中华书局1960年版。

王夫之：《读通鉴论》，中华书局1975年版。

赵翼：《廿二史劄记》，中华书局1963年版。

钱大昕：《廿二史考异》，商务印书馆1958年版。

王鸣盛：《十七史商榷》，四川人民出版社1957年版。

诸葛元声：《滇史》，刘亚朝校点，德宏民族出版社1994年版。

冯甦：《滇考》，李孝友、徐文德校注，云南民族出版社2002年版。

倪蜕：《滇云历年传》，李埏校点，云南大学出版社1992年版。

刘琳：《华阳国志校注》，巴蜀书社1984年版。

任乃强：《华阳国志校补图注》，上海古籍出版社1987年版。

刘纬毅：《汉唐方志辑佚》，北京图书馆出版社1997年版。

王仲荦：《北周地理志》，中华书局1980年版。

陈桥驿：《水经注校证》，中华书局2007年版。

王叔武：《云南古佚书钞》，云南人民出版社1979年版。

二 考古资料

云南省博物馆：《云南晋宁石寨山古遗址和墓葬》，载《考古学报》1956年第1期。

云南省博物馆：《云南晋宁石寨山古墓群发掘报告》，文物出版社1959年版。

云南省博物馆：《云南晋宁石寨山第三次发掘简报》，载《考古》1959年第9期。

云南省博物馆：《云南晋宁石寨山第四次发掘简报》，载《考古》1963年第9期。

蒋志龙、康利宏：《晋宁石寨山第五次抢救性清理发掘简报》，载

《云南文物》1998年第1期。

云南省博物馆：《云南江川李家山古墓群发掘报告》，载《考古学报》1975年第2期。

联合考古发掘队：《江川李家山古墓群第二次发掘简报》，载《云南文物》2001年第1期。

云南省文物考古研究所：《江川李家山——第二次发掘报告》，文物出版社2007年版。

云南省文物考古研究所、昆明市博物馆、官渡区博物馆：

《昆明羊甫头墓地发掘简报》，载《云南文物》2000年第2期。

《昆明羊甫头墓地》，科学出版社2005年版。

云南省少数民族古籍整理出版规划办公室：《云南少数民族官印集》，云南民族出版社1989年版。

三 近人著作

范文澜：《中国通史简编》，人民出版社1961年版。

郭沫若主编：《中国史稿》，人民出版社1979年版。

翦伯赞主编：《中国史纲要》，人民出版社1979年版。

白寿彝主编：《中国通史》，上海人民出版社1989年版。

林剑鸣：《秦史稿》，上海人民出版社1981年版。

杨鸿年：《汉魏制度丛考》，武汉大学出版社1985年版。

田余庆：《秦汉魏晋史探微》，中华书局1993年版。

田余庆：《东晋门阀政治》，北京大学出版社1996年版。

唐长孺：《魏晋南北朝史论丛》，生活·读书·新知三联书店1978年版。

白翠琴：《中国历代民族史·晋南北朝民族史》，社会科学文献出版社2007年版。

李剑农：《先秦两汉经济史稿》，生活·读书·新知三联书店1957年版。

李剑农：《魏晋南北朝隋唐经济史稿》，生活·读书·新知三联书店1959年版。

陈直：《两汉经济史料论丛》，陕西人民出版社1980年版。

李埏等：《〈史记·货殖列传〉研究》，云南大学出版社 2002 年版。

马开樑：《远古三代秦西汉史》，云南大学出版社 1993 年版。

张尚谦：《魏晋南北朝经济史新探》，云南人民出版社 1991 年版。

蔡葵：《考古与古代史》，云南大学出版社 1995 年版。

罗秉英：《治史心裁》，云南大学出版社 2005 年版。

杨寿川：《贝币研究》，云南大学出版社 1997 年版。

中国秦汉史研究会：《秦汉史论丛》第八辑，云南大学出版社 2001 年版。

杜石然等：《中国科学技术史稿》，科学出版社 1982 年版。

竺可桢、宛敏渭：《物候学》，科学出版社 1983 年版。

文焕然、文榕生：《中国历史时期冬半年气候冷暖变迁》，科学出版社 1996 年版。

李璠：《中国栽培植物发展史》，科学出版社 1984 年版。

佟屏亚：《农作物史话》，中国青年出版社 1979 年版。

中国农业科学院、南京农业大学中国农业遗产研究室：《中国古代农业科学技术史简编》，江苏科学技术出版社 1985 年版。

夏湘蓉等：《中国古代矿业开发史》，地质出版社 1986 年版。

梁思成：《中国建筑史》，百花文艺出版社 1998 年版。

刘敦桢：《中国古代建筑史》，中国建筑工业出版社 1980 年版。

上海市纺织科学研究院：《纺织史话》，上海科学技术出版社 1978 年版。

夏光辅：《云南科学技术史稿》，云南科技出版社 1992 年版。

顾峰：《云南碑刻与书法》，云南人民出版社 1984 年版。

聂乾先：《云南民族舞蹈文集》，中国文联出版社 2003 年版。

谭其骧主编：《中国历史地图集》，地图出版社 1982—1987 年版。

郭沫若主编：《中国史稿地图集》，地图出版社 1979 年、1990 年版。

史为乐主编：《中国历史地名大辞典》，中国社会科学出版社 2005 年版。

朱惠荣主编：《中华人民共和国地名词典·云南省》，商务印书馆 1994 年版。

谭其骧：《长水集》，人民出版社 1987 年版。

谭其骧：《长水集续编》，人民出版社 1994 年版。

侯仁之主编：《中国古代地理名著选读》第一辑，科学出版社 1959 年版。

胡焕庸、张善余：《中国人口地理》，华东师大出版社 1986 年版。

葛剑雄：《西汉人口地理》，人民出版社 1986 年版。

葛剑雄：《中国人口发展史》，福建人民出版社 1991 年版。

云南各族古代史略编写组编：《云南各族古代史略》，云南人民出版社 1977 年版。

马曜主编：《云南简史》，云南人民出版社 1991 年增订本。

方国瑜：《云南史料目录概说》，中华书局 1984 年版。

方国瑜：《中国西南历史地理考释》，中华书局 1987 年版。

方国瑜：《滇史论丛》，上海人民出版社 1982 年版。

尤中：《中国西南的古代民族》，云南人民出版社 1980 年版。

尤中：《云南地方沿革史》，云南人民出版社 1990 年版。

范建华编：《爨文化论》，云南大学出版社 1991 年版。

范建华：《爨文化史》，云南大学出版社 2001 年版。

徐中舒：《论巴蜀文化》，四川人民出版社 1982 年版。

杨伟立：《成汉史话》，重庆出版社 1983 年版。

蒙默等：《四川古代史稿》，四川人民出版社 1988 年版。

蒲孝荣：《四川政区沿革与治地今释》，四川人民出版社 1986 年版。

周春元等：《贵州古代史》，贵州人民出版社 1982 年版。

王燕玉：《贵州史专题考》，贵州人民出版社 1980 年版。

贵州省社科院历史研究所编：《夜郎考》（之一、之二、之三），贵州人民出版社 1979—1983 年版。

侯绍庄、钟莉：《夜郎研究述评》，贵州人民出版社 2003 年版。

侯绍庄：《黔史论丛》，贵州民族出版社 2005 年版。

黄体荣：《广西历史地理》，广西民族出版社 1985 年版。

胡阿祥：《六朝疆域与政区研究》，学苑出版社 2005 年版。

梁允麟：《三国地理志》，广东人民出版社 2004 年版。

文物编辑委员会：《文物考古工作三十年》，文物出版社 1981 年版。

云南青铜器论丛编辑组：《云南青铜器论丛》，文物出版社 1981 年版。

云南省博物馆：《云南省博物馆建馆三十周年纪念文集》，1981 年编印。

云南省博物馆：《云南省博物馆学术论文集》，云南人民出版社 1989 年版。

云南省博物馆：《云南青铜文化论集》，云南人民出版社 1991 年版。

云南省博物馆：《云南铁器时代文化论》，云南人民出版社 1992 年版。

邱宣充主编：《中国文物地图集·云南分册》，云南科技出版社 2001 年版。

邱宣充等：《云南文物古迹大全》，云南人民出版社 1992 年版。

汪宁生：《云南考古》，云南人民出版社 1992 年增订本。

汪宁生：《中国西南民族历史与文化》，云南民族出版社 1989 年版。

张增祺：《中国西南民族考古》，云南人民出版社 1990 年版。

张增祺：《云南建筑史》，云南美术出版社 1999 年版。

张增祺：《云南冶金考古》，在《云南文物》第 27—28 期至 39 期连载（1990 年 12 月至 1994 年 12 月）。

张增祺：《滇文化》，文物出版社 2001 年版。

李昆声：《云南考古学论集》，云南人民出版社 1998 年版。

李昆声：《云南艺术史》，云南教育出版社 1995 年版。

李昆声：《云南文物古迹》，云南人民出版社 1984 年版。

李衍垣：《夜郎故地上的探索》，贵州人民出版社 1980 年版。

四　近人论文

范文澜：《自秦汉以来中国成为统一多民族国家的原因》，载《历史研究》1954 年第 3 期。

江应樑：《诸葛亮与孟获》，云南大学 1957 年油印本。

冯汉骥：《云南晋宁石寨山出土铜器研究——若干主要人物活动场面试释》，载《考古》1963 年第 6 期。

竺可桢：《中国近五千年气候变迁的初步研究》，载《考古学报》1972 年第 1 期。

朱惠荣：《汉承秦制与西南边疆民族地区的开发》，载《思想战线》1975 年第 2 期。

杜荣坤、白翠琴：《试论古代少数民族政权与祖国的关系》，载《民族研究》1979 年第 1 期。

谭其骧：《对历史时期的中国边界和边疆的几点看法》，载《中国史研究动态》1979 年第 11 期。

杨德鋆：《铜鼓乐舞初探》，载《文艺研究》1980 年第 4 期。

朱桂昌：《永昌郡户数口数考辨》，载《思想战线》1980 年第 5 期。

陈茜：《川滇缅印古道初考》，载《中国社会科学》1981 年第 1 期。

朱惠荣：《三国蜀汉庲降都督政区表》，载《地名集刊》1982 年第 2 期。

白翠琴：《论魏晋南北朝时期民族的迁徙与融合》，载《中央民族大学学报（哲学社会科学版）》1987 年第 1 期。

徐兴祥：《云南木棉考》，载《云南民族学院学报》1988 年第 2 期。

李伟卿：《梁堆的墓砖纹饰》，载《云南民族学院学报》1989 年第 2 期。

单文：《两汉的云南政策评析》，载《云南社会科学》1989 年第 6 期。

白翠琴：《论魏晋南北朝民族融合对汉族发展的影响》，载《民族研究》1990 年第 3 期。

王宏道：《古代彝族的畜牧业和食盐煎销业述略》，载《民族·历史·文化》，云南大学出版社 1990 年版。

吴开婉：《论云南古代的"青铜乐舞"》，载《民族·历史·文化》，云南大学出版社 1990 年版。

谭其骧：《历史上的中国和中国历代疆域》，载《中国边疆史地研究》1991 年第 1 期。

朱昌利：《南方丝绸之路与中、印、缅经济文化交流》，载《东南亚》1991 年第 3 期。

蓝勇：《中国西南历史气候初步研究》，载《中国历史地理论丛》1993 年第 2 辑。

段玉明：《五斗米道入滇考》，载《中国史研究》1993 年第 4 期。

白翠琴：《魏晋南北朝民族观初探》，载《民族研究》1993 年第 5 期。

段玉明：《鬼教即五斗米道试证》，载《研究集刊》1995 年合刊本。

朱惠荣：《金马碧鸡考》，载《学术探索》1999 年第 3 期。

白翠琴：《论蜀汉"西和诸戎，南抚夷越"之策》，载《中国边疆史地研究》2002年第4期。

杨兆荣：《西汉南越王相吕嘉遗族入滇及其历史影响试探》，载《中国史研究》2004年第4期。

朱惠荣：《昆州、益宁考》，载《史与志》2006年第2期。

朱惠荣：《读史札记四则》（《资治通鉴》的系年、西晋宁州置废时间索解、蒙山地望考、梁陈之际的宁州），载《史与志》2007年第1期。

朱惠荣：《堂狼之战与王逊之死》，载《史与志》2007年第3期。

樊海涛：《再论云南晋宁石寨山刻纹铜片上的图画文字》，载《考古》2009年第1期。

后 记

《云南通史》第二卷的编写进行了十多年，由云南大学、云南省社科院、云南民族大学的四位同志分工合作。秦汉各章由朱惠荣执笔，三国、两晋、十六国、南北朝、隋的政治各章由单文、朱惠荣执笔，南中的经济由段玉明执笔，南中的交通由朱惠荣执笔，南中的文化由吴开婉执笔。全卷由朱惠荣统改，再经何耀华总主编最终修改，编委会审定。本卷第一次统改后搁置了一段时间，这未尝不是一件好事，有较充裕的时日玩索资料，仔细进行审视和思考。后来用两年多时间重新改写，录入打印又用了一年多，边校边改，反复斟酌。第三次大改费时几个月，直到2007年8月才送总主编何耀华修改定稿，邹逢佳完成改、印，谨此致谢。

《云南通史》的编写是云南学术界的大事，具有开创意义。因此，既应该反映有关云南历史研究的总体水平，又应该有所创新。本卷是在吸收了同行专家研究成果的基础上完成的，谨致谢意。书中有的注明出处，有的则因融合各家成果，难以一一注明，特此声明。在云南史的研究中，比之于以后各段，本卷涉及的年代久远，时间跨度大，内容广泛，资料缺乏，要全面深入地探究这一时期的历史，困难不少。加之编者能力有限，错误和不足的地方，敬请读者指正。

朱惠荣

2008年12月